Beathaisnéisí de Phearsana Móra

Hseham Amrahs

Published by mds0, 2024.

While every precaution has been taken in the preparation of this book, the publisher assumes no responsibility for errors or omissions, or for damages resulting from the use of the information contained herein.

BEATHAISNÉISÍ DE PHEARSANA MÓRA

First edition. March 20, 2024.

ISBN: 979-8224329007

Written by Hseham Amrahs.

Clár ábhair

1. Cleopatra (an Éigipt) 1

2. Leonardo da Vinci (An Iodáil) 5

3. Julius Caesar (An Róimh) 9

4. An Bhanríon Eilís I (Sasana) 13

5. Nelson Mandela (An Afraic Theas) 17

6. Martin Luther King, Jr. (SAM) 23

7. Joan of Arc (An Fhrainc) 28

8. Marco Polo (An Veinéis, an Iodáil) 31

9. Sócraitéas (An Ghréig) 35

10. Marie Curie (An Pholainn/An Fhrainc) 40

11. Alastar Mór (An Mhacadóin) 44

12. Winston Churchill (Sasana) 49

13. Amelia Earhart (SAM) 55

14. Mahatma Gandhi (An India) 59

15. Criostóir Columbus (An Iodáil/An Spáinn) 64

16. Genghis Khan (An Mhongóil) 68

17. Banríon Victoria (Sasana) 73

18. Albert Einstein (An Ghearmáin/SAM) 77

19. Caitríona Mhór (An Rúis) 81

20. Abraham Lincoln (SAM) 86

21. Wolfgang Amadeus Mozart (An Ostair) 91

22. William Shakespeare (Sasana) 95

23. Pythagoras (An Ghréig) 99

24. Dalai Lama (Tenzin Gyatso, Tibéid) 103

25. Ashoka Mhór (India) 107

26. Confucius (An tSín) 111

27. Galileo Galilei (An Iodáil) 115

28. Pablo Picasso (An Spáinn) 120

29. Vincent van Gogh (An Ísiltír) 125

30. Charles Darwin (Sasana) 130

31. Arastatail (An Ghréig) 135

32. Michelangelo (an Iodáil) 139

33. Sir Isaac Newton (Sasana) 144

34. Charles Dickens (Sasana) 149

35. Banríon Nefertiti (An Éigipt) 155

36. Thomas Jefferson (SAM) 159

37. Karl Marx (An Ghearmáin) 164

38. Banríon Isabella I na Caisle (An Spáinn) 169

39. Anraí VIII (Sasana) 173

40. Benjamin Franklin (SAM) 177

41. Thomas Edison (SAM) 183

42. James Cook (Sasana) 187

43. Florence Nightingale (Sasana) 191

44. Ludwig van Beethoven (An Ghearmáin) 195

45. George Washington (SAM) 200

46. Máthair Teresa (An Albáin/An India) 205

47. Joseph Stalin (An Rúis) 210

48. Augustus Caesar (An Róimh) 214

49. Tutankhamun (An Éigipt) 218

50. Sir Arthur Conan Doyle (Albain) 222

51. Archimedes (An Ghréig) 226

52. Banríon Hatshepsut (An Éigipt) 230

53. Hernan Cortes (An Spáinn) 233

54. Rí Tut (an Éigipt) 237

55. Ivan an Uafásach (An Rúis) 241

56. Seán Locke (Sasana) 245

57. Rani Padmini (An India) 249

58. Ibn Battuta (Maracó) 253

59. Banríon Eilís II (Sasana) 257

60. Marie Tussaud (An Fhrainc) 261

61. Amerigo Vespucci (An Iodáil) 265

62. Ferdinand Magellan (An Phortaingéil/An Spáinn) 268

63. Hiuen Tsang (An tSín) 272

64. Megasthenes (Anatolia) 276

65. Vasco de Gama (An Phortaingéil) 279

66. Rabindranath Tagore (An India) 283

67. Sir Edmund Hillary (An Nua-Shéalainn) 287

68. Yuri Gagarin (An tAontas Sóivéadach/An Rúis) 291

69. CV Raman (An India) 295
70. Neil Armstrong (Stáit Aontaithe Mheiriceá).................................. 299
71. Helen Keller (Stáit Aontaithe Mheiriceá) 303
72. Hóiméar (An Ghréig) 308
73. Franz Kafka (Poblacht na Seice) 313
74. Plato (An Ghréig) 318
75. Nero (An Róimh) 323
76. Constantine Mór (An Róimh)... 326
77. Wu Zetian (An tSín) 331
78. Marilyn Monroe (Stáit Aontaithe Mheiriceá) 335

Réamhfhocal

Is iniúchadh cuimsitheach é an leabhar Beathaisnéis ar shaolta agus ar éachtaí cuid de na daoine is mó tionchair sa stair. Trí insint mhionsonraithe léirsteanach, tugann an leabhar léargas do léitheoirí ar thurais phearsanta agus ghairmiúla na ndaoine suntasacha seo, ag cur béime ar a streachailt, a mbuanna agus a n-oidhreacht bhuan.

Tosaíonn an leabhar trí scrúdú a dhéanamh ar óige agus ar shaol luath gach pearsantachta, ag soláthar comhthéacs dá ngnóthachtálacha níos déanaí. Ón áit sin, cuireann sé isteach ar a mblianta múnlaitheacha, ag fiosrú na heispéiris agus na tionchair a mhúnlaigh a gcarachtar agus a n-uaillmhianta.

Tá gach beathaisnéis an-mhionsonraithe, ag tairiscint portráid nuances de phearsantacht, spreagthaí agus mianta an ábhair. Ó cheannairí polaitiúla agus leasaitheoirí sóisialta go healaíontóirí agus eolaithe, clúdaíonn an leabhar raon éagsúil daoine, ag léiriú fairsinge agus doimhneacht ghnóthachtáil an duine.

Ceann de na príomhthéamaí a eascraíonn as na beathaisnéisí is ea an chumhacht buanseasmhacht agus diongbháilteacht in aghaidh na achranna. Sháraigh go leor de na pearsantachtaí a bhí sa leabhar dúshláin shuntasacha ar a mbealach chun ratha, ag feidhmiú mar shamplaí inspioráideacha den athléimneacht agus den mhisneach.

Téama athfhillteach eile is ea an tábhacht a bhaineann le nuálaíocht agus cruthaitheacht chun dul chun cinn agus athrú a thiomáint. Is cuma trí fhionnachtain eolaíoch, léiriú ealaíonta, nó athchóiriú sóisialta, léiríonn na daoine aonair a bhfuil próifíl orthu sa leabhar cumhacht bunathraithe na smaointeoireachta físiúla agus na gníomhaíochta dána.

I ndeireadh na dála, is ceiliúradh é an leabhar ar an spiorad daonna agus ar an iliomad bealaí inar féidir le daoine aonair tionchar buan a fhágáil ar an domhan. Feidhmíonn sé mar mheabhrúchán go dtagann an mhórúlacht i go leor foirmeacha agus go bhfuil an cumas ag gach duine againn difríocht a dhéanamh inár mbealach uathúil féin.

—Údar

1. Cleopatra (an Éigipt)

Is pearsa íocónach sa stair í Cleopatra VII Philopator, banríon cháiliúil na hÉigipte, a bhfuil cáil uirthi as a héirim, a cumas polaitiúil agus a héirim mhealltach. Rugadh Cleopatra sa bhliain 69 BCE, in Alexandria na hÉigipte, agus bhí sé i ndán do Cleopatra sármhaitheas in am an tsuaite pholaitiúil agus comhghuaillíochtaí aistrithe. Is scéal uaillmhianach, cumhachta agus rómánsaíochta í a saol, agus d'fhág a hoidhreacht marc doscriosta ar annála na seanstaire.

An Luathshaol agus Oideachas

Rugadh Cleopatra isteach sa ríshliocht Ptolemaic, teaghlach ríoga Gréagach a rialaigh an Éigipt tar éis ghabháil Alastair Mhór. Ba é a hathair, Ptolemy XII Auletes, an pharaoh tráth a breithe, agus bhí sí ar an tríú duine de sheisear leanaí. Bhí oideachas Cleopatra oiriúnach dá stádas ríoga, agus d'éirigh sí líofa san iliomad teangacha, an Ghréigis, an Éigiptis agus an Laidin ina measc. Shín a fiosracht intleachtúil thar theangacha chun fealsúnacht, matamaitic agus réalteolaíocht a chuimsiú, rud a d'fhág go raibh sí ar cheann de na rialóirí is oilte agus is cultúir dá cuid ama.

Ardú chun Cumhachta

Bhí luathshaol Cleopatra marcáilte ag éagobhsaíocht pholaitiúil agus intrigue teaghlaigh. Sa bhliain 51 BCE, fuair a hathair bás, ag fágáil an ríchathaoir do Cleopatra agus a deartháir níos óige, Ptolemy XIII. Mar sin féin, tháinig méadú tapa ar an gcaidreamh idir na siblíní, rud a d'eascair streachailt cumhachta chun an Éigipt a rialú. Deoraíocht Cleopatra ina dhiaidh sin, ach bhí sí meáite ar a ríchathaoir a fháil ar ais.

Sa bhliain 48 BCE, thapaigh Cleopatra an deis í féin a ailíniú le Julius Caesar, an ginearál Rómhánach cumhachtach, le linn a cuairte ar an Éigipt. Bhí an scéal iomráiteach faoi theacht Cleopatra go dtí pálás Caesar smuigleáilte i gcairpéad rollta suas, ar cheann de na scéalta is buaine dá saol. Ní hamháin gur athchóirigh an comhaontas straitéiseach le Caesar Cleopatra ar an ríchathaoir ach chuir sí tús lena caidreamh le príomhdhaoine i bpolaitíocht na Róimhe freisin.

Caidrimh agus Rómánsacha

Bhí ról suntasach ag caidreamh rómánsúil Cleopatra i múnlú a cinniúint pholaitiúil. Mar thoradh ar a caidreamh le Julius Caesar rugadh mac, Caesarion, agus neartaigh a ceangail leis an Róimh. Mar sin féin, chuir feallmharú Caesar i 44 BCE Cleopatra i riocht neamhbhuana, rud a spreag í chun filleadh ar an Éigipt.

Tar éis bhás Caesar, rinne Cleopatra comhghuaillíocht eile a chruthú, an uair seo le Mark Antony, duine d'ghinearál Caesar. Bhí an caidreamh idir Cleopatra agus Antony idir pholaitiúil agus phearsanta, agus bhí triúr clainne acu le chéile. Spreag an aontas, áfach, conspóid sa Róimh, áit a raibh amhras faoi chaidreamh Antony le banríon eachtrannach.

Bhí Cath Actium sa bhliain 31 BCE ina bhuaicphointe i saol Cleopatra. Bhí Antony agus Cleopatra in aghaidh an bhua in aghaidh Octavian (ar a dtugtar Augustus níos déanaí), mac uchtaithe Caesar agus comh-triumvir Antony. Agus iad ag tabhairt aghaidh ar thitim a ríochta, chuir Cleopatra agus Antony a saolta féin i ndeireadh tragóideach ar a gcaidreamh grá suarach.

Éachtaí Polaitiúla

Bhí cumas polaitiúil agus scileanna taidhleoireachta Cleopatra thar a bheith suntasach, rud a ligeann di dul i ngleic le saol casta na geopolitics ársa. Le linn a réime, rinne sí iarracht geilleagar na hÉigipte a chobhsú, malartú cultúrtha a chur chun cinn, agus a riail a dhaingniú. Chuir cumas Cleopatra iltheangacha í i gcion ar dhaonra éagsúil na hÉigipte, rud a chothaigh braistint aontacht i dtír a bhfuil taipéis shaibhir chultúir inti.

Ina cuid idirghníomhaíochtaí leis an Róimh, bhí ról an idirghabhálaí agus an chomhghuaillithe go sciliúil ag Cleopatra. Ní raibh a caidreamh le Caesar agus Antony tiomáinte ach amháin ag affections pearsanta; comhghuaillíochtaí straitéiseacha a bhí iontu a bhí dírithe ar cheannasacht na hÉigipte a chosaint ar thionchar méadaitheach na Róimhe. Bhí rannpháirtíocht Cleopatra i bpolaitíocht na Róimhe gan fasach agus conspóideach, agus í ag iarraidh leas a ríochta a chinntiú i ndomhan atá ag athrú go tapa.

Ranníocaíochtaí Cultúrtha

Taobh amuigh dá cumas polaitiúil, bhí Cleopatra ina pátrún ar na healaíona agus ar na heolaíochtaí, ag cur le saol cultúrtha faoi bhláth in Alexandria. Thacaigh sí le scoláirí agus fealsúna, lena n-áirítear an matamaiticeoir clúiteach Euclid agus an réalteolaí Ptolemy. Tháinig cúirt Cleopatra chun bheith ina lárionad malartaithe intleachtúla, ag cothú aeráid na cruthaitheachta agus na nuálaíochta.

Mhéadaigh a spéis sa litríocht agus sa fhealsúnacht a cuid scríbhinní. Cé nach bhfuil a saothair liteartha ar marthain, tugann cuntais stairiúla le fios gur údar bisiúil a bhí i Cleopatra, ag táirgeadh treatises ar ábhair éagsúla. Rinne a tiomantas do ghníomhaíochtaí intleachtúla idirdhealú a dhéanamh ar a réimeas agus d'fhág sí tionchar buan ar oidhreacht chultúrtha na sean-Éigipte.

Oidhreacht

Téann oidhreacht Cleopatra thar theorainneacha an ama agus leanann sí ar aghaidh ag mealladh samhlaíochta daoine ar fud an domhain. Tá a saol neamhbhásmhar sa litríocht, san ealaín, agus sa scannán, agus tá iliomad portráidí ag iarraidh an enigma a bhí i Cleopatra a ghabháil. Chuir dráma Shakespeare "Antony and Cleopatra" agus scannáin ar nós "Cleopatra" (1963) le Elizabeth Taylor le híomhá bhuan na n-úrscéal stairiúil íocónach seo.

In ainneoin a bua sa deireadh, tá athléimneacht, intleacht agus carisma Cleopatra tar éis a stádas a dhaingniú mar cheann de na mná is cumhachtaí agus is mó tionchair sa stair. Déanann a cumas dul i ngleic le huiscí fealltach na sean-pholaitíochta, a rannpháirtíocht chultúrtha, agus a rómánsaíocht paiseanta í ina húdar spéise agus ardmheasa.

Bás agus Mystique Buan

Tharla bás Cleopatra ar 12 Lúnasa, 30 BCE, in Alexandria. Tá na himthosca a bhain lena bás faoi rún rúndiamhra agus intrigue. De réir cuntais stairiúla, rinne Cleopatra agus Mark Antony féinmharú trí nimhiú, cé go dtugann roinnt teoiricí le fios cásanna eile, mar shampla dúnmharú nó nimhiú trí thimpiste.

Ní fios fós cá bhfuil tuama Cleopatra, rud a chuireann leis an rúndiamhra a bhaineann lena saol agus lena bás. In ainneoin iarrachtaí fairsinge seandálaíochta, níor aimsíodh a hionad scíthe deiridh, rud a d'fhág go bhfuil rúndiamhra agus tuairimíocht i gcónaí ann.

Mar fhocal scoir, is taipéis é saol Cleopatra VII Philopator atá fite fuaite le snáitheanna na huaillmhéine, na cumhachta agus an rómánsaíochta. Ó na blianta tosaigh a bhí aici mar bhanphrionsa sa ríshliocht Ptolemaic go dtína hainlithe polaitiúla i gconairí chumhacht na Róimhe, is teist é turas Cleopatra ar a hintleacht, a hathléimneacht agus a cumas chun cúrsa na staire a mhúnlú. Mar pharaoh deireanach na hÉigipte, maireann oidhreacht Cleopatra mar shiombail den chumhachtú ban, den phátrúnacht chultúrtha, agus den idirghníomhú casta idir an grá agus an pholaitíocht sa saol ársa.

2. Leonardo da Vinci (An Iodáil)

Rugadh Leonardo da Vinci, fear mór na hAthbhcochana, ar 15 Aibreán, 1452, i Vinci, baile beag in aice le Flórans na hIodáile. Mac neamhdhlisteanach Ser Piero da Vinci, nótaire, agus Caterina, bean tuathánach, bhí saol luath Leonardo marcáilte ag fiosracht, tallann ealaíne, agus tart dosháraithe chun eolais. Dhéanfadh a genius ilghnéitheach idirdhealú níos déanaí air mar dhuine de na healaíontóirí, aireagóirí, eolaithe agus smaointeoirí is mó sa stair.

An Luathshaol agus Oideachas

Chaith Leonardo óige i Vinci, áit ar léirigh sé cleamhnas luath don dúlra agus don léiriú ealaíne. Agus a thallann ealaíonta á aithint aige, rinne a athair printíseach leis an ealaíontóir clúiteach Andrea del Verrocchio i bhFlórans ag aois a 14. Faoi theagasc Verrocchio, chuir Leonardo feabhas ar a chuid scileanna sa phéinteáil, sa dealbhóireacht agus sa dréachtú.

Ní raibh oideachas Leonardo teoranta do na healaíona. Léirigh sé suim mhór san anatamaíocht, san innealtóireacht, agus sa domhan nádúrtha. Nochtann a leabhair nótaí, atá líonta le sceitsí agus breathnuithe, fiosracht dhosháraithe faoi mheicníochtaí an chorp daonna, eitilt na n-éan, agus gluaiseacht uisce. Is é an cur chuige idirdhisciplíneach seo i leith na foghlama a leag an chéim amach dá éachtaí níos déanaí.

Gairm Ealaíne

Tháinig borradh faoi ghairm bheatha ealaíne Leonardo i bhFlórans, áit a raibh sé ina mháistir i gCumann Naomh Lúcás ag aois 20. Léirigh a shaothar luath, mar "The Baisteadh Chríost" (1472-1475), a chumas teicniúil agus a chur chuige nuálaíoch i leith. comhdhéanamh. Mar sin féin, ba é a chuid ama i Milano a bhí ina bhuaicphointe suntasach ina ghairm bheatha.

Sa bhliain 1482, chuaigh Leonardo isteach i seirbhís Ludovico Sforza, Diúc Milano, mar ealaíontóir cúirte agus innealtóir. Le linn na tréimhse seo, chruthaigh sé cuid dá shaothar is cáiliúla, ina measc "The Last Supper" (1495–1498). Tá an múrmhaisiú seo, a bhfuil cáil air mar gheall ar a léiriú réabhlóideach ar mhothúchán agus ar chomhdhéanamh spásúlachta, tar éis maireachtáil mar cheann de shárshaothair ealaín an Iarthair.

Leathnaigh buanna éagsúla Leonardo thar phéintéireacht. Dhear sé léiriúcháin amharclainne, chuir sé féilte móra le chéile, agus chruthaigh sé pleananna ailtireachta casta. Tá a leabhair nótaí ón tréimhse seo lán le dearaí d'aireagáin ó innill eitilte go hairm mhíleata, ag léiriú a spiorad nuálaíoch agus a intleacht innealtóireachta.

Fill ar Fhlórans agus ar an Ard-Renaissance

Sa bhliain 1499, chuir corraíl pholaitiúil ar Leonardo Milano a fhágáil, agus d'fhill sé ar Fhlórans. I rith an ama seo, phéinteáil sé "An Mhaighdean agus an Leanbh le Naomh Anna" (c. 1503-1506), sárshaothar a léiríonn a stíl athraitheach agus a spéis i ndinimic an chaidrimh dhaonna.

Ba é an teagmháil a bhí ag Leonardo leis an ealaíontóir óg Raphael agus an Michelangelo níos sine i bhFlórans buaic na hArd-Athbheochana – tréimhse inar tháirg na trí thíotán ealaíne seo cuid de na saothair is íocónacha i stair an Iarthair. Cé go ndéantar "Mona Lisa" (1503-1506) Leonardo (1503-1506) agus "Cath Anghiari" (neamhchríochnaithe) a cheiliúradh, léiríonn a chuid leabhar nótaí meon an-aisteach ag iniúchadh an iliomad ábhar eolaíochta agus ealaíne.

Tóraíocht Eolaíochta

Bhí an-suim san eolaíocht agus san anatamaíocht ag baint le brí ealaíne Leonardo. Rinne sé scaradh ar chladach, ag doiciméadú go mion ar a chuid breathnuithe i líníochtaí anatamaíocha mionsonraithe. Ní hamháin gur léirigh a chuid staidéir ar an gcorp daonna, a gabhadh i sceitsí mar "Vitruvian Man" (c. 1490), a scil ealaíne ach leag sé an bonn le haghaidh dul chun cinn i léiriú leighis agus tuiscint anatamaíoch.

I leabhair nótaí Leonardo, atá scríofa ina scáthán-scríbhneoireacht shainiúil, tá saibhreas smaointe agus coincheapa roimh a chuid ama. Ó staidéir ar iontaisí go dearaí le haghaidh meaisíní eitilte, bhí raon leathan a fhiosrúcháin eolaíochta i ndisciplíní éagsúla aige, ag cuimsiú bunbhrí fíor-pholaimait.

Oibreacha Suntacha

Is teist é oeuvre Leonardo da Vinci ar a solúbthacht ealaíne agus a spiorad nuálaíoch. I measc a shaothar is suntasaí tá:

An Suipéar Deiridh (1495–1498): Péinteáilte do mhainistir Dhoiminiceach Santa Maria delle Grazie i Milano, cuireann an múrmhaisiú íocónach seo in iúl an nóiméad a d'fhógair Íosa go ndéanfaidh duine dá dheisceabail é a bhrath. Rinne comhdhéanamh, doimhneacht mhothúchánach, agus úsáid peirspictíochta réabhlóidiú ar léiriú radharcanna insinte san ealaín.

Mona Lisa (c. 1503–1506): Tá an Mona Lisa lonnaithe i Músaem an Louvre i bPáras, b'fhéidir gurb í an phortráid is cáiliúla ar domhan. Léiríonn aoibh gháire enigmatic an ábhair agus an úsáid a bhaintear as sfumato (doiléir na himill) máistreacht Leonardo ar theicníc agus ar léargas síceolaíoch.

Fear Vitruvian (c. 1490): Staidéar ar chomhréireanna an cholainn dhaonna, bhí an líníocht íocónach seo in éineacht le nótaí ar an áit a dtrasnaíonn an ealaín agus an eolaíocht. Léiríonn sé creideamh Leonardo i gcomhnascadh na healaíne agus an dúlra.

Baisteadh Chríost (1472–1475): Péinteáilte le linn a bhlianta tosaigh i gceardlann Verrocchio, taispeánann an saothar comhoibríoch seo lena mháistir buanna Leonardo atá ag teacht chun cinn mar phéintéir.

An Annunciation (1472–1475): Cruthaithe le linn a bhlianta múnlaitheacha, taispeánann an sárshaothar luath seo an scil atá ag Leonardo maidir le habairtí caolchúiseacha a ghabháil agus mothú na háilleachta ethereal a chur in iúl.

Blianta Níos déanaí agus Bás

Sa bhliain 1513, d'fhág Leonardo da Vinci Flórans agus chaith sé a chuid blianta deiridh sa Róimh agus níos déanaí sa Fhrainc faoi phátrúnacht an Rí Proinsias I. Le linn na tréimhse seo, lean sé lena ghníomhaíochtaí ealaíne agus eolaíocha, lena n-áirítear staidéir ar eitilt na n-éan agus pleananna le haghaidh chathair idéalach.

Fuair Leonardo da Vinci bás ar 2 Bealtaine, 1519, ag an Château du Clos Lucé in aice le Amboise, an Fhrainc. Chuir a bhás deireadh le ré, ach mhair a oidhreacht. Tiomnaíodh a leabhair nótaí, líonta le sceitsí, tuairimí agus smaointe, dá dhalta Francesco Melzi. Bhí na "Cóid" seo ina stórtha luachmhara d'fhlaithiúlacht Leonardo agus chuir siad léargais ar fáil ar aigne polymath na gcéadta bliain roimhe sin.

Oidhreacht agus Éachtaí

Tá tionchar Leonardo da Vinci ar an ealaín, an eolaíocht agus eolas daonna do-tomhaiste. D'athraigh a theicnící nuálacha sa phéintéireacht, mar sfumato agus chiaroscuro, an bealach a ndeachaigh ealaíontóirí i ngleic lena gceird. Seachas a chuid éachtaí ealaíne, leag tuairimí eolaíocha Leonardo an bunchloch le dul chun cinn san anatamaíocht, san innealtóireacht agus sa phaleonteolaíocht.

Síneann oidhreacht Leonardo go dtí a ról mar aireagóir ceannródaíoch. Cé nár baineadh amach go leor dá dhearadh riamh le linn a shaoil, thug siad léargas ar fhorbairtí i réimsí mar aerloingseoireacht, hiodrálaic agus teicneolaíocht mhíleata. Léiríonn a chuid coincheapa ar mheaisíní eitilte, lena n-áirítear an ornithopter, spiorad físiúil a bhí ag súil le todhchaí na hintleachta daonna.

Sna céadta tar éis a bháis, tá tionchar Leonardo da Vinci fós ann. Tá aithris déanta ag ealaíontóirí ar a theicnící, tá inspioráid faighte ag eolaithe óna staidéir anatamaíocha, agus tá iontas déanta ag aireagóirí faoina dearaí todhchaíochta. Is teist fós é a chumas chun saol na healaíne agus na heolaíochta a dhúnadh gan uaim ar na féidearthachtaí gan teorainn atá in aigne an duine.

Mar fhocal scoir, ba theist ar shaol Leonardo da Vinci cumhacht na fiosrachta intleachtúla, na nuálaíochta ealaíonta agus na smaointeoireachta idirdhisciplíneach. Mar polymath den Renaissance, sháraigh sé teorainneacha a chuid ama, ag fágáil marc doscriosta ar shaol na healaíne agus na heolaíochta. Leanann oidhreacht bhuan Leonardo ag spreagadh na nglún, ag meabhrú dúinn an tionchar domhain a d'fhéadfadh a bheith ag aigne fhísiúil amháin ar stair an duine.

3. Julius Caesar (An Róimh)

Rugadh Gaius Julius Caesar, duine de na daoine is mó tionchair i stair na Róimhe, ar 12 nó 13 Iúil, 100 BCE, isteach i gclann mór le rá Julian. Ba é an Róimh a áit bhreithe, agus mhaígh a chlann de shliocht na Véineas bandia. Ó aois an-óg, thaispeáin Caesar cáilíochtaí ceannaireachta agus carisma dúchasach a chruthódh a thodhchaí.

Lean oideachas Caesar an curaclam caighdeánach d'uaisle na Róimhe, a chuimsigh reitric, litríocht agus fealsúnacht. Mar sin féin, chuaigh a chuid oideachais fíor níos faide ná an seomra ranga. Arna ardú in am an éagobhsaíocht pholaitiúil, chonaic Caesar na heachtraí suaite a shainigh Poblacht na Róimhe, rud a chuir tús lena ghairm bheatha neamhghnách.

Gairm Mhíleata

Tháinig cumas míleata Julius Caesar chun solais go luath ina shaol. In 81 BCE, ag aois 18, bhí sé ina oifigeach san Áise Mion. Tharraing a shaothair mhíleata aird go tapa, agus ghnóthaigh sé an Choróin Chathartha, maisiúchán míleata mór le rá, as saol comhshaighdiúir a shábháil ag Léigear Mytilene.

Ag filleadh ar an Róimh, thosaigh Caesar ar shlí bheatha pholaitiúil agus mhíleata a bheadh fite fuaite lena shaol. Sa bhliain 69 BCE, toghadh é mar quaestor, post a chuir tús lena ardú céime polaitiúil. Lean rath míleata Caesar ar aghaidh agus é i mbun feachtais sa Spáinn, rud a dhaingnigh a chlú mar ghinearál iontach.

An Chéad Triumvirate agus Ardú Polaitiúil

Ba shaintréith de thírdhreach polaitiúil na Róimhe sa Phoblacht dhéanach ná streachailtí cumhachta agus faicsinachas. Sa bhliain 60 BCE, bhunaigh Caesar comhghuaillíocht pholaitiúil ar a dtugtar an Chéad Triumvirate le Gnaeus Pompeius Magnus (Pompey the Great) agus Marcus Licinius Crassus. Cé go raibh an comhrialtas seo neamhoifigiúil agus neamhdhlíthiúil, ligeadh don triúr fear cumhacht a chomhdhlúthú agus tionchar a imirt ar pholaitíocht na Róimhe.

Le linn na tréimhse seo, bhain Caesar amach gobharnóir na Gaill, réigiún ollmhór a bhfuil tábhacht straitéiseach leis. Ó 58 R.Ch. go 50 R.Ch., stiúraigh sé Cogaí Gallda, sraith feachtais mhíleata as ar tháinig Gaul isteach sa Phoblacht Rómhánach. Bhí gile míleata agus cumas straitéiseach Caesar le feiceáil ina bhua ag Cath Alesia agus Cath Gergovia.

Trasnú an Rubicon

De réir mar a tháinig an Chéad Triumvirate chun cinn de bharr teannais inmheánacha agus bás Crassus, rinne naimhde polaitiúla Caesar sa Róimh iarracht a thionchar a shrianadh. D'éiligh an Seanad, ar eagla go raibh méadú ag teacht ar chumhacht Caesar, go scaoilfeadh sé a arm agus go bhfillfeadh sé ar an Róimh mar shaoránach príobháideach. Bhí cinneadh ríthábhachtach le sárú ag Caesar, a bhí feasach ar na hiarmhairtí polaitiúla agus ar an ionchúiseamh féideartha.

I 49 BCE, thrasnaigh Caesar an Abhainn Rubicon cáiliúil, an teorainn a scaradh a chúige ó chríoch na Róimhe, leis na focail "Alea iacta est" (Tá an dísle). Breathnaíodh ar an ngníomh seo mar ghníomh cogaidh in aghaidh na Poblachta Rómhánacha, ba é a chuir tús le cogadh cathartha idir fórsaí Caesar agus iad siúd atá dílis don Seanad agus Poimpé.

Cogadh Cathartha agus Cleopatra

Sa chogadh cathartha ina dhiaidh sin, ar a dtugtar Cogadh Cathartha na Róimhe (49–45 BCE), chonacthas cathanna ríthábhachtacha mar Chath Pharsalus i 48 BCE, áit ar tháinig Caesar chun cinn ar Phoimpéas. Theith Poimpéas go dtí an Éigipt, áit ar feallmharaíodh é, agus chuaigh Caesar sa tóir air, ag teacht go Alexandria.

San Éigipt, chuaigh Caesar i bhfostú i bpolaitíocht chasta an ríshliocht Ptolemaic. Thaobh sé le Cleopatra VII, an bhanríon óg, ina streachailt ar son na ríchathaoireach i gcoinne a dearthár Ptolemy XIII. Tháinig rath ar an ngaol cáiliúil idir Caesar agus Cleopatra i rith an ama seo, agus rugadh a mac Caesarion dá bharr.

Tar éis Cleopatra a thabhairt ar ais don ríchathaoir, d'fhill Caesar ar an Róimh, áit ar lean sé lena leasuithe polaitiúla agus míleata. Chuir sé bearta i bhfeidhm chun fiacha a mhaolú, rinne sé athstruchtúrú ar an bhféilire, agus d'achtaigh sé beartais dáileacháin talún chun leas na seanóirí.

Deachtóireacht agus Feallmharú

In ainneoin a bhfuil bainte amach aige, bhí méadú ag teacht ar an bhfreasúra in aghaidh Caesar ó na daoine a bhraith go raibh sé ina bhagairt ar Phoblacht thraidisiúnta na Róimhe. Sa bhliain 44 BCE, fógraíodh Caesar ina dheachtóir perpetuo (deachtóir go suthain), rud a chomhdhlúthaigh cumhacht ina lámha go héifeachtach. Chuir an t-aistriú seo faitíos ar go leor seanadóirí agus poblachtánaigh, a raibh faitíos orthu go mbunófaí monarcacht faoi riail Caesar.

Ar Ides Márta (15 Márta), 44 BCE, feallmharaíodh Julius Caesar ag grúpa seanadóirí Rómhánacha faoi cheannas Brutus agus Cassius. Mhaígh na comhcheilg go raibh siad ag gníomhú chun Poblacht na Róimhe a chosaint, ag dearbhú go raibh siad ag cosc ar Caesar a bheith ina anfhlaith. Mar sin féin, chuir an feallmharú isteach ar an Róimh a thuilleadh caos agus ba chúis le streachailt cumhachta a réitigh an bealach do dheireadh Phoblacht na Róimhe.

Oidhreacht agus Éachtaí

Tá oidhreacht Julius Caesar casta agus ilghnéitheach. Ba genius míleata é, polaiteoir stuama, agus ceannaire fuinniúil. Mhéadaigh a chuid conquest míleata ar Impireacht na Róimhe go dtí an chríoch ba mhó a bhí aici, agus leag a leasuithe riaracháin an bhunchloch do rialachas Impireacht na Róimhe amach anseo.

D'fhág gairm pholaitiúil Caesar, marcáilte ag trasnú an Rubicon agus bunú cumhachtaí deachtóireachta, tionchar buan ar stair na Róimhe. Cé gur bhreathnaigh roinnt daoine air mar chraobh na ndaoine, chonaic daoine eile é mar anfhlaith a bheadh ann. Chuir a fheallmharú, cé go raibh sé beartaithe an Phoblacht Rómhánach a chaomhnú, a bhrostú ar deireadh thiar.

Tá féilire Julian, a thug Caesar isteach, fós mar bhunús don fhéilire Gregorian nua-aimseartha. Bhí tionchar ag a straitéisí míleata, go háirithe coincheap celeritas (luas agus soghluaisteacht), ar cheannasaithe míleata níos déanaí. Tá an frása "Trasnú an Rubicon" tagtha chun bheith ina mheafar chun cinntí neamh-inchúlghairthe a dhéanamh le hiarmhairtí móra.

Bhain Julius Caesar a chríoch tragóideach amach ar Ides an Mhárta sa bhliain 44 BCE, é a thángthas chun báis i gcomhcheilg a bhí eagraithe ag baill de Sheanad na Róimhe. Níor thug an feallmharú an sean-Phoblacht ar ais ach ina ionad sin chuaigh an Róimh isteach i sraith cogaí cathartha agus streachailtí cumhachta.

Mar thoradh ar an bhfolús a d'fhág bás Caesar bhí streachailt cumhachta idir a lucht tacaíochta, faoi cheannas Mark Antony, agus na comhcheilgeoirí, Brutus agus Cassius ina measc. Ba iad na coinbhleachtaí a tháinig as, ar a dtugtar Cogadh Cathartha na Fuascailteoirí (43–42 BCE) agus Cath Filipí ina dhiaidh sin, ba chúis le briseadh na bhfórsaí seandálaíochta.

Bhí an bua ag Mark Antony agus mac uchtaithe Caesar agus oidhre, Octavian (ar a dtugtaí Augustus níos déanaí). Ba thréimhse ghearr de chobhsaíocht choibhneasta é bunú an Dara Triumvirate, a chuimsíonn Antony, Octavian, agus Marcus Aemilius Lepidus. Mar sin féin, bheadh deireadh leis an bPoblacht Rómhánach agus ardú Impireacht na Róimhe mar thoradh ar na streachailtí cumhachta ina dhiaidh sin idir Octavian agus Antony.

Mar fhocal scoir, scéal uaillmhianach, bua agus tragóid a bhí i saol Julius Caesar. Athmhúnlaigh a chuid conquest míleata saol na Róimhe, agus d'athraigh a ghluaiseacht pholaitiúil cúrsa na staire. Spreag dichotomy Caesar mar cheannaire populist agus anfhlaith ionchasach na céadta bliain de dhíospóireacht i measc staraithe.

Maireann oidhreacht Chaesar ní hamháin in annála stair na Róimhe ach freisin sna tionchair chultúrtha agus teanga níos leithne a leanann ar aghaidh ag múnlú an domhain nua-aimseartha. Tá a shaol, marcáilte ag feachtais mhíleata le clos, ainliú polaitiúil, agus caidreamh grá le Cleopatra, fós ina chaibidil an-láidir i eipiciúil na Róimhe ársa - caibidil a d'athraigh cinniúint poblacht go deo agus a chuir an stáitse ar theacht chun cinn Impireacht. .

4. An Bhanríon Eilís I (Sasana)

Rugadh an Bhanríon Eilís I, ceann de na monarcaí is íocónach i stair Shasana, ar 7 Meán Fómhair, 1533, ag Pálás Greenwich. Ba iníon í don Rí Anraí VIII agus Anne Boleyn, a dara bean chéile. Ócáid mhór ab ea breith Eilís mar gur léirigh sé an t-oidhre fireann a raibh Anraí VIII ag súil leis le fada. Mar sin féin, ba é bás a máthar nuair nach raibh Elizabeth ach dhá bhliain d'aois tús le luathshaol corraitheach.

Bhí tionchar ag creidimh daonnúla a máthar ar oideachas luath Elizabeth, ag cur béime ar theangacha, ar stair agus ar na healaíona. Nuair a thit a máthair as fabhar agus cuireadh chun báis í mar gheall ar thréas, tháinig athrú mór ar stádas Elizabeth. Fógraíodh go raibh sí neamhdhlisteanach agus baineadh den líne comharbais í. Mar sin féin, d'éirigh léi dul i ngleic le hinniltí polaitiúla na cúirte Túdarach agus tháinig sí slán ó réimeas suaite a hathar agus a deirfiúr níos óige, Máire I.

Aontachas leis an Throne

Chuaigh Eilís suas chun na ríchathaoir ar an 17 Samhain, 1558, tar éis bhás a deirfiúr, Mary I. Ag 25 bliana d'aois, rinneadh banríon Shasana de Elizabeth, ag cur tús le réimeas a shainmhínigh ré agus a thuillfeadh an epithet di. "An Bhanríon Mhaighdean." D'fhógair a aontachas ré nua de chobhsaíocht, rathúnas, agus borradh cultúrtha, ar a dtugtar ré Eilís.

Lonnaíocht Reiligiúnach agus Dúshláin Pholaitiúla

Ar cheann de na dúshláin is luaithe agus is suntasaí a bhí ag Eilís bhí dul i ngleic leis na coinbhleachtaí reiligiúnacha a bhí buailte le Sasana ar feadh na mblianta. Bhí an tír tar éis ascalaithe idir rialóirí Protastúnach agus Caitliceacha, rud a d'eascair upheavals reiligiúnach agus géarleanúint. Bhí sé mar aidhm ag lonnaíocht reiligiúnach Eilís, ar a dtugtar Lonnaíocht Reiligiúnach Eilís na bliana 1559, lárionad a bhunú idir an Caitliceachas agus an Protastúnachas radacach.

Bhunaigh an lonnaíocht Eaglais Shasana mar institiúid mheasartha Phrotastúnach agus Elizabeth ina Gobharnóir Uachtarach. Ba phríomhchodanna iad Acht na Ceannasachta agus Acht na hAontachta, ag daingniú smacht Eilís ar an eaglais agus ag forfheidhmiú liotúirge aonfhoirmeach. Cé nár shásaigh an lonnaíocht faicsin mhóra ar an dá thaobh, chuir sé le cobhsaíocht reiligiúnach choibhneasta le linn réimeas Eilís.

Armáid na Spáinne agus Beartas Eachtrach

Ba shaintréith de bheartas eachtrach Elizabeth ná cothromaíocht íogair cumhachta agus comhghuaillíochtaí chun leasanna Shasana a chosaint. Ceann de na himeachtaí ba cháiliúla dá réimeas ab ea an ruaig ar Armada na Spáinne i 1588. Bhí an teannas idir Sasana agus an Spáinn ag dul i méid de bharr difríochtaí reiligiúnacha agus iomaíocht gheopholaitiúil.

Bhí sé mar aidhm ag Armada na Spáinne, cabhlach iontach a sheol Rí Philip II na Spáinne, ionradh a dhéanamh ar Shasana agus Eilís a threascairt. Mar sin féin, trí rannpháirtíocht straitéiseach cabhlaigh, chuir cabhlach Shasana, faoi cheannas ceannasaithe ar nós Sir Francis Drake, bac ar an ionradh. Ba bhuaicphointe suntasach é bua na Armada i stair na hEorpa, rud a chuir le cumas cabhlaigh Shasana agus ag bunú Eilís mar mhonarc cumhachtach athléimneach.

Renaissance Cultúrtha

Is minic a thagraítear do réimeas Eilís mar an Renaissance Elizabethan nó Ré Órga Shasana. Ba thréimhse í ina raibh borradh faoi na healaíona, faoin litríocht agus faoin taiscéalaíocht. Tháinig cúirt Eilís I chun bheith ina lárionad sármhaitheasa cultúrtha, ag mealladh filí, drámadóirí agus ceoltóirí. Bhí William Shakespeare, Christopher Marlowe, agus Edmund Spenser i measc na luminaries ar an ardán liteartha Eilís.

Ba léiriú é tógáil Amharclann an Globe i 1599, áit ar léiríodh go leor de dhrámaí Shakespeare, d'athbheochan cultúrtha an ama. Chuir pátrúnacht Elizabeth ar na healaíona agus a tacaíocht don taiscéalaíocht le leathnú ar thionchar cultúrtha agus geopolitical Shasana.

An Bhanríon Mhaighdean agus an Taidhleoireacht Pósta

Gné shainitheach dá réimeas ba ea cinneadh Elizabeth fanacht gan phósta agus gan leanaí. Mar gheall ar an rogha a rinne sí, thuill sí an monaicéir "The Virgin Queen," mar shiombail di a tiomantas dá ról mar cheannaire agus a tiomantas do chobhsaíocht na ríochta. Chuir easpa oidhre dhíreach, áfach, imní faoi chomharbas agus faoi thodhchaí dynasty na dTúdarach.

Ní rogha phearsanta amháin a bhí i ndiúltú Elizabeth chun pósadh ach cinneadh straitéiseach a raibh impleachtaí polaitiúla doimhne aige. D'fhéadfadh comhghuaillíochtaí pósta ceannasacht Shasana a chur i gcontúirt, mar go bhféadfadh céilí coigríche tionchar a imirt ar ríchathaoir Shasana. Bhí láimhseáil Elizabeth ar an taidhleoireacht phósta, arb iad is sainairíonna go minic léi athbhrí taidhleoireachta agus flirtation, ina shainmharc dá réimeas.

Rathúnas Eacnamaíoch agus Trádáil

Chonacthas fás eacnamaíoch suntasach agus méadú ar thrádáil i ré Eilís. Chuir rialtas Eilís beartais i bhfeidhm a spreag an tráchtáil, rud a d'fhág gur tháinig forbairt ar mheánaicme a bhí ag méadú. Chuir ardú na bhfiontar trádála agus cuideachtaí comhstoic le rathúnas eacnamaíoch Shasana.

Chuathas sa tóir go gníomhach ar bhealaí taiscéalaíochta agus trádála le linn na tréimhse seo, agus daoine suntasacha ar nós Sir Walter Raleigh ar thóir an Domhain Nua. Léirigh bunú an East India Company i 1600 tionchar domhanda méadaitheach Shasana ar thrádáil agus ar thráchtáil.

Dúshláin Marthanacha

In ainneoin gur éirigh le réimeas Eilís, ní raibh sé gan dúshláin. D'eascair coinbhleachtaí as ceist na hÉireann agus an dúil i leith neamhspleáchais níos mó in Éirinn a mhair ar feadh a rialach. Chuir éirí amach na nIarlaí Tuaisceartacha i 1569 agus éirí amach na hÉireann bagairt ar smacht agus ar údarás Shasana.

Ina theannta sin, thug Eilís aghaidh ar dhúshláin inmheánacha ó dhruideanna éagsúla, lena n-áirítear an bhagairt Chaitliceach a bhí i gceist le Muire, Banríon na hAlban. Chuir príosúnacht Mhuire agus forghníomhú ar deireadh thiar i 1587 brú ar an gcaidreamh le cumhachtaí Caitliceacha, go háirithe an Spáinn. Ba ábhar imní leanúnach é ceist an chomharbais gan réiteach, mar go gcuirfeadh bás Eilís deireadh le ríshliocht na dTúdarach.

Fuair Eilís I bás ar 24 Márta, 1603, ag Pálás Richmond. Ba é a bás ná deireadh ré na dTúdarach, mar tháinig Séamus VI na hAlban, a rinneadh Séamas I Shasana de, i gcomharbacht uirthi, ag aontú coróin Shasana agus Albain.

Tá oidhreacht Elizabeth domhain agus marthanach. Tá a réimeas comhchiallach le tréimhse athbheochana cultúrtha, fás eacnamaíoch, agus athléimneacht náisiúnta. Tháinig cuid de na saothair liteartha is mó sa Bhéarla i réim le ré Eilís agus bhunaigh sé Sasana mar phríomhghníomhaí ar stáitse an domhain.

Chuir géire straitéiseach Elizabeth, a stuamacht pholaitiúil, agus a cumas chun dul i ngleic le dúshláin chasta le cobhsaíocht Shasana le linn tréimhse ina raibh suaitheadh mór polaitíochta agus reiligiúnach. Cheadaigh a cinneadh fanacht gan pósadh, cé gur foinse teannais pholaitiúil í, di íomhá de neart agus neamhspleáchas a chothú.

Mar fhocal scoir, caibidil sa stair is ea réimeas na Banríona Eilís I a chuimsíonn spiorad na hAthbheochana, castachtaí na hainlithe polaitiúla, agus oidhreacht mharthanach monarc iomráiteach. D'fhág cumas na Maighdine Banríona dul i ngleic le huiscí polaitiúla fealltacha, borradh cultúrtha a chothú, agus Sasana a threorú chun bua in aghaidh Armada na Spáinne, tar éis marc doscriosta a fhágáil ar annála na staire.

Is minic a dhéantar réimeas Elizabeth a rómánsú mar ré órga, agus tá a íomhá mar an monarc cumhachtach gan phósadh ina siombail íocónach den ré. Síneann oidhreacht bhuan na ré Eilís i bhfad níos faide ná a saolré, ag dul i bhfeidhm ar na glúnta atá le teacht agus ag cur le múnlú féiniúlacht Shasana mar theach cumhachta cultúrtha agus cabhlaigh. Tá Eilís I, an ceann deireanach de na monarcaí Túdaracha, fós ina pearsa a bhfuil spéis agus meas stairiúil air, banríon a d'fhág a réimeas marc doscriosta ar ruthag Shasana agus an domhain.

5. Nelson Mandela (An Afraic Theas)

Tháinig Nelson Rolihlahla Mandela, a rugadh ar 18 Iúil, 1918, i sráidbhaile Mvezo in Umtata, a bhí mar chuid de Chúige Rinn na hAfraice Theas ag an am, chun cinn mar shiombail den fhriotaíocht in aghaidh apartheid agus mar churaidh chearta an duine. Aistríonn an t-ainm láir a tugadh dó, Rolihlahla, go collach go "tarraingt an bhrainse de chrann" nó, go meafarach, "díobhálaí." Bhí blianta tosaigh Mandela marcáilte ag tionchar a shliocht ríoga Thembu, mar gur le clan Madiba é. Mar sin féin, d'athraigh bás a athar nuair nach raibh Mandela ach naoi mbliana d'aois conair a shaoil. Ghlac an Príomh-Jongintaba Dalindyebo é agus bhog sé go cúirt ríoga Thembu i Mqhekezweni, áit a bhfuair sé oideachas foirmiúil.

Sa bhliain 1939, chláraigh Mandela in Ollscoil Fort Hare, an t-aon institiúid ardfhoghlama a bhí ag daoine dubha san Afraic Theas ag an am. Leag a thaithí ag Fort Hare, áit ar bhuail sé le Oliver Tambo, cara ar feadh an tsaoil agus comhghuaillí polaitíochta leis, an bhunchloch dá ghníomhaíochas amach anseo. Mar sin féin, laghdaíodh staidéir Mandela nuair a díbríodh é as páirt a ghlacadh in agóid in aghaidh bheartais ollscoile.

Luathghairme agus Cleachtadh Dlí

Tar éis dó imeacht ó Fort Hare, bhog Mandela go Johannesburg, áit ar oibrigh sé mar chléireach ag gnólacht dlí. Spreag a nochtadh don saol uirbeach agus do réaltachtaí an idirdhealaithe chiníoch a fheasacht mhéadaithe ar an éagóir a bhíonn roimh Afracach Theas dubh. Chinn Mandela leanúint lena chuid oideachais, agus chríochnaigh Mandela a chuid staidéir ag Ollscoil Witwatersrand, agus bhain sé céim sa dlí amach i 1942.

Tháinig forghníomhú Mandela sa dlí ag an am céanna le tiomantas méadaitheach don ghníomhaíochas frith-apartheid. Chuaigh sé isteach i gComhdháil Náisiúnta na hAfraice (ANC), páirtí polaitíochta atá tiomanta do dhul i ngleic le hidirdhealú ciníoch agus cearta na ndaoine dubha san Afraic Theas a chur chun cinn. Bhunaigh Mandela, in éineacht le gníomhaithe óga eile, an ANC Youth League i 1944, ag moladh cur chuige níos radacaí chun apartheid a dhíchóimeáil.

Dúshlán in aghaidh Apartheid

Sa ré i ndiaidh an Dara Cogadh Domhanda cuireadh beartais apartheid i bhfeidhm go foirmiúil, ag bunú deighilt ciníoch agus leithcheal san Afraic Theas. Bhí Mandela, ag éirí níos frustrachais leis na héagóracha a d'fhulaing an tromlach dubh, ina cháineadh glórtha ar bheartais apartheid. Sa bhliain 1948, tháinig an Páirtí Náisiúnta i gcumhacht agus chuir sé dlús leis an deighilt, rud a spreag Mandela agus a lucht comhaimsire chun a gcuid frithsheasmhachta a mhéadú.

Ghlac an ANC le clár agóide neamhfhoréigneach agus easaontas sibhialta, ach d'fhreagair an rialtas le brú faoi chois. Sa bhliain 1952, bhunaigh Mandela agus Oliver Tambo an chéad ghnólacht dlí faoi úinéireacht dhubh sa tír, a chuir cúnamh dlí ar fáil dóibh siúd a ndeachaigh beartais apartheid i bhfeidhm orthu. Bhí cleachtas dlí Mandela fite fuaite lena ghníomhaíocht pholaitiúil, agus é ag troid go dian i gcoinne dlíthe agus polasaithe idirdhealaitheacha.

The Defiance Campaign agus Rivonia Triail

I 1952, bhí ról lárnach ag Mandela in eagrú an Fheachtais Defiance, agóid mhór i gcoinne dlíthe apartheid. Spreag an feachtas gníomhartha easumhlachta sibhialta, mar shampla diúltú pasleabhair a iompar nó úsáid a bhaint as saoráidí "bána amháin". Tháinig Mandela chun cinn mar cheannaire charismatach, ag tacú le frithsheasmhacht neamhfhoréigneach i gcoinne an réimis leatromach.

Bhí freagra an rialtais ar an bhFeachtas Dúshlánach dian, rud a d'fhág gur gabhadh mais, lena n-áirítear Mandela. Ciontaíodh é as an Acht um Dhíchur Cumannachais a shárú agus gearradh téarma príosúin ar fionraí air. Ba é seo an tús do theagmhálacha minice Mandela leis an gcóras dlí, rud a chuir an chéim le haghaidh a phríosúnachta faoi dheireadh.

Mhéadaigh Massacre Sharpeville i 1960, inar chuir na póilíní tine ar lucht agóide síochánta in aghaidh pasleabhar, teannas breise. Mar fhreagra air sin, ghlac an ANC seasamh níos achrannaí, ag cruthú sciathán armtha, Umkhonto we Sizwe (Spear of the Nation), faoi cheannaireacht Mandela. Mar thoradh ar Thriail Rivonia i 1963-1964 gearradh príosúnacht saoil ar Mandela agus ar roinnt ceannairí eile as sabotage agus cúisimh eile.

Blianta an Phríosúin agus Robben Island

Chaith Nelson Mandela 27 bliain san iomlán sa phríosún, agus coinníollacha crua agus saothair éigeantais ann. Ar dtús agus é sa phríosún ar Robben

Island, príosún iomráiteach amach ó chósta Cape Town, thug Mandela agus a chomhchónaitheoirí aghaidh ar chóireáil bhrúidiúil agus rinne siad iarracht a gcuid biotáillí a bhriseadh. In ainneoin na ndúshlán seo, tháinig Mandela chun cinn mar dhuine a bhí ag aontú i measc na bpríosúnach agus choinnigh sé a thiomantas don chúis frith-apartheid.

Le linn dó a bheith sa phríosún, tháinig méadú ar cháil Mandela mar shiombail den fhriotaíocht go náisiúnta agus go hidirnáisiúnta. Tháinig dlús leis an ngluaiseacht dhomhanda frith-apartheid, le gníomhaithe agus ceannairí ar fud an domhain ag iarraidh scaoileadh Mandela. Tháinig an mana "Saor Nelson Mandela" ina chaoineadh rally dóibh siúd a bhí i gcoinne apartheid.

Níor bhris príosúnacht Mandela a spiorad ná a thiomantas don cheartas. Chuaigh sé i mbun caibidlíochta folaitheach leis an rialtas apartheid, ag iarraidh deireadh síochánta a chur leis an leatrom ciníoch. Leag na cainteanna rúnda seo, a tionscnaíodh go déanach sna 1980idí, an bunchloch le deireadh a chur le apartheid.

Eisiúint agus Idirbheartaíocht

I measc an bhrú idirnáisiúnta mhéadaithe agus dinimic inmheánach aistrithe, d'fhógair an tUachtarán FW de Klerk scaoileadh Mandela ar 11 Feabhra, 1990. Ba é an t-imeacht ollmhór seo ná deireadh le príosúnacht fhada Mandela agus tús caibidle nua i stair na hAfraice Theas.

Tar éis é a scaoileadh saor, bhí Mandela i gceannas ar chaibidlíocht chun apartheid a dhíchóimeáil agus an Afraic Theas a aistriú chuig riail an tromlaigh. Bhí sé mar aidhm ag an gcaibidlíocht, ar a dtugtar an Coinbhinsiún don Afraic Theas Daonlathach (CODESA), córas daonlathach a bhunú a chuimseodh rannpháirtíocht na ngrúpaí ciníocha uile.

In ainneoin go leor dúshlán agus deacrachtaí, bhí ceannaireacht Mandela ríthábhachtach chun aistriú síochánta chuig riail an tromlaigh a bhaint amach. Reáchtáladh na chéad toghcháin dhaonlathacha ilchiníocha i 1994, agus rinneadh Nelson Mandela mar chéad uachtarán dubh na hAfraice Theas.

Uachtaránacht agus Tógáil Náisiún

Bhí uachtaránacht Nelson Mandela, ó 1994 go 1999, marcáilte le tiomantas don athmhuintearas, tógáil náisiún, agus ceartas sóisialta. Agus é ag tabhairt aghaidh ar an tasc ollmhór a bhaineann le náisiún roinnte a leigheas, d'oibrigh Mandela chun na hAfraice Theas a aontú trasna línte ciníocha agus chun an tír a atógáil tar éis blianta fada d'achrann ciníoch.

Ar cheann de na gníomhartha is suntasaí a rinne Mandela mar uachtarán bhí bunú an Choimisiúin um Fhírinne agus Athmhuintearas (TRC) i 1995. Bhí sé mar aidhm ag an TRC aghaidh a thabhairt ar na coireanna a rinneadh le linn ré an apartheid, ag soláthar ardán d'íospartaigh agus lucht déanta chun fianaise a thabhairt agus ollmhaithiúnas a lorg. Léirigh tacaíocht Mandela don TRC a chreideamh i gcumhacht an maithiúnais agus an athmhuintearais chun créachtaí an ama atá thart a leigheas.

Dhírigh uachtaránacht Mandela freisin ar aghaidh a thabhairt ar na héagsúlachtaí sóisialta agus eacnamaíocha a fuarthas ó ré an apartheid. Bhí sé mar aidhm ag beartais ar nós an Chláir Athfhoirgníochta agus Forbartha (RDP) pobail faoi mhíbhuntáiste a ardú, trí thithíocht, oideachas agus cúram sláinte a sholáthar.

Oibreacha agus Éachtaí Suntasacha

Duais Nobel na Síochána (1993): Bronnadh Duais Nobel na Síochána ar Nelson Mandela, in éineacht le FW de Klerk, i 1993 as a gcuid iarrachtaí an córas apartheid a dhíchóimeáil go síochánta agus daonlathas ilchíoch a bhunú san Afraic Theas.

Athmhuintearas agus Maithiúnas: Bhí tiomantas Mandela don athmhuintearas agus don mhaithiúnas, go háirithe trí bhunú an Choimisiúin um Fhírinne agus Athmhuintearas, ina theist ar a chreideamh ag leigheas créachta an ama atá thart agus ag cruthú náisiún aontaithe.

Daonlathas agus Toghcháin Ilchiníocha: Faoi cheannaireacht Mandela, rinne an Afraic Theas a chéad toghcháin ilchiníocha daonlathacha i 1994, rud a chuir deireadh le apartheid. Ba shiombail uachtaránacht Mandela bua an daonlathais agus féidearthacht cómhaireachtála síochánta.

Gníomhaíochas Frith-apartheid: Mar gheall ar thiomantas Mandela don chúis fhrith-apartheid ar feadh an tsaoil, óna luathghníomhaíocht go dtí a phríosúnacht agus a uachtaránacht faoi dheireadh, bhí sé ina shiombail dhomhanda den fhriotaíocht in aghaidh an chos ar bolg ciníoch.

Oidhreacht na Ceannaireachta: D'fhág stíl cheannaireachta Mandela, arb iad is sainairíonna é ag baint le huaisleacht, athléimneacht, agus tiomantas don cheartas, oidhreacht bhuan. Mar gheall ar a chumas chun searbhas a shárú agus oibriú i dtreo an athmhuintearais bhí meas mór aige ar fud an domhain.

Blianta Níos déanaí agus Oidhreacht Dhomhanda

Tar éis dó téarma amháin a chaitheamh mar uachtarán, d'éirigh Mandela as i 1999, ag roghnú gan atoghadh a lorg. Níorbh é a scor ón bpolaitíocht deireadh a pháirte i gcúiseanna an cheartais shóisialta. Lean Mandela le síocháin dhomhanda, feasacht VEID/SEIF, agus cearta leanaí a chur chun cinn.

Sa bhliain 2004, bhunaigh Mandela Fondúireacht Nelson Mandela, atá tiomanta dá oidhreacht saoirse agus comhionannais a chur chun cinn. Oibríonn an dúshraith chun aghaidh a thabhairt ar dhúshláin chomhaimseartha agus ag an am céanna cartlann agus oidhreacht Mandela a chaomhnú agus a roinnt.

Tháinig meath ar shláinte Nelson Mandela sna blianta ina dhiaidh sin. Sa bhliain 2013, fuair Mandela bás in aois a 95 ina theach cónaithe in Houghton, Johannesburg. Spreag a bhás racht de bhrón ar fud an domhain, agus bhí ceannairí domhanda agus saoránaigh araon ag caoineadh gur cailleadh duine mór sa streachailt ar son an cheartais agus an chomhionannais.

Mar fhocal scoir, léiríonn aistear saoil Nelson Mandela, óna luathbhlianta faoin tuath san Afraic Theas go dtí a cheannaireacht sa troid in aghaidh apartheid agus a uachtaránacht, odyssey urghnách de athléimneacht, misneach agus neart morálta. D'fhág a thiomantas don cheartas, don mhaithiúnas agus don athmhuintearas marc doscriosta ar an domhan, ag dul thar theorainneacha na hAfraice Theas.

Síneann oidhreacht Mandela thar a uachtaránacht; cuimsíonn sé idéil na saoirse, an chomhionannais agus na dínite daonna. Léirigh sé nach bhféadfadh príosúnacht pholaitiúil spiorad ceannaire físiúil a bhriseadh, agus is teist ar a charachtar morálta é a chumas aistriú ó phríosúnach go huachtarán gan díoltas a lorg.

Leanann scéal Nelson Mandela ar aghaidh ag spreagadh daoine aonair agus gluaiseachtaí ar fud na cruinne, ag meabhrú don domhan cumhacht marthanach na hathléimneachta, an dóchais, agus an tóir gan staonadh ar an gceartas. Feidhmíonn a shaol mar chomhartha dóchais dóibh siúd atá ag tabhairt aghaidh ar chos ar bolg agus ar éagóir, ag déanamh macalla de na focail cháiliúla: "Dealraíonn sé go bhfuil sé dodhéanta i gcónaí go dtí go ndéantar é."

6. Martin Luther King, Jr. (SAM)

Tháinig Martin Luther King Jr., a rugadh Michael King Jr. ar 15 Eanáir, 1929, in Atlanta, Georgia, chun cinn mar dhuine lárnach i ngluaiseacht cearta sibhialta Mheiriceá agus mar laoch na friotaíochta neamh-fhoréigneach. Bhí a athair, Martin Luther King Sr., ina mhinistir Baiste, agus a mháthair, Alberta Williams King, ina múinteoir. Chuir teaghlach an Rí, atá fréamhaithe i dtraidisiún eaglaise na hAfraice-Mheiriceánach, bonn ar fáil do thiomantas Martin óg don cheartas. Bhí blianta tosaigh an Rí marcáilte ag an deighilt chiníoch a bhí i réim i ndeisceart na Stát Aontaithe. In ainneoin na ndúshlán sin, d'éirigh sé thar barr go hacadúil, gan bacadh leis an naoú agus an dóú grád déag sular chláraigh sé i gColáiste Morehouse ag aois 15. Bhí ról ríthábhachtach ag Morehouse, coláiste dubh in Atlanta go stairiúil, i múnlú forbairt intleachtúil agus mhorálta an Rí.

Tar éis dó céim sa tsocheolaíocht a bhaint amach ó Morehouse i 1948, rinne King staidéar diagachta ag Crozer Theological Seminary i Pennsylvania. Nocht a thaithí ag Crozer é chuig peirspictíochtaí diagachta éagsúla agus smaointe fealsúnacha, ag dul i bhfeidhm ar a chur chuige i leith ceartas sóisialta agus frithsheasmhacht neamhfhoréigneach. Níos déanaí ghnóthaigh King dochtúireacht sa diagacht chórasach ó Ollscoil Boston i 1955.

Gníomhaíochas Luath agus Baghcat Bus Montgomery

Thosaigh rannpháirtíocht King sa ghníomhaíochas go luath ina shaol. Agus é fós ina mhac léinn ag Morehouse, chuir sé aithne ar fhealsúnacht Mahatma Gandhi maidir le frithsheasmhacht neamhfhoréigneach. Dhéanfadh an fhealsúnacht seo, ar a dtugtar neamhfhoréigean Gandhian nó Satyagraha, cur chuige an Rí i leith abhcóideachta cearta sibhialta a mhúnlú go mór.

Sa bhliain 1955, ghlac King, atá anois ina aire cosúil lena athair, baint le gluaiseacht na gceart sibhialta i Montgomery, Alabama. Spreag gabháil Rosa Parks, bean dhubh a dhiúltaigh a suíochán bus a thabhairt suas do dhuine bán, baghcat Bus Montgomery. D'eagraigh an pobal Afracach-Mheiriceánach, faoi cheannas King, baghcat ar chóras bus na cathrach, ag éileamh deireadh a chur le deighilt chiníoch ar iompar poiblí.

Bhí an bhaghcat, a mhair ar feadh breis agus bliain, ina phointe ríthábhachtach i ngluaiseacht na gceart sibhialta. Rialaigh Cúirt Uachtarach na SA ar deireadh in Browder v. Gayle (1956) go raibh leithscaradh busanna míbhunreachtúil, agus tháinig deireadh leis an mbaghcat le bua. Chuir an rath seo an Rí chun tosaigh i streachailt na gceart sibhialta agus bhunaigh sé mar cheannaire náisiúnta é.

Comhdháil Ceannaireachta Críostaí an Deiscirt (SCLC)

I 1957, bhunaigh King, in éineacht le ceannairí cearta sibhialta eile, Comhdháil Ceannaireachta Críostaí an Deiscirt (SCLC) chun gníomhaíocht neamhfhoréigneach a chomhordú agus a thacú sa streachailt in aghaidh deighilt ciníoch agus leithcheala. Tháinig an SCLC chun bheith ina fórsa tiomána taobh thiar de go leor feachtais chearta sibhialta, ag cur béime ar phrionsabail na frithsheasmhachta neamhfhoréigneach agus na gníomhaíochta díreacha.

Leathnaigh ceannaireacht King laistigh den SCLC níos faide ná agóidí aonair. Mhol sé athrú níos leithne na sochaí, ag tabhairt dúshlán ní hamháin deighilt dhlíthiúil ach freisin an ciníochas sistéamach atá leabaithe in institiúidí Mheiriceá. Chreid King i gcumhacht fuascailte an ghrá agus rinne sé iarracht aghaidh a thabhairt ar bhunchúiseanna na héagóra cine.

Feachtas Birmingham agus "Litir ó Phríosún Birmingham"

Sa bhliain 1963, d'eagraigh King agus an SCLC sraith agóidí neamhfhoréigeanacha i Birmingham, Alabama, cathair a raibh cáil uirthi mar gheall ar a seasamh in aghaidh díscartha. Bhí sé mar aidhm ag an bhfeachtas brúidiúlacht na deighilte a nochtadh agus an chathair a spreagadh chun deireadh a chur le cleachtais idirdhealaitheacha. Áiríodh i straitéis an Rí taispeántais neamhfhoréigneach, suí isteach, agus baghcat eacnamaíoch comhordaithe.

Bhuail feachtas Birmingham le freasúra foréigneach ó fhorfheidhmiú an dlí, agus baineadh úsáid as madraí póilíní agus píobáin uisce ardbhrú i gcoinne lucht agóide síochánta, leanaí san áireamh. Chuir radhairc na brúidiúlachta isteach ar an náisiún agus tharraing aird idirnáisiúnta.

Agus é i bpríosún le linn fheachtas Birmingham, scríobh King a "Litir ó Phríosún Birmingham" cáiliúil, ag freagairt do cháineadh ó chléir eile a cheistigh uainiú agus modhanna a ghníomhaíochta. Sa litir, chosain King an phráinn a bhain le cúis na gceart sibhialta agus an gá le gníomh díreach in aghaidh na héagóra.

March on Washington agus "I Have a Dream"

Ba é buaic fheachtas Birmingham agus brú méadaitheach ar reachtaíocht um chearta sibhialta ba chúis leis an Máirseáil stairiúil ar Washington ar son Poist agus Saoirse ar 28 Lúnasa, 1963. Mheall an imeacht seo breis agus 250,000 taispeántóir ó chúlraí éagsúla agus bhí raon de cheannairí cearta sibhialta móra le rá ann.

Ba ar chéimeanna Cuimhneacháin Lincoln a thug King a óráid íocónach "I Have a Dream". San aitheasc cumhachtach seo, chuir King in iúl a fhís don chomhréiteach agus don chomhionannas ciníoch, ag samhlaíocht do thodhchaí ina ndéanfaí daoine aonair a mheas de réir a gcarachtar seachas dath a gcraicinn. Tá an óráid ar cheann de na hóráidí is cáiliúla agus is inspioráideacha i stair Mheiriceá.

Bhí baint ag óráidí an Mhárta ar Washington agus an Rí le tacaíocht an phobail a chothú don Acht um Chearta Sibhialta 1964, a raibh sé mar aidhm leis deireadh a chur le deighilt in áiteanna poiblí agus cosc a chur ar idirdhealú fostaíochta bunaithe ar chine, dath, creideamh, gnéas nó bunús náisiúnta.

Duais Nobel na Síochána agus Feachtas Chicago

I 1964, bronnadh Duais Nobel na Síochána ar Martin Luther King Jr. as a cheannaireacht sa streacailt neamhfhoréigneach ar son cearta sibhialta. Ba é an duine ab óige a fuair an duais ag an am.

In ainneoin na n-urraim sin, bhí dúshláin leanúnacha le sárú ag King agus é ar thóir an cheartais. Sa bhliain 1966, d'aistrigh sé a fhócas go dtí an Tuaisceart uirbeach, ag seoladh an Chicago Freedom Movement chun aghaidh a thabhairt ar shaincheisteanna idirdhealaithe ciníoch agus deighilte tithíochta. Bhí frithbheartaíocht agus naimhdeas ag baint leis an bhfeachtas, rud a léirigh an teannas leanúnach ciníoch lasmuigh den Deisceart.

Cur i gcoinne Feachtas Cogadh Vítneam agus na nDaoine Bochta

De réir mar a tháinig gluaiseacht na gceart sibhialta chun cinn, mhéadaigh King a chuid abhcóideachta taobh amuigh den cheartas ciníoch chun éagothroime eacnamaíoch agus cur i gcoinne Chogadh Vítneam a chuimsiú. Ba é a sheasamh in aghaidh an chogaidh, a cuireadh in iúl ina óráid "Beyond Vietnam" i 1967, imeacht chonspóideach ón bpríomhshruth, ach chreid

King go raibh sé riachtanach aghaidh a thabhairt ar cheisteanna idirnasctha an chogaidh, an chiníochais agus na bochtaineachta.

Sa bhliain 1968, chuir King tús le Feachtas na nDaoine Bochta, gluaiseacht a raibh sé mar aidhm aige dul i ngleic le héagothromaíochtaí eacnamaíocha agus a bhí ag moladh ceartas eacnamaíoch do na Meiriceánaigh go léir. D'fhéach an feachtas le haird a dhíriú ar chruachás na mbochtán agus d'éiligh gníomh feidearálach chun bochtaineacht a mhaolú.

Feallmharú agus Oidhreacht

Go tragóideach, laghdaíodh saol Martin Luther King Jr. ag gníomh foréigin. Ar 4 Aibreán, 1968, agus é i Memphis chun tacú le hoibrithe sláintíochta buailte, feallmharaíodh King ar bhalcóin an Lorraine Motel. Chuir a bhás tonnta suaite tríd an náisiún agus ar fud an domhain, ag spreagadh bróin, feirge, agus diongbháilteacht athnuaite chun leanúint leis an streachailt ar son cearta sibhialta.

Maireann oidhreacht Martin Luther King Jr. mar theist ar a thiomantas don cheartas, don chomhionannas agus don fhriotaíocht neamhfhoréigneach. Leag saothar a shaoil an bunchloch le haghaidh buanna suntasacha reachtaíochta, lena n-áirítear an tAcht um Chearta Sibhialta 1964 agus an tAcht um Chearta Vótála 1965. Chuaigh tionchar King níos faide ná éachtaí dlíthiúla; spreag sé glúin gníomhaithe chun dul i ngleic leis an éagóir trí mhodhanna neamhfhoréigeanacha.

Is treoirphrionsabal fós é fís King de phobal ionúin, ina gcónaíonn daoine de gach cine le chéile le chéile, dóibh siúd a oibríonn i dtreo sochaí níos córa agus níos cothroime. Feidhmíonn Láithreán Stairiúil Náisiúnta Martin Luther King Jr. in Atlanta, Georgia, lena n-áirítear Eaglais Bhaiste Ebenezer mar a raibh sé ag seanmóireacht, Ionad an Rí, agus an Lorraine Motel, Músaem Náisiúnta um Chearta Sibhialta i Memphis anois, mar ómós buan dá oidhreacht bhuan.

Mar fhocal scoir, bhí saol Martin Luther King Jr. ina theist ar chumhacht chlaochlaitheach an mhisneach mhorálta, ar fhriotaíocht neamhfhoréigneach, agus ar thóir an cheartais. Mar gheall ar a thiomantas gan staonadh do phrionsabail an chomhionannais agus na saoirse bhí sé ina phríomhdhrumaí ar son an cheartais, agus é i gceannas ar ghluaiseacht a d'athraigh sochaí Mheiriceá.

Sáraíonn oidhreacht an Rí a ról mar cheannaire cearta sibhialta; cuimhnítear air mar ghuth morálta ag tabhairt dúshlán coinsiasa an náisiúin. Leanann a chuid focal, lena n-áirítear an óráid íocónach "I Have a Dream", ag spreagadh daoine ar fud an domhain, ag meabhrú dúinn an streachailt leanúnach ar son an cheartais agus an acmhainneacht le haghaidh athruithe dearfacha trí ghníomhaíochas neamhfhoréigneach.

De réir mar a leanann na Stáit Aontaithe agus an domhan ag dul i ngleic le ceisteanna a bhaineann le héagothroime ciníoch agus éagothroime, tá oidhreacht Martin Luther King Jr. mar chomhartha dóchais, ag tathant orainn aghaidh a thabhairt ar éagóir le grá, cur i gcoinne fuatha le tuiscint, agus oibriú gan stad. i dtreo domhan ina bhfuil níos mó tábhachta ag baint le hábhar an charachtair ná dath an chraicinn.

7. Joan of Arc (An Fhrainc)

Rugadh Joan de Arc, ar a dtugtar Jeanne d'Arc sa Fhraincis, thart ar 6 Eanáir, 1412, i Domrémy, sráidbhaile beag in oirthuaisceart na Fraince. Feirmeoirí ab ea a tuismitheoirí, Jacques d'Arc, agus Isabelle Romée, agus d'fhás Joan aníos i dteaghlach Caitliceach diaga le linn tréimhse corraitheach an Chogaidh Céad Bliain idir Sasana agus an Fhrainc.

Bhí óige Joan suntasach le tionchar an chogaidh, le ruathair agus coinbhleachtaí ag tarlú i gcomharsanacht Domrémy. In ainneoin na ndúshlán, d'fhorbair Joan creideamh láidir reiligiúnach agus bhí cáil uirthi as a cráifeacht. Mhaígh sí go raibh taithí aici ar fhís dhiaga agus gur chuala sí glórtha na naomh, lena n-áirítear Naomh Mícheál, Naomh Caitríona, agus Naomh Maighréad, a d'ordaigh di tacú le Séarlas VII agus cuidiú leis ríchathaoir na Fraince a fháil ar ais.

Misean Dhiaga agus Ceannaireacht Mhíleata

Sa bhliain 1429, agus í 17 mbliana d'aois, chuaigh Joan ar thuras chun an misean diaga a chreid sí a chomhlíonadh. Thaistil sí go dtí an dauphin (oidhre ar ríchathaoir na Fraince), Séarlas VII, a bhí ina chónaí ag Chinon. Ar dtús bhí an bheirtifín amhrasach faoi éilimh dhiaga Sheoín ach cuireadh ina luí uirthi sa deireadh í mar gheall ar a heolas ar phaidir phríobháideach a thug sí dó.

Ba é misean Joan cabhrú le Séarlas VII agus é ag iarraidh a bheith ina Rí ar an bhFrainc agus na Sasanaigh a dhíbirt as críoch na Fraince. Chuir sí ina luí ar Shéarlas cead a thabhairt di dul in éineacht le arm na Fraince chuig léigear Orléans, cathair a bhí i seilbh na Sasanach. Chuir a theacht go Orléans i mí Aibreáin 1429 le meanma fhórsaí na Fraince, agus faoina stiúir, cuireadh an léigear i leataobh i mí Bealtaine. Bhí an bua seo ina bhuaicphointe sa chogadh agus ina dhiaidh sin tháinig roinnt feachtais mhíleata rathúla eile faoi cheannas Joan.

Corónú Séarlas VII agus Tuilleadh Feachtais Mhíleata

Leis an rath a bhí ag Orléans, tháinig méadú ar thionchar Joan, agus lean sí de ról ríthábhachtach a bheith aici i bhfeachtais mhíleata Shéarlais VII. Tháinig an éacht is suntasaí ar an 17 Iúil, 1429, nuair a rinneadh Séarlas VII a choróin go hoifigiúil mar Rí na Fraince in Ardeaglais Reims, ag comhlíonadh ceann de na tairngreachtaí a rinne Joan.

In ainneoin na mbuanna seo, tháinig laghdú ar rath míleata Joan sa deireadh. I mí na Bealtaine 1430, ghabh fórsaí na Burgúine í le linn feachtais in aice le Compiègne. Dhíol na Burgúnaigh, comhghuaillithe na Sasanach, í leis an tairgeoir ab airde, agus sa deireadh tugadh ar láimh do na Sasanaigh í.

Triail agus Forghníomhú

I mbraighdeanas, tháinig Joan of Arc chun bheith ina ábhar do thriail spreagtha go polaitiúil. D'fhéach na Sasanaigh le drochmheas a dhéanamh uirthi agus ar a tionchar ar chorónú Charles VII. I mí Eanáir 1431, chuir an chúirt eaglasta i Rouen, faoi cheannas an Easpaig Pierre Cauchon, tús le triail ar chúisimh heresy, witchcraft, agus gléasadh in éadaí na bhfear.

Le linn na trialach, thug Joan aghaidh ar cheistiú dian, agus léirigh a freagraí a héirim, a seasmhacht agus a creideamh gan staonadh. Chosain sí a cuid gníomhartha mar a bhí á dtreorú ag nochtaí diaga agus choinnigh sí a neamhchiontacht go seasta.

In ainneoin a cosanta, fuair an chúirt Joan ciontach, agus ar 30 Bealtaine, 1431, in aois a 19, dódh í ag an gcuis i Sean Chearnóg an Mhargaidh i Ruán. Ócáid a raibh cúiseamh polaitiúil air a bhí i bhforghníomhú Joan, a raibh sé mar aidhm aige droch-chreidiúint a chur uirthi agus imeaglú a dhéanamh orthu siúd a thacaigh lena cúis.

Athshlánú agus Canónú iarbháis

Tar éis a báis, tháinig Joan of Arc chun bheith ina siombail de náisiúnachas agus frithsheasmhacht na Fraince. Sna blianta i ndiaidh Chogadh na gCéad Blianta, rinne Séarlas VII iarracht é féin a scaradh ó thriail agus cur chun báis Joan, ag aithint a rannchuidiú lena chorónú agus ardú léigear Orléans. Sa bhliain 1456, rinne an tArd-Inquisitor Jean Bréhal atriail iarbháis a d'iompaigh ciontú Joan, ag dearbhú go raibh sí neamhchiontach sna cúisimh.

I 1909, bhuail an Eaglais Chaitliceach Joan of Arc, agus i 1920, rinne Pápa Benedict XV í a chanónú mar naomh. Ceiliúrtar a lá féile ar an 30 Bealtaine, cothrom lá a báis. Aithnítear Joan of Arc freisin mar dhuine de phátrún na Fraince.

Oidhreacht agus Tionchar Cultúir

D'fhág saol agus oidhreacht Joan of Arc marc doscriosta ar an stair, ar an litríocht agus ar na healaíona. Athinsíodh a scéal ina iliomad drámaí, úrscéalta, scannáin agus saothair ealaíne, rud a dhaingnigh a stádas mar shiombail de mhisneach agus de chreideamh.

Léiriúcháin Chultúrtha: Spreag saol Joan saothair chultúrtha éagsúla, lena n-áirítear dráma George Bernard Shaw "Saint Joan," a fhiosraíonn a triail agus a cur i gcrích. Tá scéal Joan of Arc léirithe freisin i scannáin mar "The Passion of Joan of Arc" (1928) le Carl Theodor Dreyer agus "The Messenger: The Story of Joan of Arc" (1999) le Luc Besson.

Siombalachas Míleata: Is minic a úsáidtear Joan of Arc mar shiombail den cheannaireacht mhíleata agus den fhriotaíocht náisiúnta. Tá inspioráid faighte ag míleata na Fraince óna oidhreacht, agus is minic a léirítear í i regalia míleata.

Tionchar ar an bhFeimineachas: Mar gheall ar easpa Joan do noirm inscne agus a cumas chun airm a threorú i sochaí patriarchal, tá sí ina hionspioráideach do na feiminigh. Tá a misneach ag tabhairt aghaidh ar ionchais shochaíocha na mban thar na cianta.

Deilbhín Spioradálta: Mar naomh canónach, tá áit urramach ag Joan of Arc san Eaglais Chaitliceach. Tugann oilithrigh cuairt ar shuíomhanna a bhaineann lena saol, agus tugann eaglaisí agus forais reiligiúnacha onóir di mar shiombail an chreidimh agus na treorach diaga.

Mar fhocal scoir, is scéal iontach é saol Joan of Arc faoi chailín óg tuathánach a raibh ról lárnach aici, faoi threoir a diongbháilteachta reiligiúnda, in imeachtaí corraitheacha Chogadh na gCéad Bliain. Thug a ceannaireacht mhíleata, a creideamh gan toradh, agus a misneach ar an gcatha dúshlán do noirm na sochaí agus chuir sí le himeachtaí suntasacha stairiúla.

Léiríonn canónú Joan mar naomh agus a tionchar buan ar an gcultúr, ar an litríocht agus ar na healaíona athshondas a scéal thar na céadta bliain. Leanann a hoidhreacht ag spreagadh daoine aonair atá ag lorg misnigh in aghaidh na achranna agus feidhmíonn sí mar shiombail de chreideamh gan staonadh, mórtas náisiúnta, agus frithsheasmhacht in aghaidh na héagóra. Is pearsa íocónach é Joan of Arc, Bean Uí Orleans, a théann thar am agus a spreagann samhlaíocht daoine ar fud an domhain i gcónaí.

8. Marco Polo (An Veinéis, an Iodáil)

Rugadh Marco Polo, an taiscéalaí clúiteach Veinéiseach, thart ar 15 Meán Fómhair, 1254, sa Veinéis, san Iodáil, i dteaghlach ceannaithe. Trádálaithe rathúla ba ea a athair, Niccolò Polo, agus a uncail, Maffeo Polo, a rinne gnó go minic sa Mheánmhuir agus san Oirthear. Leag nochtadh luath Marco do shaol na tráchtála agus an taistil an bunús dá chuid eachtraí amach anseo.

Sa bhliain 1260, nuair a bhí Marco díreach ina leanbh, chuaigh a athair agus a uncail ar thuras chuig cúirt Kublai Khan, rialóir Mongol Impireacht ollmhór na Mongóil. Thaistil siad feadh Bhóthar an tSíoda, gréasán ársa bealaí trádála a nascann an tOirthear agus an tIarthar. Thóg an turas roinnt blianta, agus nuair a shroich na Polos cúirt Kublai Khan i Shangdu (ar a dtugtar Xanadu freisin), tháinig siad ina gcomhairleoirí iontaofa don rialóir.

Turas chuig an Oirthear

Sa bhliain 1271, chuaigh an teaghlach Polo, lena n-áirítear óg Marco, amach ar thuras suntasach chuig an Oirthir. Ba é an sprioc a bhí acu ná filleadh ar chúirt Kublai Khan, a léirigh dúil i misinéirí Críostaí agus ola naofa. Thug an turas iad tríd an Meánoirthear, Lár na hÁise, agus feadh Bhóthar an tSíoda. Bhí go leor dúshlán agus contúirtí os comhair na Polos le linn a dturas thar tír, lena n-áirítear aimsir chrua, tír-raon fealltach, agus teagmháil le bandits. Chuir nádúr contúirteach a gcuid taistil le tuairimí Marco agus mhéadaigh sé a thuiscint ar na cultúir agus na tírdhreacha éagsúla feadh an bhealaigh.

Seirbhís do Kublai Khan

Nuair a shroich siad cúirt Kublai Khan sa bhliain 1275, cuireadh fáilte mhór roimh na Polannaigh. Go tapa d'éirigh le Marco Polo ceann de na Khan, a raibh meas aige ar a chuid faisnéise, seiftiúlacht agus scileanna teanga. Sannadh róil éagsúla taidhleoireachta agus riaracháin ar Marco i seirbhís Khan, agus thug sé faoi mhisin chuig áiteanna éagsúla ar Impireacht na Mongóil.

Dhéanfaí tuairimí mionsonraithe Marco Polo ar na tailte ar thug sé cuairt orthu, lena n-áirítear an tSín, an India, agus Oirdheisceart na hÁise, a thiomsú i lámhscríbhinn ar a dtugtar "Il Milione" ("The Million," ar a dtugtar "The Travels of Marco Polo" freisin). Bheadh an saothar seo ar cheann de na hinsintí taistil is mó a raibh tionchar aige sa tréimhse mheánaoiseach.

Saothar Suntacha - "The Travels of Marco Polo"

Is cuntas iontach é "The Travels of Marco Polo" ar eispéiris, ar thuairimí agus ar eachtraí Marco le linn a thaistil fhairsing san Oirthear. Cé go bhfuil údar cruinn an téacs ina ábhar díospóireachta, is minic a chuirtear an scéal i leith Rustichello de Pisa, comhphríosúnach le linn blianta níos déanaí Marco Polo. Tugann an leabhar cur síos beoga ar na cultúir, na sochaithe agus na hiontais a bhíonn ag muintir Polo le linn a dturais.

I measc na ngnéithe suntasacha den insint tá cur síos Marco Polo ar mhórshaibhreas, ardteicneolaíochtaí agus cleachtais chultúrtha an Oirthir. D'inis sé scéalta faoi airgeadra páipéir, gual mar bhreosla teasa, agus tógáil Balla Mór na Síne. Cé go raibh amhras ar chuid de na cuntais san Eoraip ag an am, dheimhnigh taiscéalaithe agus staraithe ina dhiaidh sin go leor de na tuairiscí a rinne Polo.

Bhí ról ríthábhachtach ag "The Travels of Marco Polo" i múnlú braistintí Eorpacha ar an Oirthear agus chuir sé le ré na taiscéalaíochta Eorpaí a lean. Spreag sé taiscéalaithe ar nós Christopher Columbus, a d'iompair cóip den leabhar le linn a thurais go Meiriceá.

Fill ar ais go Veinéis

Tar éis dó freastal ar an Khan ar feadh thart ar 17 mbliana, tugadh cead do na Polos filleadh ar an Veinéis. D'imigh siad ó chúirt Kublai Khan sa bhliain 1292, ag taisteal ar muir an uair seo, ar an mbealach theas timpeall Leithinis Malaeis agus tríd an Aigéan Indiach. Thug an turas go Peirsis iad, áit ar lean siad thar tír chun na Veinéise a bhaint amach sa bhliain 1295.

Nuair a d'fhill siad ar an Veinéis, fuair na Polannaigh an chathair faoi bhrú i gcoimhlintí agus i gcogaí. Bhí poblacht mhuirí na Veinéise ag teacht salach ar a stát cathracha in aice láimhe, agus ghlac na Polos páirt i ngníomhaíochtaí cabhlaigh. Gabhadh Marco Polo sa deireadh le linn coinbhleachta le stát cathrach iomaíoch Genova i 1298.

Príosúnacht agus "The Romance of Marco Polo"

Agus é i mbraighdeanas Genoese, roinn Marco Polo a thaithí le príosúnach eile, Rustichello de Pisa, scríbhneoir rómánsaíochta. Le chéile, chruthaigh siad saothar liteartha ar a dtugtar "Il Milione" nó "The Travels of Marco Polo." Scríobhadh an leabhar sa tSean-Fhraincis agus aistríodh é ina dhiaidh sin go teangacha iomadúla, agus bhí sé ar cheann de na leabhair is mó a léadh agus is mó tionchair sa Mheánaois.

Is scéal mealltach é "The Romance of Marco Polo" a chumasc cuntais fhíorasacha le heilimintí samhlaíocha. Chuir an saothar le stádas finscéalach Marco Polo, á chur i láthair mar fhigiúr miotasach a raibh aithne aige ar chréatúir iontacha agus a chonaic imeachtaí neamhghnácha. Cé gur ghlac sé croílár thaistil Polo, rinne sé mionsamhlacha áirithe a mhaisiú freisin, ag cur sraith rómánsaíochta leis an scéal.

Blianta Níos déanaí agus Oidhreacht

Tar éis dó a bheith saor ó bhraighdeanas sa bhliain 1299, d'fhill Marco Polo ar an Veinéis. Phós sé agus bhí triúr clainne orthu, agus lean sé ag gabháil do ghníomhaíochtaí gnó. Sna blianta ina dhiaidh sin, ghlac sé páirt i bpolaitíocht Veinéiseach agus bhí sé ina cheannaí. Mar sin féin, níl na sonraí beachta faoina shaol níos déanaí doiciméadaithe go maith.

Fuair Marco Polo bás ar 8 Eanáir, 1324, in aois a 69, sa Veinéis. Cuireadh é i Séipéal San Lorenzo sa Veinéis, agus mairfidh a oidhreacht ar feadh na gcéadta bliain le teacht.

Oidhreacht agus Tionchar

Síneann oidhreacht Marco Polo i bhfad níos faide ná a shaol. Chuaigh a chuid taistil agus na cuntais atá doiciméadaithe in "The Travels of Marco Polo" i bhfeidhm go mór ar thaiscéalaíocht agus ar dhearcadh na hEorpa ar an Oirthear le linn na meánaoise.

Ceannródaí Taiscéalaíochta: Breathnaítear ar Marco Polo mar dhuine de na taiscéalaithe Eorpacha is luaithe chun mionchuntas a sholáthar ar chultúir, ar thíreolaíocht agus ar iontaisí an Oirthir. D'oscail a thuras feadh Bhóthar an tSíoda súile na hEorpa do shaibhreas agus dul chun cinn teicneolaíochta na dtailte i bhfad i gcéin.

Tionchar ar Thaiscéalaithe Níos Déanaí: Spreag scéalta faoi thaisteal Marco Polo na taiscéalaithe ina dhiaidh sin, lena n-áirítear Christopher Columbus, a d'iompair cóip de "The Travels of Marco Polo" le linn a thurais go Meiriceá. Spreag cur síos Polo ar an Oirthear an fonn le haghaidh tuilleadh taiscéalaíochta agus bealaí trádála.

Tionchar Cultúrtha: Tháinig "The Travels of Marco Polo" chun bheith ina fheiniméan cultúrtha, rud a mheall samhlaíocht léitheoirí ar fud na hEorpa. Bhí ról ríthábhachtach ag an leabhar i múnlú braistintí ar an Oirthear agus chuir sé le taipéis shaibhir litríocht na hEorpa.

Ranníocaíochtaí Tíreolaíochta: In ainneoin roinnt míchruinnis agus maisiúcháin, chuir saothar Marco Polo faisnéis luachmhar tíreolaíochta ar fáil faoi réigiúin nach raibh aithne ag muintir na hEorpa orthu roimhe seo. Spreag a chuntais ar an Áise, lena n-áirítear an tSín, suim na hEorpa sna tailte i bhfad i gcéin.

Oidhreacht sa Chultúr Coitianta: Tháinig an t-ainm Marco Polo comhchiallach le heachtraíocht agus le taiscéalaíocht. Tá go leor leabhar, scannán agus sraith teilifíse tar éis a shaol agus a thaisteal a léiriú, ag cinntiú go mairfidh a oidhreacht i gcultúr coitianta.

Mar fhocal scoir, odaisé iontach a bhí i saol Marco Polo a mhair ilchríocha agus cultúir, ag cur le taiscéalaíocht dhomhanda. Thug a thuras feadh Bhóthar an tSíoda agus a sheirbhís go Kublai Khan léargas do na hEorpaigh ar rúndiamhra an Oirthir, ag spreagadh na nglún taiscéalaithe agus trádálaithe amach anseo.

Is teist gan teorainn é "The Travels of Marco Polo" ar a chuid eachtraí, ag tairiscint meascán de bhreathnuithe fíorasacha agus scéalaíocht shamhlaíoch. In ainneoin conspóidí agus díospóireachtaí faoi chruinneas sonraí áirithe, tá tionchar Marco Polo ar Ré na Taiscéalaíochta agus a oidhreacht bhuan mar cheannródaí ar mhalartú traschultúrtha á cheiliúradh go fóill inniu. Léiríonn a ainm spiorad na fiosrachta, na fionnachtana, agus na féidearthachtaí gan teorainn a luíonn thar dhearcthaí aithnidiúla.

9. Sócraitéas (An Ghréig)

Rugadh Socrates, fealsamh oirirce na sean-Ghréige, timpeall 470 BCE san Aithin. Ar an drochuair, tagann cuid mhór den eolas faoina shaol ó scríbhinní a dheisceabail, Plato agus Xenophon go príomha, mar níor fhág Sócraitéas aon taifid scríofa dá chuid féin ina dhiaidh. Mac le saor cloiche, ba leis an lucht oibre san Aithin é Sócraitéas.

Tá a shaol luath agus a chuid oideachais beagán dothuigthe fós, mar tá taifid stairiúla ón tréimhse sin gann. Creidtear go bhfuair Sócraitéas bunoideachas sa litríocht, sa cheol, agus sa ghleacaíocht, mar ba ghnách do bhuachaillí na hAithneacha a sheasamh sóisialta. Mar sin féin, ba trína chuid idirghníomhaíochtaí le smaointeoirí mór le rá agus trí phlé fealsúnachta i margadh (agora) na hAithne a thug Sócraitéas go fírinneach dá chumas intleachtúil.

Cur Chuige agus Modh Fealsúnach

Ba shaintréith de mhodh fealsúnach Shócraitéas, ar a dtugtar an modh Sócraiticiúil go minic, ná tóir gan staonadh ar an bhfírinne trí cheistiú agus trí idirphlé. Murab ionann agus fealsúna eile dá chuid, níor mhaígh Sócraitéas go raibh eagna ná eolas domhain aige. Ina áit sin, mheas sé gur "gadfly" nó "cnáimhseach" é féin a d'fhéadfadh daoine eile a spreagadh chun smaoineamh go criticiúil agus a gcreideamh féin a scrúdú.

Is éard a bhí i gceist le modh Shócraitéas ná sraith ceisteanna fiosrúcháin a chur ar a chuid idirghabhálaithe, rud a thug orthu athmhachnamh a dhéanamh ar a gcuid toimhdí agus teacht ar thuiscint níos doimhne ar an ábhar. Bhí sé mar aidhm ag an gcur chuige seo, ar a dtugtar an elenchus, contrárthachtaí agus neamhréireachtaí i gcreideamh daoine a nochtadh agus iad a spreagadh chun peirspictíochtaí níos comhleanúnaí agus níos réasúnach a lorg.

Saol Gairme agus Pearsanta

Ní raibh Sócraitéas oiriúnach do ghnáthmhúnla fealsamh sa tSean-Ghréig. Níor bhunaigh sé scoil ná scríobh sé conarthaí fairsinge, agus scaipeadh a chion fealsúnachta trí chuntais a lucht leanúna. Bhain Sócraitéas slí bheatha amach go príomha mar shaoir cloiche, ag leanúint ar aghaidh le trádáil a mhuintire, ach ba é an paisean a bhí aige ná dul i ngleic le daoine eile i bplé intleachtúil.

Phós Sócraitéas Xanthippe, agus bhí triúr mac acu—Lamprocles, Sophroniscus, agus Menexenus. Is minic a léirítear Xanthippe mar bhean dhúshlánach agus drochmhúinte i scéalta stairiúla, rud a chuireann teagmháil dhaonnachtach le pearsa Shócraitéas.

Saothair Shonracha agus Smaointe Fealsúnachta

Cé nár tháirg Sócraitéas saothair scríofa, caomhnaíodh a theagasc agus a smaointe trí scríbhinní a chuid mac léinn, go háirithe Platón. Sna comhráite Platónacha, lena n-áirítear "Leithscéal," "Siompóisiam," agus "Phaedo," is é Sócraitéas an duine lárnach, ag cur a pheirspictíochtaí fealsúnacha in iúl agus ag gabháil do chomhráite canúinteacha.

"Paradoxes Socratic": Bhí aithne ag Sócraitéas ar roinnt ráiteas paradoxical a léirigh a chur chuige uathúil i leith na fealsúnachta. Is suntasaí ina measc seo an "paradacsa Socratic," a dhearbhaíonn "Tá a fhios agam go bhfuil mé cliste mar tá a fhios agam nach bhfuil a fhios agam rud ar bith." Cuimsíonn an paradacsa seo an bhéim atá ag Sócraitéas ar uirísle agus ar admháil d'aineolas duine mar phointe tosaigh don fhiosrúchán intleachtúil.

An íoróin shócraiticiúil: Is minic a bhain Sócraitéas úsáid as cineál íoróin, ar a dtugtar an íoróin shócraiticiúil, inar bhraith sé aineolas faoi ábhar chun saineolas a idirghabhálaithe a tharraingt amach. Trí ligean air a bheith aineolach, spreag sé daoine eile a gcuid smaointe agus creidimh a chur in iúl, ag nochtadh teorainneacha a gcuid eolais.

Fealsúnacht Mhorálta: Bhí Sócraitéas go mór i mbun plé ar an eitic agus ar an moráltacht. Chreid sé go raibh eolas ar bhua riachtanach le haghaidh borradh an duine. In agallamh le Plato "Euthyphro," déanann Socrates comhrá faoi nádúr na cráifeacht agus an gaol idir na déithe agus an mhoráltacht.

Bhí an cur chuige a bhí ag Fealsúnacht Shócraitéas i leith na múinteoireachta neamhchoitianta. Seachas corpas eolais a chur i láthair a chuid mac léinn, bhí sé mar aidhm aige smaointeoireacht chriticiúil agus féinscrúdú a spreagadh. Tháinig an modh Socratic, arb é is sainairíonna é ceistiú agus idirphlé, gné bhunúsach den oideachas fealsúnach.

Coimhlint le Creidiúintí Traidisiúnta

Is minic a thug fiosrúcháin fealsúnacha Shócraitéas dúshlán do chreidimh agus luachanna traidisiúnta shochaí na hAithne. Cheistigh sé údarás na déithe, ag tabhairt aghaidh ar thuairimí reiligiúnacha a bhí i réim. Ina theannta sin, thuill a mhodh chun bunús morálta daoine aonair agus an stáit a cheistiú, idir mheas agus dhochar dó.

Nuair a fiafraíodh d'Oracle Delphi cé hé an fear ba chríonna, d'fhógair sé gurbh é Sócraitéas a bhí ann. Chuir Socrates an forógra seo faoi bhrón, agus chuaigh sé ar thóir duine a bhí níos críonna ná é féin. Agus é sin á dhéanamh aige, chuaigh sé i mbun comhráite le daoine aonair éagsúla—polaiteoirí, filí, agus ceardaithe—amháin le fáil amach, cé gur mhaígh siad eagna, gur minic a bhí a dtuiscint lochtach. Bhain Sócraitéas de thátal as go raibh a eagna le haithint ar a aineolas.

Bhí Sócraitéas ina phearsa chonspóideach san Aithin mar gheall ar an tóraíocht seo ar ghaois agus ar fhírinne, in éineacht lena cheistiú gan leithscéal ar noirm bhunaithe. Ní hamháin gur chuir a chur chuige isteach orthu siúd a bhí faoi réir a ghrinnscrúdaithe ach d'eascair méadú ar líon na leantóirí freisin a raibh meas acu ar a thiomantas don macántacht intleachtúil.

Triail agus Bás

Tháinig deireadh le coinbhleachtaí Shócraitéas le sochaí na hAithne sa bhliain 399 BCE nuair a cuireadh chun trialach é ar chúisimh impiriúlachais (neamhurraim do na déithe a d'aithin an stát) agus a thruailligh an óige. Sa triail, a dúradh i "Leiscéal Plato," chonaic Socrates a ghníomhaíochtaí fealsúnacha a chosaint agus a dhearbhú go raibh tionchar dearfach aige ar an óige.

In ainneoin a chosanta díocasach, fuarthas Sócraitéas ciontach le corrlach cúng. Sa chéim phianbhreith ina dhiaidh sin, mhol sé go dtabharfaí luach saothair dó seachas pionós a ghearradh air as an méid a chuir sé leis an tsochaí. Diúltaíodh dá thogra, áfach, agus cuireadh pianbhreith báis air trí chlogad a ól. Bhí cairde agus leanúna Shócraitéas, Plato agus Crito ina measc, i láthair le linn a chuimhneacháin deiridh.

Oidhreacht Fhealsúnach

Tá oidhreacht Shócraitéas domhain agus marthanach. Cé nár fhág sé aon saothar scríofa dá chuid féin, cuireadh a smaointe in iúl trí scríbhinní a chuid mac léinn, go háirithe Plato. Tháinig an modh Socratic, arb é is sainairíonna é ceistiú agus idirphlé, cloch choirnéil fiosrúcháin agus oideachais fealsúnachta.

Comhphlé Plato: Rinne Plato, duine de na deisceabail ba cháiliúla de chuid Shócraitéas, fealsúnacht Shócraitéas a dhíbirt ina chuid comhráite. Is cosúil go bhfuil Sócraitéas mar an príomhcharachtar i go leor de na saothair seo, ag gabháil do phlé ar bhua, ar cheartas, agus ar nádúr na réaltachta. Léirítear an "modh socraiteach" fiosrúcháin sna hidirphlé seo.

Scríbhinní Xenophon: Rinne Xenophon, deisceabal eile de chuid Sócraitéas, doiciméadú freisin ar fhealsúnacht agus ar shaol a mhúinteora i saothair ar nós "Memorabilia." Cé nach ionann léiriú Xenophon agus léiriú Plato, cuireann sé peirspictíochtaí breise ar theagasc agus ar charachtar Shócraitéas.

Tionchar Arastatail: Bhí tionchar indíreach ag an bhfealsúnacht Shócraitéas ar Arastatail, mac léinn de chuid Platón. Cé go raibh tuairimí Arastatail éagsúil ó ghnéithe áirithe den mhachnamh Platónach, d'fhág fiosrúchán Sócraiticiúil marc doscriosta ar fhorbairt fhealsúnacht an Iarthair.

Bunús na hEitice: Leag fiosrúcháin Shócraitéas ar an eitic agus ar an moráltacht an bhunchloch le haghaidh teoiricí eiticiúla na fealsúnachta ina dhiaidh sin. Bhí tionchar ag a bhéim ar thábhacht an fhéinscrúdaithe agus ar thóir na bua ar fhealsamh níos déanaí a d'fhiosraigh ceisteanna faoi mhoráltacht agus faoi bhláth an duine.

Tá Smaointeoireacht Chriticiúil agus an modh Socratic, lena bhfócas ar cheistiú agus smaointeoireacht chriticiúil, ionchorpraithe i gcórais oideachais éagsúla. Leanann cur chuige Socrates i leith na múinteoireachta, a thug tús áite do rannpháirtíocht ghníomhach agus idirphlé, ag spreagadh oideachasóirí ar fud an domhain.

Mar fhocal scoir, d'éirigh Sócraitéas, in ainneoin a bhunús humhal agus a easpa saothair scríofa, ar cheann de na daoine is mó tionchair i stair fhealsúnacht an Iarthair. D'fhág a thiomantas do thóir na fírinne, na fealsúnachta morálta, agus an mhodha fiosrúcháin Sócraitéasach oidhreacht bhuan a sháraíonn teorainneacha ama agus cultúrtha.

Is teist fós é saol agus teagasc Shócraitéas ar chumhacht bunathraithe na smaointeoireachta criticiúla, na macántachta intleachtúla, agus an cuardach le haghaidh eagna. Is léiriú é a thiomantas gan sárú ar noirm agus ar chreidimh sheanbhunaithe a cheistiú, fiú in aghaidh na géarleanúna, an misneach atá ag teastáil chun dúshlán a thabhairt don status quo agus na glúnta atá le teacht a spreagadh chun dul i mbun tóir ar feadh an tsaoil ar eolas agus ar fhéinfhionnachtain. Tá aistear fealsúnach Shócraitéas anois ina shúil dóibh siúd a fhéachann le castachtaí beatha an duine a threorú trí fhiosrú agus scrúdú meabhrach ar na ceisteanna bunúsacha a mhúnlaíonn ár saol.

10. Marie Curie (An Pholainn/An Fhrainc)

Tháinig Marie Curie, a rugadh Maria Skłodowska ar 7 Samhain, 1867, i Vársá, an Pholainn, chun cinn mar dhuine de na heolaithe is mó tionchair sa 20ú haois. Ag fás aníos i dteaghlach a raibh meas ar oideachas, léirigh Marie cumas eisceachtúil sna heolaíochtaí ó aois óg. Teagascóir matamaitice agus fisice ab ea a hathair, Władysław Skłodowski, agus bhí a máthair, Bronisława, ina múinteoir.

In ainneoin na srianta a cuireadh ar oideachas na mban sa Pholainn ag an am, bhí Marie meáite ar an ardfhoghlaim a leanúint. Sa bhliain 1891, bhog sí go Páras chun freastal ar an Sorbonne (Ollscoil Pháras), áit a ndearna sí staidéar ar fhisic, ceimic agus matamaitic. Agus í ag maireachtáil i gcúinsí dúshlánacha airgeadais, d'fhan sí le hacmhainní gann ach d'fhan sí tiomanta dá cuid staidéir.

Sa bhliain 1893, phós Maria Skłodowska an comh-eolaí Pierre Curie, agus tugadh Marie Curie uirthi, ainm a d'fhágfadh comhchiallach le fionnachtana eolaíocha ceannródaíocha.

Gairm Eolaíochta agus Taighde

Ba chomhartha í gairm eolaíoch Marie Curie le tóir dhílis ar eolas agus tiomantas gan staonadh don taighde. Bhain a cuid oibre tosaigh le hiniúchadh a dhéanamh ar airíonna cineálacha éagsúla cruach agus a n-acmhainneacht maighnéadach. Mar sin féin, ba í a saothar ceannródaíoch i réimse na radaighníomhaíochta a ath-shainmhíníonn ár dtuiscint ar an réimse adamhach.

Fionnachtain Raidiam agus Polóiniam: Sa bhliain 1898, d'aimsigh Marie agus Pierre Curie, agus an fisiceoir Henri Becquerel, na heilimintí polóiniam agus raidiam. Bhí siad ag fiosrú airíonna radaighníomhacha an phicblende mianraí (ar a dtugtar úráininít anois) agus thug siad faoi deara go raibh an mianraí níos radaighníomhaí ná an úráiniam a bhí ann. Mar thoradh air seo rinne na Curies hipитéis a thabhairt go raibh eilimintí breise níos radaighníomhaí ann.

Trí obair dhian a bhain le scaradh na n-ábhar radaighníomhacha, d'aonraigh Marie agus Pierre dhá ghné nua: polóiniam, ainmnithe in ómós do thír dhúchais Marie sa Pholainn, agus raidiam. Léirigh a dtaighde ceannródaíoch go bhféadfadh gnéithe áirithe radaíocht a astú gan foinse sheachtrach, ag tabhairt dúshlán do chreidimh sheanbhunaithe faoi nádúr an ábhair.

Feiniméan na Radaighníomhaíochta: Rinne Marie Curie tuilleadh iniúchta ar fheiniméan na radaighníomhaíochta, ag monarú an téarma chun cur síos a dhéanamh ar astú cáithníní agus fuinnimh ó ghnéithe áirithe. Leag a cuid oibre an dúshraith do réimse na fisice núicléach agus thug sí dúshlán na smaointe a bhí i réim faoi chobhsaíocht na n-adamh.

Leithlisiú Raidiam: Sa bhliain 1910, d'éirigh le Marie Curie raidiam a leithlisiú ina staid mhiotalacha, éacht suntasach a léirigh a saineolas i dteicnící deighilte ceimiceacha. Mar gheall ar airíonna uathúla raidiam, lena n-áirítear a chumas chun luminesce sa dorchadas, bhí sé ina ábhar mór spéis eolaíoch.

Duaiseanna Nobel: Aithníodh rannchuidiú ceannródaíoch Marie Curie san eolaíocht le dhá Dhuais Nobel. I 1903, roinn sí an Duais Nobel san Fhisic le Pierre Curie agus Henri Becquerel as a gcomhthaighde ar an radaighníomhaíocht. Tar éis bhás tragóideach Pierre Curie i 1906, bronnadh Duais Nobel sa Cheimic ar Marie i 1911 as a cuid fionnachtana agus scoite amach raidiam agus polóiniam, rud a fhágann gurb í an chéad duine a ghnóthaigh Duaiseanna Nobel in dhá réimse eolaíochta éagsúla.

Gairm agus Dúshláin

In ainneoin a cuid éachtaí suntasacha, thug Marie Curie aghaidh ar dhúshláin agus í ina bean sa phobal eolaíochta a raibh na fir i gceannas uirthi. I ré nuair a bhí eolaithe baineanna neamhchoitianta, tháinig sí chun cinn claontacht agus amhras, agus go minic tugadh níos mó breithiúnas di as a hinscne ná mar a rinne sí eolaíoch. Gan dabht, lean Curie uirthi, ag leanúint lena taighde agus le bheith ar an gcéad ollamh baineann in Ollscoil Pháras.

Le linn an Chéad Chogadh Domhanda, chuir Marie Curie leis an iarracht chogaidh trí aonaid radagrafaíochta soghluaiste a fhorbairt, ar tugadh "Little Curies" orthu. Chuir na haonaid seo seirbhísí X-gha ar fáil d'fhoirne leighis ar an líne tosaigh, ag cabhrú le diagnóis agus cóireáil gortaithe.

Tragóidí Pearsanta agus Oidhreacht

Thug Marie Curie aghaidh ar thragóidí pearsanta, lena n-áirítear bás a fir chéile Pierre i dtimpiste tragóideach i 1906 agus bás roimh am a hiníne Irène Curie-Joliot, a chuaigh ar aghaidh le bheith ina heolaí oirirce í féin.

In ainneoin na ndúshlán sin, níor tháinig aon chor ar thiomantas Curie don fhiosrúchán eolaíoch.

Síneann oidhreacht Marie Curie thar a cuid éachtaí eolaíochta. Bhí sí ina leantóir do mhná san eolaíocht, ag sárú bacainní agus ag spreagadh glúnta eolaithe mná amach anseo. Leag a tiomantas do thaighde, a hathléimneacht in aghaidh na troda, agus fionnachtana úrnua an bhunchloch le dul chun cinn san fhisic núicléach agus sa leigheas.

Blianta Níos déanaí agus Bás

Sna blianta ina dhiaidh sin, lean Marie Curie lena cuid oibre eolaíochta agus í ag dul i ngleic le saincheisteanna sláinte a bhain lena nochtadh fada d'ábhair radaighníomhacha. Bhí cáineadh agus amhras uirthi, agus chuir cuid acu a streachailtí sláinte i leith chontúirtí na radaighníomhaíochta, feiniméan nár tuigeadh go hiomlán ag an am.

Fuair Marie Curie bás ar 4 Iúil, 1934, in aois a 66, i Passy, an Fhrainc. Cuireadh a bás i leith ainéime aplastic, coinníoll a chreidtear a bhain leis an nochtadh fairsing a bhí aici do radaíocht ianúcháin le linn a taighde. In ainneoin a bás anabaí, tháinig deireadh le rannpháirtíocht Curie san eolaíocht, rud a d'fhág marc doscriosta ar réimsí na fisice agus na ceimice.

Oidhreacht agus Tionchar

Tá oidhreacht Marie Curie do-tomhaiste, agus cuireann sí go leanúnach leis an eolaíocht, leis an oideachas, agus le cur chun cinn na mban i réimsí STEM. Dul chun cinn san Fhisic agus sa Cheimic: Leag saothar Curie an dúshraith chun an radaighníomhaíocht a thuiscint agus a himpleachtaí do struchtúr an adaimh. Réitigh a fionnachtana an bealach le haghaidh tuilleadh forbartí san fhisic núicléach agus i réimsí na diagnóisic agus na cóireála leighis.

Leigheas Núicléach agus Cóireáil Ailse: Bhí tionchar mór ag feidhmiú thaighde Marie Curie san fhisic núicléach ar leigheas. Baineadh úsáid as iseatóip radaighníomhacha a d'aimsigh Curie agus a comhghleacaithe in íomháú leighis agus cóireálacha ailse, rud a d'athraigh réimse na míochaine núicléach.

Inspioráid d'Eolaithe na Todhchaí: Tá saol agus éachtaí Marie Curie tar éis na glúnta eolaithe, go háirithe mná, a spreagadh chun gairmeacha a dhéanamh i ndisciplíní STEM. Feidhmíonn a hathléimneacht, a paisean don eolas, agus a ranníocaíochtaí ceannródaíocha mar chomhartha dóibh siúd atá ag iarraidh teorainneacha na tuisceana eolaíochta a bhrú.

Aitheantas agus Onóracha: Fuair Marie Curie go leor gradaim le linn a saoil, lena n-áirítear céimeanna oinigh, ballraíocht i sochaithe eolaíocha mór le rá, agus Léigiún na hOnórach sa Fhrainc. Chomh maith lena Duaiseanna Nobel, tá sí fós ar cheann de na heolaithe is maisithe sa stair.

Tionscnaimh Oideachais: Tá Institiúid Curie, a bunaíodh i bPáras i 1920, ina theist ar a tionchar buan. Leanann an institiúid, atá tiomanta do thaighde agus cóireáil ailse, ag cur eolas eolaíoch agus cúram leighis chun cinn.

Aitheantas Idirnáisiúnta: Tá aitheantas domhanda faighte ag obair Marie Curie san eolaíocht, agus tá iliomad institiúidí, dámhachtainí agus scoláireachtaí ainmnithe ina onóir. Síneann a oidhreacht i bhfad níos faide ná a fionnachtana, ag cuimsiú a tionchar ar an bpobal eolaíoch agus ar an tsochaí i gcoitinne.

Léiríonn saol Marie Curie an chumhacht chlaochlaitheach a bhaineann le fiosracht, diongbháilteacht agus déine intleachtúil. Mar eolaí ceannródaíoch, ní hamháin gur mhéadaigh sí ár dtuiscint ar an domhan nádúrtha ach freisin bhris sí bacainní inscne agus réitigh sí an bealach do na glúine eolaithe atá le teacht chun a gcuid paisin a leanúint.

11. Alastar Mór (An Mhacadóin)

Rugadh Alastar III na Macadóine, ar a dtugtar Alastar Mór de ghnáth, ar Iúil 356 BCE i Pella, príomhchathair Ríocht na Macadóin, atá suite i dtuaisceart na Gréige. Ba iad a thuismitheoirí Rí Pilib II na Macadóine agus an Bhanríon Olympias, agus bhain sé leis an ríshliocht Argead. De réir an finscéal, bhí omens neamhghnácha ag gabháil le breith Alastair, rud a d'fhág go gcreideann go leor go raibh sé i ndán don mhóráltacht.

Fuair Alastar a chuid oideachais faoi theagasc an fhealsaimh Arastatail, duine de scoláirí is oirirce na seanaimsire. Faoi threoir Arastatail, rinne Alastar staidéar ar raon leathan ábhar, lena n-áirítear fealsúnacht, litríocht, leigheas, agus na heolaíochtaí nádúrtha. Spreag an t-oideachas seo grá don fhoghlaim, fiosracht intleachtúil, agus meas domhain ar chultúr na Gréige.

Ascension chun na Ríchathaoireacha agus Luath-Choncas

Ag 20 bliain d'aois, i 336 BCE, tháinig athrú suntasach ar shaol Alastair nuair a feallmharaíodh a athair, an Rí Philip II. Chuaigh Alastar suas go ríchathaoir na Macadóin, agus fuair sé ríocht le hoidhreacht a raibh poitéinseal míleata ollmhór aici agus uaillmhianta fairsingithe. Agus é meáite ar fhís a athar a chomhlíonadh maidir le himpireacht pan-Heilléanach a chruthú agus sibhialtacht na Gréige a scaipeadh go dtí an Oirthear, níor chuir Alastar aon am amú ag dearbhú a údaráis.

Chonacthas feachtais mhíleata thapa agus chinntitheach ina ré luath chun a sheasamh a dhaingniú agus deireadh a chur le bagairtí féideartha. Ba é Cath Chaeronea sa bhliain 338 R.Ch. an chéad mhórghníomhaíocht mhíleata a bhí ag Alastar mar rí, áit ar bhain sé féin agus a athair, Parmenion, ginearál séasúrach amach, bua i gcoinne stát cathrach na Gréige. Dhaingnigh an bua seo smacht Alastair ar an nGréig agus ar ríchathaoir na Macadóine.

Na Feachtais Peirsis

Ba í an ghné ba mhó cáil de choncas Alastair ná a fheachtas uaillmhianach i gcoinne Impireacht na Peirse. Sa bhliain 334 BCE, thug sé faoi thuras míleata chun dúshlán a thabhairt do rí na Peirse, Darius III, a raibh a impireacht ag síneadh ón Anatolia go teorainneacha na hIndia.

Cath Granicus (334 BCE): Tharla an chéad achrann mór ag Cath Granicus, áit a ndeachaigh fórsaí Alastair in aghaidh arm na Peirse san Áise Mion. In ainneoin go raibh sé ina choinne go mór, léirigh Alastar gile oirbheartaíochta agus bhain sé bua cinntitheach amach, rud a chuir tús lena choncas soir.

Léigear na mBonn (332 BCE): Tar éis dó smacht a chomhdhlúthú ar an Áise Mion, d'iompaigh Alastar aird ar chathair straitéiseach oileán na mBonn, atá suite ar chósta na Meánmhara. Iarracht fhada dhúshlánach a bhí i léigear Thíre, cumhacht mhuirí iontach. Faoi dheireadh, thóg fórsaí Alastair cabhsa chun cosaintí na cathrach a shárú, agus mar thoradh air sin gabhadh é.

Conquest na hÉigipte (332 BCE): Ag leanúint dá mháirseáil ó dheas, fuair Alastar fáilte chroíúil ó na hÉigiptigh, a d'fhéach air mar shaorálaí ó riail na Peirse. Sa bhliain 332 BCE, bhunaigh sé an chathair Alexandria, a bheadh ina dhiaidh sin ina lárionad cultúrtha agus tráchtála den domhan ársa.

Cath Gaugamela (331 BCE): Tharla an teagmháil chinniúnach le Impireacht na Peirse ag Cath Gaugamela i 331 BCE. Chuaigh fórsaí Alastair i ngleic le Darius III i Mesopotamia, agus in ainneoin go raibh contrárthachtaí uimhriúla ollmhóra rompu, chinntigh gile straitéiseach Alastair agus foirmiú disciplínithe phalanx bua thar barr. Theith Darius III, agus chuaigh Alastar sa tóir air.

Eas Impireacht na Peirse: Le bua na Darius III, thit Impireacht na Peirse Achaemenid, agus ghlac Alastar smacht. Chuaigh sé sa tóir ar Darius III isteach i mBactria agus i Lár na hÁise, ag daingniú a cheannasachta ar chríocha ollmhóra na Peirse. Thuill cumas Alastair cleachtais riaracháin Peirseacha a chomhtháthú le rialachas na Gréige dó tacaíocht i measc na ndaoine a bhí buailte.

Feachtais an Oirthir

Tar éis lánscor Impireacht na Peirse, leag Alastar a radharc ar oirthear an domhain aitheanta. Shín a uaillmhianta míleata thar theorainneacha aon rialóir Gréagach nó Macadóineach a bhí ann roimhe seo.

Feachtas in Bactria agus Sogdiana (329-327 BCE): Chuaigh feachtais thoir Alastair tríd an tír-raon dúshlánach Bactria agus Sogdiana (an Afganastáin agus Úisbéiceastáin an lae inniu). Léirigh a theagmhálacha le frithsheasmhacht in aghaidh na háite, go háirithe san eachtra Sogdian Rock, a stuamacht straitéiseach agus a dhiongbháilteacht maidir le constaicí uafásacha a shárú.

Ionradh na hIndia (327-326 BCE): Ag trasnú an Hindu Kush, chuaigh Alastar isteach i bhfo-ilchríoch na hIndia, ag tabhairt aghaidh ar naimhdigh uafásacha ar nós Rí Porus. Léirigh Cath Abhainn Hydaspes i 326 BCE gile oirbheartaíochta Alastair, ach chuir a chuid trúpaí ídithe agus an fonn chun filleadh siar é iallach air tuilleadh conquest a thréigean isteach i bhfo-roinn na hIndia.

Fill ar ais go Persia agus Pleananna le haghaidh Impireacht

Agus Alastar ag máirseáil ar ais i dtreo na Peirse, thug sé aghaidh ar dhúshláin óna arm. Chuir na feachtais mhíleata leathnaithe dola ar a chuid saighdiúirí, a bhí fonn orthu filleadh abhaile. Ina theannta sin, bhí cásanna de fhrithbheartaíocht i measc na gcríoch faoi chois, rud a thug ar Alastar cur chuige níos réitigh a ghlacadh trí nósanna agus cleachtais Peirseacha a ionchorprú.

Gearradh a phleananna chun impireacht aontaithe a chruthú a dhéanfadh comhchuibhiú ar chultúir na Gréige agus na Peirseacha mar gheall ar a bhás anabaí. Mar sin féin, leag a fhís an bhunobair don ré Heilléanach, nuair a chumascfadh cultúr, ealaín agus fealsúnacht na Gréige le cultúir dhúchasacha na gcríocha faoi chois.

Oibreacha agus Éachtaí Suntasacha

Scaipeadh Chultúr na Gréige (Hellenization): Ceann d'oidhreachtaí marthanacha Alastair is ea an cultúr Heilléanaíoch a scaipeadh ar fud na gcríoch ollmhóra a bhain sé amach. Trí bhunú na gcathracha iomadúla a ainmníodh ina dhiaidh (Alexandria), bhí sé mar aidhm aige nósanna, teanga agus ailtireacht na Gréige a chur chun cinn. Rinneadh ionaid foghlama, tráchtála agus malairte cultúrtha de na cathracha seo.

Leabharlann Alexandria: B'fhéidir gurb é ceann de na héachtaí is suntasaí a bhaineann le hoidhreacht Alastair ná bunú Leabharlann Alexandria san Éigipt. Cé go bhfuil plé á dhéanamh ar mhionsonraí a bunaíochta, tháinig clú agus cáil ar an leabharlann mar ionad scoláireachta, ina bhfuil cnuasach fairsing téacsanna ó chultúir éagsúla.

Nuálaíochtaí Míleata: Bhí tionchar ag straitéisí agus nuálaíochtaí míleata Alastar, mar úsáid fhoirmiú phalanx agus tactics arm comhcheangailte, ar smaointeoireacht mhíleata ar feadh na gcéadta bliain. Chuir a chumas dílseacht a spreagadh i measc a chuid trúpaí agus iad a threorú tríd an tír-raon dúshlánach lena rath ar pháirc an chatha.

Pleanáil Chathrach: Léirigh na cathracha a bhunaigh Alastar, go háirithe Alexandria san Éigipt, a fhís don phleanáil uirbeach. Rinneadh potaí leáigh de chultúir éagsúla sna cathracha seo, ag cothú malartú intleachtúil agus ag cur le sintéis thraidisiúin an Oirthir agus an Iarthair.

Bás agus Comharbas

I Meitheamh 323 BCE, ag aois 32, thit Alastar tinn sa Bhablóin. Chuaigh a riocht in olcas go tapa, agus ar 10 Meitheamh, 323 BCE, ghéill sé do ghalar anaithnid. Tá na cúinsí a bhain le bás Alastair fós ina n-ábhar díospóireachta stairiúla, le teoiricí ó chúiseanna nádúrtha go feallmharú.

Nuair a fuair Alastar bás, tháinig ceist an chomharbais agus deighilt a Impireachta mhóir chun bheith ina ceist phráinneach. Ní raibh aon oidhre díreach aige, agus bhí na Diadochi uaillmhianach, nó a iar-Ghinearáil, ag iarraidh smacht a fháil. Sa deireadh roinneadh an Impireacht i measc a chuid ard-ghinearálta, rud a chuir tús leis an tréimhse Heilléanaíoch.

Oidhreacht agus Tionchar Stairiúil

Tá tionchar Alastar Mór ar an stair do-tomhaiste, agus athraíonn a oidhreacht trasna réimsí éagsúla:

Cultúr Heilléanaíoch: Bhí an tréimhse Heilléanaíoch, arb iad is sainairíonna é an comhleá de chultúir na Gréige agus an Oirthir, mar thoradh díreach ar conquests Alastair. Bhí teanga, ealaín, fealsúnacht agus cleachtais riaracháin na Gréige ina gcomhpháirteanna lárnacha de na sochaithe a tháinig chun cinn sna críocha conquered.

Tactics agus Straitéis Mhíleata: Bhí tionchar ag tactics agus straitéisí míleata Alastar ar cheannairí míleata ina dhiaidh sin, lena n-áirítear an ceannasaí míleata clúiteach Hannibal agus an ginearál Rómhánach Julius Caesar. Leag an bhéim a chuir sé ar shoghluaisteacht, ar airm chomhcheangailte, agus ar inoiriúnaitheacht ar pháirc an chatha caighdeán amach le haghaidh feachtais mhíleata amach anseo.

Tionchar Stairiúil: Tá na cuntais ar choncas Alastair, scríofa ag staraithe ar nós Arrian, Plutarch, agus Curtius Rufus, tar éis scéalta stairiúla a mhúnlú leis na céadta bliain. Déanann na scríbhinní seo, ar a dtugtar "Rómánsaí Alexander," imeachtaí stairiúla a chumasc le heilimintí miotasacha, ag cur leis an aura legendary timpeall Alexander.

Fondúireachtaí Cathrach: Bhí na cathracha a bhunaigh Alastar ina moil thábhachtacha cultúrtha agus eacnamaíocha, ag cothú malartú smaointe agus earraí idir an Oirthir agus an tIarthar. Bhí ról lárnach ag go leor de na cathracha seo, lena n-áirítear Alexandria, Antioch, agus Seleucia, i bhforbairt trádála, scoláireachta agus idirmhalartaithe cultúrtha.

Leabharlann Alexandria: Cé go ndéantar plé ar mhionsonraí cruinne faoi ról Alastair i mbunú Leabharlann Alexandria, ní féidir a shéanadh a thábhachtaí atá sí maidir le heolas a chaomhnú agus a scaipeadh. Tháinig an leabharlann chun bheith ina siombail den ghnóthachtáil intleachtúil agus ina chomhartha do scoláirí ó chúlraí cultúrtha éagsúla.

Stádas Miotasúil: Bhain Alastar Mór stádas miotasach amach i rith a shaoil, agus tháinig a shaothair chun bheith ina ábhar finscéalta. Chuir scéalta faoina chuid conquest, feachtais mhíleata dána, agus teagmhálacha le créatúir mhiotasacha nó aonáin dhiaga le cruthú an "Rómánsaí Alexander," seánra litríochta a chumasc stair agus miotaseolaíocht.

Mar fhocal scoir, bhí saol Alastar Mór ina ghuairneáin de choncas, de mhalartú cultúrtha, agus d'uaillmhian fhísiúil. Ón oideachas luath a bhí aige faoi Arastatail go dtí a mháirseáil buacach ar fud na hÁise, léirigh sé meascán annamh d'fhiosracht intleachtúil, d'éirim mhíleata, agus d'iarracht gan staonadh chun forleathnú.

Cé nár sháraigh a Impireacht é, d'fhág an domhan Heilléanach a d'eascair as conquests Alastair marc doscriosta ar an stair. Ba iad sintéis chultúir na Gréige agus an Oirthir, scaipeadh an eolais trí chathracha mar Alexandria, agus tionchar marthanach a chuid tactics míleata le chéile a mhúnlaigh cúrsa na sibhialtachtaí ar feadh na gcéadta bliain.

Cuimsíonn oidhreacht Alastair castacht na bhfigiúirí stairiúla—laochra agus lochtach, físiúil agus neamhthrócaireach. Leanann a scéal ag mealladh na samhlaíochta, agus tá tionchar a chuid conquest le sonrú i réimsí cultúrtha, polaitiúla agus míleata go dtí an lá inniu. Is teist fós é scéal Alastair Mhór ar chumhacht chlaochlaitheach daoine aonair a mhúnlaíonn cúrsa stair an duine, trína ngníomhartha agus a gcuid mianta.

12. Winston Churchill (Sasana)

Rugadh Winston Leonard Spencer Churchill, duine de na daoine is airde den 20ú haois, ar an 30 Samhain, 1874, ag Pálás Blenheim i Woodstock, Oxfordshire, Sasana. Ba de theaghlach uasal, an teaghlach Churchill é, agus ba mhac é don Tiarna Randolph Churchill, polaiteoir Coimeádach mór le rá, agus Jennie Jerome, sóisialach Meiriceánach.

Thosaigh luathoideachas Churchill ag Scoil San Seoirse in Ascot agus níos déanaí ag Scoil Harrow. Mar sin féin, ní raibh a fheidhmíocht acadúil chomh hard céanna, agus thug sé aghaidh ar dhúshláin in ábhair nár léirigh a spéis. Ina ainneoin sin, léirigh sé intleacht ghéar agus paisean luath sa scríbhneoireacht.

Sa bhliain 1893, chuaigh Churchill isteach san Acadamh Míleata Ríoga Sandhurst, áit ar lean sé le gairm mhíleata. Ba é an tréimhse a chaith sé le Sandhurst ná tús a cheangail ar feadh an tsaoil leis na fórsaí armtha, nasc a chuirfeadh go mór lena ghairm bheatha pholaitiúil.

Gairm Mhíleata agus Iriseoireachta Luath

Tar éis dó céim a bhaint amach ó Sandhurst i 1895, lorg Churchill eachtraíochta agus chuaigh sé isteach in Arm na Breataine. Chaith sé seal mar fholach i gCúba le linn an Chogaidh Spáinneach-Mheiriceánach agus in India na Breataine Bige ar an teorainn Thiar Thuaidh. Spreag a thaithí san arm a spiorad eachtrúil agus a ghrá don tsaighdiúireacht, fiú nuair a thosaigh sé ag cothú a scileanna mar iriseoir.

Chuir Churchill a sheirbhís mhíleata le chéile le gairm bheatha san iriseoireacht. Thug sé tuairisc ar choinbhleachtaí ar nós Dara Cogadh na mBórach san Afraic Theas, áit ar ghabh fórsaí na mBórach é. Tháinig clú agus cáil air mar gheall ar a éalú dána ó champa príosúnach cogaidh, rud a thuill ardmheas dó ar ais sa Bhreatain.

Iontráil sa Pholaitíocht

Tháinig Churchill isteach sa pholaitíocht ag an am céanna lena iarrachtaí míleata agus iriseoireachta. Toghadh é ina Fheisire Parlaiminte Coimeádach do Oldham i 1900. Ba ghearr, áfach, go raibh sé ag teacht salach ar a chéile leis an bPáirtí Coimeádach maidir le ceisteanna ar nós cosantachas agus leasú sóisialta. I 1904, thrasnaigh sé an aisle polaitiúil, ag dul isteach sa Pháirtí Liobrálach.

Ba chomhartha ar ghairm bheatha pholaitiúil luath Churchill a sheasamh forásach ar shaincheisteanna mar shaorthrádáil, athchóiriú sóisialta, agus vótáil ban. D'fhóin sé i róil aireachta éagsúla, lena n-áirítear Céad Tiarna an Aimiréalachta, áit ar thacaigh sé le cabhlach níos láidre chun dul i ngleic le bagairt na Gearmáine roimh an gCéad Chogadh Domhanda.

An Chéad Chogadh Domhanda agus Cúinsí Polaitiúla

De réir mar a tháinig brú ar an gCéad Chogadh Domhanda i 1914, lean Churchill de phríomhphoist a bheith aige sa rialtas. Mar sin féin, d'éirigh sé as an Aimiréalacht i 1915 mar gheall ar a thacaíocht ar son idirghabháil mhíleata ag na Dardanelles, feachtas a chríochnaigh le teip agus le taismí troma. Bhí Churchill ina oifigeach ansin ar an bhFronta Thiar.

Bhí deacrachtaí polaitiúla ina dhiaidh sin, agus chaill Churchill a shuíochán i dTeach na dTeachtaí in olltoghchán 1922. Ba thréimhse dhúshlánach í seo ina ghairm bheatha pholaitiúil, ar a dtugtar "blianta fiáine" go minic ar a dhírigh sé ar an scríbhneoireacht agus ar an léachtóireacht.

Fill ar Pholaitíocht agus Rabhaidh na Gearmáine Naitsíoch

Tháinig borradh faoi rath polaitiúil Churchill in olltoghchán 1924 nuair a d'fhill sé ar an bPáirtí Coimeádach. Mar sin féin, ba mhinic a baineadh as a chuid rabhaidh faoi bhagairt mhéadaithe na Gearmáine Naitsíoch agus faoin ngá le hatharmáil na Breataine le linn na tréimhse seo.

Agus Adolf Hitler ag dul suas i gcumhacht sa Ghearmáin, tháinig tarraingt ar chur i gcoinne glórtha Churchill i gcoinne polasaithe síothlaithe. Thug sé foláireamh in aghaidh na gcontúirtí a bhaineann le hionsaí na Naitsithe agus an gá atá leis an Ríocht Aontaithe armáil a dhéanamh arís in aghaidh na bagairte atá ag dul i méid. In ainneoin go raibh sé ag bagairt ar an gcáineadh, bhí fadbhreathnaitheacht agus diongbháilteacht Churchill ríthábhachtach de réir mar a tháinig imeachtaí chun cinn go déanach sna 1930idí.

An Dara Cogadh Domhanda agus Ceannaireacht

Tháinig ról lárnach Churchill sa stair chun tosaigh le linn an Dara Cogadh Domhanda. Toisc gur theip ar bheartas síothlaithe Neville Chamberlain ionradh Hitler ar an bPolainn i 1939, ceapadh Churchill mar Chéad Tiarna na hAimiréalachta i Meán Fómhair na bliana sin. Nuair a d'éirigh Chamberlain as i mBealtaine 1940, ghlac Churchill post an Phríomh-Aire.

Bhí ceannaireacht Churchill le linn an chogaidh marcáilte ag a eloquence, resilience, agus diongbháilteacht gan toradh. Spreag a chuid óráidí, arb iad is sainairíonna iad ag reitric ard, muintir na Breataine agus spreag dóchas le linn cuid de laethanta dorcha na coimhlinte.

Aslonnú Dunkirk (1940): Agus é ag tabhairt aghaidh ar bhagairt ionradh na nGearmánach, rinne Churchill sár-aire ar aslonnú fórsaí na Breataine agus na Comhghuaillithe as Dunkirk i mBealtaine agus Meitheamh 1940. Tharrtháil an oibríocht seo, ar a dtugtar Operation Dynamo, os cionn 300,000 saighdiúir ó thránna Dhúnkirk agus rinneadh é. siombail de dhiongbháilteacht na Breataine.

Cath na Breataine (1940): Agus Cath na Breataine ag dul chun cinn sna spéartha os cionn dheisceart Shasana, chuir óráidí Churchill le meanma mhuintir na Breataine. Dhearbhaigh sé go cáiliúil, "Ní raibh an oiread sin dlite riamh i réimse na coimhlinte daonna ag an oiread sin agus an oiread sin," ag moladh na bpíolótaí Aerfhórsa Ríoga a chosain an tír i gcoinne aer-ruathair na Gearmáine.

An Chairt Atlantach (1941): I mí Lúnasa 1941, tháinig Churchill agus an tUachtarán Franklin D. Roosevelt le chéile ar bord an USS Augusta agus chuir siad Cairt an Atlantaigh le chéile, ag cur síos ar a bhfís do dhomhan iarchogaidh bunaithe ar phrionsabail mar fhéinchinneadh, saorthrádáil, agus comhshlándáil.

Feachtas na hAfraice Thuaidh (1942-1943): Bhí Churchill páirteach go gníomhach i straitéis mhíleata, go háirithe in amharclann na hAfraice Thuaidh. Ba bhuaicphointe an chogaidh é feachtas rathúil na gComhghuaillithe, faoi cheannas an Ghinearál Bernard Montgomery, agus réitigh sé an bealach le haghaidh tuilleadh cionta.

D-Day agus Saoirse Iarthar na hEorpa (1944): Bhí Oibríocht Overlord, ionradh na gComhghuaillithe ar an Normainn ar 6 Meitheamh, 1944, ina pointe ríthábhachtach sa chogadh. Chuir ceannaireacht Churchill agus comhoibriú le ceannairí na gComhghuaillithe, lena n-áirítear an tUachtarán Roosevelt agus an Ginearál Dwight D. Eisenhower, le rathúlacht na hoibríochta agus le saoradh Iarthar na hEorpa sa deireadh.

Blianta Iar-Chogaidh agus Óráid an Chuirtín Iarainn: Agus an cogadh ag druidim chun deiridh, bhí ról lárnach ag Churchill i múnlú an tsocraithe iarchogaidh. Ghlac sé páirt sna comhdhálacha ag Yalta agus Potsdam, áit ar phléigh ceannairí na gComhghuaillithe deighilt na Gearmáine agus bunú na Náisiún Aontaithe.

Mar sin féin, thosaigh an chomhghuaillíocht aimsir cogaidh idir na Comhghuaillithe Thiar agus an tAontas Sóivéadach ag brú, rud a d'fhág gur thosaigh an Cogadh Fuar. In óráid a thug Coláiste Westminster i Fulton, Missouri, ar an 5 Márta, 1946, thug Churchill a óráid cháiliúil "Iron Curtain", a chum an téarma chun cur síos a dhéanamh ar an deighilt idé-eolaíoch agus pholaitiúil idir an tIarthar daonlathach agus an t-Oirthear cumannach.

Atoghadh agus Meath Impireacht na Breataine

Rinne ceannaireacht Churchill le linn an chogaidh duine mór le rá aige, agus thug sé an bua don Pháirtí Coimeádach in olltoghchán 1951, agus rinneadh Príomh-Aire den dara huair air. Mar sin féin, tharla a dhara téarma in oifig ag an am céanna le tréimhse athraithe agus dúshláin shuntasacha d'Impireacht na Breataine.

Deireadh na hImpireachta: Sna blianta i ndiaidh an chogaidh díchóimeáil Impireacht na Breataine de réir a chéile. Bhain an India neamhspleáchas amach i 1947, agus lorg coilíneachtaí eile féinchinneadh. Cuireadh in aghaidh iarrachtaí Churchill aontacht impiriúil a choinneáil, rud a léirigh an tírdhreach geopolitical athraitheach.

Géarchéim Suez (1956): Ba chaibidil chasta i mbeartas eachtrach na Breataine í Géarchéim Suez. In iarracht smacht a fháil arís ar Chanáil Suez, arna náisiúnú ag Uachtarán na hÉigipte Gamal Abdel Nasser, thacaigh Churchill leis an idirghabháil mhíleata droch-cháiliúil taobh leis an bhFrainc agus Iosrael. Mar sin féin, chuir brú ó na Stáit Aontaithe agus ón Aontas Sóivéadach iachall ar tharraingt siar, rud a chuir béim ar thionchar lagaithe Impireacht na Breataine.

Scor agus Blianta Níos Déanaí

Sa bhliain 1955, d'éirigh Churchill as an bPríomhréim, rud a chuir deireadh le ré. D'fhan sé gníomhach sa saol poiblí, ag scríobh go bisiúil agus ag tabhairt óráidí. Sa bhliain 1953, bronnadh an Duais Nobel sa Litríocht air as a mháistreacht ar chur síos staire agus beathaisnéise, agus as a chuid óráidí a spreag croíthe mhuintir na Breataine agus an domhain mhóir.

Tháinig meath ar shláinte Churchill sna blianta ina dhiaidh sin. D'fhulaing sé stróc i 1953, agus faoi dheireadh na 1950idí, bhí dúshláin bhreise sláinte le sárú aige. In ainneoin na gcruachás sin, lean sé air ag láithriú poiblí ó am go chéile.

Bás agus Oidhreacht

Fuair Winston Churchill bás ar 24 Eanáir, 1965, in aois a 90 bliain, ina theach cónaithe i Hyde Park Gate, Londain. D'fhreastail daoine mór le rá ar fud an domhain ar a shochraid stáit, rud a léirigh tionchar domhanda a cheannaireachta le linn an Dara Cogadh Domhanda.

Tá oidhreacht Churchill ilghnéitheach agus doscriosta, ag cuimsiú a róil mar státaire, óráidí, staraí, agus ceannaire míleata:

Ceannaireacht gan staonadh le linn Cogaidh: Is é ceannaireacht Winston Churchill le linn an Dara Cogadh Domhanda a oidhreacht shainithe fós. Bhí ról ríthábhachtach ag a chumas misneach a spreagadh, rún daingean a choinneáil in aghaidh na achranna, agus fís don bhua a chur in iúl i mbua na gComhghuaillithe.

Scríbhneoireacht Stairiúil: Is suntasach an méid a chuireann Churchill le litríocht, le saothair ar nós "The Second World War" agus "A History of the English-Speaking Peoples" ag léiriú a chumas mar staraí agus mar chroineolaí ar an am atá thart.

Scileanna Aireagail: Is seanscéal iad a eloquence agus máistreacht Churchill ar an mBéarla. Tá cumhacht agus diongbháilteacht ag baint lena chuid óráidí, bídís á dtabhairt i dTeach na dTeachtaí, thar an raidió, nó in óráidí poiblí. "Beidh muid ag troid ar na tránna," "a n-uair an chloig is fearr," agus "Fuil, toil, deora, agus allas" ach roinnt samplaí de chuid frásaí i gcuimhne.

Urlabhra an Chuirtín Iarainn agus Tábhacht an Chogadh Fuar: Breathnaítear ar an óráid "Iron Curtain" ag Fulton, Missouri, tráth suntasach sa Chogadh Fuar go luath. Leag cur in iúl Churchill ar an deighilt idé-eolaíoch idir an Oirthir agus an tIarthar na dúshláin a bhain leis an domhan iarchogaidh.

Oidhreacht na Státseirbhíse: Mhair gairmréim pholaitiúil Churchill roinnt blianta anuas, ag cuimsiú bua agus constaicí. Chuir a dhiongbháilteacht, a athléimneacht pholaitiúil, agus a thiomantas do luachanna daonlathacha lena cháil mar státaire.

Deilbhín na Briotánachta: Is siombail bhuan é Churchill d'fhéiniúlacht agus d'athléimneacht na Breataine. Is íomhánna íocónacha iad a todóg, a hata babhlála, agus a chomhartha V a bhaineann lena spiorad dosháraithe.

Duais Nobel sa Litríocht: Bronnadh Duais Nobel na Litríochta uirthi sa bhliain 1953, agus aithnítear scríbhneoireacht Churchill as a fiúntas liteartha agus a tábhacht stairiúil.

Mar fhocal scoir, cuimsíonn saol agus slí bheatha Winston Churchill caibidil shuntasach i stair an 20ú haois. Ó na heispéiris tosaigh a bhí aige san arm agus san iriseoireacht go dtí gur tháinig sé chun cinn mar cheannaire díocasach le linn an Dara Cogadh Domhanda, léiríonn turas Churchill suaiteacht agus dúshláin a ré.

13. Amelia Earhart (SAM)

Rugadh Amelia Mary Earhart ar 24 Iúil, 1897, in Atchison, Kansas, SAM, do Edwin Stanton Earhart agus Amelia Otis Earhart. Bhí a hóige thar a bheith coitianta, agus ba léir an tionchar a bhí ag a spiorad eachtrúil agus spreagadh a hathar chun gníomhaíochtaí neamhthraidisiúnta a dhéanamh. Thug teaghlach Earhart aghaidh ar dhúshláin airgeadais, ach ghlac paisean Amelia don eachtra agus don urghnách a samhlaíocht ó bhí sí óg.

D'fhreastail Amelia ar Hyde Park School i Chicago agus ina dhiaidh sin chríochnaigh sí a hoideachas ardscoile ag Hyde Park High School. Spreag a suim san eitlíocht le linn an Chéad Chogadh Domhanda nuair a chonaic sí saighdiúirí gortaithe ag filleadh abhaile, agus d'oibrigh sí mar chúntóir deonach altra in ospidéal míleata i Toronto, Ceanada.

I 1919, chláraigh Amelia ag Ollscoil Columbia i gCathair Nua-Eabhrac, áit a ndearna sí staidéar ar réamh-med. Mar sin féin, ghlac a cuid staidéir conair eile nuair a fuair sí amach go raibh grá aici don eitlíocht.

Réamhrá don Eitlíocht

Thosaigh an spéis a bhí ag Amelia san eitilt i 1920 nuair a d'fhreastail sí ar sheó aeir i Long Beach, California, áit a raibh a céad turas eitleáin aici. Spreag an taithí paisean don eitlíocht a chruthódh an chuid eile dá saol. I 1921, thosaigh sí ag tabhairt ceachtanna eitilte ag Kinner Field in aice le Los Angeles le Anita "Neta" Snook, ceannródaí eitlíochta agus duine de na heitleoirí mná is luaithe.

I 1923, cheannaigh Amelia a céad eitleán, eitleán geal buí Kinner Airster, agus thug sí "The Canary" air. Mar gheall ar a diongbháilteacht a bhain le bheith ina píolótach oilte, leag sí amach taifead airde na mban i 1922 trí airde 14,000 troigh a bhaint amach.

Gairm san Eitlíocht

Tháinig borradh faoi ghairmréim eitlíochta Amelia, agus shocraigh sí roinnt taifead suntasach a tharraing aird agus moladh:

An Chéad Phaisinéir Mná Trasna an Atlantaigh (1928): Cé nár eitilt an t-aerárthach í féin, rinne Amelia stair mar an chéad phaisinéir baineann trasna an Aigéin Atlantaigh. Chuaigh sí isteach sa phíolóta Wilmer "Bill"

Stultz agus leis an gcomhphíolóta/meicneoir Louis E. "Slim" Gordon ar eitilt ó Thalamh an Éisc go dtí an Bhreatain Bheag.

Eitilt Aonair Trasatlantach (1932): Bhain Amelia Earhart cloch mhíle stairiúil amach 20-21 Bealtaine, 1932, nuair a bhí sí ar an gcéad bhean a d'eitil aonair trasna an Aigéin Atlantaigh. Ag imeacht ó Harbour Grace, Talamh an Éisc, rinne sí píolótach ar a Lockheed Vega 5B agus thuirling sí i nDoire, Tuaisceart Éireann, 14 uair agus 56 nóiméad ina dhiaidh sin.

An Chéad Bhean ag Eitilt Cósta go Cósta (1932): I mí Lúnasa 1932, shocraigh Amelia Earhart taifead eile agus í ar an gcéad bhean a d'eitil gan stad ó chósta go cósta ar fud na Stát Aontaithe. D'eitil sí ó Los Angeles go Newark, ag clúdach thart ar 2,447 míle i díreach os cionn 19 uair an chloig.

Taifead Luas Thrasatlantach (1932): Shocraigh Earhart taifead luais trasatlantach nua do mhná trí eitilt aonair ó Harbour Grace, Talamh an Éisc, go Doire, Éire, i thart ar 13 uair agus 30 nóiméad.

Haváí go California Solo Flight (1935): Chríochnaigh Amelia an chéad eitilt aonair ó Honolulu, Haváí, go Oakland, California, ag bunú í féin mar an chéad duine a d'eitil aonair trasna an Aigéin Atlantaigh agus an Aigéin Chiúin.

De bharr na n-éachtaí seo bhí Amelia Earhart le mothú idirnáisiúnta agus le híomhá inspioráideach, ag tabhairt dúshlán do noirm inscne agus ag taispeáint acmhainneacht na mban i réimse na heitlíochta.

Pósadh agus Ceangaltais Ghairmiúla

Tháinig paisean Amelia san eitlíocht agus a habhcóideacht ar son chearta na mban le chéile nuair a phós sí an foilsitheoir George P. Putnam i 1931. Bhí meas agus comhoibriú mar shaintréith ag a gceardchumann, agus rinneadh bainisteoir agus tionscnóir Amelia de George. Cé gur choinnigh sí a hainm roimh phósadh chun críocha gairmiúla, rinne sí tagairt dá pósadh mar "chomhpháirtíocht le rialú dé."

Lean Amelia uirthi ag sárú bacainní agus ag tabhairt dúshlán steiréitíopaí. I 1935, bhí sí ar an gcéad duine a eitilt aonair ó Los Angeles go Cathair Mheicsiceo agus ar ais. Shín a tiomantas don eitlíocht níos mó ná éachtaí pearsanta, agus í ag obair freisin chun an réimse do mhná a chur chun cinn agus a chur chun cinn.

Ceangal Ollscoil Purdue

I 1935, ghlac Amelia le post mar chomhalta dáimhe cuairte in Ollscoil Purdue, áit a raibh sí ina comhairleoir don Roinn Aerloingseoireachta. Áiríodh lena ról mná óga a spreagadh agus a spreagadh chun gairmeacha san eitlíocht a leanúint. Dhaingnigh caidreamh Amelia le Purdue a tiomantas don oideachas agus a creideamh i gcumhacht bunathraithe na heitlíochta.

Eitilte Deiridh agus Droch-Fated

Ba í an dícheall is uaillmhianaí agus ba chinniúnach a rinne Amelia Earhart ná a hiarracht dul timpeall na cruinne. Bhí sé mar aidhm ag an turas, ar a dtugtar an "World Flight," Earhart a dhéanamh ar an gcéad duine a eitilt ar fud an domhain in aice leis an meánchiorcal.

Thosaigh an turas ar 17 Márta, 1937, ó Oakland, California, agus an loingseoir Fred Noonan in éineacht le Amelia. Bhí dúshláin agus deacrachtaí iomadúla roimh an turas, agus rinneadh deisiúcháin agus mionathruithe ar an eitleán in áiteanna éagsúla. Ar an 1 Meitheamh, 1937, d'imigh Amelia agus Fred ó Lae, Nua-Ghuine Phapua, ag dul i dtreo Oileán Howland san Aigéan Ciúin.

Go tragóideach, níorbh fhéidir an chuid dheireanach den turas. Ar an 2 Iúil, 1937, imithe Amelia Earhart agus Fred Noonan thar an Aigéin Chiúin. In ainneoin cuardach fairsing ag rialtas SAM agus imscrúdú ina dhiaidh sin, níor aimsíodh a n-eitleán, Lockheed Electra 10E, riamh.

Bhí cealú mistéireach Amelia Earhart ar cheann de na rúndiamhra eitlíochta is mó san 20ú haois, rud a spreag teoiricí agus tuairimíocht gan áireamh. Réimsigh teoiricí ó dhúshláin loingseoireachta go tuairteanna agus go tóin poill ar muir, agus mhol roinnt acu fiú gur mhair Earhart agus gur gabhadh é.

Oidhreacht agus Tionchar

Sáraíonn oidhreacht Amelia Earhart a cuid éachtaí ceannródaíocha san eitlíocht. Bhí tionchar mór ag a saol agus a slí bheatha ar ghnéithe éagsúla den tsochaí:

Ceannródaí Eitlíochta agus Eiseamláir: Mhéadaigh éachtaí Amelia Earhart bacainní inscne san eitlíocht agus spreag sí daoine aonair, go háirithe mná, chun gairmréimeanna a bhaint amach san eitlíocht agus i réimsí eile ina raibh fir i gceannas. Mar gheall ar a hathléimneacht, a misneach agus a diongbháilteacht bhí sí ina eiseamláir do na glúnta.

Abhcóide ar son Chearta na mBan: Ní sna spéartha amháin a bhain éachtaí Earhart amach; bhí sí ina abhcóide glórach ar son cearta agus comhionannas na mban. Trína héachtaí, thug sí dúshlán do noirm na sochaí agus chuir sí leis an streachailt leanúnach ar son an chomhionannais inscne.

Oidhreacht Oideachais Leanann tiomantas Amelia don oideachas, arna léiriú ag a ról in Ollscoil Purdue, ag spreagadh na nglún eitleoirí agus scoláirí amach anseo. Caomhnaíonn Bailiúchán Amelia Earhart ag Ollscoil Purdue a oidhreacht agus a rannchuidiú leis an bpáirc.

Rúndiamhair agus Oidhreacht Bhuan Tá an rúndiamhair a bhain le himeacht Amelia Earhart tar éis spéis agus tuairimíocht leanúnach a spreagadh. Leanann an cuardach le haghaidh freagraí, le turais agus imscrúduithe ag iarraidh a réiteach ar chúinsí a eitilte deiridh.

Deilbhín Cultúir: Síneann tionchar Amelia Earhart isteach sa chultúr móréilimh, le go leor leabhar, clár faisnéise agus scannán atá tiomnaithe dá saol agus dá hoidhreacht. Tá a hainm comhchiallach le misneach, eachtraíochta, agus an tóir gan staonadh ar aisling an duine.

Onóracha agus Cuimhneacháin: Fuair Amelia Earhart dámhachtainí agus onóracha iomadúla le linn a saoil, lena n-áirítear Crois Eitilte Oirirce na SA as a eitilt aonair trasatlantach. Ina theannta sin, tá a hainm ar shainchomharthaí tíre éagsúla, ar scoileanna agus ar scoláireachtaí mar ómós dá tionchar buan.

Mar fhocal scoir, cuimsíonn saol Amelia Earhart spiorad na heachtraíochta, na buanseasmhacht agus briseadh teorainneacha. Téann a hoidhreacht thar réimse na heitlíochta, ag síneadh isteach i réimsí an chomhionannais inscne, an oideachais agus an íocónagrafaíocht chultúrtha. Cé go leanann rúndiamhair a cealaithe ag mealladh na samhlaíochta, tá tionchar Amelia Earhart ar an domhan inláimhsithe agus marthanach. Léirigh sí an misneach chun dúshlán a thabhairt don status quo agus an diongbháilteacht chun ardú go dtí airde nua, rud a spreag na glúnta atá le teacht.

14. Mahatma Gandhi (An India)

Rugadh Mohandas Karamchand Gandhi, ar a dtugtaí Mahatma Gandhi níos déanaí, ar 2 Deireadh Fómhair, 1869, i Porbandar, baile cósta i Gujarat na hIndia inniu. Bhí a athair, Karamchand Gandhi, ina Diwan de Porbandar, agus bhí a mháthair, Putlibai, an-chreidmheach agus bhí ról suntasach aige i múnlú luachanna Gandhi. Tógadh é i dteaghlach Hiondúch dhíograiseach, agus bhí tionchar ag prionsabail na fírinne, an neamhfhoréigineachta agus na simplíochta ó aois óg ar Gandhi.

Thosaigh turas oideachais Gandhi ag an mbunscoil áitiúil i Porbandar. Níos déanaí, bhog sé go Rajkot le haghaidh tuilleadh staidéir. Sa bhliain 1888, agus é 18 mbliana d'aois, thaistil Gandhi go Londain chun staidéar a dhéanamh ar an dlí i gColáiste na hOllscoile Londain. Nocht a chuid ama i Sasana smaointe agus cultúir éagsúla dó, ach ba thréimhse claochlaithe pearsanta a bhí ann freisin. Arna spreagadh ag smaointeoirí ar nós Henry David Thoreau agus Leo Tolstoy, thosaigh Gandhi ag cumadh a fhealsúnachta maidir le frithsheasmhacht neamhfhoréigneach, nó satyagraha.

Gairm Luath san Afraic Theas

Nuair a chríochnaigh sé a chuid staidéir dlí in 1891, d'fhill Gandhi ar an India agus bhí sé ag streachailt le cleachtas dlí a bhunú. In 1893, tháinig deis chun cinn a d'athródh go mór a shaol. Ghlac Gandhi le conradh bliana chun oibriú mar chomhairleoir dlí in Natal, san Afraic Theas.

Ba san Afraic Theas a thug Gandhi aghaidh ar an idirdhealú ciníoch a d'fhulaing an pobal Indiach. Ba phointe casta é an eachtra ar thraein i 1893, áit ar baineadh go héigeantach as urrann den chéad scoth é in ainneoin ticéad bailí a bheith aige. Roghnaigh Gandhi cur i gcoinne na héagóra seo trí bhealaí neamhfhoréigneach, ag leagan an bhunsraith dá ghníomhaíochas amach anseo.

Thar an dá scór bliain amach romhainn, tháinig Gandhi chun cinn mar cheannaire ar an bpobal Indiach san Afraic Theas, ag tacú le cearta sibhialta, ceartas sóisialta, agus comhionannas. Thosaigh a fhealsúnacht maidir le frithsheasmhacht neamhfhoréigneach agus easumhlaíocht shibhialta, mar aon lena thiomantas do chomhréiteach pobail, ag teacht chun cinn le linn na tréimhse seo.

Fill ar ais go dtí an India

Sa bhliain 1915, d'fhill Gandhi ar an India, tar éis dó breis is fiche bliain a chaitheamh san Afraic Theas. Tháinig sé ar ais le cáil mar cheannaire prionsabal éifeachtach. Bhí dúshláin shóisialta, eacnamaíocha agus pholaitiúla faoi riail choilíneach na Breataine ag an India ag an am sin.

Gandhi, a dtugtar aghaidh go forleathan air anois mar Mahatma, rud a chiallaíonn "Anam Mór," tiomanta é féin don streachailt ar son neamhspleáchas na hIndia. Bhí baint aige láithreach le saincheisteanna sóisialta agus polaitiúla, agus é mar aidhm aige dul i ngleic leis na héagothromais a bhí roimh na daoine coitianta.

Friotaíocht Neamhfhoréigneach agus Satyagraha

Tháinig fealsúnacht Gandhi ar fhriotaíocht neamhfhoréigneach, nó satyagraha, chun bheith ina bhunchloch dá chur chuige i leith athruithe sóisialta agus polaitiúla. Satyagraha, fréamhaithe i na focail Sanscrait "satya" (fhírinne) agus "agraha" (a shealbhú go daingean le), béim ar chumhacht na fírinne agus fórsa morálta i gcomparáid le foréigean.

Gluaiseachtaí Champaran agus Kheda (1917-1918): Ba iad na gluaiseachtaí Champaran agus Kheda na chéad mhórfheachtais ag Gandhi san India, áit ar thacaigh sé le cúis na bhfeirmeoirí indigo i Champaran, Bihar, agus threoraigh sé agóid rathúil i gcoinne na mbeartas cánach leatromach i Kheda, Gujarat. . Bhunaigh na gluaiseachtaí seo modh Gandhi maidir le frithsheasmhacht neamhfhoréigneach agus léirigh siad a chumas pobail a shlógadh ar son an cheartais shóisialta.

Gluaiseacht Neamh- Chomhoibrithe (1920-1922): Mar fhreagra ar mhort Jallianwala Bagh i 1919 agus an tAcht um Rowlatt faoi chois, sheol Gandhi an Ghluaiseacht Neamh- Chomhoibrithe i 1920. Ghlac na milliúin Indians páirt i mbaghcatáil institiúidí, scoileanna agus earraí na Breataine. Léirigh an ghluaiseacht cumhacht agóide neamhfhoréigneach agus easumhlaíocht shibhialta, rud a d'eascair lamháltais shuntasacha ó na Breataine.

Salt March (1930): Ar cheann de na chuimhneacháin is íocónach i ngluaiseacht neamhspleáchas na hIndia a bhí Márta an tSalainn. Mar agóid i gcoinne monaplacht salainn na Breataine, bhí Gandhi i gceannas ar mháirseáil 240 míle ó Sabarmati Ashram go dtí an Mhuir Arabach, áit ar chuir sé féin agus a lucht leanúna in aghaidh na dlíthe salainn trí shalann a tháirgeadh ó uisce farraige. Tharraing Máirseáil an tSalainn, siombail chumhachtach na friotaíochta, aird idirnáisiúnta agus neartaigh sé an rún maidir le neamhspleáchas na hIndia.

Gluaiseacht na hIndia Scoir (1942): Agus an Dara Cogadh Domhanda ag dul ar aghaidh, sheol Gandhi Gluaiseacht Quit India, ag éileamh deireadh láithreach le riail na Breataine. D'éiligh an ghluaiseacht neamh-chomhoibriú neamhfhoréigneach le húdaráis na Breataine. In ainneoin gabhálacha agus faoi chois forleathan, ba chéim shuntasach í Gluaiseacht Quit India i dtreo neamhspleáchas na hIndia.

Curaidh an Cheartais Shóisialaigh

Shín tiomantas Gandhi don cheartas sóisialta níos faide ná saoirse pholaitiúil. Mhol sé ardú na ndaoine faoi chois, deireadh a chur le neamh-inúsáidteacht, agus cur chun cinn comhréiteach pobail. Bhí a phrionsabail neamhfhoréigean agus fírinne fite fuaite go domhain lena fhís do shochaí atá cóir agus cothrom.

Untouchability agus Gluaiseacht Harijan: Chuir Gandhi cath ar feadh an tsaoil in aghaidh na neamh-inúsáidte, ag féachaint air mar olc sóisialta a bhí ag teacht salach ar phrionsabail an chomhionannais agus an cheartais. Chum sé an téarma "Harijan," a chiallaíonn "Leanaí Dé," chun tagairt a dhéanamh do na Dalits, ag cur béime ar a bhfiúntas intreach. Rinne gluaiseacht Harijan iarracht na pobail imeallaithe a ardú agus a chomhtháthú sa tsochaí phríomhshrutha.

Comhchuibheas Comhchoiteann: Bhí Gandhi ina thacadóir d'aontacht Hiondúch-Moslamach. Rinne sé roinnt troscadh agus rinne sé iarrachtaí chun an foréigean pobail a mhaolú, ag tathant ar dhaoine difríochtaí reiligiúnacha a shárú ar mhaithe le leas an phobail. Ba léir a thiomantas don chomhchuibheas pobail ina iarrachtaí chun an bhearna idir pobail reiligiúnacha éagsúla a líonadh.

Féinmhuinín Eacnamaíoch: Chreid Gandhi na prionsabail a bhaineann le maireachtáil shimplí agus féindóthain. Chuir sé an smaoineamh khadi chun cinn, nó éadach snáofa de láimh, mar shiombail den fhéinmhuinín eacnamaíoch. Tháinig an roth sníomh ina léiriú íocónach ar fhealsúnacht Gandhian, ag spreagadh tionscail tuaithe agus geilleagair fhéinchothaithe.

Tionchar agus Oidhreacht Idirnáisiúnta

Chuaigh tionchar Gandhi i bhfad thar theorainneacha na hIndia. Bhain a fhealsúnacht maidir le frithsheasmhacht neamhfhoréigneach le ceannairí agus gluaiseachtaí ar fud an domhain. Tharraing figiúirí mar Martin Luther King Jr., Nelson Mandela, agus Cesar Chavez inspioráid ó phrionsabail Gandhi agus iad ag streachailt ar son cearta sibhialta agus ceartas sóisialta.

Martin Luther King Jr.: Thug ceannaire cearta sibhialta Mheiriceá, Martin Luther King Jr., creidiúint d'fhealsúnacht Gandhi maidir le neamhfhoréigean mar fhórsa treorach i ngluaiseacht chearta sibhialta na SA. Ghlac King le prionsabail Gandhian agus é ag eagrú agóidí agus ag tacú le comhionannas ciníoch, rud a d'fhág marc doscriosta ar an gcomhrac in aghaidh na deighilte.

Nelson Mandela: San Afraic Theas, ba é cur chuige Gandhi i leith frithsheasmhachta neamhfhoréigneach a spreag Nelson Mandela. Léirigh tiomantas Mandela don athmhuintearas agus don aistriú síochánta tar éis blianta de apartheid tionchar Gandhian ar a cheannaireacht.

Cesar Chavez: Tharraing ceannaire ghluaiseacht oibrithe feirme Mheiriceá, Cesar Chavez, ar phrionsabail Gandhi ina abhcóideacht ar son cearta oibrithe talmhaíochta. Bhí úsáid Chavez as agóidíocht agus as troscadh neamhfhoréigneach mar léiriú ar straitéisí Gandhian.

Dúnmharú agus Deireadh Ré

Tharraing tiomantas dochloíte Gandhi don neamhfhoréigean agus a áiteamh ar aontacht Hiondúch-Moslamach cáineadh agus cur i gcoinne ó áiteanna éagsúla. Ar an 30 Eanáir, 1948, dúnmharaíodh Mahatma Gandhi ag Nathuram Godse, náisiúnach Hiondúch, i nDeilí Nua. Chuir an scéala faoi bhás Gandhi tonnta turrainge tríd an India agus ar fud an domhain.

Chuir feallmharú Gandhi deireadh le ré, ach mhair a oidhreacht. Lean a theagasc ar neamhfhoréigean, ar fhírinne, agus ar thóir an cheartais ag spreagadh na nglún. Breathnaítear ar 30 Eanáir, comóradh a bháis, mar Lá na Martyrs san India, ag tabhairt ómóis dóibh siúd go léir a d'íobairt a mbeatha ar son na tíre.

Oidhreacht agus Éachtaí

Neamhspleáchas Indiach: Bhí ról lárnach ag ceannaireacht Gandhi i streachailt na hIndia ar son neamhspleáchais. Léirigh a fhealsúnacht maidir le frithsheasmhacht neamhfhoréigneach cumhacht na gníomhaíochta comhchoitinne agus an easaontais shibhialta chun athrú polaitiúil a bhaint amach.

Neamhfhoréigean a Chur Chun Cinn: Is oidhreacht bhuan í abhcóideacht Mahatma Gandhi don neamhfhoréigean. Bhí tionchar ag a phrionsabail ar ghluaiseachtaí domhanda ar son cearta sibhialta, síocháin agus ceartais, ag múnlú straitéisí na gceannairí a lean a chos.

Leasuithe Sóisialta: Chuir iarrachtaí Gandhi deireadh a chur le hinathraitheacht agus comhchuibheas pobail a chur chun cinn le claochlú sóisialta na sochaí Indiach. Bhí an bhéim a chuir sé ar fhéinmhuinín eacnamaíoch agus ar mhaireachtáil shimplí dírithe ar shochaí níos córa agus níos cothroime a chothú.

Inspioráid Idirnáisiúnta: Tháinig smaointe Gandhi ar ais ar an stáitse domhanda, ag dul i bhfeidhm ar cheannairí agus ar ghluaiseachtaí lasmuigh de theorainneacha na hIndia. Leanann prionsabail Gandhian maidir le neamhfhoréigean agus frithsheasmhacht de bheith ag spreagadh streachailtí ar son an cheartais agus chearta an duine ar fud an domhain.

Ómós na Náisiún Aontaithe: Mar aitheantas ar an méid a chuir Gandhi le fealsúnacht an neamhfhoréigin, d'fhógair na Náisiúin Aontaithe 2 Deireadh Fómhair, breithlá Gandhi, mar Lá Idirnáisiúnta an Neamhfhoréigin.

Mar fhocal scoir, ba theist í saol Mahatma Gandhi ar chumhacht chlaochlaitheach an neamhfhoréigin, na fírinne, agus an fhórsa mhorálta. Síneann a oidhreacht thar theorainneacha ama agus tíreolaíochta, ag dul i bhfeidhm ar ghluaiseachtaí ar son an cheartais, an chomhionannais agus na síochána. Leanann fís Gandhi do shochaí chomhchuí agus chóir, bunaithe ar phrionsabail na satyagraha, ag spreagadh daoine aonair agus gluaiseachtaí atá ag iarraidh athrú dearfach. Mar threoir don cheannaireacht mhorálta agus eiticiúil, tá oidhreacht Mahatma Gandhi fós ina fórsa marthanach san tóraíocht ar dhomhan níos atruacha agus níos cothroime.

15. Criostóir Columbus (An Iodáil/An Spáinn)

Rugadh Christopher Columbus, an taiscéalaí a rachadh ar cheann de na turais is suntasaí sa stair, idir 25 Lúnasa agus 31 Deireadh Fómhair, 1451, i Genova, cuid den Iodáil sa lá atá inniu ann. Cristoforo Colombo an t-ainm breithe a bhí air, agus ba mhac é do Domenico Colombo, fíodóir olla, agus Susanna Fontanarossa.

Is beag atá ar eolas faoi luathoideachas Columbus, agus tá tuairimíocht ann go mb'fhéidir go raibh sé féinmhúinte den chuid is mó. Bhí tionchar farraige ag baint lena luathbhlianta, toisc gur poblacht mhuirí fuadar a bhí i Genova, agus go raibh ceangail ag a mhuintir leis an bhfarraige. Creidtear gur thosaigh Columbus a ghairm bheatha mhuirí ag aois óg, ag foghlaim ealaín na loingseoireachta agus ag fáil taithí phraiticiúil ar longa ceannaíochta.

Gairm Luath mar Mhairnéalach

Thosaigh Columbus ar a ghairm bheatha mara sa Mheánmhuir, ag gabháil do thrádáil agus ag foghlaim na casta loingseoireachta. Sheol sé chuig calafoirt éagsúla agus fuair sé eolas pearsanta ar na bealaí muirí. Is le linn an ama sin a d'fhorbair sé spéis dhomhain sa tíreolaíocht agus sa taiscéalaíocht.

Spreag na heispéiris luatha a bhí aige fonn eachtraíochta agus fionnachtana dó, agus tháinig sé chun a bheith cinnte de réir a chéile go raibh bealach siar go dtí an Áise, rud a sholáthródh aicearra do thrádáil brabúsaí spíosraí.

Togra chuig Monarcha Eorpacha

I ndeireadh an 15ú haois, bhí an trádáil spíosraí leis an Áise an-brabúsaí, ach bhí na bealaí talún á rialú ag an Impireacht Ottomanach, rud a fhágann go raibh rochtain deacair do thrádálaithe Eorpacha. Shamhlaigh Columbus bealach muirí siar go dtí an Áise, agus sna 1480idí, d'iarr sé tacaíocht ó mhonarcaí Eorpacha éagsúla dá phlean uaillmhianach.

Tar éis dó a bheith ag tabhairt aghaidh ar dhiúltú tosaigh ó mhonarcachtaí na Portaingéile agus Shasana, chuir Columbus a thogra i láthair na Banríona Isabella I na Castile agus Rí Ferdinand II Aragon, rialóirí na Spáinne. Tar éis blianta idirbheartaíochta agus diúltaithe, d'aontaigh na Monarcha Caitliceacha ar deireadh urraíocht a dhéanamh ar thuras Columbus.

An Chéad Turas go Meiriceá (1492-1493)

Ar an 3 Lúnasa, 1492, sheol Críostóir Columbus ó Palos de la Frontera, an Spáinn, le trí long - an Santa Maria, an Pinta, agus an Niña. Ba fhiontar contúirteach é an turas chuig an anaithnid, mar ní raibh Columbus ná a chriú cinnte cad a bhí romhainn.

Fionnachtain na Bahámaí: Ar 12 Deireadh Fómhair, 1492, tar éis níos mó ná dhá mhí aistir, shroich Columbus oileáin na Bahámaí. Ba é seo an chéad teagmháil taifeadta idir an Sean Domhan agus an Domhan Nua. Ina dhiaidh sin, rinne sé iniúchadh ar oileáin eile sa Mhuir Chairib, lena n-áirítear Cúba agus Hispaniola.

Bunú Santa Maria: Chuaigh an Santa Maria, an ceann is mó de longa Columbus, ar tír agus cailleadh é in aice le Cap-Haïtien, Háití mar atá inniu ann. D'fhág Columbus garastún beag fear ina dhiaidh, ag bunú an chéad lonnaíocht Eorpach i Meiriceá.

Fill ar an Spáinn: D'fhill Columbus ar an Spáinn i Márta 1493, clú agus cáil mar laoch. D'oscail a thuras rathúil an doras chun tuilleadh taiscéalaíochta agus leathnaithe a dhéanamh do Choróin na Spáinne.

Turais agus Taiscéalaíocht níos déanaí

Thug Columbus faoi thrí thurais eile go Meiriceá, gach ceann lena dhúshláin agus a fhionnachtana:

Dara Turas (1493-1496): D'fhill Columbus go dtí an Mhuir Chairib ar a dhara turas, ag iniúchadh níos mó oileán agus ag bunú lonnaíochtaí breise. Mar sin féin, chruthaigh coinbhleachtaí leis na pobail dhúchasacha agus díospóidí inmheánacha i measc na lonnaitheoirí teannas.

An Tríú Turas (1498-1500): Le linn a thríú aistear, rinne Columbus iniúchadh ar chósta Mheiriceá Theas, agus shroich sé mórthír Mheiriceá Theas. Rinne sé iniúchadh ar Abhainn Orinoco agus Murascaill Paria. Mar sin féin, mar gheall ar mhíshástacht mhéadaithe i measc na lonnaitheoirí gabhadh Columbus agus a iompar ar ais go dtí an Spáinn i slabhraí.

An Ceathrú Turas (1502-1504): Bhí sé mar aidhm ag an gceathrú turas agus an turas deiridh de chuid Columbus bealach siar go dtí an Áis a fháil. Mar sin féin, bhí go leor cruatan le sárú aige, lena n-áirítear longbhriseadh, galair, agus teagmháil naimhdeach leis na pobail áitiúla. Ba é a shláinte ag meath agus an teip an bealach inmhianaithe a aimsiú deireadh a ghairm bheatha thaiscéalaíoch.

Conspóidí agus Léirmheasanna

Cé gur mhéadaigh turais Columbus an domhan aitheanta agus gur chuir siad tús le haois na taiscéalaíochta, ní raibh siad gan chonspóid agus cáineadh. Is ábhar díospóireachta agus cáineadh stairiúil iad cóireáil na ndaonraí dúchasacha a bhfuil iachall orthu saothair, agus an tionchar a bhíonn ag galair Eorpacha ar phobail dhúchasacha.

Cóireáil Daoine Dúchasacha: Bhí idirghníomhartha Columbus le pobail dhúchasacha Mheiriceá marcáilte ag míthuiscintí, foréigean agus dúshaothrú. Bhí iarmhairtí uafásacha ag teacht na nEorpach do na pobail dhúchasacha, lena n-áirítear scaipeadh galair nach raibh aon díolúine acu ina leith.

Córas Encomienda: Thug an córas encomienda, a bhunaigh Coróin na Spáinne, deis do lonnaitheoirí Spáinneacha saothair éigeantais a bhaint as daoine dúchasacha. Cé nach raibh an córas seo bunaithe go díreach ag Columbus, tháinig sé chun bheith ina fhoinse dúshaothraithe agus mí-úsáide.

Oidhreacht agus Athmheasúnú: Sa lá atá inniu ann, tá athmheasúnú déanta ar oidhreacht Christopher Columbus, agus tá plé leanúnach ar siúl faoi oiriúnacht Lá Columbus a cheiliúradh. Áitíonn criticeoirí go dtugann onóir Columbus neamhaird ar an tionchar diúltach a bhíonn ag coilíniú Eorpach ar phobail dhúchasacha.

Fill ar an Spáinn agus Blianta Níos déanaí

D'fhill Columbus ar an Spáinn don uair dheireanach i mí na Samhna 1504, agus é ag dul i léig ar shláinte agus ar thionchar laghdaithe. In ainneoin a chuid éachtaí, bhí sé ag streachailt le Columbus an t-aitheantas agus na luaíochtaí a chreid sé a bhí dlite dó a fháil. Mar gheall ar a phleananna uaillmhianacha agus ar na castachtaí a bhain le rialú na dtailte nua-aimsithe, tháinig teannas agus díospóidí le Coróin na Spáinne.

Fuair Christopher Columbus bás ar an 20 Bealtaine, 1506, i Valladolid na Spáinne, agus é thart ar 54 bliana d'aois. Chuir a bhás deireadh le ré iontach taiscéalaíochta, ach mhair a oidhreacht trí thionchar buan a chuid fionnachtana.

Oidhreacht agus Tionchar

Ag Oscailt Ré na Taiscéalaíochta: D'oscail turais Columbus an doras go hAois na Taiscéalaíochta, tréimhse fairsingithe mhuirí a d'fhágfadh cumhachtaí Eorpacha ag iniúchadh agus ag coiliniú codanna éagsúla den domhan.

Malartú Earraí agus Smaointe: D'éascaigh Malartú Columbus, a ainmníodh i ndiaidh Columbus, malartú plandaí, ainmhithe agus cultúir idir an Sean-Domhain agus an Domhan Nua. Bhí tionchar mór ag an idirmhalartú seo ar thrádáil dhomhanda agus ar fhorbairt sochaithe.

Coiliniú Eorpach: Réitigh turais Columbus an bealach don choiliniú Eorpach i Meiriceá. Bhunaigh na Spáinnigh, go háirithe, coilíneachtaí agus leag siad na bunsraitheanna le haghaidh claochlú an Domhain Nua.

Dul chun Cinn Loingseoireachta: Chuir turais Columbus le dul chun cinn sa loingseoireacht agus sa chartagrafaíocht. Chuir an t-eolas a fuarthas ó na hiniúchtaí seo feabhas ar mo thuiscint ar phatrúin ghaoithe, ar shruthanna, agus ar thíreolaíocht an Aigéin Atlantaigh.

Oidhreacht Chonspóideach Cé go ndéantar Columbus a cheiliúradh mar gheall ar a ról i leathnú an domhain aitheanta, tá a oidhreacht conspóideach. Mar thoradh ar an tionchar ar dhaonraí dúchasacha, ar thabhairt isteach galair, agus ar chastacht an choilínithe Eorpaigh tá athmheasúnú criticiúil ann sa lá atá inniu ann.

Mar fhocal scoir, is ionann turais Christopher Columbus agus scata tairseach i stair an duine, a chuireann tús le ré nua taiscéalaíochta agus idirghníomhaíochta domhanda. D'oscail a thurais dána trasna an Aigéin Atlantaigh an doras go Meiriceá, ag leagan an stáitse ar feadh na gcéadta bliain de thaiscéalaíocht, coiliniú, agus malartú cultúrtha.

Cé go ndéantar cuimhne ar Columbus as a mhisneach agus a fhís, bhí iarmhairtí a thurais ina n-ábhar díospóireachta agus machnaimh leanúnach. De réir mar a théann an domhan i ngleic le castachtaí oidhreachtaí stairiúla, tá Christopher Columbus fós ina dhuine a bhfuil a thionchar fós le brath, ag múnlú cúrsa na staire agus cinniúintí na n-ilchríoch atá scartha ag aigéin ollmhóra.

16. Genghis Khan (An Mhongóil)

D'eascair Genghis Khan, a rugadh Temüjin, as steppes garbh na Mongóile ag deireadh an 12ú haois le bheith ina bhunaitheoir agus ina cheannaire ar cheann de na himpireachtaí is mó sa stair. Rugadh Temüjin sa bhliain 1162, i Sléibhte Khentii sa Mhongóil mar atá inniu ann, mac do Yesükhei, ceann feadhna de chlann Mhongóil Borjigin, agus Hoelun, bean le hathléimneacht agus neart iontach. Ní fios go beacht dáta breithe Genghis Khan, agus mhúnlaigh a luathbhlianta ag coinníollacha crua an tsaoil fánaíochta ar mhachairí na Mongóilise.

Trioblóidí Luatha agus Dúshláin Cheannaireachta

Thug an Temüjin óg aghaidh ar dhúshláin luatha a chuirfeadh cruth as cuimse ar a charachtar agus ar a stíl cheannaireachta. Bhí a athair, Yesükhei, nimhithe ag treibh rival nuair nach raibh Temüjin ach naoi mbliana d'aois, rud a d'fhág an teaghlach leochaileach agus ostracized. Tréig Temüjin, a mháthair Hoelun, agus a dheirfiúracha ag a gclann, ag cur tús le tréimhse an-chruatan.

Sna blianta múnlaitheacha seo, d'fhoghlaim Temüjin ceachtanna luachmhara faoi mharthanas, aontacht, agus réaltachtaí crua pholaitíocht na treibhe Mongóilis. Chuir bochtanas a mhuintire iachall air ocras, feall agus deoraíocht a fhulaingt. Spreag na streachailtí luatha seo braistint seiftiúlachta, athléimneachta agus diongbháilteacht gan staonadh chun anachrann a shárú.

Aontú na dTreabh Mongol

Agus é ag aibíocht, thosaigh Temüjin ag taispeáint cáilíochtaí ceannaireachta a chuirfeadh as a chéile é. I ndomhan casta agus go minic corraitheach pholaitíocht treibhe Mhongóil, mar a raibh comhghuaillíochtaí leochaileacha agus iomaíocht ghéar, rinne Temüjin iarracht na treibheacha Mongol éagsúla a aontú faoina cheannas.

Comhghuaillíocht le Jamukha: Agus é ar thóir aontú, bhunaigh Temüjin dlúthcheangal le Jamukha, cara óige a tháinig chun bheith ina dheartháir faoi mhionn. Le chéile, gheall siad oibriú i dtreo aontú na dtreibheanna Mongol. Mar sin féin, de réir mar a d'fhás a gcumhacht, tháinig difríochtaí idé-eolaíocha agus straitéiseacha chun cinn, rud a d'eascair scoilt agus iomaíocht sa deireadh.

Rise to Power Bhí géarghá le cumas straitéiseach Temüjin agus an cumas chun dílseacht a spreagadh i measc a lucht leanúna, agus bhí ról ríthábhachtach aige ina ardú i gcumhacht. Chuir sé tactics míleata nuálacha i bhfeidhm, leasuithe eagraíochtúla, agus cód dlíthe ar a dtugtar an Yassa chun a chónaidhm a bhí ag méadú go tapa a rialú.

Briseadh Jamukha: Shroich an iomaíocht le Jamukha a buaicphointe sa bhliain 1206 nuair a rinne Temüjin an bua go cinntitheach ar a iarchomhghuaillí i gCath Dalan Balzhut. Tar éis an bua seo, thionóil ceannairí treibhe na steppes Kurultai, cruinniú de taoisigh Mongol, agus bhronn Temüjin an teideal Genghis Khan, rud a chiallaíonn "Rialóir Uilíoch" nó "Ceannaire Aigéanach."

Bunú Impireacht na Mongóil

Mar Genghis Khan, thug Temüjin faoi mhisean bunathraithe chun náisiún aontaithe Mhongóil a chruthú agus a thionchar a leathnú thar na steppes. Chuaigh a fhís níos faide ná conquest ach ní bhíonn ach; bhí sé mar aidhm aige ord polaitiúil nua a chothú a chuaigh thar na deighiltí treibhe agus a bhunaigh údarás láraithe.

Feachtais Mhíleata: Chuir Genghis Khan tús le sraith feachtais mhíleata a leagfadh an bonn le haghaidh fairsingiú ollmhór Impireacht na Mongóil. Ba thréithe a chuid feachtais ná meascán de ghile straitéiseach, eagrúchán smachtaithe, agus inoiriúnaitheacht do thír-réimsí éagsúla.

Ionradh ar an Impireacht Khwarazmian: Ceann de na tráthanna ríthábhachtacha i ngairm mhíleata Genghis Khan ba ea ionradh ar Impireacht Khwarazmian (an Iaráin, an Tuircméanastáin agus codanna de Lár na hÁise inniu). Mar gheall ar nádúr neamhthrócaireach gan choinne ionradh na Mongóil thit stát Khwarazmian go tapa, rud a dhaingnigh cáil Genghis Khan mar cheannaire míleata iontach.

Conquest Thuaisceart na Síne: Chuir Genghis Khan a aird ar Ríshliocht Jin i dTuaisceart na Síne. Sa bhliain 1211, sheol sé feachtas a raibh mar thoradh ar conquest na críocha suntasacha, lena n-áirítear Beijing. Leathnaigh feachtais ina dhiaidh sin i gcoinne an Xia Thiar agus an Ríshliocht Song rialú Mongol sa réigiún.

Ionradh ar Lár na hÁise agus na hEorpa: Lean Impireacht na Mongóil lena leathnú siar go Lár na hÁise, Oirthear na hEorpa, agus an Meánoirthear. Dhéanfadh comharbaí Genghis Khan, lena n-garmhac Kublai Khan agus Hulagu Khan san áireamh, na Mongols a threorú isteach i gcroílár na hEorpa agus an Mheánoirthir.

Oidhreacht Rialachais agus Riaracháin

Chuaigh éachtaí Genghis Khan níos faide ná an concas míleata; léirigh sé tuiscint ghéar ar rialachas agus ar riarachán a chruthódh todhchaí Impireacht na Mongóil.

Leasuithe Riaracháin: Thug Genghis Khan leasuithe riaracháin isteach a bhí dírithe ar rialtas láraithe éifeachtach a chruthú. Cheap sé daoine dílse cumasacha bunaithe ar fhiúntas seachas ar chleamhnaithe treibhe, rud a chothaigh mothú aontacht i measc a chuid ábhar éagsúil.

Yassa: Bhí an Yassa, cód dlíthe a cuireadh i leith Genghis Khan, ina chreat dlíthiúil d'Impireacht na Mongóil. Chlúdaigh sé raon leathan saincheisteanna, ó smacht míleata go rialacháin trádála, agus bhí ról aige maidir le hord agus ceartas a choinneáil laistigh den Impireacht.

Caoinfhulaingt Reiligiúnach: Léirigh Genghis Khan méid suntasach caoinfhulaingt reiligiúnach. Bhí meas aige ar chreidimh éagsúla a chuid ábhar, ag cothú timpeallacht ina bhféadfadh ceannairí reiligiúnacha cleachtadh gan bhac. Chuir an polasaí seo le cobhsaíocht na hImpireachta agus thug sé tacaíocht do phobail reiligiúnacha éagsúla.

Malartú Trádála agus Cultúir: D'éascaigh Impireacht na Mongóil, faoi Genghis Khan agus a chomharbaí, malartú suntasach trádála agus cultúrtha feadh Bhóthar an tSíoda. Cheadaigh an Pax Mongolica, tréimhse de shíocháin choibhneasta le linn riail Mhongóil, gluaiseacht daoine, earraí agus smaointe trasna na hEoráise.

Bás agus Comharbas

Fuair Genghis Khan bás i mí Lúnasa 1227, le linn an fheachtais i gcoinne an Xia Thiar. Tá cúinsí a bháis beagán mistéireach i gcónaí, le cuntais chontrártha ag dul ó ghortuithe a tharla sa chath go feallmharú. Cuireadh Genghis Khan in uaigh neamhmharcáilte sna steppes Mongóilis, teist ar a mhian le simplíocht fiú i mbás.

Sula bhfuair sé bás, rinne Genghis Khan forálacha maidir le comharbas a Impireachta. Bhunaigh sé córas comharbais cliathánach ar a dtugtar an Great

Yassa, trína bhfaigheadh a cheathrar mac - Jochi, Chagatai, Ögedei, agus Tolui - críocha sonracha laistigh den Impireacht mar oidhreacht. Bhí sé mar aidhm ag an gcóras seo ilroinnt a chosc agus aontacht a choinneáil i measc an teaghlaigh rialaithe Mongóil.

An oidhreacht Genghis Khan

Tá oidhreacht Genghis Khan casta agus domhain araon, rud a fhágann marc doscriosta ar stair an domhain:

Bunú Impireacht na Mongóil: Mar thoradh ar fheachtais mhíleata Genghis Khan bunaíodh Impireacht na Mongóil, a bhí, ag an airde, ar an Impireacht talún is mó a bhí tadhlach sa stair.

Ranníocaíochtaí le Sibhialtacht: D'éascaigh an Pax Mongolica malartuithe cultúrtha agus teicneolaíochta, ag cur le scaipeadh eolais agus dul chun cinn i réimsí éagsúla. Bhí ról ríthábhachtach ag na Mongóil maidir le nascadh an Oirthir agus an Iarthair, ag cothú na trádála, agus ag tabhairt isteach smaointe agus teicneolaíochtaí nua.

Nuálaíochtaí Míleata: Bhí tionchar ag nuálaíochtaí míleata Genghis Khan, lena n-áirítear úsáid marcra, eagrú smachtaithe, agus inoiriúnaitheacht, ar na glúine ceannairí míleata ina dhiaidh sin. Rinne ceannasaithe thar chultúir éagsúla staidéar ar a straitéisí agus rinne siad aithris orthu.

Prionsabail Riaracháin: Leag leasuithe riaracháin Genghis Khan agus an Yassa an bunchloch le haghaidh rialú Impireacht na Mongóil. Chuir prionsabail an fhiúntais agus na caoinfhulaingthe reiligiúnacha a thug Genghis Khan isteach le cobhsaíocht na hImpireachta.

Tionchar Cultúrtha: Tá tionchar Impireacht na Mongóil ar chultúr domhanda le feiceáil i gcumasc an Oirthir agus an Iarthair le linn na Pax Mongolica. Sa tréimhse seo rinneadh malartú earraí, teicneolaíochtaí agus smaointe a shaibhrigh tírdhreach cultúrtha na hEoráise.

Conspóidí agus Léirmheasanna

Níl aon chonspóid ag baint le hoidhreacht Genghis Khan, go háirithe maidir leis na modhanna a úsáideadh le linn a fheachtais mhíleata agus an tionchar a bhíonn acu dá bharr ar phobail chonctha:

Brutality Conquests: Bhí brúchtúlacht, ollmharuithe agus scrios mar shaintréith ag ionraí na Mongóil. Mar thoradh ar an mála cathracha, mar Samarkand agus Nishapur, cailleadh go forleathan beatha agus léirscrios cultúrtha.

Scriosadh Cultúrtha: Cáineadh scrios cathracha agus láithreacha stairiúla le linn conquest na Mongol mar gheall ar a thionchar ar oidhreacht chultúrtha shaibhir na réigiún atá buailte. Cailleadh go leor taifid stairiúla agus saothair ealaíne le linn na bhfeachtas sin.

Iarmhairtí Daonnúla: Chuir ionraí na Mongóil an-fhulaingt dhaonna, agus cailleadh na milliúin daoine mar thoradh ar chogaíocht, gorta agus galair. Mar gheall ar scála mór na n-iarmhairtí daonnúla, rinneadh measúnuithe criticiúla ar oidhreacht Genghis Khan.

Mar fhocal scoir, is scéal é saol Genghis Khan ar ardú ó chruatan na steppes Mongóilis go buaic na cumhachta, rud a fhágann rian marthanach ar chúrsa na staire. D'athraigh a fhís de náisiún aontaithe Mhongóil, in éineacht le genius míleata agus fadbhreathnaitheacht riaracháin, na treibheacha fánaíochta ina Impireacht iontach a shíneadh trasna ilchríocha.

Tá oidhreacht Genghis Khan, lena meascán de mhalartú cultúrtha, conquest míleata, agus nuálaíocht riaracháin, fós ina ábhar spéise agus díospóireachta. Bíodh tionchar Genghis Khan ar an domhan mór, ag múnlú cúrsa na sibhialtachtaí agus ag fágáil marc doscriosta ar leathanaigh na staire, Cibé an bhfeictear é mar cheannaire físiúil, mar genius míleata, nó mar chonsaitheoir neamhthrócaireach.

17. Banríon Victoria (Sasana)

Rugadh an Bhanríon Victoria, an monarc íocónach ar shainigh a réimeas ré, Alexandrina Victoria ar 24 Bealtaine, 1819, ag Pálás Kensington i Londain. Ba í an t-aon leanbh a bhí ag an bPrionsa Edward, Diúc Kent, agus an Bhanphrionsa Victoria de Saxe-Coburg-Saalfeld. Fuair athair Victoria bás nuair nach raibh sí ach ocht mí d'aois, rud a d'fhág í mar oidhre ar an ríchathaoir.

Ba í a máthair agus a dlúthchomhairleoir, Sir John Conroy, a rinne a cuid oideachais a stiúradh go cúramach. Bhí óige Victoria sách scoite, agus coinníodh í faoi réim dhian ar a dtugtar "Córas Kensington," a raibh sé mar aidhm aige a cuid oideachais agus idirghníomhaíochtaí sóisialta a rialú. Ina ainneoin sin, d'fhorbair Victoria carachtar láidir agus spéis luath i gcúrsaí bunreachtúla.

Oideachas agus Réimeas Luath

Ba í a garda, an Banbharún Louise Lehzen, a rinne maoirseacht ar oideachas Victoria, agus bhí ról suntasach aici i múnlú a forbartha intleachtúil agus morálta. Mar thoradh ar a tógáil uaigneach, d'fhorbair Victoria braistint neamhspleáchais agus féindearbhaithe a bheadh ina saintréithe níos déanaí dá réimeas.

Ar an 20 Meitheamh, 1837, ag aois 18, chuaigh Victoria suas chun na ríchathaoir tar éis bás a uncail, an Rí William IV. Ba í a réimeas tús na ré Victeoiriach, tréimhse ina bhfeicfí claochluithe suntasacha sóisialta, eacnamaíocha agus tionsclaíochta.

Pósadh agus Teaghlach

Ceann de na himeachtaí ba shuntasaí i réimeas luath Victoria ná a pósadh lena col ceathrar, an Prionsa Albert de Saxe-Coburg agus Gotha. Pósadh an bheirt ar 10 Feabhra, 1840, agus bheadh a n-aontas marcáilte le comh-mheas agus gean. Bhí an Prionsa Albert, a chreidtear go minic as tionchar domhain a bheith aige ar Victoria, ina chomhghleacaí gníomhach, a raibh baint aige le gnéithe éagsúla de rialachas agus gnóthaí cultúrtha.

Bhí naonúr clainne ag Victoria agus Albert, agus thug a bpósadh sampla de bhua baile a bhí á aithris ag go leor sa tsochaí Victeoiriach. Bhí saol pearsanta agus teaghlaigh na Banríona ina ábhar spéise don phobal, agus léirigh íomhánna den teaghlach ríoga íomhá idéalach den dúchas.

Reign agus Éachtaí

Bhí réimeas na Banríona Victoria, a mhair ó 1837 go 1901, ar an gceann is faide d'aon mhonarc Briotanach go dtí gur sháraigh an Bhanríon Eilís II é. Chonacthas forbairtí suntasacha ina ré i réimsí éagsúla:

An Réabhlóid Thionsclaíoch: Lean an Réabhlóid Thionsclaíoch, a thosaigh go déanach san 18ú haois, ag claochlú na Breataine Bige le linn ré Victoria. Ba ghnéithe sainiúla na tréimhse seo ba ea leathnú iarnróid, dul chun cinn sa teicneolaíocht, agus fás na n-ionad uirbeach.

Impireacht na Breataine: Sa ré Victeoiriach chonacthas buaic Impireacht na Breataine. Faoi riail Victoria, leathnaigh an Impireacht chun críocha san Afraic, san Áise, san Aigéan Ciúin, agus sa Mhuir Chairib. Rinneadh Victoria í féin mar Empress na hIndia i 1876.

Leasuithe Sóisialta: Chonacthas tonn d'athchóirithe sóisialta i réimeas Victoria a bhí dírithe ar aghaidh a thabhairt ar na dúshláin a bhaineann le tionsclaíocht. Ba iad na leasuithe ar dhlíthe saothair, ar oideachas agus ar shláinte an phobail ná iarrachtaí chun éifeachtaí diúltacha an uirbithe mhear a mhaolú.

Taispeántas Mór 1851: Bhí ról ríthábhachtach ag an bPrionsa Albert in eagrú an Taispeántas Mór, a tionóladh ag an Crystal Palace i Londain i 1851. Léirigh an taispeántas cumas tionsclaíoch agus éachtaí cultúrtha na Breataine, mheall sé na milliúin cuairteoirí agus siombail an spiorad dul chun cinn agus nuálaíochta.

Pátrúnacht Ríoga na nEalaíon agus na nEolaíochtaí: Bhí an Bhanríon Victoria agus an Prionsa Albert ina bpátrúin ar na healaíona agus ar na heolaíochtaí, ag cur iarrachtaí cultúrtha agus caitheamh aimsire intleachtúil chun cinn. Léirigh an tacaíocht a thug siad d'institiúidí cosúil le Músaem Victoria agus Albert agus an Royal Albert Hall a dtiomantas do shaibhriú shochaí na Breataine.

Baintreach agus Caoineadh

Bhí tionchar mór ag bás tobann an Phrionsa Albert i 1861 ar an mBanríon Victoria. Bhí brón mór uirthi, d'imigh sí siar ón saol poiblí ar feadh tréimhse fhada, ag dul isteach i gcéim caoineadh a mhairfeadh ar feadh blianta fada.

Mar gheall ar leithlisiú na Banríona le linn na tréimhse seo, thuill sí an epithet "Baintreach Windsor."

In ainneoin gur tharraing sí siar ó ghnóthaí poiblí, lean an Bhanríon Victoria uirthi ag comhlíonadh a cuid dualgas bunreachtúil. Bhí tionchar buan, áfach, ag a brón ar a saol pearsanta agus bhí tionchar aici ar a dearcadh ar a ról mar mhonarc.

Blianta Níos déanaí agus Iubhaile Diamant

De réir mar a d'éirigh Victoria as a caoineadh fada, thosaigh sí arís ar ghníomhaíochtaí poiblí. Chonacthas garspriocanna suntasacha sa chuid dheireanach dá réimeas:

Iubhaile Órga (1887): Sa bhliain 1887, cheiliúir an Bhanríon Victoria a Iubhaile Órga, ag ceiliúradh 50 bliain ar an ríchathaoir. Ba mhór an ceiliúradh iubhaile, rud a léirigh an tóir a bhí ar an monarc go leanúnach agus éachtaí a réime.

Iubhaile Diamaint (1897): Deich mbliana ina dhiaidh sin, cheiliúir an Bhanríon Victoria a hIubhaile Diamaint, ag ceiliúradh 60 bliain ina banríon. Áiríodh ar fhéile na hIubhaile mórshiúl mór trí Londain, ar ar fhreastail daoine mór le rá ó ar fud Impireacht na Breataine.

Oidhreacht na hImpireachta: Shroich Impireacht na Breataine a buaic le linn réimeas na Banríona Victoria, rud a d'fhág go raibh sí ina siombail den mhórgacht impiriúil. Mar sin féin, chonacthas dúshláin freisin sa chuid dheireanach dá réimeas, lena n-áirítear grinnscrúdú méadaithe ar bheartais impiriúla agus teacht chun cinn gluaiseachtaí náisiúnach i gcoilíneachtaí éagsúla.

Bás agus Oidhreacht

Bhásaigh an Bhanríon Victoria ar 22 Eanáir 1901 i dTeach Osborne ar Oileán Wight. Ba é a bás ná deireadh na ré Victeoiriach agus tús na ré Éadaí. D'fhág réimeas Victoria marc doscriosta ar shochaí na Breataine agus ar an domhan:

Cur leis an Monarcacht Bhunreachtúil: Bhí ról ríthábhachtach ag réimeas na Banríona Victoria i múnlú na monarcachta bunreachtúla sa Bhreatain. Agus í ag cloí le prionsabail bhunreachtúla, thug sí teagmháil phearsanta leis an monarcacht freisin, agus í féin i ngrá leis an bpobal.

Tionchar Cultúrtha: Bhí borradh cultúrtha sa ré Victeoiriach, tráth a raibh saothair údair iomráiteacha ar nós Charles Dickens agus na deirfiúracha

Brontë marcáilte uirthi. Déantar litríocht, ealaín agus ailtireacht Victeoiriach a cheiliúradh i gcónaí as a saibhreas agus a n-éagsúlacht.

Tógáil Impireachta agus Tionchar Domhanda: Tharla réimeas na Banríona Victoria ag an am céanna le tréimhse fairsingithe domhanda gan fasach. Is gné bhuan dá oidhreacht é tionchar impiriúlachas na Breataine, lena láidreachtaí agus a chonspóidí.

Tionchar Pearsanta: In ainneoin a róil bhunreachtúil, bhí tionchar suntasach ag an Bhanríon Victoria ar an bpolaitíocht agus ar an saol poiblí. Tugann a cuid litreacha agus dialanna, a foilsíodh tar éis bháis, léargais ar a smaointe agus a dearcadh.

Deilbhín Buan: Is íocón cultúrtha marthanach an Bhanríon Victoria, agus is minic a bhaineann a híomhá le hidéil na moráltachta Victeoiriach agus le cobhsaíocht mhonarcacht na Breataine. Mothaítear a tionchar ní hamháin i leabhair staire ach freisin sa litríocht, sa scannánaíocht agus sa chultúr móréilimh.

Mar fhocal scoir, d'fhág réimeas na Banríona Victoria, a mhair thar sé scór bliain, rian doscriosta ar chúrsa na staire. Ó dhúshláin tosaigh a hóige go dtí bheith i gceannas ar Impireacht na Breataine le linn ré ina bhfuil claochlú suntasach, léiríonn saol Victoria castachtaí na monarcachta i ndomhan atá ag athrú. Síneann a hoidhreacht níos faide ná ról deasghnátha monarc bunreachtúil, a chuimsíonn gnéithe cultúrtha, polaitiúla agus sochaíocha a leanann ar aghaidh ag múnlú insint na ré Victeoiriach. Mar cheann de na monarcaí is faide chun tosaigh agus is mó tionchair i stair na Breataine, maireann tionchar na Banríona Victoria mar chaibidil shainithe in annála monarcacht na Breataine agus i dtaipéis níos leithne na staire domhanda.

18. Albert Einstein (An Ghearmáin/SAM)

Rugadh Albert Einstein, an fisiceoir íocónach a ndearna a chuid teoiricí ceannródaíocha athmhúnlú ar ár dtuiscint ar na cruinne, ar 14 Márta, 1879, in Ulm, i Ríocht Württemberg in Impireacht na Gearmáine. Ba de bhunadh Giúdach a thuismitheoirí, Hermann Einstein agus Pauline Koch, agus chaith Albert a bhlianta tosaigh i München, áit ar bhog a theaghlach ina dhiaidh sin.

Bhí claonadh láidir i dtreo na matamaitice agus na heolaíochta i luathoideachas Einstein. Mar sin féin, thug sé aghaidh ar dhúshláin laistigh den chóras oideachais fhoirmiúil, agus is minic a bhí a smaointeoireacht neamhspleách neamhchoinbhinsiúin ag teacht salach ar mhodhanna múinte traidisiúnta.

Oideachas agus Turas Acadúil

D'fhreastail Luath Einstein ar Ghiomnáisiam Luitpold i München, áit a raibh sé ag teacht salach ar struchtúr docht chóras oideachais na Gearmáine. Ba é a nádúr reibiliúnach agus fiosracht intleachtúil a spreag é chun a leasanna a shaothrú go neamhspleách.

Polytechnic na hEilvéise: Sa bhliain 1895, rinne Einstein iarratas ar Institiúid Teicneolaíochta Chónaidhme na hEilvéise (Eidgenössische Technische Hochschule nó ETH) i Zurich. Thug sé aghaidh ar dhúshláin sa scrúdú iontrála ach ligeadh isteach é ar an gcoinníoll go gcríochnódh sé a mheánoideachas. Chomhlíon Einstein an riachtanas seo agus chuaigh sé isteach i Polytechnic na hEilvéise i 1896.

Pósadh agus TeaghlachLe linn a chuid ama i Zurich, bhuail Einstein le Mileva Marić, mac léinn eile. Phós siad i 1903 agus bhí beirt mhac acu, Hans Albert agus Eduard. Bhí dúshláin roimh chaidreamh Einstein le Mileva, rud a d'fhág go raibh siad idirscartha agus colscartha.

Dochtúireacht agus Annus Mirabilis: Sa bhliain 1905, ar a dtugtar Annus Mirabilis (Miracle Year) de chuid Einstein go minic, d'fhoilsigh sé ceithre pháipéar úrnua a dhéanfadh réabhlóidiú ar an bhfisic.

Saothair Gairme agus Sochar

Thug turas gairmiúil Albert Einstein chuig institiúidí acadúla agus poist taighde éagsúla é, áit ar lean sé ag forbairt agus ag feabhsú a chuid teoiricí.

Ollscoil Bern: Tar éis dó a dhochtúireacht a bhaint amach i 1905, d'oibrigh Einstein go hachomair ag Ollscoil Bern mar léachtóir. Ba le linn an ama sin a d'fhoilsigh sé teoiric speisialta na coibhneasachta, ag tabhairt aghaidh ar thuairimí traidisiúnta spáis agus ama.

Ollscoil Zurich: Lean Einstein lena ghairm bheatha acadúil, ag bogadh go hOllscoil Zurich i 1909 mar ollamh comhlach. Le linn na tréimhse seo, leathnaigh sé a chuid oibre ar theoiric na coibhneasachta agus chuir sé le tuiscint ar phrionsabal na coibhéise.

Beirlín agus Teoiric Ghinearálta na Coibhneasachta: I 1914, ghlac Einstein le post ag Acadamh Eolaíochtaí na Prúise i mBeirlín. Chuir briseadh amach an Chéad Chogadh Domhanda isteach ar a chuid oibre, ach i ndiaidh an chogaidh, chríochnaigh sé teoiric ghinearálta na coibhneasachta, a foilsíodh i 1915. D'athraigh an teoiric seo ár dtuiscint ar dhomhantarraingt.

Duais Nobel san Fhisic (1921): Bronnadh an Duais Nobel san Fhisic ar Albert Einstein i 1921 as an míniú a thug sé ar an iarmhairt fhótaileictreach. Léirigh an t-aitheantas seo feidhmeanna praiticiúla a shaothair chomh maith lena thábhacht teoiriciúil.

Teoiric Réimse Aontaithe: Ar feadh a ghairm bheatha, lorg Einstein teoiric réimse aontaithe a chomhtháthódh leictreamaighnéadas agus domhantarraingthe. In ainneoin a chuid iarrachtaí, níor bhain sé an sprioc seo amach, agus thiocfadh an tóraíocht ar theoiric aontaithe ina dhúshlán lárnach san fhisic theoiriciúil.

Fíorú Poiblí agus Gníomhaíochas

Chuaigh tionchar Albert Einstein thar an réimse acadúil, agus d'éirigh sé ina phearsa poiblí a raibh cáil air as a rannpháirtíocht shóisialta agus pholaitiúil.

Abhcóideacht ar son Cearta Sibhialta: Bhí Einstein ina abhcóide gutha ar son cearta sibhialta, go háirithe sna Stáit Aontaithe. Labhair sé amach i gcoinne deighilt chiníoch agus leithcheala, ag cur a thiomantas don cheartas agus don chomhionannas in iúl.

Zionism agus Pacifism: Bhí baint ag Einstein le cúiseanna polaitiúla, lena n-áirítear an ghluaiseacht Zionist, cé gur tháinig forbairt ar a thuairimí. Bhí sé ag tacú leis ar dtús ach cháin sé gnéithe áirithe ina dhiaidh sin. Ba shíochánaí é Einstein freisin a chuir i gcoinne an chogaidh agus an mhíleatachais.

Coibhneasacht agus Eolaíocht Choitianta: Ghabh teoiricí Einstein samhlaíocht an phobail, agus rinneadh íocón cultúrtha de. Pléadh a chuid teoiricí, go háirithe teoiric na coibhneasachta, i litríocht na heolaíochta coitianta, agus scríobh sé ailt agus leabhair do lucht féachana ginearálta.

Blianta Níos déanaí agus Ranníocaíochtaí Acadúla: Ollscoil Princeton: Sa bhliain 1933, le méadú ar réimeas na Naitsithe sa Ghearmáin, chuaigh Einstein ar imirce go dtí na Stáit Aontaithe. Ghlac sé le post san Institiúid um Ardstaidéar i Princeton, New Jersey, áit ar lean sé lena chuid taighde agus obair acadúil.

Litir Einstein-Szilárd (1939): Bhí ról ríthábhachtach ag Einstein in foláireamh a thabhairt do rialtas SAM faoi fhorbairt fhéideartha na n-arm adamhach trí litir a shíniú, in éineacht leis an bhfisiceoir Leo Szilárd, ag tathant ar an Uachtarán Franklin D. Roosevelt taighde a thionscnamh ar airm núicléacha.

Dídeanaithe agus Iarrachtaí Daonnúla: Bhí Einstein, a d'fhulaing géarleanúint sa Ghearmáin Naitsíoch, báúil do chruachás na ndídeanaithe. Chuaigh sé i mbun iarrachtaí chun cabhrú le teifigh, lena n-áirítear iad siúd a theith ón Uileloscadh, agus rinne sé abhcóide ar chúiseanna daonnúla.

Bás agus Oidhreacht

Fuair Albert Einstein bás ar 18 Aibreán, 1955, in aois a 76, i Princeton, New Jersey. Chuir a bhás deireadh le ré don fhisic theoiriciúil, ach maireann a oidhreacht:

Oidhreacht Eolaíoch Einstein Rinne teoiricí Einstein maidir le coibhneastacht agus a rannchuidiú le teoiric chandamach réabhlóidiú ar an bhfisic. Thug a chuid smaointe dúshlán don ghaois thraidisiúnta agus leag sé an bonn don fhisic theoiriciúil nua-aimseartha.

Meicnic Quantum: Cé gur chuir Einstein go bunúsach leis an teoiric chandamach, bhí cáil air míchompordach le gnéithe áirithe, ag rá go cáiliúil "Ní imríonn Dia dísle leis na cruinne." Leag a chuid díospóireachtaí le Niels Bohr agus le dreamanna eile béim ar na dúshláin choincheapúla laistigh de mheicnic chandamach.

Teoiric Ghinearálta na Coibhneasachta: Mhínigh teoiric ghinearálta Einstein na coibhneasachta domhantarraingthe mar chuar an spáis ama. Deimhníodh an teoiric seo trí thurgnaimh agus trí thuairimí éagsúla, rud a fhágann gur cloch choirnéil na réaltfhisice nua-aimseartha í.

Tionchar Teicneolaíochta: Tá feidhmeanna praiticiúla ag teoiricí Einstein i dteicneolaíochtaí mar GPS, fuinneamh núicléach, agus íomháú leighis. Leanann na léargais a fuarthas óna chuid oibre ag múnlú dul chun cinn teicneolaíochta.

Teoiric Allamuigh Aontaithe agus Ceisteanna Gan Réitithe: Níor comhlíonadh tóraíocht Einstein ar theoiric pháirce aontaithe le linn a shaoil. Dúshlán leanúnach san fhisic theoiriciúil a bhí sa tóir ar a leithéid de theoiric agus tá sé fós ina teorainn taighde.

Intleachtúil agus Deilbhín Poiblí: Mhéadaigh tóir Einstein thar chiorcail eolaíochta, agus rinneadh siombail de intleacht, fiosracht agus luachanna daonnúla de. Tá a íomhá íocónach, le gruaig easchruthach agus píobán, tar éis éirí mar shamhla ar genius eolaíoch.

Sleachta agus Fealsúnacht Einstein: Tá machnaimh fealsúnacha Einstein ar an eolaíocht, ar an reiligiún agus ar shaol an duine gafa in iliomad sleachta a leanann ar aghaidh ag spreagadh agus ag spreagadh machnaimh.

Leanann saol agus saothar Albert Einstein ag dul i bhfeidhm ar an bpobal eolaíochta agus ag baint le daoine ar fud an domhain. Níl a oidhreacht teoranta do chothromóidí agus teoiricí ach cuimsíonn sé tionchar níos leithne ar chultúr, ar an tsochaí, agus ar an tóraíocht leanúnach chun bunnádúr na cruinne a thuiscint. Mar shoilitheoir eolaíoch agus daonnúil, tá Albert Einstein fós ina dhuine marthanach a sháraíonn a chuid rannpháirtíochta teorainneacha ama agus spáis.

19. Caitríona Mhór (An Rúis)

Tháinig Catherine the Great, a rugadh Sophie Friederike Auguste von Anhalt-Zerbst, isteach sa domhan ar 2 Bealtaine, 1729, i Stettin, sa Phrúis (Szczecin anois, an Pholainn). Ba iníon í le Christian August, Prionsa Anhalt-Zerbst, agus an Banphrionsa Johanna Elisabeth ó Holstein-Gottorp. Bhí luathshaol Catherine marcáilte ag na dúshláin a bhain le stádas measartha a muintire agus le hardmhianta uaillmhianacha a máthar don todhchaí.

I 1744, agus í 15 bliana d'aois, roghnaíodh Sophie mar bhrídeog ionchasach don oidhre sa todhchaí ar ríchathaoir na Rúise, an Ard-Diúc Peadar, beart a d'ordaigh an Empress Elizabeth na Rúise. Thiontaigh Sophie go Cheartchreidmheach agus ghlac an t-ainm Catherine Alexeyevna nuair a phós sí le Peadar sa bhliain 1745.

Oideachas agus Luathbhlianta sa Rúis

Ba iad tréithe luathbhlianta Catherine sa Rúis oiriúnú cultúrtha, sealbhú teanga, agus tumoideachas i gcastacht chúirt na Rúise. Ar dtús scoite amach agus míshásta ina phósadh leis an Ard-Dhiúc Peadar éadóchasach gan tóir, d'iarr Catherine sólás san oideachas agus i ngníomhaíochtaí intleachtúla.

Léirigh Catherine fonn intleachta agus tart ar eolas. Thum sí í féin i saothair smaointeoirí an tSaotroma, lena n-áirítear Voltaire agus Montesquieu, agus ghlac sí páirt i bpróiseas féinoideachais a chuirfeadh cruth ar a radharc domhanda.

Oiriúnú Cultúir: Ghlac Catherine le cultúr agus traidisiúin na Rúise, ag éirí líofa sa teanga agus ag glacadh le nósanna a dtír dhúchais nua. Chuirfeadh a cumas chun dul i ngleic le casta shaol cúirte na Rúise ina dhiaidh sin lena rath mar rialóir.

Empress Consort agus an Coup de 1762

Sa bhliain 1762, tar éis bhás an Empress Elizabeth, chuaigh fear céile Catherine, Peadar III, suas chun an ríchathaoir. Mar sin féin, réitigh a réimeas gearr gan tóir ar an mbealach le haghaidh coup faoi cheannas Catherine le tacaíocht ó phríomhdhaoine laistigh de uaisleacht agus míleata na Rúise.

An Coup: Ar an 9 Iúil, 1762, rinne Catherine coup d'état a ordú a raibh mar thoradh ar dhíbirt Pheadair III. Fógraíodh Catherine Empress na Rúise, ag cur tús lena réimeas suntasach agus claochlaitheach.

Reign as Empress: Mhair réimeas Caitríona mar Empress thar tríocha bliain, rud a fhágann go bhfuil sí ar cheann de na monarcaí is faide i gceannas agus is mó tionchair sa Rúis.

Saothair agus Éachtaí Suntasacha Catherine

Bhí réimeas Catherine the Great marcáilte le sraith éachtaí agus leasuithe suntasacha a bhí dírithe ar an Rúis a nuachóiriú agus a neartú:

Leasuithe Soilsithe: Arna spreagadh ag idéalacha an tSoilsiú, chuir Catherine raon leasuithe i bhfeidhm a bhí dírithe ar chórais dlí agus riaracháin na Rúise a nuachóiriú. Rinne sí comhfhreagras le smaointeoirí ceannródaíocha na hEagnaíochta, lena n-áirítear Voltaire, Diderot, agus Montesquieu, agus d'iarr sí a gcomhairle ar chúrsaí rialachais.

Nakaz (Teagasc): Dhréachtaigh Catherine an "Nakaz," nó an Treoir, cód dlíthiúil agus doiciméad athchóirithe a léirigh a tiomantas do chomhionannas dlíthiúil agus ceartas. Cé nár cuireadh an Nakaz i bhfeidhm go hiomlán, léirigh sé tuairimí forásacha Catherine ar rialachas.

Leathnú na hImpireachta: Bhí Catherine i gceannas ar leathnú críochach a mhéadaigh méid Impireacht na Rúise go suntasach. Leathnaigh comhcheangal na Crimea, ionchorprú críocha i réigiún na Mara Duibhe, agus comhdhlúthú thionchar na Rúise sa Chugais teorainneacha na hImpireachta.

Pátrúnacht Chultúrtha: Bhí Catherine ina pátrún ar na healaíona agus ar an gcultúr, ag cur le bláthú litríocht, ealaín agus ailtireacht na Rúise. Bhunaigh sí Músaem Díseart i St. Petersburg, a bheadh ar cheann de phríomhbhailiúcháin ealaíne an domhain.

Leasuithe Oideachais: Chuir Catherine tús le hathchóirithe oideachais dírithe ar rochtain ar oideachas a leathnú agus na healaíona agus na heolaíochtaí a chur chun cinn. Bhunaigh sí scoileanna, acadaimh, agus institiúidí cultúrtha a raibh ról acu i múnlú tírdhreach intleachtúil na Rúise.

An Coimisiún Reachtaíochta: Chun aghaidh a thabhairt ar dhúshláin an rialachais agus an dlí, thionóil Catherine an Coimisiún Reachtaíochta i 1767. Cé go raibh a thionchar teoranta, léirigh an Coimisiún aitheantas Catherine don ghá atá le hathchóirithe dlí agus riaracháin.

Cur leis an Litríocht: Ní hamháin go raibh Caitríona Mhór ina ceannaire polaitiúil ach ina scríbhneoir bisiúil freisin. Scríobh sí drámaí, greannáin, agus saothair fealsúnacha, ag cur le cultúr liteartha a cuid ama.

Gnóthaí Eachtracha agus Cogaí

Bhí réimeas Catherine marcáilte le sraith coinbhleachtaí míleata agus ainlithe taidhleoireachta—

Cogaí na Rúise-na Tuirce: Bhí Catherine i mbun sraith cogaí in aghaidh na hImpireachta Ottoman, ar a dtugtar Cogaí na Rúise-na Tuirce. Mar thoradh ar na coinbhleachtaí seo, a mhair roinnt blianta, tháinig gnóthachain chríochacha don Rúis i réigiún na Mara Duibhe.

críochdheighilt na Polainne: I dteannta na Prúise agus na hOstaire, ghlac Catherine páirt i gcríochdheighilt na Polainne, sraith comhaontuithe a roinneadh críoch na Polainne idir na trí chumhacht. D'athraigh landairí na Polainne i 1772, 1793, agus 1795 léarscáil Oirthear na hEorpa go suntasach. Leathnú isteach sa Chrimé agus sa Mhuir Dhubh: Bhí impleachtaí geopolitical ag beartais Catherine a bhí dírithe ar thionchar na Rúise a leathnú i réigiún na Mara Duibhe agus sa Chugais, rud a chuir an chéim le haghaidh coinbhleachtaí níos déanaí sa réigiún.

Saol Pearsanta agus Caidrimh

Bhí saol pearsanta Catherine marcáilte ag caidrimh chasta, lena n-áirítear a pósadh suaite le Peadar III agus a rannpháirtíocht rómánsúil níos déanaí le daoine éagsúla. Ar cheann de na daoine ba shuntasaí ina saol pearsanta bhí Grigory Potemkin, ceannasaí míleata agus státaire, a raibh ról suntasach aige ina ciorcal istigh.

Caidreamh le Potemkin: Bhí caidreamh Catherine le Grigory Potemkin, a gcuirtear síos uirthi go minic mar chomhpháirtíocht pholaitiúil agus rómánsúil, lárnach ina saol príobháideach agus poiblí. Bhí ról lárnach ag Potemkin i bhfeachtais mhíleata, i misin taidhleoireachta, agus i gcúrsaí riaracháin.

Géaga Saorga: Thug sláinte Catherine aghaidh ar dhúshláin sna blianta ina dhiaidh sin, agus d'úsáid sí géaga saorga de bharr saincheisteanna sláinte, lena n-áirítear airtríteas. In ainneoin na ndeacrachtaí fisiceacha seo, lean sí de bheith gníomhach i rialachas go dtí a bás.

Bás agus Oidhreacht

Cailleadh Catherine the Great ar 17 Samhain, 1796, i Tsarskoye Selo (Pushkin anois), in aice le St. Tháinig deireadh ré lena bás, agus tháinig a garmhac, Alastar I, i gcomharbacht uirthi mar rialóir na Rúise.

Oidhreacht Catherine the Great

Tá oidhreacht Catherine ilghnéitheach agus bhí sí ina ábhar anailíse agus díospóireachta stairiúil:

Ailtire na Rúise Nua-Aimseartha: Is minic a fheictear réimeas Catherine mar thréimhse ríthábhachtach i stair na Rúise, arb iad is sainairíonna é iarrachtaí chun an tír a nuachóiriú agus a Iartharú. Leag a tionscnaimh dlí, oideachais agus rialachais an bhunchloch le haghaidh forbairtí ina dhiaidh sin.

Tionchar Cultúrtha: D'fhág pátrúnacht Catherine ar na healaíona agus a rannchuidiú leis an litríocht marc doscriosta ar chultúr na Rúise. Tá Músaem an Díseart, a bunaíodh le linn a réime, fós ina theist ar a tiomantas do shaibhriú cultúrtha.

Oidhreacht Dhébhríoch Cé go ndéantar Catherine a cheiliúradh mar gheall ar a cuid athchóirithe soléite, fairsingiú críochach, agus a rannchuidithe cultúrtha, níl aon chonspóid ag baint lena hoidhreacht. I measc na critice tá a riail uathlathach, cur faoi chois Éirí Amach Pugachev, agus cur faoi chois brúidiúil éirí amach na gCosach faoi cheannas Emelyan Pugachev.

Inscne agus Ceannaireacht: Bhí inscne Catherine agus í ag teacht chun cumhachta mar rialóir baineann i sochaí patriarchal ina n-ábhar anailíse stairiúla freisin. Thug a réimeas dúshlán do noirm thraidisiúnta inscne, cé go ndéantar plé ar a mhéid a d'athraigh a riail dinimic inscne i sochaí na Rúise.

Réalachas Polaitiúil: Is minic a shainítear cur chuige Catherine i leith rialachais mar chur chuige pragmatach agus stuama polaitiúil. Chuir a cumas chun dul i ngleic le dúshláin gheopholaitiúla chasta agus caidrimh a bhainistiú le daoine tábhachtacha le cobhsaíocht agus neart Impireacht na Rúise le linn a réime.

In annála na staire, seasann Catherine the Great mar cheann de na ceannairí is mó tionchair agus is buaine sa Rúis. D'fhág a réimeas tionchar doscriosta ar chonair Impireacht na Rúise, ag múnlú a tírdhreach polaitiúil, cultúrtha agus críochach. Tá oidhreacht Chaitríona casta, rud a léiríonn na hardmhianta soilsithe a bhain lena réimeas agus na dúshláin agus na conspóidí a bhain lena cuid ama i gcumhacht. Mar rialóir, pátrún na n-ealaíon, agus príomhfhíor san Enlightenment, leantar ag staidéar agus ag cuimhneamh ar rian Catherine the Great ar stair na Rúise.

20. Abraham Lincoln (SAM)

Rugadh Abraham Lincoln, duine de na daoine is mó cáil i stair Mheiriceá, ar 12 Feabhra, 1809, i gcábán adhmaid i gContae Hardin (Contae LaRue anois), Kentucky. Feirmeoirí ab ea a thuismitheoirí, Thomas Lincoln agus Nancy Hanks Lincoln, agus bhí cruatan agus bochtanas marcáilte ar shaol luath Lincoln.

Cúlra Oideachais Bhí oideachas foirmiúil Lincoln teoranta, a chuimsigh tréimhsí gearra i "scoileanna blab," áit ar fhoghlaim na scoláirí léitheoireacht bhunúsach, scríbhneoireacht agus uimhríocht. Mar sin féin, ba é an paisean atá aige san fhoghlaim ná gur éirigh leis oideachas a chur air féin trí léitheoireacht fhíochmhar agus tiomantas don fhéinfheabhsú.

Tragóidí Teaghlaigh: Bhí dúshláin iomadúla os comhair na Lincolns, lena n-áirítear bás mháthair Abraham nuair a bhí sé naoi mbliana d'aois. Phós a hathair arís, ag tabhairt Sarah Bush Johnston isteach sa teaghlach, agus bhí ról ríthábhachtach aici maidir le caitheamh aimsire intleachtúil Lincoln a spreagadh.

Luathghairme agus Iontráil sa Pholaitíocht

Poist Theorainn: Bhí gairm bheatha luath Lincoln éagsúil, lena n-áirítear poist mar scoilteoir iarnróid, mar chléireach stórais, agus mar mháistir poist. Mar gheall ar a thaithí ag obair ar bhád réidh ar an Mississippi, tháinig domhan mór agus dearcthaí éagsúla air.

Seirbhís Mhíleata: D'fhóin Lincoln go hachomair i míliste Illinois le linn Chogadh Black Hawk in 1832. Cé nach bhfaca sé comhraic, chothaigh an taithí seo a shuim i gcúrsaí míleata.

Dlíodóir agus Reachtóir: Mar gheall ar pháirt Lincoln sa pholaitíocht áitiúil agus ar an spéis a bhí aige sa dlí lean sé gairm bheatha dlí. Rinneadh dlíodóir féinmhúinte de agus fuair sé cead isteach sa bheár i Illinois in 1836. Chaith sé téarmaí iolracha i Reachtaíocht Stáit Illinois agus bhí cáil air mar gheall ar a mheon dlí agus a éirimiúlachta.

Saol an Teaghlaigh

Sa bhliain 1842, phós Lincoln Mary Todd, agus bhí ceathrar mac ag an lánúin, níor mhair ach duine amháin acu agus iad ina ndaoine fásta. Chuir tréithchineálacha an phósta, níos measa ag caillteanais phearsanta, lena n-áirítear bás beirt mhac, le deacrachtaí ócáideacha ina gcaidreamh.

Gairm na Comhdhála agus Saincheist na Sclábhaíochta

Téarma amháin sa Chomhdháil: Chaith Lincoln téarma amháin i dTeach na nIonadaithe sna SA ó 1847 go 1849. Tharraing sé aird ar chur i gcoinne Chogadh Mheicsiceo-Mheiriceánach, ag lua imní faoi bhailíocht bhunús na coinbhleachta.

Fill ar Chleachtas Dlí: Tar éis a théarma sa Chomhdháil, d'fhill Lincoln ar a chleachtadh dlí, ag tógáil cáil mar aturnae éifeachtach agus macánta. Chuir a ghairm bheatha dlí feabhas breise ar a scileanna argóinte agus mhúnlaigh a thuiscint ar an mBunreacht.

Na Díospóireachtaí Lincoln-Douglas (1858)

Ceann de na tráthanna ríthábhachtacha i ngairmréim pholaitiúil Lincoln ba ea an tsraith díospóireachtaí le Stephen A. Douglas le linn rás Sheanad Illinois sa bhliain 1858. Dhírigh na díospóireachtaí ar cheist na sclábhaíochta, le Lincoln ag tabhairt aghaidh ar sheasamh Douglas ar cheannasacht an phobail - ag ligean do chríocha cinneadh a dhéanamh faoi. dlíthiúlacht na sclábhaíochta.

Óráid Cháiliúil "House Divided": Cuireadh tús le feachtas Lincoln lena óráid cháiliúil "House Divided", áit ar dhearbhaigh sé, "Ní féidir le teach atá roinnte ina choinne féin seasamh." D'áitigh sé nach bhféadfadh an náisiún maireachtáil go buan leath-sclábhaí agus leath saor.

Seasamh Lincoln ar an Sclábhaíocht: Cé nár thacaigh Lincoln le díothú láithreach, chuir sé i gcoinne síneadh na sclábhaíochta go críocha nua. Bhí a sheasamh fréamhaithe sa chreideamh go raibh sé ar intinn ag na hAithreacha Bunaithe go laghdódh an sclábhaíocht.

Toghchán Uachtaráin na bliana 1860

Sa bhliain 1860, d'ainmnigh an Páirtí Poblachtach Lincoln mar iarrthóir uachtaránachta. Bhí an toghchán ar siúl i gcomhthéacs teannas méadaitheach idir stáit an Tuaiscirt agus an Deiscirt faoi cheist na sclábhaíochta.

Bua Toghcháin: Bhuaigh Lincoln an toghchán gan stát amháin sa Deisceart a iompar. Spreag a bhua sraith imeachtaí, lena n-áirítear scaradh stáit an Deiscirt ón Aontas, as ar tháinig bunú Stáit Chónaidhme Mheiriceá.

Géarchéim Idirscartha: Faoin am a tionscnaíodh Lincoln ar 4 Márta, 1861, bhí seacht stát sa Deisceart tar éis scaradh ón Aontas cheana féin. Tháinig géarchéim an scaradh isteach sa Chogadh Cathartha le hionsaí na Comhdhála ar Fort Sumter ar 12 Aibreán, 1861.

Cogadh Cathartha agus Ceannaireacht Lincoln

An tAontas a chaomhnú: Ba é príomhsprioc Lincoln le linn an Chogaidh Chathartha an tAontas a chaomhnú. Chreid sé sa phrionsabal bunreachtúil go raibh scaradh mídhleathach agus rinne sé iarracht na stáit a athaontú le forneart dá mba ghá.

Forógra Fuascailte: D'eisigh Lincoln an Forógra Fuascailte ar 1 Eanáir 1863, ag dearbhú go raibh gach sclábhaí i gcríocha na Cónaidhme le scaoileadh saor. Cé nár scaoil an forógra gach sclábhaí láithreach, d'athraigh sé carachtar an chogaidh trína ailíniú le díothú na sclábhaíochta.

Seoladh Gettysburg (1863): I mí na Samhna 1863, thug Lincoln aitheasc Gettysburg ag tiomnú Reilig Náisiúnta na Saighdiúirí i Gettysburg, Pennsylvania. Sa chaint ghairid ach chumhachtach seo, leag sé béim ar phrionsabail an chomhionannais agus ar nádúr marthanach an rialtais dhaonlathaigh.

Athroghnú i 1864: In ainneoin go raibh dúshláin agus cáineadh suntasach os comhair Lincoln, atoghadh Lincoln in 1864. Fuair a cheannaireacht le linn an chogaidh agus a thiomantas chun an tAontas a chaomhnú tacaíocht leathan.

Oibreacha agus Éachtaí Suntasacha

Homestead Act (1862): Shínigh Lincoln Acht Homestead ina dhlí i 1862, ag soláthar 160 acra de thalamh poiblí do lonnaitheoirí ar tháille bheag, ar choinníoll go bhfeabhsóidh siad an talamh trí áit chónaithe a thógáil agus trí bharra a chothú. Spreag an reachtaíocht seo leathnú agus lonnaíocht siar.

Pacific Railway Act (1862): Shínigh Lincoln Acht Iarnróid an Aigéin Chiúin, a d'éascaigh tógáil an Chéad Iarnróid Tras-chríochnaithe. Thug an tAcht tacaíocht feidearálach do thógáil iarnróid a nascann an cósta Thoir agus an Iarthair.

An Córas Baincéireachta Náisiúnta (1863): I measc an Chogaidh Chathartha, shínigh Lincoln an tAcht Baincéireachta Náisiúnta, a bhunaigh córas banc náisiúnta agus airgeadra náisiúnta aonfhoirmeach. Bhí sé mar aidhm ag an mbeart sin córas baincéireachta níos cobhsaí a chruthú agus an iarracht chogaidh a mhaoiniú.

An Tríú Leasú Déag (1865): Thacaigh Lincoln le himeacht an Tríú Leasú Déag ar an mBunreacht, a chuir deireadh le sclábhaíocht sna Stáit Aontaithe. Daingníodh an leasú i mí na Nollag 1865, roinnt míonna i ndiaidh fheallmharú Lincoln.

Feallmharú agus Oidhreacht

Feallmharú ag Ford's Theatre: Tráthnóna an 14 Aibreán, 1865, laethanta díreach tar éis dheireadh an Chogaidh Chathartha, dúnmharaíodh Lincoln ag John Wilkes Booth agus é ag freastal ar dhráma ag Ford's Theatre i Washington, DC. lá, an 15 Aibreán, 1865.

Oidhreacht na Fuascailte: Tá oidhreacht Lincoln fite fuaite go domhain le díothú na sclábhaíochta. Ba thréimhse chlaochlaitheach i stair Mheiriceá é a cheannaireacht le linn an Chogaidh Chathartha agus an Fhorógra Fuascailte, rud a chuir cúis na saoirse agus an chomhionannais chun cinn.

Caomhnú an Aontais: Is minic a dhéantar Lincoln a cheiliúradh as an Aontas a chaomhnú le linn tréimhse deighilte gan fasach. Mhúnlaigh a thiomantas do phrionsabail an Bhunreachta agus a chreideamh gan staonadh i doroinnteacht na Stát Aontaithe cúrsa an náisiúin.

Aitheasc Gettysburg: Is ceann de na hóráidí is suntasaí i stair Mheiriceá i gcónaí é an cuspóir náisiúnta a léirigh Lincoln in Aitheasc Gettysburg. Leanann an bhéim atá aige ar rialtas "na ndaoine, ag na daoine, ar son na ndaoine" de bheith ag athshondas.

Siombail na Ceannaireachta: Tá tréithe ceannaireachta Lincoln, lena n-áirítear a uirísle, a chomhbhá, agus a thiomantas don cheartas, ina shiombail den cheannaireacht éifeachtach. D'fhág a chumas dul i ngleic le castachtaí an Chogaidh Chathartha agus a dhiongbháilteacht deireadh a chur leis an sclábhaíocht marc doscriosta.

Cuimhneachán Lincoln: Seasann Cuimhneachán Lincoln i Washington, DC, mar ómós don 16ú uachtarán. Tá an séadchomhartha, ina bhfuil dealbh ina shuí de Lincoln, ina shiombail den aontacht náisiúnta agus d'oidhreacht bhuan ceannaire a thug aghaidh ar dhúshláin neamhghnácha.

Saoire Náisiúnta: Breathnaítear ar lá breithe Lincoln, 12 Feabhra, mar lá saoire náisiúnta i roinnt stát. Tá a íomhá le feiceáil go feiceálach ar an mbille cúig-dollar agus an phingin.

Sainmhíníodh saol agus uachtaránacht Abraham Lincoln ag na dúshláin shuntasacha a bhain le náisiún a bhí stróicthe as a chéile ag cogadh cathartha agus an riachtanas morálta chun deireadh a chur leis an sclábhaíocht. Maireann a oidhreacht mar Fhuascailteoir Mór agus caomhnóir an Aontais, ag leanúint ar aghaidh ag spreagadh na nglún Meiriceánaigh. In aimsir ghéarchéime, feidhmíonn ceannaireacht Lincoln mar fhealltóir, ag meabhrú don náisiún faoina bhunphrionsabail agus faoin tóraíocht bhuan ar aontas níos foirfe.

21. Wolfgang Amadeus Mozart (An Ostair)

Rugadh Wolfgang Amadeus Mozart, duine de na cumadóirí is bisiúla agus is mó tionchair i stair an cheoil chlasaicigh, ar an 27 Eanáir, 1756, i Salzburg, prionsacht bheag laistigh den Impireacht Naofa Rómhánach (anois mar chuid den Ostair). Johannes Chrysostomus Wolfgangus Theophilus Mozart a ainm baiste iomlán, ach ghlac sé an leagan Laidine, Wolfgang Amadeus Mozart, ina dhiaidh sin.

Cúlra an Teaghlaigh: Rugadh Mozart i dteaghlach ceoil. Cumadóir agus ceoltóir a bhí fostaithe ag Ardeaspag Salzburg a athair, Leopold Mozart. D'aithin Leopold buanna ceoil iontacha a mhic ó bhí sé óg agus rinneadh príomhoide agus meantóir air.

Taispeántais Luath na Tallainne: Tháinig tallann ceoil réamhráiteach Mozart chun solais nuair a thosaigh sé ag cumadóireacht ag cúig bliana d'aois. Chuir a chumas mar mhéarchlár agus veidhlín éacht mór iontas orthu siúd a chuala é ag seinnt. Thug Leopold Mozart, agus é ag aithint acmhainn a mhac, ar shraith turas Eorpach chun buanna na n-ógánach a léiriú.

Oideachas agus Turais

Luathoideachas: Tháinig luathoideachas Mozart sa cheol óna athair, ceoltóir agus cumadóir a raibh meas air. Chuir Leopold oiliúint fhairsing ar fáil do Wolfgang agus dá dheirfiúr Nannerl i dteoiric an cheoil, sa chumadóireacht agus sa léiriú.

Turais ar an Eoraip: Ó 1762 go 1773, thug teaghlach Mozart faoi roinnt turais ar fud na hEorpa, ag tabhairt cuairte ar chathracha móra ar nós München, Vín, Páras, Londain agus eile. Léirigh na turais seo an Wolfgang óg ar raon éagsúil stíleanna ceoil agus thug siad deis dó bualadh le ceoltóirí agus cumadóirí mór le rá na linne.

Léirithe Cúirte: Dhaingnigh léirithe Mozart ag cúirteanna Eorpacha éagsúla, lena n-áirítear iad siúd de chuid an Empress Maria Theresa i Vín agus an Rí Louis XV i bPáras, a cháil mar shárcheoltóir. Chum sé siansa, ceoldrámaí, agus ceol aireagail i rith na mblianta seo.

Gairm bheatha i Salzburg agus an t-aistriú go Vín

Cúirt Salzburg: Tar éis dó filleadh ar Salzburg i 1773, cheap an tArdeaspag Colloredo Mozart mar cheoltóir cúirte. In ainneoin a mhíshásaimh mhéadaithe lena sheasamh agus teorainneacha na cúirte, lean Mozart ar aghaidh ag cumadh go bisiúil le linn na tréimhse seo.

Rath Oibriúcháin: Léiríodh an chéad cheoldráma de chuid Mozart, "Idomeneo," i München sa bhliain 1781 agus ba chéim shuntasach chun cinn é ina ghairm bheatha. Spreag rath an cheoldráma a thuilleadh fonn Mozart dul sa tóir ar dheiseanna i Vín, príomhchathair ceoil agus cultúrtha an ama.

Bog go Vín: Sa bhliain 1781, bhog Mozart go Vín, ag iarraidh níos mó saoirse ealaíne agus deiseanna dá chuid cumadóireachta. Chuir Vín timpeallacht chultúrtha bhríomhar ar fáil ina bhféadfadh Mozart a acmhainneacht chruthaitheach a fhiosrú agus é féin a bhunú mar shaorchumadóir.

Oibreacha agus Éachtaí Suntasacha

Ceoldrámaí: Tá cumadóireachta ceoldrámaíochta Mozart i measc a shaothair is cáiliúla. I measc cuid dá ceoldrámaí suntasacha tá "The Marriage of Figaro" (1786), "Don Giovanni" (1787), "Cosi fan tutte" (1790), agus "The Magic Flute" (1791). Léirigh na ceoldrámaí seo máistreacht Mozart ar eilimintí grinn agus drámaíochta araon agus chuir siad go mór le forbairt na ceoldrámaíochta.

Siansa: Rinne Mozart níos mó ná 40 siansa, agus bhí Siansa Uimh. 40 in G mion (1788) agus Siansa Uimh. 41 in C mór, ar a dtugtar an "Jupiter Symphony" (1788) ar chuid de na cinn is cáiliúla. Léirigh a shiansaí cothromaíocht foirfe idir foirm chlasaiceach agus léiriú mothúchánach.

Concertos Pianó: Tá cáil ar cheolchoirmeacha pianó Mozart as a ngile agus a nuálaíocht. Comhdhéanta ar feadh a ghairm bheatha, áirítear leo saothair mar Piano Concerto No. 21 in C major, K. 467 ("Elvira Madigan"), agus Piano Concerto No. 23 in A major, K. 488.

Ceol Aireagail: Áirítear le rannchuidithe ceoil aireagail Mozart sraith ceathairéid téaduirlisí, ceathairéid agus serenades. I measc na n-oibreacha suntasacha sa seánra seo tá na ceathairéid "Haydn", atá tiomnaithe do Joseph Haydn, agus an Quartet "Dissonance".

Aifreann Requiem i D mion, K. 626: Coimisiúnaithe gan ainm, rinneadh an Requiem ar cheann de na saothair is cáiliúla agus is mistéireach ag Mozart. Níor chríochnaigh an cumadóir é roimh a bhás, agus é buailte ag tinneas. Tá an Requiem faoi chuimsiú finscéalta agus intrigue, ag cur lena rúndiamhra.

Saol Pearsanta agus Caidrimh

Pósadh le Constanze Weber: Sa bhliain 1782, phós Mozart Constanze Weber, amhránaí soprano. Thug an lánúin aghaidh ar dhúshláin airgeadais le linn a bpósta, rud a bhí níos measa ag ioncam corrach Mozart agus a stíl mhaireachtála extravaganta. In ainneoin na ndeacrachtaí, tháinig seisear leanaí as a bpósadh, agus níor tháinig ach beirt acu slán as a leanacht.

Cairdeas le Haydn: Bhí dlúthchairdeas agus comhthionchar ag Mozart le Joseph Haydn, cumadóir mór le rá eile na linne. Bhí meas mór ag Haydn ar shaothar Mozart, agus roinn an bheirt chumadóirí smaointe agus léargais cheoil.

Streachailtí Airgeadais: In ainneoin a chuid ceoil, bhí deacrachtaí airgeadais ag Mozart, go háirithe le linn a chuid blianta i Vín. Bhí sé ag streachailt le seasamh cobhsaí a bhaint amach agus bhí sé ag brath go minic ar choimisiúin agus léirithe poiblí le haghaidh ioncaim.

Bás agus Imthosca

Bhí saol Wolfgang Amadeus Mozart gearr go tragóideach, agus d'éag sé ag aois 35 ar 5 Nollaig, 1791, i Vín. Bhí cúis chruinn bhás Mozart ina ábhar tuairimíochta agus díospóireachta. Cé go dtugann taifid stairiúla le fios gur fhulaing sé de bharr tinnis éagsúla, tá nádúr sonrach a thinnis éiginnte fós. Réimsíonn teoiricí ó fhiabhras réamatach go hionfhabhtú streipteacocúil, ach níor thángthas ar chonclúid cinntitheach.

Oidhreacht agus Aitheantas iarbháis

Oidhreacht Cheoil Leantar de cheol Mozart a sheinm agus a cheiliúradh go forleathan ar fud an domhain. Tá a thionchar ar chumadóirí ina dhiaidh sin, lena n-áirítear Beethoven, Schubert, agus go leor eile, do-tomhaiste. Breathnaítear ar a chuid cumadóireachta mar shárshaothair den ré Chlasaiceach.

Tionchar ar an gCeoldráma: Breathnaítear ar cheoldrámaí Mozart mar bhuaicphointí éachta ceoldrámaíochta, ag meascadh ceoil, drámaíochta agus forbairt charachtair le scil nach bhfuil aon dul leis. Tá siad fós ina stáplaí de repertoires ceoldráma agus déantar iad a sheinm go rialta i dtithe ceoldráma ar fud an domhain.

Tionchar ar Chumadóirí Rómánsacha: Cé gur mhair Mozart sa ré Chlasaiceach, bhí tionchar mór ag a nuálaíochtaí agus a dhoimhneacht mhothúchánach ar an tréimhse Rómánsúil ina dhiaidh sin. Bhíothas ag súil leis an ngluaiseacht Rómánsúil mar gheall ar a úsáid mothúchán agus léiritheachta ina chuid cumadóireachta.

Aitheantas mar Leanbh Prodigy: Leanann luathbhlianta Mozart mar pháiste éachtach ag gabháil do shamhlaíocht an phobail. Is teist fós é íomhá Mozart óg ag cumadóireacht shiansach agus ag seinm ar son ríchíosa na hEorpa dá thallann eisceachtúil.

Requiem Mozart: Tá Aifreann an Requiem i D mion, a fágadh neamhiomlán ag bás Mozart, ar cheann de na saothair is cáiliúla agus is buaine dá chuid. Cuireann na cúinsí mistéireacha a bhain lena choimisiún agus bás Mozart lena rúndiamhra.

Deilbhín Cultúir: Tá saol agus ceol Mozart neamhbhásaithe i gcultúr coitianta. Léirítear é i scannáin, leabhair, agus léirithe ealaíne éagsúla, ag cur lena stádas mar íocón cultúrtha.

Mozartkugel: Tá an "Mozartkugel", praline seacláide lán le prásóg agus nougat, ainmnithe in ómós do Wolfgang Amadeus Mozart agus tá sé ina cuimhneachán coitianta i Salzburg agus níos faide i gcéin.

Tá tionchar Wolfgang Amadeus Mozart ar shaol an cheoil chlasaicigh do-tomhaiste. D'fhág a thallann iontach, a nuálaíocht agus a chuid aschur bisiúil oidhreacht bhuan a spreagann agus a spreagann ceoltóirí agus lucht féachana araon. In ainneoin na ndúshlán a bhí os a chomhair le linn a shaoil, sheas ceol Mozart le triail an ama, agus tá a ainm fós comhchiallach le brilliance agus gnóthachtáil ealaíne i réimse na cumadóireachta clasaiceach.

22. William Shakespeare (Sasana)

Rugadh William Shakespeare, ar a dtugtar an "Bard of Avon" go minic, ar 23 Aibreán, 1564, i Stratford-upon-Avon, Sasana. Ba é an tríú leanbh é ag John Shakespeare, déantóir lámhainní agus oifigeach áitiúil, agus Mary Arden, iníon le feirmeoir rathúla i dtír. Is beag atá ar eolas faoi luathoideachas Shakespeare, ach creidtear gur fhreastail sé ar Scoil Nua an Rí i Stratford, áit a bhfuair sé oideachas clasaiceach i litríocht na Laidine.

Pósadh agus Teaghlach

I 1582, ag aois 18, phós Shakespeare Anne Hathaway, a bhí ocht mbliana a shinsear. Bhí triúr clainne ag an lánúin: Susanna agus cúpla Judith agus Hamnet. Go tragóideach, fuair Hamnet bás ag aois 11. Tar éis breith a leanaí, tá bearna i saol Shakespeare ar a dtugtar na "blianta caillte," áit nach bhfuil sonraí faoina ghníomhaíochtaí agus cá bhfuil sé soiléir.

Londain agus an Amharclann

Faoi na 1590idí luatha, bhí Shakespeare tar éis é féin a bhunú i Londain mar aisteoir agus drámadóir. Bhain sé leis an Lord Chamberlain's Men, cuideachta aisteoireachta ar a dtabharfar Fir an Rí níos déanaí. Áirítear lena dhrámaí tosaigh, a scríobhadh le linn na tréimhse seo, saothair mar "Henry VI," "Richard III," agus "The Comedy of Errors."

Oibreacha agus Éachtaí Suntasacha

Tá aschur liteartha William Shakespeare gan sárú, agus tá a dhrámaí agus a chuid filíochta tar éis éirí ina gclasaic gan ré. Seo cuid de na saothair is suntasaí dá chuid:

tragóidí

"Hamlet" (c. 1600-1601): Ar cheann de na tragóidí is cáiliúla de chuid Shakespeare, déanann "Hamlet" iniúchadh ar théamaí díoltas, madness, agus eiseasmhacht. Tá carachtar Hamlet ina fhigiúr íocónach i litríocht an domhain.

"Othello" (c. 1603-1604): Pléann an tragóid seo téamaí éad, feall, agus réamhchlaonadh cine. Staidéar casta ar laoch tragóideach é carachtar Othello, ginearál Moorish.

"King Lear" (c. 1605-1606): Tá iniúchadh cumhachtach ar buile, caidreamh teaghlaigh, agus iarmhairtí na cumhachta polaitiúla, "King Lear" a mheas ar cheann de shárshaothair Shakespeare.

"Macbeth" (c. 1606): Insíonn an tragóid seo scéal ardú Macbeth i gcumhacht agus titim ina dhiaidh sin. Tá cáil ar an dráma as an uaillmhian, an chiontacht agus an osnádúrtha a fhiosrú.

Coiméide

"A Midsummer Night's Dream" (c. 1595-1596): Coiméide aoibhinn lán le heilimintí draíochtúla, féiniúlachtaí cearr, agus idirphlé ilscéalta grá.

"Twelfth Night" (c. 1601-1602): Sa greann seo tá téamaí an ghrá agus na féiniúlachta cearr, le carachtair chuimhneacháin mar Viola agus Malvolio.

"As You Like It" (c. 1599-1600): Coiméide tréadach a dhéanann iniúchadh ar théamaí an ghrá, an dúlra, agus castachtaí an chaidrimh dhaonna.

Staire

"Henry IV, Cuid 1" (c. 1596-1597): Dráma stairiúil a thaispeánann an caidreamh casta idir an Prionsa Hal agus Sir John Falstaff i gcomhthéacs na corraíola polaitiúla.

"Henry V" (c. 1599): Déanann an dráma seo dráma ar na himeachtaí stairiúla a bhain le Cath Agincourt agus ceannaireacht an Rí Anraí V.

Rómánsacha

"The Tempest" (c. 1610-1611): Ar cheann de na rómánsaí déanacha a rinne Shakespeare, déanann "The Tempest" iniúchadh ar théamaí na draíochta, an maithiúnais, agus cumhacht chlaochlaitheach na healaíne.

Filíocht

"Sonnet 18" (c. 1609): Is minic a thugtar "An gcuirim thú i gcomparáid le lá samhraidh?" tá an sonnet seo ar cheann de na cinn is cáiliúla de chuid Shakespeare agus déanann sé ceiliúradh ar nádúr marthanach na filíochta.

Amharclann an Globe

Léiríodh drámaí Shakespeare ag an Globe Theatre, teach súgartha faoin aer i Londain, áit a raibh sé ní hamháin ina dhrámadóir ach ina aisteoir freisin. D'éirigh The Globe comhchiallach le beogacht na hamharclannaíochta Eilís, agus is ag an ionad seo a cuireadh go leor de na saothair is cáiliúla de chuid Shakespeare chun tosaigh.

Oidhreacht agus Tionchar

Oidhreacht Liteartha Tá tionchar Shakespeare ar litríocht agus ar dhrámaíocht an Bhéarla do-tomhaiste. Aistríodh a chuid drámaí agus a chuid filíochta go teangacha iomadúla agus leantar ag déanamh staidéir orthu, á léiriú agus á gcur in oiriúint ar fud na cruinne.

Teanga agus Frásaí: Is mór an méid a chuireann Shakespeare leis an mBéarla. Tháinig go leor frásaí agus nathanna cainte a úsáidtear go coitianta, mar shampla "briseadh an oighir," "leannán tras-réalta," agus "tobar ar fad a chríochnaíonn go maith," ina chuid saothar.

Doimhneacht Carachtair: Bhí tionchar ag cumas Shakespeare chun carachtair chasta iltoiseacha a chruthú ar líon mór scríbhneoirí. Is minic a luaitear a charachtair, ó Hamlet go Lady Macbeth, mar phearsana seandálaíochta sa litríocht.

Téamaí Uilíocha: Is téamaí uilíocha iad na téamaí a scrúdaítear i saothair Shakespeare – grá, cumhacht, éad, uaillmhian agus riocht an duine – agus leanann siad ar aghaidh ag baint le lucht féachana de gach aois agus cúlra.

Oiriúnú agus Tionchair: Tá drámaí Shakespeare curtha in oiriúint go leor scannán, drámaí agus úrscéalta. Tá líon mór scríbhneoirí, scannánóirí agus ealaíontóirí tar éis inspioráid a fháil óna shaothar, ag cur sraitheanna nua lena oidhreacht.

Bás agus Adhlacadh

Fuair William Shakespeare bás ar 23 Aibreán, 1616, in Stratford-upon-Avon, ar 52ú breithlá a chreidtear a bheith aige. Ní fios cúis bheacht a bháis. Adhlacadh é i saingeal Eaglais na Tríonóide Naofa i Áth na Sráide, áit a bhfuil séadchomhartha le epitaph cumtha aige féin ina áit scíthe deiridh.

Conspóidí agus Díospóireacht Údair

Thar na céadta bliain, bhí díospóireachtaí agus conspóidí maidir le húdar saothair Shakespeare. Tá sé molta ag roinnt teoiriceoirí go mb'fhéidir gurbh é duine éigin eile, ar nós Christopher Marlowe nó Sir Francis Bacon, an t-údar fíor. Mar sin féin, cuireann an comhdhearcadh mór léannta na saothair i leith William Shakespeare de Stratford-upon-Avon.

Shakespeare a cheiliúradh

Déantar 23 Aibreán, dáta traidisiúnta breithe agus báis Shakespeare, a cheiliúradh mar Lá Shakespeare. Tá an lá marcáilte le himeachtaí, léirithe, agus féilte in ómós do rannpháirtíocht leanúnach an drámadóra don litríocht agus don chultúr.

Mar fhocal scoir, tá oidhreacht William Shakespeare mar an drámadóir agus file is fearr sa Bhéarla slán. Tá a shaothar tar éis dul thar thréimhse ama, cultúir agus teanga, ag leanúint ar aghaidh ag mealladh lucht féachana agus scoláirí araon. Cinntíonn na téamaí gan ré, na léargais dhomhain ar staid an duine, agus an cheardaíocht liteartha gan sárú a léirítear ina dhrámaí agus ina chuid filíochta go mbeidh áit lárnach go deo ag Bard Avon i saol na litríochta agus na taibh-ealaíona.

23. Pythagoras (An Ghréig)

Ceiliúrtar Pythagoras, figiúr ársa atá faoi chuimsiú fíricí stairiúla agus miotas araon, mar dhuine de na matamaiticeoirí agus na smaointeoirí is mó tionchair sa Ghréig ársa. Rugadh é thart ar 570 BCE, agus d'fhág a shaol agus a theagasc marc doscriosta ar fhorbairt na matamaitice, na fealsúnachta, agus fiú spioradáltacht. Féachann an bheathaisnéis chuimsitheach seo le saol agus le rannpháirtíocht Phíotagarás a réiteach, ag fiosrú a bhreithe, a oideachas, a ghairm bheatha, a shaothair shuntasacha, a bhfuil bainte amach aige, agus an oidhreacht a d'fhág sé do na glúnta atá le teacht.

An Luathshaol agus Oideachas

Creidtear gur rugadh Pythagoras ar oileán Samos in oirthear na Mara Aeigéach, timpeall na bliana 570 BCE. Is beag atá ar eolas faoina shaol luath, agus is minic a bhíonn sonraí stairiúla fite fuaite le finscéalta agus misteachas. De réir roinnt cuntas, ceannaí ba ea a athair, agus b'fhéidir gur thaistil Pythagoras go forleathan le linn a óige, ag bualadh le cultúir agus traidisiúin intleachtúla éagsúla.

Ar thóir an eolais, thaistil Pythagoras go dtí an Éigipt, mol an tsean-eagna agus na foghlama. Bhí cáil ar na hÉigiptigh as a gcumas matamaitice, agus is dócha gur fhéach Pythagoras lena thuiscint ar an matamaitic agus ar an gcéimseata a dhoimhniú le linn dó a bheith ann. Maíonn roinnt traidisiún freisin gur chaith sé am sa Bhablóin, ag comhshamhlú eolais ó na réalteolaithe Caldéacha.

Scoil Phíotagaró

Tar éis dó filleadh ar an nGréig, bhunaigh Pythagoras pobal i gcathair Croton (Crótone an lae inniu) i nDeisceart na hIodáile. Rinneadh ionad foghlama agus taiscéalaíochta intleachtúla den phobal, ar a dtugtar an Scoil Phíotagaró. Áit a bhí ann ina raibh an mhatamaitic, an fhealsúnacht agus an spioradáltacht le chéile i gcumasc uathúil.

Ní institiúid oideachais amháin a bhí i Scoil Phíotagaró; slí beatha a bhí ann. Chloígh na baill, ar a dtugtar Pythagoreans, le sraith prionsabal agus rialacha a rialaíonn a n-iompar. Mhair siad go pobail, roinn siad a sealúchais, agus lean siad réimeas a chomhcheangail gníomhaíochtaí intleachtúla le teagasc eitice agus spioradálta.

Ranníocaíochtaí Matamaitice: Teoirim Phíotagaró

Is é Pythagoras is cáiliúla as an teoirim a bhfuil a ainm - an Teoirim Phíotagaráis. Cé go bhfuil sé dúshlánach an teoirim a chur i leith dó féin amháin, mar a d'fhéadfadh a bheith ar eolas ag matamaiticeoirí i Mesopotamia agus san India roimh a chuid ama, is cinnte go raibh ról ríthábhachtach ag Pythagoras agus a lucht leanúna chun é a rá agus a chruthú.

Sonraítear sa Teoirim Phíotagaró, i dtriantán dronuilleach, go bhfuil cearnóg fhad an taobhagán (an slios atá urchomhaireach leis an dronuillinn) cothrom le suim na cearnóga ar fhad an dá shlios eile.

Rinne fionnachtain na teoirime seo réabhlóidiú ar an gcéimseata agus leagadh síos an bhunchloch d'fhorbairt na triantánachta. Tháinig triarach Piotagorean - tacair de thrí shlánuimhir dhearfach a shásaíonn an chothromóid Phíotagaró - chun bheith ina bhfócas staidéir ag matamaiticeoirí Phíotagaránaigh.

Éachtaí agus Ranníocaíochtaí

Síneann ranníocaíochtaí Phíotagaráis thar réimse na matamaitice:

1. Ceol agus Armónachas: Tá creidiúint ag dul do Phíotagaras as na gaolmhaireachtaí matamaitice atá mar bhonn le armóinic cheoil a aimsiú. Thug sé faoi deara gur tháirg cóimheasa faid na dtéad ar uirlisí ceoil fuaimeanna consanacha agus easaontacha. Bhí tionchar ag an léargas seo ar an tuiscint ar theoiric an cheoil agus ar eolaíocht na fuaimíochta.

2. Numerology agus Mysticism: Chreid na Pythagoreans in airíonna mystical na n-uimhreacha. Bhain siad tréithe agus bríonna sonracha le huimhreacha, ag cruthú foirm uimhreolaíochta. Mar shampla, bhí tábhacht ar leith ag uimhir 10, rud a léirigh iomláine agus aontacht.

3. Teagasc Eitice agus Fealsúnachta: Chuir slí beatha Phíotagaró béim ar iompar eiticiúil, araíonacht, agus ar thóir na heagna. Chlúdaigh teagasc Phíotagaras raon leathan ábhar, lena n-áirítear nádúr an anama, coincheap an cheartais, agus tábhacht na measarthachta.

4. Cur leis an gCéimseata: Cé gurb í Teoirim Phíotagaró an rannchuidiú geoiméadrach is cáiliúla, rinne Pythagoras agus a lucht leanúna dul chun cinn eile sa chéimseata. Rinne siad iniúchadh ar ghaolmhaireachtaí idir fíoracha geoiméadracha agus chuir siad le tuiscint ar chomhréireanna.

5. Tionchar Polaitíochta: Bhí tionchar suntasach ag Scoil Phíotagaró ar struchtúr polaitiúil Croton, agus an bhéim á cur aici ar mhaireachtáil phobail agus ar phrionsabail chomhroinnte. Ionchorpraíodh smaointe Phíotagaránaigh i mbunreacht an stát cathrach, ag múnlú a rialachais.

Bás agus Oidhreacht

Tá na cúinsí a bhain le bás Phíotagaráis doiléir ag finscéalta agus cuntais éagsúla. De réir roinnt traidisiúin, bhí achrann inmheánach agus freasúra seachtrach ag Scoil Phíotagaró. Mar gheall ar chorraíl pholaitiúil i Croton scriosadh an phobail Phíotagaró, agus tugann roinnt cuntas le fios gur cailleadh Pythagoras sa suaitheadh.

Mhair oidhreacht Phíotagaráis i bhfad i ndiaidh a bháis

1. Tionchar ar Phlatón agus Arastatail: Bhí tionchar buan ag smaointe Phíotagaras ar fhealsamh níos déanaí, lena n-áirítear Platón agus Arastatail. Tharraing Plato, ach go háirithe, ar nóisin Phíotagaró ina chuid idirphlé, ag ionchorprú coincheapa matamaitice agus meafarach ina chóras fealsúnach.

2. Matamaitic agus Eolaíocht: Coincheap bunúsach i gcónaí sa chéimseata, sa triantánacht agus sa mhatamaitic fheidhmeach í Teoirim Phíotagaró. Bhí tionchar ag prionsabail Phíotagaránaigh ar fhorbairt smaointeoireachta na matamaitice leis na céadta bliain, rud a chuir bunús le haghaidh dul chun cinn matamaitice amach anseo.

3. Traidisiúin Mhistiúla agus Reiligiúnacha: Bhí baint ag smaointe Phíotagaránaigh, go háirithe iad siúd a bhaineann le tábhacht mhistiúil na n-uimhreacha, le traidisiúin mhisteacha agus reiligiúnacha éagsúla. Bhí tionchar ag an nóisean de chomhréiteach uimhriúil a bhí mar bhunús leis an gcosmas ar smaointeoirí i dtraidisiún na bPíotagarach agus níos faide i gcéin.

4. Tionchar Cultúrtha: Tháinig Pythagoras chun bheith ina shiombail d'fhiosrúchán intleachtúil, agus spreag a shaol agus a theagasc ealaíontóirí, scríbhneoirí agus smaointeoirí ar fud na staire. Tháinig a ainm comhchiallach le tóir an eolais agus le rúndiamhra na cruinne.

5. Oidhreacht Oideachais: D'fhág cur chuige na bPíotagarach i leith an oideachais, a chuireann béim ar dhearcadh iomlánaíoch ar an bhfoghlaim a chomhtháthaíonn matamaitic, fealsúnacht, agus prionsabail eiticiúla, rian buan. Leanann an smaoineamh d'oideachas dea-chruinn, a chuimsíonn gnéithe intleachtúla, morálta agus spioradálta, ag baint le fealsúnachtaí oideachais.

Mar fhocal scoir, is pearsa spéise agus tionchair é Pythagoras, an matamaiticeoir agus an misteach. Cé go bhfuil sonraí stairiúla faoina shaol fite fuaite go minic le miotas agus finscéalta, d'fhág a chuid rannpháirtíochta sa mhatamaitic, sa fhealsúnacht agus sa teagasc eiticiúil oidhreacht bhuan.

Seasann Teoirim Phíotagaráis, cloch choirnéil na céimseata, mar theist ar léargais mhatamaiticiúla Phíotagaráis. Taobh amuigh den mhatamaitic, leathnaigh a thionchar go fealsúnacht, ceol, agus réimsí mistiúla na huimhreolaíochta. D'fhág slí beatha Phíotagaránaigh, lena béim ar mhaireachtáil phobail, ar phrionsabail eiticiúla, agus ar thóir na heagna, marc doscriosta ar na traidisiúin intleachtúla a lean.

Agus muid ag machnamh ar shaol Phíotagaráis, tagann muid trasna ar dhuine ilghnéitheach a raibh baint aige le disciplíní agus glúnta éagsúla. Tugann a thionchar ar an tírdhreach intleachtúil agus cultúrtha cuireadh dúinn meas a bheith againn ar chomhnascadh na matamaitice, na fealsúnachta, agus an saol comhchuí a shaothrú - oidhreacht a leanann ar aghaidh ag spreagadh agus ag múnlú ár dtuiscint ar an domhan.

24. Dalai Lama (Tenzin Gyatso, Tibéid)

Rugadh Tenzin Gyatso, an 14ú Dalai Lama, ar 6 Iúil, 1935, i sráidbhaile beag Taktser in oirthuaisceart na Tibéid. Lhamo Thondup an t-ainm breithe a bhí air, agus ba é an cúigiú leanbh de theaghlach feirmeoireachta é. Ag dhá bhliain d'aois, aithníodh é mar reincarnation an 13ú Dalai Lama, Thubten Gyatso, agus ina dhiaidh sin bhí sé ina cheannaire spioradálta na Tibéid.

Luath Chuimsigh luathoideachas an Dalai Lama staidéir mhainistreacha traidisiúnta Tibéidis, áit a ndearna sé staidéar ar fhealsúnacht, ar loighic agus ar dhíospóireacht Bhúdachais. Ba léir óna intleacht shuntasach agus a léargais spioradálta ó aois óg.

Oiliúint Pholaitiúil: Chomh maith lena oideachas reiligiúnach, fuair an Dalai Lama óg oiliúint sa cheannaireacht pholaitiúil, mar go raibh sé i ndán dó freagrachtaí spioradálta agus ama a ghlacadh. D'éirigh an staid pholaitiúil sa Tibéid ag éirí níos casta de réir mar a tháinig brú ón taobh amuigh.

Slí Bheatha agus Deoraíocht na Síne

Ionradh na Síne: Sa bhliain 1950, nuair a bhí an Dalai Lama díreach 15 bliana d'aois, rinne an tSín ionradh ar an Tibéid. Fuair an ceannaire spioradálta óg é féin faoi bhrú isteach i ról polaitiúil, ag idirbheartaíocht le húdaráis na Síne agus é ag iarraidh oidhreacht chultúrtha agus reiligiúnach na Tibéid a chosaint.

Éirí Amach Lása (1959): Shroich an teannas idir na Tibéidis agus údaráis na Síne pointe briste i 1959, rud a d'fhág gur theip ar éirí amach Lása in aghaidh riail na Síne. Agus iad ag bagairt ar ghabháil, d'éalaigh an Dalai Lama agus grúpa leanúna go dtí an India ag lorg tearmainn.

Dharamsala, India: Bhunaigh an Dalai Lama rialtas ar deoraíocht i Dharamsala, an India, áit ar lean sé ag obair ar son na Tibéidis. In ainneoin a bheith ar deoraíocht, d'fhan sé ina shiombail dóchais agus frithsheasmhachta do mhuintir na Tibéidis.

Ceannaireacht Spioradálta agus Abhcóideacht

Neamhfhoréigean a Chur Chun Cinn: Ar feadh a shaoil, bhí an Dalai Lama ina mholtóir ar neamhfhoréigean agus ar chomhphlé mar bhealach chun coinbhleachtaí a réiteach. Tá ardmheas domhanda tuillte ag a thiomantas don fhriotaíocht shíochánta agus don athmhuintearas.

Abhcóide Domhanda don Tibéid: Tá an Dalai Lama tar éis tacú go dian dícheallach le neamhspleáchas agus caomhnú cultúrtha na Tibéid ar an ardán idirnáisiúnta. Bhuail sé le ceannairí domhanda, labhair sé ag mórfhóraim, agus thug sé aird go seasta ar na sáruithe ar chearta an duine sa Tibéid.

Comhphlé Idirchreidimh: Tá an Dalai Lama gníomhach in idirphlé idirchreidmheach, ag cothú tuisceana agus meas i measc daoine de thraidisiúin reiligiúnacha éagsúla. Tá a chuid iarrachtaí chun comhbhá agus comhbhá a chur chun cinn tar éis dul thar teorainneacha reiligiúnacha.

Comhdhálacha Intinne agus Eolaíochta: I gcomhar le heolaithe, bhí an Dalai Lama páirteach i gcomhdhálacha a rinne iniúchadh ar an áit a dtrasnaíonn an Búdachas agus an eolaíocht nua-aimseartha. Féachann na hidirphlé seo leis an mbearna idir eagna ársa agus tuiscint eolaíoch chomhaimseartha a líonadh.

Teagasc agus Scríbhneoireacht: Tá go leor leabhar scríofa ag an Dalai Lama ar an mBúdachas, an spioradáltacht agus an eitic. Téann a theagasc, idir scríofa agus ó bhéal, i ngleic le raon leathan ábhar, lena n-áirítear comhbhá, meabhrach, agus tóir ar sonas.

Fealsúnacht agus Teagasc

Comhbhá agus Eitic: I gcroílár theagasc an Dalai Lama tá an tábhacht a bhaineann le comhbhá agus le hiompar eiticiúil. Leagann sé béim ar shaothrú croí trócaireach mar eochair do sonas pearsanta agus folláine na sochaí.

Aireach agus Machnamh: Molann an Dalai Lama go gcleachtadh meabhrach agus machnaimh mar uirlisí chun síocháin inmheánach agus soiléireacht mheabhrach a chothú. Tá na cleachtais seo lárnach do thraidisiún Búdachais na Tibéidis.

Freagracht Uilíoch: Is téama athfhillteach i bhfealsúnacht an Dalai Lama é coincheap na freagrachta uilíoch. Spreagann sé daoine aonair a n-idirnascadh a aithint agus freagracht a ghlacadh as folláine daoine eile agus an phláinéid.

Eitic shaolta: Le blianta beaga anuas, tá béim curtha ag an Dalai Lama ar thábhacht na heitice tuata a théann thar theorainneacha reiligiúnacha. Creideann sé gur féidir le prionsabail eiticiúla atá fréamhaithe i luachanna daonna cur le saol níos atruacha agus níos comhchuí.

Oibreacha agus Éachtaí Suntacha

Duais Nobel na Síochána (1989): Bronnadh Duais Nobel na Síochána ar an Dalai Lama i 1989 as a streachailt neamhfhoréigneach ar son saoradh na Tibéid agus a chuid iarrachtaí chun réiteach síochánta ar an gcoinbhleacht leis an tSín a chur chun cinn.

Bunreacht na Tibéid: Sa bhliain 1963, d'fhógair an Dalai Lama bunreacht dhaonlathach don Tibéid, ag cur síos ar phrionsabail rialachais agus ar chosaint chearta an duine. Feidhmíonn an bunreacht seo mar threoirphlean do rialtas Tibéidis amach anseo.

Cur Chuige Meánbhealaigh: Mhol an Dalai Lama an Cur Chuige Meánbhealaigh go seasta, ag lorg uathriail dhílis don Tibéid faoi chuimsiú Daon-Phoblacht na Síne. Tá sé mar aidhm ag an gcur chuige seo aghaidh a thabhairt ar chearta cultúrtha, reiligiúnacha agus polaitiúla mhuintir na Tibéidis.

Caomhnú an Chultúr Tibéidis: Agus é ar deoraíocht, d'oibrigh an Dalai Lama chun cultúr, teanga agus traidisiúin reiligiúnacha na Tibéidis a chaomhnú. Tá institiúidí i Dharamsala, mar Leabharlann na nOibreacha Tibéidis agus na gCartlann, bunaithe chun oidhreacht na Tibéidis a chosaint.

Tionscnaimh Oideachais: Tá tacaíocht tugtha ag an Dalai Lama do thionscnaimh oideachais chun oideachas cuimsitheach a sholáthar do leanaí Tibéidis a chuimsíonn staidéir traidisiúnta na Tibéidis, na heolaíochtaí nua-aimseartha agus teangacha.

Dúshláin agus Conspóidí

Reincarnation agus Comharbas: Bhí ceist athincarnation an Dalai Lama ina ábhar conspóide idir ceannaire spioradálta na Tibéidis agus rialtas na Síne. Tá imní léirithe ag an Dalai Lama go bhféadfadh an tSín comharba a cheapadh chun a clár oibre polaitiúil sa Tibéid a chur chun cinn.

Idirphlé leis an tSín: D'iarr an Dalai Lama go seasta ar idirphlé le rialtas na Síne chun teacht ar réiteach atá inghlactha go frithpháirteach don Tibéid. Mar sin féin, tá caibidlíocht fhoirmiúil tar éis tarlú go fánach, agus ní féidir teacht ar réiteach fós.

Ról an Dalai Lama: Tá ceisteanna tagtha chun cinn faoi ról polaitiúil an Dalai Lama, agus pléadh ar cheart go leanfadh freagrachtaí spioradálta agus polaitiúla araon ar an institiúid nó ar cheart aistriú go ról spioradálta amháin.

Oidhreacht agus Tionchar

Siombail na Síochána: Aithnítear an Dalai Lama go forleathan mar shiombail na síochána, na comhbhá agus na hathléimneachta. Spreag a shaol agus a theagasc na milliúin ar fud an domhain, ag sárú teorainneacha reiligiúnacha agus cultúrtha.

Aitheantas Idirnáisiúnta: In ainneoin dúshláin pholaitiúla, tá aitheantas agus onóracha faighte ag an Dalai Lama ó go leor tíortha agus institiúidí as an méid a chuir sé le síocháin, cearta daonna agus tuiscint dhomhanda.

Tionchar Spioradálta: Mar cheannaire spioradálta an Bhúdachas Tibéidis, bhí ról lárnach ag an Dalai Lama maidir le teagasc na comhbhá, na haireachais agus an iompair eiticiúil a scaipeadh. Síneann a thionchar thar an bpobal Tibéidis Búdaíoch chuig lucht féachana domhanda.

Oidhreacht na hEagna: D'fhág scríbhinní, teagasc agus caidreamh poiblí an Dalai Lama oidhreacht bhuan eagna, a threoraíonn an chaoi ar féidir le daoine saol bríoch agus atruacha a chaitheamh in aghaidh na achranna.

Mar fhocal scoir, seasann Tenzin Gyatso, an 14ú Dalai Lama, mar phearsa íocónach i ríochtaí spioradáltachta, síochána agus cearta daonna. Ó na blianta tosaigh aige sa Tibéid go dtí an ról atá aige faoi láthair mar thacadóir idirnáisiúnta neamhfhoréigean agus comhbhá, léiríonn turas an Dalai Lama tiomantas domhain do leas an chine daonna.

Trí dhúshláin na deoraíochta agus castachtaí na polaitíochta idirnáisiúnta, d'fhan an Dalai Lama seasta ina thóir ar réiteach síochánta don Tibéid. Leanann a theagasc ag athshondas, ag tairiscint léargais ar nádúr an tsonais, ar thábhacht na comhbhá, agus ar idirnascadh gach duine.

Mar chomhartha dóchais agus abhcóide gan staonadh ar son an cheartais, leathnaíonn tionchar an Dalai Lama i bhfad níos faide ná teorainneacha na Tibéid. Ní hamháin go bhfuil a oidhreacht sna hinstitiúidí a bhunaigh sé nó sna onóracha a fuair sé ach i gcroíthe agus in aigne na ndaoine sin ar bhain a theachtaireacht an ghrá, na comhbhá agus na freagrachta uilechoitinn lámh leo.

25. Ashoka Mhór (India)

Rugadh Ashoka, duine de na himpirí is mó san India, sa bhliain 304 BCE. Ba é Pataliputra a áit bhreithe, Patna an lae inniu i Bihar, India. Bhí Ashoka mac an Impire Bindusara agus Maharani Dharma. In ainneoin gur rugadh é isteach i ríshliocht Maurya, bhí saol luath Ashoka marcáilte ag streachailtí cumhachta agus coinbhleachtaí teaghlaigh.

Cúlra Oideachais Fuair Ashoka oideachas cuimsitheach, lena n-áirítear oiliúint i straitéis mhíleata, sa státcheardaíocht, agus i bprionsabail an rialachais. D'ullmhaigh a chuid oideachais é don ról a bheidh aige amach anseo mar rialtóir ar Impireacht ollmhór Mauryan.

Ascension to the Throne: Ní raibh cosán Ashoka chuig an ríchathaoir gan dúshláin. Tar éis sraith de streachailtí cumhachta laistigh den teaghlach ríoga, tháinig Ashoka chun cinn agus chuaigh suas go dtí an ríchathaoir i 268 BCE, ag teacht i gcomharbacht ar a athair Bindusara mar an tríú impire Mauryan.

Réimeas Luath agus Conquests Míleata:

Leathnú ar Impireacht Mauryan: Sna blianta tosaigh dá réimeas, dhírigh Ashoka ar Impireacht Mauryan a chomhdhlúthú agus a leathnú. Bhí a chuid feachtais mhíleata marcáilte le conquests rathúla a leathnaigh níos mó teorainneacha na Impireacht.

Conquest of Kalinga (261 BCE): Bhí concas Kalinga ina bhuaicphointe i saol Ashoka. Chuir an cogadh dian agus brúidiúil, rud a d'eascair caillteanas suntasach den saol, isteach go mór ar an impire. Spreag an fhulaingt agus an léirscrios a tharla de bharr an chogaidh Ashoka chun athmhachnamh a dhéanamh ar chonair an choncais agus glacadh le cur chuige níos daonnaí agus níos eiticiúla i leith an rialachais.

Claochlú agus Glacadh an Bhúdachais:

Tiontú go Búdachas: Mar thoradh ar Chogadh Kalinga d'iarr Ashoka solace i theagasc an Bhúdachais. Arna spreagadh ag prionsabail an neamh-fhoréigin, na comhbhá, agus an iompair mhorálta, tháinig claochlú pearsanta as cuimse ar Ashoka. Ghlac sé leis an Búdachas agus bhí sé ina abhcóide díograiseach dá theagasc.

Edicts of Ashoka: Mar chuid dá thiomantas don Bhúdachas, d'eisigh Ashoka sraith edicts snoite ar philéar agus ar charraigeacha ar fud na hImpireachta. Thug na heagráin seo breac-chuntas ar a phrionsabail rialachais, ag cur béime ar chaoinfhulaingt reiligiúnach, ar chomhbhá, agus ar leas a chuid ábhar. Ba shampla iontach iad de rialóir ag comhtháthú luachanna morálta agus eiticiúla i ngnóthaí an stáit.

Oibreacha agus Éachtaí Suntasacha

Dhamma Mahamatras: Chun prionsabail Dhamma (teagasc Búda) a scaipeadh agus a gcur chun feidhme a chinntiú, cheap Ashoka Dhamma Mahamatras, oifigigh atá freagrach as iompar morálta agus eiticiúil a iomadú. Bhí ról ríthábhachtach ag na hoifigigh seo maidir le comhchuibheas sóisialta agus ceartas a chothabháil.

Tógáil Stupas: Thóg Ashoka go leor stupas agus mainistreacha ar fud na hImpireachta chun an Búdachas a chur chun cinn. Is é an Stupa Mór ag Sanchi an ceann is cáiliúla díobh seo, a sheasann mar theist ar thiomantas Ashoka don chreideamh Búdaíoch.

Piléir Ashoka: Chuir Ashoka sraith piléir in airde trasna na hImpireachta, gach ceann díobh inscríofa le edicts ag cur síos ar a thiomantas do Dhamma. D'fheidhmigh na piléir seo, ar a bhfuil Príomhchathair Leon cáiliúil Ashoka go minic, mar shiombail de chumhacht impiriúil agus mar chorpráidí de rialachas eiticiúil.

Ahimsa agus Leas Ainmhithe: Ag glacadh le prionsabal ahimsa (neamhfhoréigean), mhol Ashoka go ndéanfaí ainmhithe a chóireáil go daonnachtúil. Chuir sé beartais i bhfeidhm chun fiadhúlra a chosaint agus bhunaigh sé ospidéil tréidliachta le haghaidh cúram ainmhithe.

Bearta Leasa: Thug Ashoka tús áite do leas a chuid ábhar agus chuir sé bearta i bhfeidhm chun a bhfolláine a chinntiú. Thug sé isteach beartais chun tacú le cúram sláinte, sláinteachas poiblí, agus maolú na bochtaineachta.

Trádála agus Cultúir a Chur Chun Cinn: Faoi riail Ashoka, tháinig borradh eacnamaíoch ar Impireacht Mauryan. Chuir an t-impire trádáil agus malartú cultúrtha chun cinn, ag cothú aeráid an rathúnais agus na forbartha ealaíne.

Bás agus Oidhreacht

Tharla bás Ashoka sa bhliain 232 BCE tar éis réimeas de thart ar 36 bliain. Níl na sonraí a bhain lena bhás doiciméadaithe go maith, ach mhair a oidhreacht i bhfad tar éis a bháis.

Oidhreacht Dhamma: Is é an oidhreacht is mó atá ag Ashoka ná cur chun cinn Dhamma mar threoirphrionsabal rialachais. Chuaigh a thiomantas d'iompar morálta agus eiticiúil i bhfeidhm ar na glúnta atá le teacht agus d'fhág sé marc doscriosta ar thírdhreach cultúrtha agus fealsúnach na hIndia. Scaipeadh an Bhúdachais: Bhí ról lárnach ag tiontú Ashoka chuig an Búdachas agus a chuid iarrachtaí an reiligiún a iomadú, ní hamháin laistigh den fho-ilchríoch Indiach ach freisin thar a theorainneacha. Tháinig an Búdachas chun bheith ina mhór-reiligiún domhanda, ag dul i bhfeidhm ar an Áise agus níos faide i gcéin.

Marvels Ailtireachta: Tá ranníocaíochtaí ailtireachta Ashoka, lena n-áirítear an Stupa Mór ag Sanchi agus na piléir atá maisithe leis an Lion Capital, fós ina siombailí íocónacha d'ealaín agus de chultúr na hIndia ársa. Leanann na struchtúir seo le cuairteoirí agus scoláirí a mhealladh ó gach cearn den domhan.

Edicts agus Inscríbhinní: Soláthraíonn edicts carraige agus colún Ashoka léargais luachmhara ar fhealsúnacht agus ar rialachas an impire. Is doiciméid stairiúla riachtanacha iad a thugann léargas ar dhomhan soch-pholaitiúil na hIndia ársa.

Rialachas Eiticiúil: Leagann abhcóideacht Ashoka do rialachas eiticiúil agus leas a chuid ábhar fasach amach do rialóirí amach anseo. Léirigh a shampla go bhféadfadh rialóir prionsabail mhorálta a chomhtháthú le cumhacht pholaitiúil, ag dul i bhfeidhm ar dynasties ina dhiaidh sin san India.

Ábharthacht Chomhaimseartha: Prionsabail na Caoinfhulaingthe: Tá béim Ashoka ar chaoinfhulaingt reiligiúnach agus cómhaireachtáil thar a bheith ábhartha i sochaithe iolraíocha an lae inniu. Is sampla buan é a thiomantas do chearta agus folláine na bpobal reiligiúnach éagsúil a chinntiú.

Caomhnú Comhshaoil: Baineann imní Ashoka leis an gcomhshaol agus a chuid polasaithe maidir le cosaint an fhiadhúlra le comhthéacs comhaimseartha chaomhnú an chomhshaoil agus na forbartha inbhuanaithe.

Siombail Dhomhanda na Síochána: Mar a d'iompaigh Ashoka chuig an mBúdachas agus mar gheall ar thréigean an fhoréigin é ina shiombail síochána. I ndomhan atá ag dul i ngleic le coinbhleachtaí, leanann a oidhreacht ag spreagadh gluaiseachtaí agus daoine aonair a bhíonn ag tacú le neamhfhoréigean agus le chéile.

Mar fhocal scoir, d'fhág Ashoka the Great, impire físiúil na hIndia ársa, oidhreacht bhuan a sháraíonn teorainneacha ama. Léiríonn a aistear claochlaitheach ó chonsaitheoir go rialóir atruach sothuigthe cumhacht an chiontuithe phearsanta agus na ceannaireachta eitice. Ní hamháin gur mhúnlaigh tiomantas Ashoka do Dhamma agus prionsabail an Bhúdachais tírdhreach cultúrtha agus spioradálta na hIndia ach bhí tionchar aige freisin ar chúrsa stair an domhain.

I ré atá marcáilte ag conquests agus coinbhleachtaí, seasann réimeas Ashoka amach mar chomhartha de rialachas soiléirithe, ag tacú le síocháin, ceartas agus leas gach duine. Is meabhrúchán é a oidhreacht gur féidir le tóir na cumhachta a bheith ar aon dul le tiomantas domhain do luachanna morálta agus eiticiúla, rud a fhágann rian doscriosta ar chomhchuimhne an chine dhaonna.

26. Confucius (An tSín)

Rugadh Confucius, ar a dtugtar Kong Fuzi (Kong an Máistir) i Sínis, ar 28 Meán Fómhair, 551 BCE, i sráidbhaile Qufu i stát Lu, Cúige Shandong an lae inniu, an tSín. Cong Qiu an t-ainm a tugadh air, agus Kongzi mar theideal onórach, ar tugadh Confucius air i dteangacha an Iarthair.

Cúlra an Teaghlaigh: Rugadh Confucius i dteaghlach ar bheagán acmhainne. Fuair a athair, Shuliang He, bás nuair a bhí Confucius óg, rud a d'fhág an teaghlach i ndeacrachtaí airgeadais. In ainneoin na ndúshlán, fuair Confucius oideachas clasaiceach Síneach, rud a chuir cruth ar a fhorbairt intleachtúil agus mhorálta.

Luathoideachas: Lean Confucius dianoideachas, ag déanamh staidéir ar théacsanna clasaiceacha na Síne, ar an bhfilíocht, ar an stair agus ar na healaíona. Léirigh sé suim mhór san fhoghlaim agus léirigh sé cumas nádúrtha chun prionsabail na heitice agus an rialachais a thuiscint.

Seirbhís Gairme agus Rialtais

An tSeirbhís Phoiblí: Chuir Confucius tús lena ghairm bheatha sa tseirbhís phoiblí, ag fónamh i bpoist éagsúla rialtais i stát Lu. Chuir a thiomantas do rialachas eiticiúil agus tiomantas do phrionsabail air seasamh amach i measc a chomhghleacaithe.

Leasuithe an Rialtais: D'fhéach Confucius le leasuithe a chur i bhfeidhm a athbhunódh ord morálta agus a neartódh an creatlach sóisialta. Chreid sé i gcumhacht bunathraithe an oideachais agus rinne sé iarracht dul i bhfeidhm ar cheannairí polaitiúla chun cur chuige morálta agus fíréanúil a ghlacadh i leith rialachais.

Deoraíocht: In ainneoin a dhícheall, thug Confucius aghaidh ar an bhfreasúra polaitiúil agus, ag 50 bliain d'aois, d'fhág sé stát Lu. Le linn dó a bheith ar deoraíocht, thaistil sé trí roinnt stát, ag tabhairt comhairle ar rialachas agus ag scaipeadh a theagasc. Bhí a dheisceabail in éineacht leis, agus thiocfadh na deisceabail seo chun bheith ina bpríomhtheagascóirí dá fhealsúnacht.

Teagasc Fealsúnachta

D'fhorbair Confucius córas cuimsitheach eiticiúil agus fealsúnach a raibh tionchar mór aige ar smaointeoireacht na Síne. Dhírigh a theagasc ar eitic, ar mhoráltacht, ar chaidreamh teaghlaigh, agus ar iompar cuí daoine aonair sa tsochaí.

Ren: Lárnach d'eiticí Confucian is ea an coincheap "Ren," a aistrítear go minic mar "carthannacht" nó "humaneness." Is ionann Ren agus idéalach na cineáltas, na comhbhá, agus an bhua ba chóir do dhaoine aonair a chothú ina gcarachtar.

Li: Chuir Confucius béim ar an tábhacht a bhaineann le "Li," a thagraíonn do chuibheas dóiteán nó d'iompar cuí i gcásanna sóisialta éagsúla. Cuimsíonn Li deasghnátha traidisiúnta, modhanna, agus noirm shóisialta a chuireann le caidrimh chomhchuí sa tsochaí.

Xiao: Tá cráifeacht filial, ar a dtugtar "Xiao," ina bhua Confucian bunúsach. Leagann sé béim ar a thábhachtaí atá sé meas agus ómós a thabhairt do thuismitheoirí an duine agus ról bunúsach an teaghlaigh a aithint i múnlú carachtar morálta.

Yi: Is minic a aistrítear "Yi" mar fhíréantacht nó diúscairt mhorálta. Leag Confucius béim ar a thábhachtaí atá sé gníomhú le hionracas agus le hcheartas morálta, ag coinneáil braistint an cheartais i ngach gníomh.

Zhi: Tá eagna, nó "Zhi," mar bhua lárnach eile sa Chonfúchasachas. Baineann sé leis an gcumas breithiúnais fhónta a dhéanamh, an ceart agus an mícheart a aithint, agus prionsabail eiticiúla a chur i bhfeidhm i gcásanna éagsúla.

Eagna Taifeadta

Níor chuir an saoi féin teagasc Confucius le chéile ach thaifead a dheisceabail iad i mbailiúchán ar a dtugtar na "Analects" nó "Lunyu." Is iad na scríbhinní seo, cnuasach de chomhráite, nathanna agus scéalta, atá mar chroílár smaoinimh Chonfúcais agus tugann siad léargas ar a phrionsabail fealsúnachta.

Na Analects: Tá smaointe Confucius ar raon leathan ábhar sna hAnalects, lena n-áirítear eitic, rialachas, oideachas, agus buanna duine uasal. Leagann an téacs béim ar shaothrú carachtar morálta mar bhunús do shochaí chomhchuí.

Fealsúnacht Oideachais: Chreid Confucius i gcumhacht bunathraithe an oideachais chun daoine aonair agus an tsochaí a mhúnlú. Leag sé béim ar a thábhachtaí atá sé staidéar a dhéanamh ar théacsanna clasaiceacha, deasghnátha a chleachtadh, agus buanna morálta a chothú le bheith ina dhuine eiseamláireach.

Fill ar ais go Lu agus Blianta Níos déanaí
Tar éis blianta fada ag fánaíocht, d'fhill Confucius go stát Lu sa bhliain 484
BCE. Cé nár bhain sé amach an tionchar polaitiúil a raibh súil aige leis, lean
sé ag múineadh agus ag feabhsú a chuid smaointe fealsúnacha.
Bás agus Oidhreacht
D'éag Confucius sa bhliain 479 BCE ag 72 bliain d'aois. D'éirigh lena
theagasc, áfach, agus bhí bunús le cultúr agus rialachas na Síne. Shínfeadh
oidhreacht Confucius i bhfad níos faide ná a chuid ama féin, ag múnlú cúrsa
stair na Síne ar feadh na gcéadta bliain le teacht.
Éachtaí agus Tionchar Tar éis bás
Confucianism mar Scoil Smaointeoireachta: Tháinig Confucianism chun
cinn mar cheann de na príomhscoileanna machnaimh le linn thréimhse
Oirthear Zhou agus an Ríshliocht Han ina dhiaidh sin. Rinneadh
idé-eolaíocht oifigiúil an stáit é, a raibh tionchar aige ar rialachas, ar
oideachas agus ar chaidrimh shóisialta.
Confucianism Ríshliocht Han: Le linn Ríshliocht Han (206 BCE - 220
CE), ardaíodh an Confúchasachas go stádas idé-eolaíocht an stáit. Bunaíodh
an Ollscoil Imperial chun scoláireacht Confucian a chur chun cinn, ag
daingniú a tionchar ar shochaí na Síne.
Neo-Confucianism: Le linn an Ríshliocht Song (960-1279 CE) agus níos
déanaí, i bhforbairt an Nua-Confucianism ionchorprú gnéithe meitifisiúla
agus eiticiúla. Chomhtháthaigh an ghluaiseacht fealsúnach seo prionsabail
Chonfúcacha le smaointe Daoise agus Búdacha, ag dul i bhfeidhm ar
mhachnamh na hÁise Thoir leis na céadta bliain.
Scrúduithe na Státseirbhíse: Bhí luachanna Confucianacha leabaithe go
domhain i scrúduithe na státseirbhíse, a raibh ról ríthábhachtach acu maidir
le hoifigigh a roghnú don mhaorlathas impiriúil. Bhí na clasaicí
Confucianacha mar bhunús leis an gcóras scrúdaithe, ag cur béime ar an
tábhacht a bhaineann le hiompar eiticiúil agus le hinniúlacht liteartha.
Tionchar Confucian san Áise Thoir: Taobh amuigh den tSín, bhí tionchar
mór ag Confucianism ar chultúir na hÁise Thoir, lena n-áirítear an Chóiré,
an tSeapáin agus Vítneam. Prionsabail Confucian treoraithe caidrimh
shóisialta, struchtúir teaghlaigh, agus córais oideachais sna sochaithe....
Réabhlóid Chultúrtha agus Athbheochan: Le linn an 20ú haois, bhí
dúshláin le sárú ag Confucianism, go háirithe le linn Réabhlóid Chultúrtha

na Síne (1966-1976), a d'fhéach le luachanna traidisiúnta a dhíothú. Mar sin féin, le blianta beaga anuas, tá athbheochan spéise i smaoinimh Confucian sa tSín agus thar lear.

Ábharthacht Chomhaimseartha

Treoir Mhorálta agus Eiticiúil: Leanann prionsabail Chonfúcacha ag soláthar treoir mhorálta agus eiticiúil i sochaí chomhaimseartha na Síne. Tá an bhéim ar bhuanna cosúil le cairdeas, cráifeacht filial, agus fíréantacht fós ábhartha maidir le hiompar aonair agus luachanna sochaíocha a mhúnlú.

Luachanna Oideachais: Leanann luachanna Confucianacha an oideachais, meas ar mhúinteoirí, agus tóraíocht an eolais ag dul i bhfeidhm ar chórais oideachais in Oirthear na hÁise. Maireann an bhéim Chonfúcach ar scoláireacht mar mhodh féinshaothrú.

Comhchuibheas Sóisialta: Tá béim an Chonfhúcais ar chomhréiteach sóisialta, iompar eiticiúil, agus an tábhacht a bhaineann le caidreamh teaghlaigh le sonrú sna cainteanna faoi leas agus luachanna na sochaí sa tSín nua-aimseartha.

Idirphlé Domhanda: Tá Confucianism anois mar chuid de chomhphlé domhanda ar eitic, rialachas, agus luachanna cultúrtha. Téann scoláirí agus smaointeoirí ar fud an domhain i ngleic le smaointe Confucianacha, ag aithint a n-ábharthachta marthanacha i gcomhthéacsanna cultúrtha éagsúla.

Mar fhocal scoir, d'fhág Confucius, saoi na Síne ársa, marc doscriosta ar thírdhreach intleachtúil agus cultúrtha na hÁise Thoir. Leanann a theagasc, ag cur béime ar iompar eiticiúil, buanna morálta, agus an tábhacht a bhaineann le comhchuibheas sóisialta, ag múnlú luachanna agus noirm shochaí na Síne.

Mar fhealsamh, múinteoir, agus státaire, thiomnaigh Confucius a shaol do thóir na heagna agus feabhsú na sochaí. Ní hamháin go luíonn a oidhreacht bhuan sna prionsabail fhealsúnacha a bhí idir lámha aige ach freisin sa tionchar domhain a bhí ag a chuid smaointe ar chúrsa stair na Síne agus sa chomhrá domhanda níos leithne ar an eitic agus ar an rialachas. Tá teagasc Confucius fós ina beacon, ag tabhairt treorach ar an gcosán chuig bua pearsanta agus sochaí chomhchuí.

27. Galileo Galilei (An Iodáil)

Rugadh Galileo Galilei, an réalteolaí Iodálach buadhach, fisiceoir, agus polaimait, ar 15 Feabhra, 1564, i Pisa, san Iodáil. Ba é an chéad duine de sheisear leanaí é a rugadh do Vincenzo Galilei, ceoltóir agus teoiricí ceoil, agus Giulia Ammannati. Chuirfeadh nochtadh luath Galileo ar shaol na n-ealaíon agus na n-eolaíochtaí trína athair an ardán dá iarrachtaí amach anseo.

Cúlra Oideachais Chláraigh Galileo in Ollscoil Pisa i 1581 chun staidéar a dhéanamh ar leigheas de réir mhianta a athar. Mar sin féin, ba sa mhatamaitic agus sa fhealsúnacht nádúrtha a bhí an paisean fíor. D'aistrigh sé a fhócas go dtí an mhatamaitic go luath agus, i 1585, d'fhág sé an ollscoil gan a chéim a chríochnú.

Tionchair Luatha: Spreag saothair na fealsúna ársa Gréagacha, go háirithe Archimedes agus a phrionsabail meicnice, fiosracht intleachtúil Galileo. Leag a chuid luathstaidéir an bhunsraith dá rannchuidiú níos déanaí le fisic, matamaitic agus réalteolaíocht.

Gairm agus Ranníocaíochtaí

Teagasc agus Taighde ag Pisa (1589–1592): Tar éis dó an ollscoil a fhágáil, thosaigh Galileo a ghairm bheatha mar léachtóir matamaitice. Tarraingíodh aird ar a mhodhanna múinte nuálaíocha agus ar a chuid léargais ar phrionsabail na gluaiseachta, ach chuir scoláirí traidisiúnta Arastatail ina choinne.

Dlí an luascadáin Galileo: Sa bhliain 1589, rinne Galileo turgnaimh ar ghluaisne luascadáin, ag fáil amach gur fhan an tréimhse ascalaithe seasmhach, beag beann ar an aimplitiúid. Leag an bhreathnóireacht eimpíreach seo an bhunchloch dá chuid oibre níos déanaí ar dhlíthe na gluaisne.

Ceapachán ar Ollscoil Padua (1592): Tháinig méadú ar cháil Galileo mar eolaí agus matamaiticeoir, rud a fhágann gur ceapadh ina Chathaoirleach Matamaitice é in Ollscoil Padua i 1592. Chaith sé na 18 mbliana ina dhiaidh sin ag Padua ag déanamh taighde ceannródaíoch.

Tuairimí leis an Teileascóp (1609–1610): Ceann de na rudaí ba shuntasaí a chuir Galileo leis ná an úsáid a bhain sé as an teileascóp le haghaidh breathnuithe réalteolaíocha. I 1609, chuala sé faoin teileascóp nua-chumtha agus thóg sé a chuid féin go tapa. Bhreathnaigh Galileo an ghealach, fuair sé amach na ceithre ghealach is mó de Iúpatar (ar a dtugtar na Gealacha Galilean anois), agus breathnaíodh céimeanna Véineas, ag tacú leis an tsamhail heliocentric molta ag Copernicus.

Foilsiú "Sidereus Nuncius" (1610): Sa bhliain 1610, d'fhoilsigh Galileo "Sidereus Nuncius" ("Starry Messenger"), ag cur síos ar a chuid tuairimí neamhaí. Thug torthaí an leabhair dúshlán don tsamhail gheolárnach agus thacaigh siad leis an tsamhail heliocentric, rud a chuir dúshlán díreach roimh radharc domhanda na nArastataileach.

Coimhlint leis an Eaglais Chaitliceach: Mar gheall ar thacaíocht Galileo don mhúnla héiliocentric chuaigh sé i gcoimhlint leis an Eaglais Chaitliceach, a chloígh leis an tsamhail gheolárnach. Mheas an Eaglais go raibh a thorthaí dúshlánach do léirmhíniú an Bhíobla ar an Domhan mar chroílár na cruinne.

Triail agus Inquisition (1632): I 1632, d'fhoilsigh Galileo "Comhphlé maidir leis an dá Phríomhchóras Dhomhanda," a chosain an tsamhail heliocentric. Bhreathnaigh an Eaglais Chaitliceach air seo mar shárú ar urghaire roimhe seo, agus thug Galileo aghaidh ar a thriail ag Ionchoisne na Róimhe.

Athchaint agus Gabháil Tí (1633): Agus é ag tabhairt aghaidh ar bhagairt an chéasta, rinne Galileo a thuairimí heliocentric a aithris roimh an Ionchoisne. Fuarthas ciontach i heresy é agus chaith sé an chuid eile dá shaol faoi ghabháil tí. Ina ainneoin sin, lean sé lena chuid fiosrúchán agus scríbhinní eolaíocha.

Oidhreacht Eolaíoch

Cion Galileo san Fhisic: Leag saothar Galileo an bonn don mheicnic chlasaiceach. Chuir sé le chéile prionsabal na táimhe, a luann go bhfanfaidh rud atá ag gluaiseacht ag gluaiseacht mura ngníomhaíonn fórsa seachtrach air. Tháinig an prionsabal seo chun bheith ina chloch choirnéil san fhisic Newtonian.

Luasghéarú Éide agus Dlí na gCoirp a Thit: Mar thoradh ar thurgnaimh Galileo ar eitleáin chlaonta fuarthas amach go dtiteann réada de mhaiseanna éagsúla ag an ráta céanna i bhfolús. Chuir an léargas seo dúshlán ar thuairim Arastatail go dtiteann rudaí níos troime níos tapúla.

Coincheap an Mhodh Eolaíoch: D'imigh béim Galileo ar bhreathnóireacht eimpíreach, ar thurgnaimh agus ar anailís matamaitice go suntasach ón scoilteacht mheánaoiseach. Is minic a thugtar creidiúint dó as an modh eolaíoch a chur chun cinn.

Forbairt an Teileascóp: Rinne feabhsuithe Galileo ar an teileascóp agus a chuid breathnuithe réalteolaíochta staidéar ar an gcosmas a réabhlóidiú. Thug a bhreathnuithe ar ghealacha Iúpatair fianaise eimpíreach nach ndearna gach corp neamhaí an Domhan i bhfithis.

Ranníocaíochtaí le Optaic: Chuir Galileo go mór le réimse na snáthoptaice, ag iniúchadh iompar an tsolais agus an fhís. Leag a chuid oibre an bhunchloch le haghaidh forbairtí níos déanaí ar optaic agus ar thuiscint ar lionsaí.

Saol Pearsanta agus Bás

Pósadh agus Teaghlach: Níor phós Galileo riamh ach bhí triúr clainne acu le Marina Gamba, bean ón Veinéis. Rinneadh mná rialta dá bheirt iníon, agus lean a mhac, Vincenzo, gairm bheatha ceoil.

Daille agus Blianta Deiridh: Sna blianta ina dhiaidh sin, d'fhulaing Galileo radharc na súl a bhí ag dul in olcas, agus is dócha go raibh sé níos measa ag a bhreathnuithe forleathana teileascóp. In ainneoin a dhúshláin fhisiciúla, lean sé ag obair agus ag comhfhreagras le heolaithe eile.

Bás: Fuair Galileo Galilei bás ar 8 Eanáir, 1642, in aois a 77, ag a Villa in Arcetri, in aice le Florence. Bhí tionchar mór agus buan ag an méid a chuir sé leis an eolaíocht agus leis an réabhlóid eolaíoch ar thuiscint an dúlra.

Oidhreacht agus Tionchar

Tionchar Galileo ar an Nua-Eolaíocht: Leag cur chuige eimpíreach Galileo agus modhanna matamaitice an bhunchloch don réabhlóid eolaíoch. Leanann an méid a chuireann sé leis an réalteolaíocht, leis an bhfisic, agus leis an modh eolaíoch ar aghaidh ag múnlú an tslí ina ndéanann eolaithe imscrúdú ar an domhan nádúrtha.

Curadh na hImpíreach: Bhí béim Galileo ar bhreathnóireacht agus ar thurgnamh, i gcomparáid le bheith ag brath ar údaráis thraidisiúnta, mar threoirphrionsabal d'eolaithe níos déanaí. Réitigh a thiomantas don fhianaise eimpíreach an bealach don mhodh eolaíoch.

Cosaint ar Fhiosrúchán Eolaíoch: Bhí toilteanas Galileo fiosrúchán eolaíoch a chosaint, fiú amháin i bhfianaise fhreasúra ó údaráis reiligiúnacha, ina shiombail den streachailt idir an eolaíocht agus an dogma. Chuir a thrialacha agus a ghabháil tí béim ar na dúshláin a bhíonn le sárú acu siúd a chuireann eolas eolaíoch chun cinn.

Gealacha Galilean agus Taiscéalaíocht Spáis: Tugtar gealacha na nGalilean anois ar na ceithre ghealach is mó de Iúpatar - Io, Europa, Ganymede, agus Callisto - a d'aimsigh Galileo. Bhí siad ina n-ábhar tábhachtach staidéir i dtaiscéalaíocht spáis, le misin mar spásárthach Galileo de chuid NASA ag soláthar léargais mhionsonraithe.

Teileascóp Galileo i Músaeim: Coimeádtar na teileascóip a úsáideann Galileo i músaeim, ag taispeáint na n-ionstraimí a d'athraigh an réalteolaíocht. Tá teileascóp na Gailíle fós ina shiombail de fhiosracht an duine agus den tóraíocht chun an cosmos a thuiscint.

Tionchar Leantach ar an Réalteolaíocht: Leag breathnuithe teileascópacha Galileo an bhunobair le haghaidh fionnachtana sa réalteolaíocht ina dhiaidh sin, lena n-áirítear tuiscint ar na pláinéid, na gealaí, agus struchtúr níos leithne na cruinne.

Ábharthacht Chomhaimseartha

Eitic Eolaíoch: Baineann abhcóideacht Galileo le haghaidh fianaise eimpíreach agus a thoilteanas dúshlán a thabhairt do na madraí atá i réim i ndíospóireachtaí comhaimseartha faoi eitic eolaíoch agus an tábhacht a bhaineann le fiosrúchán oscailte.

Inspioráid d'Eolaithe: Leanann saol agus saothar Galileo ag spreagadh eolaithe agus taighdeoirí a théann i ngleic leis an gcaidreamh casta idir fionnachtain eolaíoch agus dearcthaí sochaíocha. Feidhmíonn a bhuanseasmhacht in aghaidh an fhreasúra mar eiseamláir dóibh siúd atá ag leanúint smaointe neamhghnáthúla.

Idirghníomhú na hEolaíochta agus an Reiligiúin: Léiríonn coimhlintí Galileo leis an Eaglais Chaitliceach an t-idirghníomhú stairiúil idir eolaíocht agus reiligiún. Leanann na saincheisteanna a ardaíodh i ngnó Galileo mar bhonn eolais do dhíospóireachtaí faoin ngaol idir fiosrúchán eolaíoch agus creidimh reiligiúnacha.

Taiscéalaíocht Spáis: Réitigh breathnuithe Galileo ar ghealacha Iúpatair agus an méid a chuir sé le meicnic neamhaí an bealach le haghaidh taiscéalaíochta spáis. Tógann misin spáis nua-aimseartha ar an mbunsraith a leag na réalteolaithe luatha cosúil le Galileo.

Mar fhocal scoir, d'athraigh Galileo Galilei, duine ceannródaíoch i stair na heolaíochta, tuiscint na daonnachta ar an gcosmas trína chuid tuairimí ceannródaíocha agus a mhodhanna nuálacha. Leag a thiomantas d'fhianaise eimpíreach, d'anailís mhatamaiticiúil, agus d'eolas a shaothrú an bonn don réabhlóid eolaíoch. Maireann oidhreacht Galileo ní hamháin sna fionnachtana réalteolaíocha a bhaineann lena ainm ach freisin i bprionsabail níos leithne an fhiosrúcháin eolaíoch a leanann ar aghaidh ag múnlú ár n-iniúchadh ar an domhan nádúrtha.

28. Pablo Picasso (An Spáinn)

Pablo Diego José Francisco de Paula Juan Nepomuceno María de los Remedios Cipriano de la Santísima Oileán na Tríonóide Mairtíreach Patricio Clito Ruíz agus Picasso. Bhain an t-ainm fairsing seo le fear a dhéanfadh ath-shainmhíniú ar thírdhreach na healaíne sa 20ú haois. Rugadh Pablo Picasso ar 25 Deireadh Fómhair, 1881, i Málaga, Andalucía, an Spáinn, ó theaghlach a raibh meas mór aige ar na healaíona. Bhí a athair, José Ruiz y Blasco, ina ollamh le healaín agus ina phéintéir, agus chothaigh a mháthair, María Picasso y López, a luathchlaonta cruthaitheacha.

Luathoiliúint Ealaíne: Agus tallann iontach Picasso á aithint aige, thosaigh a athair ag traenáil go foirmiúil san ealaín ó bhí sé an-óg. Faoin seacht mbliana d'aois, bhí Picasso tar éis dul thar chumais a athar cheana féin. Chuir an nochtadh luath seo do theicnící agus stíleanna ealaíne an bhunsraith do thurgnamh Picasso amach anseo.

Barcelona agus Acadamh Ríoga San Fernando: Bhog teaghlach Picasso go Barcelona, agus ag 14 bliana d'aois, ligeadh isteach é in Acadamh Ríoga San Fernando i Maidrid. Mar sin féin, níorbh fhéidir le hoiliúint fhoirmiúil acadúil cruthaitheacht gan teorainn Picasso a chuimsiú, agus níorbh fhada gur scar sé ó nósanna ealaíne traidisiúnta.

Forbairt Gairme agus Ealaíne

Tréimhse Ghorm (1901–1904): Is minic a roinntear gairm bheatha Picasso i dtréimhsí ar leith, gach ceann de na tréithe a bhfuil stíl dhifriúil agus fócas téamach acu. Bhí an Tréimhse Ghorm, a tháinig chun cinn go luath sna 1900í, marcáilte le toin agus téamaí uafásacha bochtaineachta agus fulaingt daonna. Is saothair shuntasacha ón tréimhse seo iad "The Old Guitarist" agus "La Vie".

Tréimhse na Rós (1904-1906): Ag aistriú ó Ghorm, tháinig Picasso isteach ina Thréimhse Rósanna, marcáilte ag dathanna níos teo agus téamaí na siamsaíochta, an tsaoil sorcais, agus na harlequins. Is saothair íocónacha ón gcéim seo iad "Boy with a Pipe" agus "Acrobat and Young Harlequin".

Ealaín na hAfraice agus Tionchar Primitivism: Bhí tionchar mór ag nochtadh Picasso ar ealaín na hAfraice agus na hIbéire ar a chuid oibre. Chuir an spéis a bhí aige i simplíocht agus i gcumhacht léiritheach na dtraidisiún ealaíonta seo le forbairt Primitivism ina chuid ealaíne, rud atá le feiceáil i saothair ar nós "Les Demoiselles d'Avignon" (1907).

Ciúbachas (1907–1921): In éineacht le Georges Braque, chomhbhunaigh Picasso Ciúbachas, gluaiseacht réabhlóideach ealaíne a bhris tuairimí traidisiúnta peirspictíochta agus ionadaíochta. D'fhás Ciúbachas Anailíseach, marcáilte ag foirmeacha ilroinnte agus ilpheirspictíochtaí, go Ciúbachas Sintéiseach, ag ionchorprú gnéithe cosúil le colláis. Is péintéireacht chumhachtach frith-chogaidh é "Guernica" (1937) a cruthaíodh le linn na tréimhse seo.

Neoclassicism and Surrealism (1920í–1930idí): Tháinig claochlú eile ar ealaín Picasso sna 1920idí, agus é ag dul i ngleic leis an Nuachlasaiceas, ag filleadh ar fhoirmeacha níos clasaiceacha. Sna 1930idí chonaic sé a rannpháirtíocht leis an Osréalachas, mar a fheictear i saothair ar nós "The Weeping Woman" agus "The Dream."

Dealbhóireacht agus Ceirmeacht: Taobh amuigh den phéintéireacht, chuir Picasso go mór le dealbhóireacht agus criadóireacht. Léiríonn a shaothar dealbhóireachta, ar nós "Head of a Woman" agus "Bull's Head," a chumas ábhair éagsúla a láimhseáil. Ina theannta sin, léiríonn a shaothar ceirmeach, a tháirgtear go minic i gcomhar le Madoura Pottery, taobh spraíúil agus turgnamhach.

Éachtaí agus Aitheantas

Les Demoiselles d'Avignon (1907): Is minic a mheastar an phéintéireacht úrnua seo mar réamhtheachtaí an Chiúbachais. Thug léiriú Picasso de chúigear ban nude le foirmeacha uilleacha saobhadh dúshlán do choinbhinsiúin ealaíne traidisiúnta agus ba bhuaicphointe é i stair na healaíne.

Guernica (1937): B'fhéidir gur múrmhaisiú suntasach é saothar is cáiliúla Picasso, "Guernica," a fheidhmíonn mar fhreagra cumhachtach ar bhuamáil bhaile Guernica le linn Chogadh Cathartha na Spáinne. Is teist é an phéintéireacht ar rannpháirtíocht pholaitiúil Picasso agus a chreideamh i ról na healaíne mar chineál tráchtaireachta sóisialta.

Pablo Picasso agus Grianghrafadóireacht: Ba ghné shuntasach dá chleachtadh ealaíne é rannpháirtíocht Picasso sa ghrianghrafadóireacht. Rinne a chomhoibriú le grianghrafadóirí clúiteacha, leithéidí Dora Maar, doiciméadú ar a phróiseas cruthaitheach agus thug sé léargas ar an bhfear a bhí taobh thiar den ealaín.

Aschur Torthúil: Tá aschur torthúil Picasso thar cuimse, le tuairim is 50,000 saothar ealaíne, lena n-áirítear pictiúir, líníochtaí, dealbhóireacht, criadóireacht agus teicstílí. Mar gheall ar a thástáil gan staonadh le foirm, stíl agus meán, tá sé ar cheann de na healaíontóirí is éagsúla agus is mó tionchair sa stair.

Stíleanna agus Gluaiseachtaí Ilghnéitheacha: Léiríonn cumas Picasso stíleanna iolracha a mháistir agus a shárú, ó Thréimhsí Gorma agus Rósanna go Ciúbachas agus níos faide i gcéin, a ilghnéitheacht ealaíne gan sárú. Síneann a thionchar níos faide ná réimse na mínealaíne, ag scaipeadh na litríochta, an cheoil agus an chultúir choitianta.

Oidhreacht agus Stádas Íocónach: Tá tionchar Picasso ar ealaín nua-aimseartha do-tomhaiste. Luaitear go minic é mar chomhbhunaitheoir an Chiúbachais, gluaiseacht a leag an bhunchloch le haghaidh forbairtí san ealaín teibí ina dhiaidh sin. Síneann a thionchar chuig ealaíontóirí comhaimseartha a leanann ar aghaidh ag tarraingt inspioráide óna chur chuige nuálaíoch.

Saol Pearsanta agus Caidrimh

Caidrimh Rómánsacha: Bhí saol pearsanta Picasso marcáilte ag caidreamh corraitheach le mná, a raibh go leor acu ina músanna dá ealaín. I measc na gcaidreamh sin ba shuntasaí iad siúd le Fernande Olivier, Olga Khokhlova, Marie-Thérèse Walter, agus Dora Maar.

Saol an Teaghlaigh: Bhí ceathrar leanaí ag Picasso - Paulo, Maya, Claude, agus Paloma - ó chaidrimh éagsúla. Bhí a shaol pearsanta casta agus a chúrsaí grá iomadúla fite fuaite lena ghníomhaíochtaí ealaíne.

Rannpháirtíocht Pholaitiúil: Bhí Picasso gafa go polaitiúil ar feadh a shaoil, ag ailíniú é féin le idé-eolaíochtaí clé agus cumannach. Ba mhinic a léirigh a chuid tuairimí polaitiúla a chuid ealaíne, agus bhí sé ina léirmheastóir gutha ar an fhaisisteachas agus ar an gcogadh.

Bás agus Tionchar Marthanach

Bás: Fuair Pablo Picasso bás ar 8 Aibreán, 1973, in aois a 91, i Mougins, an Fhrainc. Chuir a bhás deireadh le ré ach d'fhág sé oidhreacht ina dhiaidh a mhúnlaíonn saol na healaíne i gcónaí.

Tionchar Picasso ar an Nua-Ealaín: Tá tionchar Picasso ar an ealaín nua-aimseartha do-tomhaiste. Thug a chur chuige nuálaíoch maidir le foirm, dath agus léiriú dúshlán do choinbhinsiúin ealaíne a chuid ama. Tá ábharthacht bhuan a shaothar le feiceáil sa spéis leanúnach agus sa staidéar ar a oidhreacht ealaíonta.

Ábharthacht Chomhaimseartha

Turgnamh Ealaíne: Tá baint ag ealaíontóirí comhaimseartha le tiomantas Picasso do thurgnamh ealaíonta agus a iniúchadh gan eagla ar stíleanna agus teicnící nua. Spreagann a chumas chun briseadh saor ó noirm thraidisiúnta cruthaitheoirí an lae inniu chun teorainneacha a bhrú agus dúshlán a thabhairt do choinbhinsiúin ealaíne.

Tionchar Idirdhisciplíneach: Síneann tionchar Picasso thar na hamharcealaíona, ag spreagadh ceoltóirí, scríbhneoirí agus oirfidigh. Feidhmíonn a chur chuige ildisciplíneach i leith na cruthaitheachta mar mhúnla dóibh siúd atá ag iarraidh cineálacha éagsúla cainte a chumasc.

Tráchtaireacht Shóisialta agus Pholaitiúil: Leagann rannpháirtíocht Picasso le saincheisteanna sóisialta agus polaitiúla trína chuid ealaíne fasach amach d'ealaíontóirí comhaimseartha a úsáideann a n-ardáin chruthaitheacha chun aghaidh a thabhairt ar dhúshláin dhomhanda phráinneacha. Tá a chreideamh i gcumhacht na healaíne chun teachtaireachtaí a chur in iúl agus chun smaoineamh a spreagadh fós ábhartha inniu.

Tionchar ar an Margadh: Leanann saothair ealaíne Picasso ar aghaidh ag fáil praghsanna arda sa mhargadh ealaíne, rud a léiríonn an tóir atá orthu agus a dtábhacht chultúrtha. Meallann ceantanna dá phíosa bailitheoirí agus infheisteoirí ó ar fud an domhain.

Taispeántas agus Scoláireacht: Reáchtáiltear mór-aisghabhálacha agus taispeántais atá tiomnaithe do shaothar Picasso go rialta, ag léiriú spéise léannta leanúnach agus spéis an phobail ina thuras ealaíne. Leanann institiúidí agus scoláirí ag iniúchadh agus ag anailísiú gnéithe éagsúla dá chorp ollmhór oibre.

Mar fhocal scoir, rinne Pablo Picasso, titan ealaíne an 20ú haois, an tírdhreach cruthaitheach a réabhlóidiú lena thallann gan sárú, a chruthaitheacht gan teorainn, agus a thurgnamh gan eagla. Ó na Tréimhsí Gorma agus Rósanna go dtí bunú an Chiúbachais, rianaigh aistear ealaíne Picasso éabhlóid na healaíne nua-aimseartha féin. Dhaingnigh a chumas bealaí éagsúla a threorú agus a shárú, mar aon le tiomantas gan staonadh don nuálaíocht, a áit mar íocón cultúrtha. Sa bhreis ar a chuid saothair ealaíne, cuireann saol Picasso, atá marcáilte ag caidreamh pearsanta casta agus rannpháirtíocht pholaitiúil, sraitheanna le tuiscint an fhir taobh thiar den chanbhás. De réir mar a leanann saol na healaíne ag forbairt, maireann oidhreacht Picasso mar chomhartha inspioráide do na glúnta atá le teacht ealaíontóirí agus meastóirí araon.

29. Vincent van Gogh (An Ísiltír)

Rugadh Vincent Willem Van Gogh, duine de na daoine is cáiliúla agus is enigmatic i stair na healaíne, ar 30 Márta, 1853, i Zundert, sráidbhaile beag i ndeisceart na hÍsiltíre. Ba mhac é le Anna Cornelia Carbentus agus Theodorus van Gogh, ministir Protastúnach. Bhí dlúthchaidreamh ag Vincent lena theaghlach i mblianta tosaigh Vincent, lena n-áirítear a dheartháir Theo, a bheadh ina dhuine suntasach níos déanaí ina shaol.

Teaghlach agus Tógáil: Ag fás aníos i dteaghlach reiligiúnach agus ealaíonta claonta, bhí ról lárnach ag nochtadh luath Vincent don litríocht, don dúlra agus do na healaíona i múnlú a spéiseanna níos déanaí. Mar sin féin, ní raibh a óige gan dúshláin, mar go raibh an teaghlach ag streachailt ó thaobh airgeadais de, agus is minic a bhíonn pearsantacht dhian Vincent ag teacht salach ar dhaoine eile.

Cúlra Oideachais Bhí oideachas foirmiúil Vincent neamh-chomhsheasmhach, marcáilte ag tréimhsí freastail ar scoileanna éagsúla. Tháinig a nochtadh luath don ealaín trína mháthair agus trína uncail, a bhí ina chomhpháirtí i ndíoltóireacht ealaíne Goupil & Cie sa Háig, áit ar oibrigh Vincent go hachomair.

Saothair Luathghairme agus Spioradálta:

Déileálaí Ealaíne agus Soiscéalaí: Sa bhliain 1869, chuaigh Vincent le Goupil & Cie mar dhéileálaí ealaíne, agus d'oibrigh sé ag a gcraobhacha sa Háig agus i Londain. Mar sin féin, d'fhás sé disenchanchanted le gnéithe tráchtála de shaol na healaíne agus roghnaigh a fhágáil ar an dealership.

Dúiseacht Spioradálta: Tar éis dó imeacht ón díoltóireacht ealaíne, chuaigh van Gogh ar thuras taiscéalaíochta spioradálta. D'oibrigh sé go hachomair mar mhúinteoir agus mar sheanmóir i réigiúin ghualmhianadóireachta, agus spreag a thaithí an paisean a bhí aige maidir le cabhrú leo siúd nach raibh an t-ádh leo.

Suim sna hEalaíona: Mhéadaigh spéis Van Gogh san ealaín le linn na tréimhse seo, agus thosaigh sé ag sceitseáil radhairc de shaol na tuaithe. Bhí amhras ar a chinneadh leanúint le gairm mar ealaíontóir, go háirithe óna theaghlach, ach d'fhan Vincent diongbháilte ina chiontú.

Gairm Ealaíne

Antwerp agus Páras: Sa bhliain 1886, bhog van Gogh go Páras, cathair a mbeadh tionchar mór aige ar a stíl ealaíne. Thum sé é féin i saol bríomhar na healaíne agus rinne sé naisc le healaíontóirí a raibh tionchar acu, Paul Gauguin ina measc. D'fhág na gluaiseachtaí Impressionist agus Iar-Impriseanaíoch marc doscriosta ar a shaothar.

Tionchar na Seapánach: Tháinig an spéis a bhí ag Van Gogh in ealaín agus cultúr na Seapáine chun solais san úsáid a bhain sé as dathanna bríomhara, as scuabbhearta troma, agus as peirspictíochtaí leata. Chuaigh a bhailiúchán de phriontaí Seapánacha agus aeistéitic na healaíne ukiyo-e go mór i bhfeidhm ar a stíl athraitheach.

Arles agus an Teach Buí: Sa bhliain 1888, shocraigh van Gogh in Arles i ndeisceart na Fraince, áit a raibh súil aige pobal ealaíontóirí a bhunú. Ghlac sé an Teach Buí cáiliúil ar cíos agus thug sé cuireadh do Gauguin a bheith páirteach leis. Tháirg an tréimhse seo cuid dá shaothar is íocónach, lena n-áirítear "Sunflowers" agus "The Bedroom."

The Starry Night: Péinteáilte i 1889, tá "The Starry Night" ar cheann de na saothair is cáiliúla agus is aitheanta ag van Gogh. Léiríonn an spéir shuaite, léiritheach os cionn tírdhreach ciúin sráidbhaile a dhéine mhothúchánach agus a léirmhíniú uathúil ar an domhan nádúrtha.

Ag streachailt le Meabhairshláinte: Ar feadh a shaoil, chuaigh van Gogh i ngleic le saincheisteanna meabhairshláinte, agus d'fhulaing sé eipeasóid dúlagar agus imní. Ba mhinic déine a mhothúcháin le sonrú ina chuid ealaíne, rud a chuir le nádúr sainiúil agus mothúchánach a shaothair.

Éachtaí agus Oibreacha Suntacha

Sraith Lus na Gréine: Léiríonn sraith de phictiúir lus na gréine de chuid Van Gogh, a cruthaíodh in Arles, a mháistreacht ar dhathanna agus ar uigeacht. Is cuid de na saothair is iontaí i stair na healaíne fós iad na léirithe bríomhara léiritheacha de lus na gréine ag céimeanna éagsúla den bhláth.

Irises: Péinteáilte i 1889, is sárshaothar eile é "Irises" a léiríonn spéis van Gogh i ndath agus sa dúlra. Léiríonn an chomhdhéanamh dinimiciúil, suairc agus an aird mhionsonraithe ar mhionsonraí a stíl atá ag athrú le linn a chuid ama i tearmann Saint-Paul-de-Mausole.

Féinphortráidí: Tugann féinphortráidí Van Gogh léargas domhain ar a psyche. Léiríonn an tsraith féin-phortráidí, a dhéantar le leibhéil éagsúla déine agus léirithe, a dhearcadh atá ag teacht chun cinn air féin agus a thurgnamh le foirm agus dath.

Sraith Crainn Olive: Le linn dó a bheith ag tearmann Saint-Paul-de-Mausole, phéinteáil van Gogh sraith crann olóige. Léiríonn na saothair sa tsraith seo go bhfuil sé ar a chumas fiú ábhair dhomhanda a insileadh le tuiscint ar dhoimhneacht mhothúchánach agus athshondas spioradálta.

Wheatfield with Crows: Cruthaithe sna seachtainí deiridh dá shaol, is minic a léirmhínítear "Wheatfield with Crows" mar léiriú tochtmhar ar staid mheabhrach van Gogh. Cruthaíonn an spéir chorrach, an pháirc chruithneachta ollmhór, agus an t-aonánach i gcéin mothú aonraithe agus introspection.

Streachailtí Pearsanta agus Caidrimh

Caidreamh le Theo van Gogh: Ba fhoinse leanúnach tacaíochta agus sólás é caidreamh Vincent lena dheartháir Theo. Chuir Theo, déileálaí ealaíne, cúnamh airgeadais agus spreagadh mothúchánach ar fáil le linn shaol ealaíne Vincent. Tugann na litreacha a mhalartaítear idir na deartháireacha léargas ar smaointe agus ar mhianta ealaíne Vincent.

Cairdeas le Paul Gauguin: Bhí tionchar agus corraitheach ar chairdeas Van Gogh le Paul Gauguin. Bhí comhoibriú ealaíne le sonrú ar a gcuid ama le chéile in Arles ach chríochnaigh siad le hargóint theas agus leis an eachtra cháiliúil inar ghearr van Gogh cuid dá chluas amach.

Struggles in Arles and Hospitalization: Tháinig sraith cliseadh chun críche mar gheall ar an gcaidrimh dhian agus uaireanta faoi bhrú in Arles, mar aon le meath meabhairshláinte van Gogh. D'admhaigh an t-ealaíontóir é féin go deonach chuig tearmann Saint-Paul-de-Mausole i Saint-Rémy-de-Provence sa bhliain 1889.

Bás Vincent van Gogh: Go tragóideach, bhí saol Vincent van Gogh gearr. Ar an 27 Iúil, 1890, agus é 37 bliain d'aois, ghéill van Gogh do chréacht gunshot, a chreidtear go forleathan go raibh sé féin-thógtha. Chuir a bhás deireadh le turas ealaíonta suaite agus bisiúil.

Oidhreacht agus Aitheantas iarbháis

Athfhionnachtain agus Tionchar: In ainneoin go raibh dúshláin shuntasacha le sárú aige le linn a shaoil agus nach raibh meas mór ag an mbunaíocht ealaíne air, fuair saothar van Gogh aitheantas tar éis bháis. Bhí tionchar ag a stíl shainiúil, a dhoimhneacht mhothúchánach, agus a fhís uathúil ar na glúine ealaíontóirí ina dhiaidh sin.

Músaem van Gogh: Tá Músaem van Gogh, atá suite in Amstardam, tiomnaithe do shaol agus d'obair Vincent van Gogh. Is ann atá an bailiúchán is mó de phictiúir agus de líníochtaí van Gogh, a thugann léargas cuimsitheach ar a éabhlóid ealaíne.

Tionchar Cultúrtha: Is iomaí leabhar, scannán agus taispeántas a spreag scéal saoil Van Gogh, a streachailtí agus a rannchuidithe ealaíne. Tá a chuid ealaíne sáite i gcultúr coitianta, le feiceáil ar gach rud ó phóstaeir go mugaí caife.

Luach an Mhargaidh: Tá pictiúir Van Gogh ar na cinn is luachmhaire agus is mó a bhfuil tóir orthu i margadh na healaíne. Tá na praghsanna is airde riamh faighte ag "Portráid an Dr Gachet" agus "Irises" ag ceantanna, ag cur béime ar allure buan a chuid oibre.

Tionchar Ealaíne: Síneann tionchar Van Gogh thar shaol na healaíne, agus bíonn tionchar aige ar litríocht, ar cheol agus ar chultúr coitianta. Baineann a chumas mothúcháin a chur in iúl trí dhath agus trí fhoirm a léiriú le daoine ó gach gné den saol.

Ábharthacht Chomhaimseartha

Abhcóideacht Meabhairshláinte: Spreag a streachailtí Van Gogh le meabhairshláinte plé ar an mbealach idir ealaín agus folláine mheabhrach. Cuireann a scéal le hiarrachtaí leanúnacha chun saincheisteanna meabhairshláinte a scrios agus tuiscint agus comhbhá a chothú.

Taiscéalaíocht Ealaíne: Is foinse inspioráide d'ealaíontóirí comhaimseartha é an tóir gan staonadh atá á dhéanamh ag Van Gogh ar léiriú agus ar thurgnaimh ealaíonta. Leanann a chumas mothúcháin a chur in iúl trí dhath agus trí scuab-bhuille de bheith ag dul i bhfeidhm ar chruthaitheoirí thar mheáin éagsúla.

Taispeántais agus Aisghabhálacha: Meallann taispeántais leanúnacha agus siarghabhálacha atá tiomnaithe do shaothar van Gogh díograiseoirí ealaíne, scoláirí agus an pobal i gcoitinne. Cuireann na himeachtaí seo le tuiscint níos doimhne ar a éabhlóid ealaíonta agus ar a oidhreacht bhuan.

Tionscnaimh Oideachais: Téann Músaem van Gogh agus institiúidí eile i mbun tionscnaimh oideachais chun saol agus ealaín van Gogh a thabhairt do lucht éisteachta níos leithne. Déanann acmhainní ar líne, cláir oideachais agus ardáin dhigiteacha a chuid oibre a rochtain do dhaoine ar fud an domhain.

Mar fhocal scoir, aistear corraitheach a bhí i saol Vincent van Gogh marcáilte ag streachailtí pearsanta, turgnamh ealaíonta, agus tóraíocht gan staonadh ar léiriú cruthaitheach. D'fhás a thionchar ar shaol na healaíne, cé nach n-aithnítear go hiomlán é i rith a shaoil, go dtí comhréir mhórscéalta. Mar gheall ar chumas Van Gogh a shaothar a shníomh le mothúcháin dhomhain, an úsáid nuálaíoch atá aige as dath agus foirm, agus a thoilteanas chun teorainneacha ealaíne a bhrú, tá sé ina phearsa ard i bpantón stair na healaíne. De réir mar a leanann a phictiúir ar aghaidh ag mealladh lucht féachana agus a scéal ag teacht le daoine aonair ar fud an domhain, tá Vincent van Gogh ina theist fós ar chumhacht bunathraithe na healaíne agus ar oidhreacht bhuan anama thar cionn, cráite.

30. Charles Darwin (Sasana)

Rugadh Charles Robert Darwin, an nádúraí físiúil a ndearna a chuid smaointe athmhúnlú ar thuiscint na beatha ar an Domhan, ar 12 Feabhra, 1809, san Shrewsbury, Shropshire, Sasana. Ba é an cúigiú duine de sheisear leanaí é a rugadh do Robert Darwin, dochtúir rathúil, agus Susannah Darwin. Ba chuid d'uaisle Shasana iad teaghlach Darwin, agus d'fhás Charles aníos i dteaghlach a raibh meas aige ar oideachas, ar fhiosracht eolaíochta, agus ar an domhan nádúrtha.

Cúlra Oideachais Cuireadh luathoideachas Charles Darwin ar siúl i Scoil Shrewsbury, áit ar léirigh sé suim sa stair nádúrtha. Mar sin féin, ní raibh a fheidhmíocht acadúil den scoth, agus chuir a athair, buartha faoina thodhchaí, chuig Ollscoil Dhún Éideann é chun staidéar a dhéanamh ar leigheas. Fuair Darwin, áfach, go raibh staidéir leighis neamhspreagthach agus go raibh siad ag dul i dtreo na staire nádúrtha.

Aistriú go Cambridge agus Taiscéalaíocht: Sa bhliain 1828, d'aistrigh Darwin go Coláiste Chríost, Cambridge, chun staidéar a dhéanamh ar an diagacht, agus é ar intinn aige leanúint i gcéimeanna a athar agus a sheanathar. Le linn dó a bheith ag Cambridge, d'fhorbair sé paisean don luibheolaíocht agus don gheolaíocht, agus ghlac sé páirt i dturais allamuigh ar stair an dúlra. Bhí tionchar ag a idirghníomhaíochtaí le heolaithe suntasacha agus a nochtadh do shaothair Alexander von Humboldt ar a spéiseanna eolaíochta.

Turas ar HMS Beagle

Ceapachán ar an HMS Beagle: Sa bhliain 1831, agus é 22 bliain d'aois, fuair Darwin cuireadh chun dul isteach san HMS Beagle, long de chuid an Chabhlaigh Ríoga a bhí ar thuras suirbhéireachta. Lorg captaen na loinge, Robert FitzRoy, nádúraí don turas, agus ba iarrthóir iontach é de bharr díograis Darwin i leith an dúlra.

Turas Cúig Bliana: Sheol an HMS Beagle ar 27 Nollaig, 1831, agus chaith Darwin cúig bliana ag dul timpeall na cruinne, ag stopadh i Meiriceá Theas, sna hOileáin Galápagos, san Astráil, agus in áiteanna eile. Bheadh an turas seo athraithe ó bhonn, ag leagan an bhunsraith do theoiricí ceannródaíocha Darwin ar an éabhlóid.

Breathnuithe agus Bailiú Eiseamail: Thaifead Darwin go cúramach a chuid breathnuithe ar na foirmíochtaí, plandaí, ainmhithe agus iontaisí geolaíochta ar thángthas orthu le linn an turais. Bhailigh sé go leor eiseamail, lena n-áirítear éin, feithidí, agus iontaisí, rud a chuir go mór le tuiscint na bithéagsúlachta.

Tionchar na nOileáin Galápagos: Bhí tionchar ar leith ag aimsir Darwin sna hOileáin Galápagos. Chuir a bhreathnuithe ar speicis ar leith de líntí ar oileáin éagsúla agus a n-oiriúnuithe speisialaithe dá dtimpeallachtaí na síolta dá smaointe níos déanaí ar roghnú nádúrtha.

Saol Gairme agus Pearsanta

Pósadh le Emma Wedgwood: Sa bhliain 1839, tar éis dó filleadh ón turas ar an HMS Beagle, phós Darwin a chol ceathrair, Emma Wedgwood. Bhí deichniúr leanaí ag an lánúin, agus chuir saol a dteaghlaigh timpeallacht thacúil ar fáil do Darwin chun a chuid fiosrúchán eolaíochta a dhéanamh.

Taighde agus Scríbhneoireacht: Chaith Darwin blianta ag déanamh anailíse ar na sonraí agus na heiseamail a bailíodh le linn an turais. Chuidigh a chuid staidéar agus turgnaimh fhairsing, lena n-áirítear pórú roghnach plandaí agus ainmhithe, le forbairt a theoiric éabhlóide.

Foilsiú "On the Origin of Species" (1859): Foilsíodh magnum opus Darwin, "On the Origin of Species," ar 24 Samhain, 1859. Sa saothar úrnua seo, chuir Darwin teoiric an roghnúcháin nádúrtha i láthair mar an mheicníocht a thiomáin an próiseas éabhlóid. D'athraigh an leabhar réimsí na bitheolaíochta agus na pailéonteolaíochta agus bhí impleachtaí móra aige maidir le tuiscint ar éagsúlacht an tsaoil.

Oibreacha agus Éachtaí Suntasacha

"The Voyage of the Beagle" (1839): D'fhoilsigh Darwin cuntas ar a thaithí le linn thuras HMS Beagle in "The Voyage of the Beagle." Sholáthair an leabhar mioninsint ar a bhreathnuithe, a theagmhálacha agus a fhionnachtana, ag bunú Darwin mar nádúraí a raibh meas air.

"Ar Thús Speiceas" (1859): Leag an saothar ceannródaíoch seo amach teoiric éabhlóid Darwin trí roghnú nádúrtha. In "Ar Thús Speiceas," d'áitigh Darwin go dtagann speicis chun cinn trí mharthanas agus atáirgeadh difreálach orgánach a bhfuil tréithe buntáisteacha acu, rud a fhágann go bhforbraítear speicis nua de réir a chéile.

"The Descent of Man" (1871): In "The Descent of Man," leathnaigh Darwin prionsabail na héabhlóide chuig an duine. Mhol sé go roinnfeadh daoine agus speicis eile sinnsear coiteann agus scrúdaigh sé na himpleachtaí a bhaineann le roghnú nádúrtha ar éabhlóid an duine, ar iompar agus ar an tsochaí.

"The Expression of the Mothúcháin in Man and Animals" (1872): Sa saothar seo, rinne Darwin iniúchadh ar éabhlóid nathanna mothúchánacha i ndaoine agus in ainmhithe. Scrúdaigh sé uilíocht gothaí agus gothaí gnúise áirithe, ag tabhairt léargais ar bhunús éabhlóideach iompar daonna.

Oidhreacht agus Tionchar Eolaíoch

Glacadh agus Conspóid: Cé gur cuireadh moladh mór eolaíoch ar theoiric na héabhlóide ag Darwin, spreag sé conspóid agus frithsheasmhacht, go háirithe ó chiorcail reiligiúnacha. Chuir coincheap an roghnúcháin nádúrtha in aghaidh tuairimí traidisiúnta ar chruthú agus socracht speiceas.

Ranníocaíochtaí le Paleontology: Leathnaigh léargais Darwin níos faide ná an bhitheolaíocht go paleontology. Chuir a bhreathnuithe ar iontaisí agus ar an taifead geolaíoch leis an tuiscint ar stair an Domhain agus ar choincheap an domhain-ama.

Comhoibriú le Alfred Russel Wallace: Ba é Alfred Russel Wallace a cheap smaointe Darwin ar an roghnú nádúrtha go neamhspleách. Sa bhliain 1858, cuireadh teoiricí Darwin agus Wallace araon i láthair an Chumainn Linnean le chéile, ag aithint ról Wallace i bhforbairt na teoirice.

Dul chun cinn sa Luibheolaíocht: Leathnaigh saothar Darwin go luibheolaíocht, áit a ndearna sé iniúchadh ar mheicníochtaí atáirgeadh plandaí. Thug a chuid staidéir ar magairlíní, go háirithe, léargais luachmhara ar chomh-éabhlóid na bplandaí agus a bpailineoirí.

Blianta Níos déanaí agus Bás

Dúshláin Sláinte: D'fhulaing Darwin ó shaincheisteanna sláinte éagsúla ar feadh a shaoil, lena n-áirítear babhtaí nausea, laige, agus fadhbanna gastrointestinal. Tá nádúr beacht a chuid tinnis fós ina ábhar tuairimíochta agus díospóireachta i measc staraithe agus saineolaithe leighis.

Téigh ar ais go Teach an Dúin: Sa bhliain 1842, bhog Darwin agus a theaghlach go Teach an Dúin i Kent, áit a ndearna sé go leor dá thurgnaimh agus scríobh sé roinnt dá mhórshaothar. Is iarsmalann é an teach anois atá tiomnaithe dá shaol agus dá shaothar.

Bás: Fuair Charles Darwin bás ar 19 Aibreán, 1882, in aois a 73, i dTeach an Dúin. Leanann an méid a chuireann sé leis an eolaíocht agus tionchar domhain a chuid smaointe ar thuiscint na beatha ar fhiosrúchán eolaíoch agus ar thaighde bitheolaíoch.

Oidhreacht agus Ábharthacht Chomhaimseartha

Bitheolaíocht Éabhlóideach: Coincheap bunúsach sa bhitheolaíocht nua-aimseartha fós í teoiric Darwin maidir le héabhlóid trí roghnú nádúrtha. Sheas sé le tástáil ama agus feidhmíonn sé mar chloch choirnéil na bitheolaíochta éabhlóideach, ag treorú taighde trasna disciplíní.

Géineolaíocht agus Bitheolaíocht Mhóilíneach: Chuir dul chun cinn sa ghéineolaíocht agus sa bhitheolaíocht mhóilíneach sraitheanna breise fianaise ar fáil a thacaíonn le teoiric Darwin. Thug fionnachtain DNA agus mapáil an ghéanóm daonna léargais ar mheicníochtaí na hoidhreachta agus éagsúlacht ghéiniteach.

Díospóireacht agus Taiscéalaíocht Leantach: Leanann oidhreacht obair Darwin ag spreagadh díospóireachtaí agus plé, go háirithe i réimsí an oideachais, an reiligiúin agus na heitice. Is réimsí de thaighde gníomhach iad an iniúchadh leanúnach ar phróisis éabhlóideacha agus cuardach a dhéanamh ar bhunús géiniteach an oiriúnaithe.

Éabhlóid an Duine agus Antraipeolaíocht: Bhí tionchar ag smaointe Darwin ar éabhlóid an duine ar réimse na hAntraipeolaíochta, ag múnlú staidéir ar bhunús agus ar fhorbairt Homo sapiens. Soláthraíonn dul chun cinn sa phailéantraipeolaíocht agus fionnachtain iontaisí hominin ársa sraitheanna breise dár dtuiscint ar éabhlóid an duine.

Bitheolaíocht Chaomhantais: Tá feidhm phraiticiúil ag prionsabail na héabhlóide i mbitheolaíocht chaomhnaithe, a threoraíonn iarrachtaí chun an bhithéagsúlacht a chaomhnú agus chun freagairtí oiriúnaitheacha speiceas ar athruithe comhshaoil a thuiscint.

Mar fhocal scoir, d'athraigh Charles Darwin, nádúraí agus smaointeoir trathúil, an tírdhreach eolaíoch lena smaointe réabhlóideacha ar éabhlóid agus roghnú nádúrtha. Léiríonn a thuras ó nádúraí óg aisteach ar an HMS Beagle go dtí an t-údar "On the Origin of Species" tiomantas domhain do thuiscint a fháil ar chasta an dúlra. Síneann ranníocaíochtaí Darwin níos faide ná an bhitheolaíocht, ag dul i bhfeidhm ar réimsí chomh héagsúil le antraipeolaíocht, paleontology, géineolaíocht agus caomhnú. Maireann a oidhreacht ní hamháin i dtaighde eolaíoch ach freisin sna comhráite sochaíocha níos leithne faoi bhunús agus éagsúlacht na beatha ar domhan. Is teist é tionchar buan Charles Darwin ar chumhacht na fiosrachta, na breathnadóireachta, agus an mhisneach intleachtúil maidir lenár dtuiscint ar an saol beo a athmhúnlú.

31. Arastatail (An Ghréig)

Sa bhliain 384 BCE a rugadh Arastatail, duine de mheon na seanaimsire agus duine de bhunadh fealsúnacht an Iarthair i Stagira, Chalcidice, i dtuaisceart na Gréige. Ba é a athair, Nicomachus, dochtúir pearsanta Rí Amyntas II na Macadóine, rud a thug oideachas pribhléideach d'Arastatail. Mar bhall den uaisleacht, fuair sé nochtadh luath ar ghníomhartha intleachtúla agus is dócha go raibh rochtain aige ar an leabharlann ríoga.

Oideachas faoi Phlatón: Agus é seacht mbliana déag d'aois, thaistil Arastatail go dtí an Aithin chun staidéar a dhéanamh faoin bhfealsamh clúiteach Plato ag a Acadamh. Cé go raibh an nasc idir an múinteoir agus an dalta domhain, ní raibh sé gan teannas. Cheistigh Arastatail cuid de theagasc Platón, rud a léirigh teacht chun cinn a mheon intleachtúil neamhspleách.

An tAcadamh agus Tionchair Acadúla: Chaith Aristotle fiche bliain ag Acadamh Plato, ag ionsú agus ag tabhairt aghaidh ar a bhunsraitheanna fealsúnacha. In ainneoin a ndifríochtaí, bhí Arastatail faoi thionchar an-mhór ag an mbéim a chuir Plato ar réasúnaíocht teibí agus ar mhodhanna canúinteacha, ag leagan bunsraith dá chóras fealsúnachta.

Gairm agus Comhlachas le hAlasdair Mhór

Teagascóir d'Alasdar Mór: Tar éis dó an tAcadamh a fhágáil, ghairm Rí Philip II na Macadóin Arastatail chun teagasc a thabhairt dá mhac óg, Alastar. Ní hamháin gur mhúnlaigh an ceangal seo cúrsa shaol Arastatail ach chuir sé le scaipeadh eolas na Gréige ar fud an domhain mhóir.

An Lyceum: Sa bhliain 335 BCE, d'fhill Arastatail ar an Aithin agus bhunaigh sé a scoil, an Lyceum, áit ar thug sé léachtaí ar raon éagsúil ábhar. Murab ionann agus Acadamh Plato, thairg an Lyceum timpeallacht oideachais níos oscailte agus níos cuimsithí.

Saothair Suntasacha agus Ranníocaíochtaí Fealsúnachta

Metaphysics: Déanann iniúchadh Aristotle ar mheitifisic, atá cuimsithe ina shaothar gan ainm, léargas ar nádúr na réaltachta, ar an saol agus ar na chéad phrionsabail a bhaineann le bheith. Dúirt sé go bhfuil cuspóir nó críoch (telos) ag gach rud agus thug sé isteach coincheap na substainte, ag idirdhealú idir foirm agus ábhar.

Eitic Nicomachean: Ag tabhairt aghaidh ar fhealsúnacht mhorálta, is saothar ceannródaíoch é "Eitic Nicomachean" Aristotle a scrúdaíonn nádúr an bhua, na heitice agus an bhláth daonna. D'áitigh sé go luíonn an bhua sa mheán idir foircneacha, ag cothú cur chuige cothrom agus measartha i leith iompar eiticiúil.

Polaitíocht: I "Polaitíocht," rinne Arastatail mionscrúdú ar eagrú sochaithe agus rialachais. Scrúdaigh sé cineálacha éagsúla rialtais, ag plé na buntáistí agus na heasnaimh a bhaineann le gach ceann acu. Bhí tionchar as cuimse ag fealsúnacht pholaitiúil Arastatail ar an smaointeoireacht pholaitiúil ina dhiaidh sin.

Filíocht: Is cloch choirnéil na teoirice liteartha fós é "Poetics" Aristotle. Inti, déanann sé anailís ar struchtúr na drámaíochta, ag sainiú príomhghnéithe cosúil le plota, carachtar, agus seónna. Chuaigh a léargas i bhfeidhm ar na glúnta drámadóirí agus scoláirí liteartha.

Fisic: Déanann "Fisic" Aristotle iniúchadh ar an domhan nádúrtha agus na prionsabail a rialaíonn é. Mhol sé cosmeolaíocht geocentric, ag cur an Domhan i lár na cruinne. Bhí smacht ag a chuid smaointe ar mhachnamh an Iarthair go dtí réabhlóid Copernican.

Bitheolaíocht: Ba mhór an méid a chuir Aristotle le bitheolaíocht, agus is minic a mheastar é mar athair na bitheolaíochta breathnadóireachta. Léiríonn a shaothar "The History of Animals" ceann de na hiarrachtaí córasacha is luaithe chun éagsúlacht na n-orgánach beo a rangú agus cur síos a dhéanamh uirthi.

Éachtaí agus Tionchar

Aicmiú an Eolais: Leag cur chuige córasach Arastatail i leith an eolais an bonn le haghaidh eagrú disciplíní. Le rangú na n-eolaíochtaí go teoiriciúil, praiticiúil agus táirgiúil bhí an chéim le haghaidh forbairtí níos déanaí sa saol acadúil.

Loighic: Bhí tionchar ag forbairt Arastatail ar an loighic fhoirmiúil, go háirithe a réasúnaíocht shíolaíoch, i múnlú fiosrúchán fealsúnach agus eolaíoch ina dhiaidh sin. Bhí a chuid oibre sa loighic mar bhunús don staidéar ar réasúnaíocht dhéaduchtach.

Tá oidhreacht thionchar Arastatail ar an oideachas do-tomhaiste. Chuir a fhealsúnacht oideachais béim ar shaothrú buanna, ar thóir an eolais ar a son féin, agus ar an tábhacht a bhaineann le forbairt carachtar. Leanann na prionsabail seo le tionchar a imirt ar fhealsúnacht oideachais.

Ranníocaíochtaí leis an Reitric: Chuir tráchtas Aristotle ar reitric treoir chuimsitheach ar fáil maidir le cumarsáid áititheach. Bhí a léargais ar ealaín na áitithe luachmhar, ní hamháin i réimsí na polaitíochta agus an dlí ach freisin i réimsí comhaimseartha mar fhógraíocht agus caidreamh poiblí.

Bás agus Fáiltiú Níos Déanaí

Bás: Fuair Arastatail bás in Euboea sa bhliain 322 BCE, agus é 62 bliain d'aois. Níl na cúinsí a bhain lena bhás soiléir fós, agus tugann roinnt cuntas le fios go bhfuair sé bás de bharr cúiseanna nádúrtha agus molann roinnt eile nasc le forbairtí polaitiúla san Aithin.

Tionchar iarbháis: Tar éis bhás Arastatail, rinne scoláirí níos déanaí a shaothar a chaomhnú agus a staidéar. Bhí ról ríthábhachtach ag scoláirí Arabacha na Ré Órga Ioslamacha maidir le smaointe Arastatail a tharchur chuig Eoraip na meánaoise. Rinneadh téacsanna bunúsacha dá chuid scríbhinní, go háirithe iad siúd ar fhealsúnacht nádúrtha, in ollscoileanna meánaoiseacha.

Ábharthacht Chomhaimseartha

Fondúireachtaí Fealsúnachta: Síneann tionchar Arastatail go brainsí éagsúla den fhealsúnacht, lena n-áirítear meitifisic, eitic, fealsúnacht pholaitiúil, agus aeistéitic. Leanann a chuid smaointe ag múnlú díospóireachtaí san fhealsúnacht chomhaimseartha.

Teoiric na hEitice agus na Bua: Tháinig borradh faoi eitice bua Arastatail, lena béim ar fhorbairt charachtair agus ar bhua morálta, i ndíospóireachtaí eitice comhaimseartha. Is cur chuige feiceálach í teoiric na bua i leith na fealsúnachta morálta.

Smaoineamh Polaitíochta: Tá baint ag fealsúnacht pholaitiúil Aristotle le pléití maidir le rialachas, saoránacht agus struchtúr na n-institiúidí polaitiúla. Tá coincheapa mar an daonlathas, an oligarchy, agus an smacht reachta faoi chomaoin mhór ag a chuid anailísí.

Fiosrúchán Eolaíoch: Cé gur tháinig fionnachtana níos déanaí in ionad go leor de thuairimí eolaíocha Arastatail, tá a thiomantas do bhreathnóireacht agus rangú eimpíreach fós ábhartha don mhodh eolaíoch. Leag an méid a chuir sé le bitheolaíocht agus le stair an dúlra an bhunchloch le haghaidh iarrachtaí eolaíochta amach anseo.

Mar fhocal scoir, d'fhág Arastatail, polaimít na seaniarsmaí, marc doscriosta ar smaointeoireacht agus fealsúnacht an Iarthair. Tá a chur chuige córasach i leith eolais, a chuid iniúchadh ar eitic agus ar pholaitíocht, agus an méid a chuir sé le disciplíní eolaíocha éagsúla in iúl arís leis na cianta. Luíonn oidhreacht bhuan Arastatail ní hamháin in ábhar a chuid smaointe ach freisin ina chur chuige modheolaíoch maidir le fiosrúchán, breathnóireacht agus rangú. Mar phearsa bhunúsach i stair fhealsúnacht an Iarthair, leanann tionchar Arastatail ag múnlú dioscúrsa intleachtúil, ag soláthar foinse shaibhir inspioráide do scoláirí agus smaointeoirí i réimsí éagsúla.

32. Michelangelo (an Iodáil)

Rugadh Michelangelo Buonarroti, duine de na healaíontóirí is mó sa Renaissance agus polymath de thallann neamhghnách, ar 6 Márta, 1475, i Caprese, sráidbhaile beag sa Toscáin, an Iodáil. D'fhill a chlann ar Fhlórans nuair a bhí Michelangelo fós ina leanbh, agus is sa chathair seo, ionad faoi bhláth ealaíne agus chultúir, a thiocfadh a thuras ealaíne chun cinn.

Cúlra an Teaghlaigh: D'oibrigh athair Michelangelo, Ludovico Buonarroti, mar ghníomhaire rialtais, agus tháinig a mháthair, Francesca Neri, ó theaghlach gearrthóirí cloiche. In ainneoin drogall tosaigh a athar, tháinig claonta ealaíne Michelangelo chun solais ag aois óg.

Printíseacht le Domenico Ghirlandaio: Ag 13 bliana d'aois, rinne Michelangelo printíseach leis an bpéintéir mór le rá Domenico Ghirlandaio. Le linn na tréimhse seo, chuir sé feabhas ar a chuid scileanna sa líníocht agus sa phéinteáil, ag leagan an bhunsraith dá iarrachtaí ealaíne amach anseo.

Oideachas agus Luathghairm

Pátrúnacht Lorenzo de' Medici: Agus tallann eisceachtúil Michelangelo á aithint aige, thug Lorenzo de' Medici, rialóir cumhachtach Fhlórans agus mór-phátrún na n-ealaíon, cuireadh dó a bheith ina theaghlach. Nocht an timpeallacht seo Michelangelo don dealbhóireacht agus don litríocht chlasaiceach, rud a chuaigh i bhfeidhm go mór ar a fhorbairt ealaíonta.

Réim sa Ghairdín Medici: Faoi phátrúnacht Lorenzo, bhí rochtain ag Michelangelo ar Ghairdín Medici, áit a ndearna sé staidéar ar dhealbhóireacht chlasaiceach agus inar fhorbair sé meas domhain ar an bhfoirm dhaonna. Bhí tionchar buan ag an tréimhse tumoideachais seo san ealaín chlasaiceach ar a shaothar.

Sárshaothair Dealbhóireachta: Léirigh saothair dhealbhóireachta luatha Michelangelo, lena n-áirítear "Madonna an Staighre" agus "Cath na gCentaurs," a scil eisceachtúil maidir le nádúrachas agus cumhacht léiritheach nach bhfacthas riamh roimhe a sholáthar don chorp daonna.

Oibreacha agus Éachtaí Suntasacha

Pietà (1498-1499): Ba é an "Pietà" an chéad choimisiún mór ag Michelangelo sa Róimh, dealbh iontach marmair a thaispeánann an Mhaighdean Mhuire ag brú corp Íosa gan bheatha. Críochnaithe nuair nach raibh Michelangelo ach 24, léirigh sé a máistreacht ar anatamaíocht agus léiriú mothúchánach.

David (1501-1504): Arna choimisiúnú ag cathair Fhlórans, seasann an dealbh ollmhór marmair de David mar shiombail íocónach de dhaonnachas na hAthbheochana agus de mhórtas cathartha. Is teist é an léiriú a rinne Michelangelo ar David roimh a chath le Goliath ar a chumas neart agus áilleacht a ghabháil i gcloch.

Uasteorainn an tSéipéil Sistine (1508-1512): B'fhéidir gur éacht suntasach é saothar is mó cáil Michelangelo, The Ceiling of the Sistine Chapel, i bpéinteáil fresco. Gnéithe an tsíleáil fhairsing radhairc Bhíobla, lena n-áirítear an íocónach "Cruthú Adam." Léirigh an tionscadal solúbthacht agus genius ealaíne Michelangelo.

An Breithiúnas Deiridh (1536-1541): D'fhill Michelangelo ar an Séipéal Sistine níos déanaí ina ghairm bheatha chun "An Breithiúnas Deiridh" a phéinteáil ar bhalla na haltóra. Léiríonn an fresco ollmhór seo Dara Teacht Chríost agus breithiúnas deiridh na daonnachta. Is léiriú drámatúil é an comhdhéanamh ar cheartas agus ar fhuascailt diaga.

Ranníocaíochtaí Ailtireachta: Seachas dealbhóireacht agus péintéireacht, chuir Michelangelo go mór leis an ailtireacht. I measc a chuid dearaí tá cruinneachán Basilica Naomh Peadar sa Róimh, tionscadal a ghlac sé níos déanaí sa saol, agus Leabharlann Laurentian i bhFlórans.

Filíocht agus Litreacha: Ní hamháin gur amharcealaíontóir é Michelangelo ach ba fhile é freisin. Nochtann a chnuasach sonnet agus dánta eile a smaointe istigh, a streachailt agus a mhachnamh ar an ealaín agus ar an saol. Tugann a chomhfhreagras le cairde agus le pátrúin léargas ar a phearsantacht agus ar a phróiseas cruthaitheach.

Dúshláin Gairme agus Saol Pearsanta

Coimhlint leis an bPápa Julius II: Bhí caidreamh Michelangelo leis an bPápa Julius II, a choimisiúnaigh uasteorainn an tSéipéil Sistine, marcáilte le teannas agus dúshláin. Mar gheall ar nádúr éilitheach an tionscadail, in éineacht le foirfeacht Michelangelo, tháinig frustrachas agus coinbhleacht chun cinn.

Coimisiún um Thuama an Phápa Julius II: Ar dtús coimisiúnaíodh é chun tuama mór a chruthú don Phápa Julius II, rinneadh leasuithe éagsúla ar phleananna Michelangelo agus tugadh aghaidh ar iliomad deacrachtaí.

Áiríodh sa dearadh deiridh, cé go raibh sé de réir scála, na deilbh chumhchtacha ar a dtugtar an "Daing Slave" agus an "Rebellious Slave".

Suaitheadh Polaitiúil i bhFlórans: Bhí dúshláin phearsanta mar thoradh ar rannpháirtíocht Michelangelo i bpolaitíocht Florentine le linn tréimhsí corraitheacha. Ailínigh sé leis an bPoblacht le linn an deoraíocht Medici ach bhí iarmhairtí aige nuair a tháinig na Medici ar ais i gcumhacht.

Blianta Níos déanaí agus Bás

Coimisiúin Mhóra Dheireanacha: Sna blianta ina dhiaidh sin, lean Michelangelo ag fáil coimisiúin thábhachtacha. Ina measc bhí dearadh an chruinneacháin do Basilica Naomh Peadar, tionscadal a thionscain an Pápa Pól III tar éis bhás Bramante.

Saothar Deiridh Deiridh: Sna seachtóidí agus sna hochtóidí, d'oibrigh Michelangelo ar dhealbhóireacht a léirigh a chuid imní intraspective agus spioradálta. Ina measc seo tá "Crosadh Naomh Peadar" agus an "Taisciú" i bhFlórans, a léiríonn iniúchadh níos doimhne ar fhulaingt an duine.

Bás: Fuair Michelangelo Buonarroti bás ar 18 Feabhra, 1564, in aois a 88, ina theach cónaithe sa Róimh. Ba é a bhás ná deireadh ré agus cailleadh genius ealaíonta uatha.

Oidhreacht agus Aitheantas iarbháis

Tionchar Ealaíne: Tá oidhreacht ealaíne Michelangelo do-tomhaiste. D'fhág a chur chuige nuálaíoch i leith anatamaíochta, a mháistreacht ar an bhfoirm dhaonna, agus a chumas mothúcháin a chur in iúl, marc doscriosta ar ealaín an Iarthair. Tá inspioráid faighte ag ealaíontóirí ón Renaissance go dtí an lá inniu óna chuid saothar.

Daonnachas na hAthbheochana: Bhí idéil dhaonnachas na hAthbheochana corpraithe in ealaín Michelangelo, ag cur béime ar áilleacht agus ar dhínit an duine aonair. Rinne a dheilbh agus a phictiúir an fhoirm dhaonna a cheiliúradh agus rinne sé iniúchadh ar théamaí an ghrá, na fulaingthe agus na fuascailte.

Ranníocaíochtaí Ailtireachta: Bhí dearaí ailtireachta Michelangelo, go háirithe cruinneachán Basilica Naomh Peadar, ina siombailí marthanacha den mhórúlacht agus den nuálaíocht. Leathnaigh a thionchar ar réimse na hailtireachta go hailtirí níos déanaí, lena n-áirítear cleachtóirí Bharócach agus Neoclassical.

Deilbhín Cultúir: Bhí saol agus ealaín Michelangelo ina n-ábhar do go leor beathaisnéisí, scannáin agus staidéir léannta. Tá a ainm comhchiallach le sármhaitheas ealaíne, agus leanann a shaothar ag mealladh na milliúin cuairteoir chuig músaeim agus séipéil ar fud an domhain.

Ábharthacht Chomhaimseartha

Fíor Inspioráideach: Feidhmíonn scéal saoil Michelangelo mar inspioráid d'ealaíontóirí agus do chruthaitheoirí comhaimseartha. Is tréithe iad a thiomantas do shármhaitheas ealaíne, a thiomantas gan staonadh dá cheird, agus a chumas chun teorainneacha ealaíne a shárú a bhaineann trasna disciplíní.

Caomhnú agus Athchóiriú na hEalaíne: Is iarrachtaí leanúnacha iad caomhnú agus athchóiriú shaothair Michelangelo. Úsáidtear teicnící nua-aimseartha, lena n-áirítear ardteicneolaíochtaí íomháithe agus modhanna caomhnaithe, chun sláine a shárshaothair a choinneáil.

Luach Oideachais: Leantar ag déanamh staidéir ar theicnící agus modhanna ealaíne Michelangelo in oideachas ealaíne. Soláthraíonn a chuid staidéir anatamaíocha, úsáid an tsolais agus an scátha, agus a chur chuige nuálaíoch i leith na cumadóireachta ceachtanna luachmhara d'ealaíontóirí atá ag iarraidh a mhian a dhéanamh.

Tionchar ar an Margadh Ealaíne: Bíonn saothair Michelangelo, cé go bhfuil siad lonnaithe i músaeim den chuid is mó, le feiceáil ar an margadh ealaíne uaireanta. Is féidir aird mhór agus praghsanna arda a tharraingt ar dhíol a chuid líníochtaí nó dealbh, rud a léiríonn an luach marthanach a chuirtear ar a chuid bunú.

Mar fhocal scoir, d'fhág Michelangelo Buonarroti, an t-ealaíontóir sár-cháiliúil ón Renaissance, oidhreacht nach bhfuil chomh mór céanna in annála stair na healaíne. Léiríonn a chuid éachtaí dealbhóireachta, péintéireachta agus ailtireachta ní hamháin gile theicniúil ach freisin iniúchadh domhain ar riocht an duine. Ó áilleacht ethereal uasteorainn an tSéipéil Sistine go neart dinimiciúil Dháiví, leanann cruthú Michelangelo ar aghaidh ag tarraingt agus ag spreagadh. Cuimsíonn a shaol agus a shaothar spiorad na hAthbheochana, ag ceiliúradh poitéinseal na cruthaitheachta daonna, na hintleachta agus an léiriú ealaíonta. Mar dhuine den scoth de chuid Renaissance na hIodáile, téann tionchar buan Michelangelo thar theorainneacha ama, rud a fhágann gur íocón cultúrtha é agus foinse shíoraí inspioráide do na glúnta atá le teacht.

33. Sir Isaac Newton (Sasana)

Rugadh Sir Isaac Newton, duine de na heolaithe is mó tionchair sa stair, ar 4 Eanáir, 1643, i Woolsthorpe, Lincolnshire, Sasana. Tharla a bhreith go gairid tar éis bás a athar, ar a dtugtar freisin Isaac Newton, feirmeoir saibhre. Bhí deacrachtaí airgeadais ag a mháthair, Hannah Ayscough Newton, a d'athphós níos déanaí i mblianta tosaigh Newton, rud a d'fhág faoi chúram seanmháthair a mháthar é agus í ag bogadh lena fear céile nua.

Oideachas ag Scoil an Rí, Grantham: D'fhreastail Newton ar Scoil an Rí i Grantham, áit ar bhain sé cáil amach mar mhac léinn díograiseach ach aonair. Le linn an ama seo, d'fhorbair sé suim mhór i bhfeistí meicniúla agus thosaigh sé ag iniúchadh prionsabail na meicnice leis féin.

Fill ar Woolsthorpe agus Staidéir Bhreise: Cuireadh isteach ar oideachas Newton i Scoil an Rí nuair a tharraing a mháthair siar é chun cuidiú le feirm an teaghlaigh. Mar sin féin, ag aithint a chumas acadúil, d'áitigh a iarmháistir scoile ar a mháthair ligean dó filleadh ar a chuid staidéir. Thosaigh Newton ar a chuid oideachais, rud a léirigh inniúlacht eisceachtúil sa mhatamaitic agus san fhisic.

Blianta na hOllscoile

Coláiste na Tríonóide, Cambridge: Sa bhliain 1661, chuaigh Newton isteach i gColáiste na Tríonóide, Cambridge, ar mholadh a iar-mháistir scoile. Ag Cambridge, scrúdaigh sé raon leathan ábhar, lena n-áirítear matamaitic, fisic agus fealsúnacht. Thosaigh a spéis san fhealsúnacht nádúrtha agus sa mhatamaitic ag fás i rith na mblianta seo.

Tionchar Isaac Barrow: Chuaigh a ollamh, Isaac Barrow, i bhfeidhm go mór ar fhorbairt intleachtúil Newton, a d'aithin a thallann neamhghnách. Chuir Barrow saothar na matamaiticeoirí mór le rá in aithne do Newton agus leag sé an t-ionad dá chion amach anseo.

Ranníocaíochtaí Matamaitice

Calcalas: Ba é an rannchuidiú ba shuntasaí a chuir Newton sa mhatamaitic le forbairt an chalcalais, rud a d'aimsigh sé go neamhspleách timpeall an ama chéanna leis an matamaiticeoir Gearmánach Gottfried Wilhelm Leibniz. Rinne an uirlis matamaitice cheannródaíoch seo réimsí na matamaitice agus na fisice a réabhlóidiú.

Teoirim Dhéthéarmach: D'oibrigh Newton ar ghinearálú na teoirim dhéthéarmach, ag soláthar modh córasach chun slonn na foirme $(a + b)^n$ a leathnú. Leag a chuid oibre an bonn le haghaidh forbairtí níos déanaí san ailgéabar.

Optaic

Turgnaimh le Solas: Rinne Newton sraith turgnaimh le solas, ag fiosrú nádúr dathanna. Léirigh sé go bhféadfadh priosma solas bán a dhianscaoileadh isteach i speictream dathanna agus, trí phriosma eile, iad a athcheangal i solas bán. Mar thoradh air seo bhí a chuid oibre úrnua ar optaic.

"Optics" (1704): Chuir saothar ceannródaíoch Newton, "Optics," a chuid teoiricí ar sholas agus ar dhath i láthair. Thug sé coincheap teoiric chorpasúil an tsolais isteach ann, ag cur in iúl gur cáithníní atá sa solas. Áiríodh leis an saothar freisin a thurgnaimh cháiliúla le priosma gloine.

Dlíthe Foriarratais

Céad Dlí na Gluaisne: Sonraítear i gcéad dlí Newton, ar a dtugtar dlí na táimhe freisin, go bhfanfaidh réad atá ar fos ar fos, agus go bhfanfaidh réad atá ag gluaiseacht ag gluaiseacht mura ngníomhaíonn fórsa seachtrach air.

Dara Dlí na Gluaisne: Baineann an dlí seo leis an bhfórsa a chuirtear i bhfeidhm ar réad, a mhais, agus an luasghéarú a thagann as. Cuireann an chothromóid F=ma in iúl an gaol idir fórsa (F), mais (m), agus luasghéarú (a).

Tríú Dlí na Gluaisne: Deir tríú dlí Newton go mbíonn imoibriú comhionann agus contrártha i ngach gníomh. Tá an dlí seo mar bhunús leis an idirghníomhú idir réada a thuiscint.

Imtharraingt Uilíoch

Principia Mathematica (1687): Leag saothar cuimhneacháin Newton, "Philosophiæ Naturalis Principia Mathematica," ar a dtugtar an Principia go coitianta, a dhlíthe gluaisne agus dlí na himtharraingthe uilíche amach. D'athraigh an Principia an tuiscint eolaíoch ar na cruinne fisiceach.

Dlí na hImtharraingthe Uilíche: Mhol Newton go dtarraingeodh gach cáithnín ábhair sa chruinne gach cáithnín eile le fórsa atá comhréireach go díreach le táirge a maiseanna agus atá comhréireach go contrártha le cearnóg an achair idir a lár. Mhínigh an dlí seo gluaiseacht na pláinéid, na gealaí, agus na gcorp neamhaí eile.

Meicnic Neamhaí: Chuir dlíthe gluaisne agus imtharraingthe uilíche Newton creat cuimsitheach ar fáil chun meicnic neamhaí a thuiscint. Chuir siad ar chumas fithisí na bpláinéad agus na ngealach a thuar, rud a dhaingnigh cáil Newton mar eolaí den scoth.

Poist Acadúla agus Rialtais

Ollamh Lucais ag Cambridge: Sa bhliain 1669, ceapadh Newton ina Ollamh Lucasian sa Mhatamaitic i gColáiste na Tríonóide, Cambridge, i ndiaidh a mheantóra Isaac Barrow. Le linn a thréimhse, tháirg sé cuid dá shaothar matamaitice agus eolaíochta is suntasaí.

Máistir an Mhionta (1696-1727): Bhí Newton ina Mháistir ar an Mionta ó 1696 go dtí go bhfuair sé bás i 1727. Sa ról seo, bhí sé freagrach as maoirsiú a dhéanamh ar tháirgeadh monaí i Sasana. In ainneoin a dhualgais riaracháin, lean sé lena ghníomhaíochtaí eolaíochta.

Éachtaí agus Aitheantas

Comhalta Tofa den Chumann Ríoga (1672): Fuair obair luath Newton ar mhatamaitic agus optaic aitheantas dó, agus toghadh ina Chomhalta den Chumann Ríoga é i 1672.

Uachtarán an Chumainn Ríoga (1703-1727): Bhí Newton ina Uachtarán ar an gCumann Ríoga ó 1703 go dtí a bhás. Le linn a uachtaránachta, lean an cumann ar aghaidh ag bláthú mar phríomhinstitiúid chun eolas eolaíoch a chur chun cinn.

Arna Ridire ag an Bhanríon Anne (1705): Mar aitheantas ar an méid a chuir sé le heolaíocht agus matamaitic, rinne an Bhanríon Anne Ridire Newton i 1705, agus rinneadh Sir Isaac Newton de.

Foilsiú "Opicks" (1704): Foilsíodh saothar Newton "Opicks" i 1704 agus fuair sé moladh go forleathan as a léargas úrnua ar nádúr an tsolais agus an dath.

Blianta Níos déanaí agus Bás

Éagsúlachtaí Pearsanta: Bhí clú ar Newton mar gheall ar a phearsantacht eccentric agus reclusive. Chuir a fhócas aonintinn ar a chuid staidéir, mar aon le braistint dhomhain ar phríobháideachas, lena shaol beagán iargúlta.

Tóireacha Ailceimiceacha: Chomh maith lena iarrachtaí eolaíocha, chaith Newton cuid mhór ama ar staidéir ailceimiceacha agus fiosrúcháin diagachta. Léirigh a spéis san ailceimic agus i léirmhíniú an Bhíobla comhthéacs intleachtúil a chuid ama.

Bás: Fuair Sir Isaac Newton bás ar 31 Márta, 1727, in aois a 84, ag a áit chónaithe i Kensington, Londain. Chuir a bhás deireadh le saol iontach a bhí dírithe ar thóir eolais agus fiosrúchán eolaíochta.

Oidhreacht

Réabhlóid Eolaíoch: Leag saothar Newton an dúshraith don Réabhlóid Eolaíoch, rud a d'athraigh tuiscint an dúlra. Chuir a dhlíthe gluaisne agus dlí na himtharraingthe uilíche creat aontaithe ar fáil chun feiniméin fhisiceacha éagsúla a mhíniú.

Matamaitic: Rinne aireagán Newton calcalas an mhatamaitic a réabhlóidiú, ag soláthar uirlis chumhachtach chun fadhbanna a réiteach san eolaíocht, san innealtóireacht agus san eacnamaíocht. Tá a nodaireacht agus a mhodhanna fós ina gcuid bhunúsach den staidéar ar chailcalas.

Optaic: Bhí turgnaimh agus teoiricí Newton maidir le solas agus dath ríthábhachtach chun réimse na snáthoptaice a chur chun cinn. Ba chéim shuntasach chun tosaigh i dtuiscint an tsolais é a theoiric chorpasúil an tsolais, cé gur chuir teoiricí na dtonnta dúshlán uirthi níos déanaí.

Fisic: Leanann dlíthe gluaisne Newton agus dlí na himtharraingthe uilíche de bheith ina mbunphrionsabail san fhisic. Tá siad mar bhunús don mheicnic chlasaiceach, a chuireann síos ar ghluaisne réad ar an Domhan agus sa chosmas.

Oidhreacht an Principia: Breathnaítear ar an Principia mar cheann de na saothair eolaíochta is fearr a scríobhadh riamh. Ní hamháin gur mhínigh léargais Newton ar mheicnic neamhaí gluaiseachtaí na bpláinéad ach chuir siad bonn le forbairtí san fhisic ina dhiaidh sin.

Tionchar ar Eolaithe Níos Déanaí: Bhí tionchar ag smaointe Newton ar a lán eolaithe níos déanaí, lena n-áirítear Albert Einstein, a d'athraigh an fhisic le teoiric na coibhneasachta. Síneann oidhreacht Newton go réimsí chomh héagsúil le réalteolaíocht, innealtóireacht agus taiscéalaíocht spáis.

Tionchar Oideachais: Bhí tionchar mór ag an méid a chuir Newton sa mhatamaitic agus san fhisic ar oideachas. Déantar staidéar ar a shaothar in ollscoileanna agus i scoileanna ar fud an domhain, agus tá a mhodhanna lárnach d'oiliúint eolaithe agus innealtóirí.

Mar fhocal scoir, léiríonn saol agus saothar Sir Isaac Newton buaicphointe de ghnóthachtáil intleachtúil an duine. Ón tús humhal a chuir sé le matamaitic, fisic, agus optaic, maireann oidhreacht Newton mar theist ar chumhacht fiosracht an duine agus ar thóir an eolais. Tá a dhlíthe gluaisne agus dlí na himtharraingthe uilíche fós ina gclocha coirnéil san fhisic chlasaiceach, agus leathnaíonn a thionchar i bhfad níos faide ná an réimse eolaíoch. Léiríonn saol Sir Isaac Newton an tionchar claochlaitheach is féidir a bheith ag duine aonair ar chúrsa na tuisceana daonna agus ar dhul chun cinn na sibhialtachta.

34. Charles Dickens (Sasana)

Rugadh Charles John Huffam Dickens, an t-úrscéalaí íocónach Victeoiriach, ar 7 Feabhra, 1812, i Portsmouth, Sasana. Bhí sé ar an dara duine de ochtar leanaí a rugadh do John Dickens, cléireach cabhlaigh, agus Elizabeth Dickens. Chuaigh eispéiris luath-óige Dickens i bhfeidhm go mór ar a chuid scríbhinní níos déanaí, mar a d'fhág streachailt airgeadais a mhuintire agus a chuid ama ag obair i monarcha snasna bróg tionchar buan ar a chomhfhios sóisialta.

Fuair Dickens a luathoideachas ag sraith de scoileanna beaga príobháideacha i Londain. Mar sin féin, chuir deacrachtaí airgeadais iallach air éirí as an scoil ag 12 bliana d'aois, rud a chuir iallach air oibriú i monarcha a raibh na bróicíní dubha aige chun tacú lena theaghlach.

Tús na hIriseoireachta: Thosaigh turas Dickens isteach san iriseoireacht le post mar chléireach dlí agus níos déanaí mar thuairisceoir cúirte. Leag a thaithí ar shaol an dlí agus san iriseoireacht an bhunchloch dá ghairm bheatha amach anseo mar scríbhneoir.

Bheith ina Scríbhneoir

Sceitsí le Boz (1836-1837): Bhí an chéad saothar foilsithe ag Dickens, "Sketches by Boz," le feiceáil i dtréimhseacháin éagsúla idir 1836 agus 1837. Léirigh na sceitsí seo a scileanna breathnóireachta díograiseacha agus a chumas grinn, ag bunú a cháil mar scríbhneoir óg cumasach.

The Pickwick Papers (1836-1837): Sraitheadh i dtráthchodanna míosúla, rinne "The Pickwick Papers" ceiliúradh ar thús Dickens mar úrscéalaí. Tharraing an scéal grinn agus eipeasóideach samhlaíocht an phobail, rud a d'iompaigh Dickens ina mhothú liteartha.

Buanna Liteartha

Oliver Twist (1837-1839): Rinne an dara húrscéal le Dickens, "Oliver Twist," iniúchadh ar réaltachtaí crua an tsaothair leanaí agus ar chóras na dtithe oibre. Dhaingnigh carachtar Oilibhéir agus léiriú na sochaí Victeoiriach seasamh Dickens mar bhreathnadóir criticiúil ar éagóirí sóisialta.

Nicholas Nickleby (1838-1839): Lean "Nicholas Nickleby" le hiniúchadh Dickens ar shaincheisteanna sochaíocha, go háirithe droch-chóireáil leanaí i scoileanna cónaithe. Bhunaigh rath an úrscéil tuilleadh tionchar Dickens ar an tírdhreach liteartha.

The Old Curiosity Shop (1840-1841): Bhain scéal tragóideach Nell Bheag in "The Old Curiosity Shop" le léitheoirí Victeoiriacha. Chothaigh an leagan amach sraitheach nasc Dickens le lucht éisteachta leathan, rud a spreag léitheoirí leis an scéal a bhí ag teacht chun cinn.

Barnaby Rudge (1841): Suite i gcomhthéacs círéib Gordon 1780, bhí "Barnaby Rudge" mar chomhartha ar an gcéad úrscéal stairiúil ag Dickens. Cé nach raibh sé chomh coitianta lena shaothar eile, léirigh sé solúbthacht agus turgnamh Dickens le seánraí éagsúla.

Martin Chuzzlewit (1843-1844): In "Martin Chuzzlewit," rinne Dickens aoir ar ghnéithe de shochaí Mheiriceá agus rinne sé iniúchadh ar théamaí saint teaghlaigh. Bhí fáiltiú an úrscéil measctha, ach léirigh sé go raibh Dickens toilteanach dul i ngleic le saincheisteanna sóisialta ar scála domhanda.

Carúil Nollag (1843)

Tá úrscéal Dickens "A Christmas Carol" ar cheann de na saothair is iontaí agus is buaine dá chuid. Foilsithe i mí na Nollag 1843, insíonn sé scéal Ebenezer Scrooge, seanfhear cráite, agus a chlaochlú tar éis teagmháil le taibhsí na Nollag san am a chuaigh thart, san am i láthair agus sa todhchaí.

Chuaigh téamaí na fuascailte, na flaithiúlachta, agus fíor-spiorad na Nollag go mór i bhfeidhm ar na léitheoirí. Ní hamháin gur clasaiceach saoire é "A Christmas Carol" ach threisigh sé freisin tiomantas Dickens d'athchóiriú sóisialta.

Dombey and Son (1846-1848): Rinne "Dombey and Son" iniúchadh ar théamaí bród, dinimic an teaghlaigh, agus iarmhairtí na faillí. Lean carachtair chasta Dickens agus tráchtaireacht shóisialta ar aghaidh ag mealladh léitheoirí.

David Copperfield (1849-1850): Is úrscéal leathdhírbheathaisnéiseach é sárshaothar Dickens, "David Copperfield", a leanann saol a charachtair teideal. Scrúdaíonn an t-úrscéal téamaí na hathléimneachta, na féiniúlachta, agus an tionchar a bhíonn ag eispéiris luatha.

Bleak House (1852-1853): Tá "Gorm House" suntasach mar gheall ar a chuimsiú casta, a struchtúr casta insinte, agus a chritic ghéarchúiseach ar an gcóras dlí. Chuir iniúchadh an úrscéil ar mheath sóisialta agus morálta le cáil Dickens mar leasaitheoir sóisialta.

Amanna Crua (1854): Scrúdaigh "Hard Times" éifeachtaí dí-dhaonnaithe na tionsclaíochta agus na fealsúnachta utilitarian. Suite sa Coketown ficseanúil, cháin an t-úrscéal na réaltachtaí crua a bhí ag an lucht oibre le linn ré Victeoiriach.

Little Dorrit (1855-1857): Dhírigh "Little Dorrit" ar thaithí Amy Dorrit, a rugadh agus a tógadh i bPríosún Marshalsea. Scrúdaigh an t-úrscéal téamaí príosúnachta, idir liteartha agus mheafarach, agus tionchar an fhiachais ar dhaoine aonair agus ar an tsochaí.

A Tale of Two Cities (1859): Suite i gcomhthéacs Réabhlóid na Fraince, tá "A Tale of Two Cities" ar cheann de na saothair is cáiliúla de chuid Dickens. Tá líne tosaigh an úrscéil, "Ba é an chuid is fearr d'amanna, ba mheasa é," tar éis éirí íocónach. Scrúdaíonn an scéal téamaí aiséirí, íobairt, agus nádúr timthriallach na staire.

Great Expectations (1860-1861): Leanann "Great Expectations" saol Pip, dílleachta a d'ardaigh a dheirfiúr agus a fear céile. Scrúdaíonn an t-úrscéal téamaí aicme sóisialta, féiniúlachta, agus iarmhairtí a ngníomhartha. Moltar go minic é as a dhoimhneacht inste agus a léargas síceolaíoch.

Our Mutual Friend (1864-1865): Scrúdaíonn úrscéal críochnaithe deiridh Dickens, "Our Mutual Friend," téamaí an rachmais, an aicme shóisialta agus na moráltachta. Déanann plota casta an úrscéil a lán scéalta a fhí le chéile, ag léiriú scil insinte Dickens.

Gníomhaíochas Sóisialta agus Éachtaí

Léamha Poiblí: Ba chainteoir poiblí cumasach é Dickens agus rinne sé go leor léamh poiblí ar a shaothair ar feadh a ghairm bheatha. Ní hamháin gur thug na léamha seo a charachtair ar an saol ach chabhraigh sé leis ceangal a dhéanamh le lucht éisteachta níos leithne.

Iriseoireacht agus Eagarthóireacht

Household Words (1850-1859): Chuir Dickens in eagar agus chuir sé le "Household Words," iris sheachtainiúil a thug aghaidh ar shaincheisteanna sóisialta agus a raibh úrscéalta sraithe ann. Chuir an iris ardán ar fáil do Dickens chun a thuairimí ar athchóiriú agus ceartas sóisialta a chur in iúl.

Babhta na Bliana Uile (1859-1870): Tar éis "Focail Theaghlaigh," bhunaigh Dickens "All the Year Round," iris eile a lean ar aghaidh lena thiomantas do thráchtaireacht shóisialta agus ficsean sraitheach. Léirigh ábhar éagsúil na hirise spéiseanna fadréimseacha Dickens.

Daonchairdeas agus Athchóiriú Sóisialta

Bhí Dickens ina abhcóide paiseanta ar son athchóiriú sóisialta. Tugann a chuid saothar léargas ar chruachás na mbochtán, ar éagóir an chórais dlí, agus ar éifeachtaí dídhaonnachtúla na tionsclaíochta.

I measc rannpháirtíocht Dickens sa daonchairdeas bhí tacaíocht a thabhairt d'eagraíochtaí carthanachta agus tacú le hathrú sóisialta. Leathnaigh a chuid carthanachta chuig cúiseanna ar nós oideachas agus cúnamh do dhaoine bochta.

Bhí imní ar leith air maidir le leas leanaí agus chuaigh sé i mbun feachtais ar son feabhas a chur ar choinníollacha i dtithe na mbocht agus sna scoileanna.

Turais Mheiriceá (1842 agus 1867-1868): Thug Dickens cuairt ar na Stáit Aontaithe in 1842 agus arís i 1867-1868. Chuimsigh a thurais Mheiriceánach léamha poiblí agus léachtaí, rud a chuir leis an tóir a bhí air sna Stáit Aontaithe. Mar sin féin, bhain Dickens úsáid as na deiseanna seo freisin chun a thuairimí a nochtadh ar shaincheisteanna sóisialta, lena n-áirítear an sclábhaíocht.

Oidhreacht Carúil Nollag

Tá "A Christmas Carol" fós ar cheann de na saothair is buaine ag Dickens, agus leathnaíonn a thionchar níos faide ná an litríocht. Tá tionchar an novella ar cheiliúradh nua-aimseartha na Nollag, agus an bhéim ar fhlaithiúlacht agus ar chomhbhá, do-tomhaiste.

Tá carachtar Ebenezer Scrooge ina shiombail íocónach den fhuascailt, agus tá an scéal curtha in oiriúint do iliomad drámaí, scannáin agus speisialtachtaí teilifíse.

Pósadh agus Teaghlach

Phós Dickens Catherine Hogarth sa bhliain 1836, agus bhí deichniúr clainne ag an lánúin. Bhí deacrachtaí ag an bpósadh áfach, agus scar an lánúin sa bhliain 1858.

Caidreamh le Ellen Ternan: Tar éis dó scaradh ó Catherine, choinnigh Dickens caidreamh discréideach le Ellen Ternan, aisteoir, ar feadh an chuid eile dá shaol. Bhí an caidreamh seo ina ábhar tuairimíochta agus grinnscrúdú beathaisnéise níos déanaí.

Bás

Fuair Charles Dickens bás ar an 9 Meitheamh, 1870, ag Gad's Hill Place, a bhaile dúchais i Kent, Sasana. Bhí stróc curtha i leith a bháis. Cuireadh Dickens i gCoirnéal na bhFilí i Mainistir Westminster, moladh oiriúnach dá oidhreacht liteartha.

Oidhreacht

Tionchar Liteartha: Tá tionchar Charles Dickens ar an litríocht do-tomhaiste. Leanann a chuid úrscéalta á léamh go forleathan, agus a charachtair, mar Oliver Twist, Ebenezer Scrooge, agus David Copperfield, fite fuaite sa chanóin liteartha.

Athchóiriú Sóisialta: Bhí úrscéalta Dickens ina fheithicil chumhachtach chun athchóiriú sóisialta a mholadh. Chuir a léiriú ar bhochtaineacht, éagothroime agus éagóir le feasacht mhéadaithe ar cheisteanna sochaíocha i Sasana Victeoiriach.

Oiriúnú agus Éileamh: Tá go leor de shaothar Dickens curtha in oiriúint do go leor scannán, sraitheanna teilifíse agus léiriúcháin stáitse. Tá a chuid scéalta gan am agus a bhaineann le lucht féachana thar na glúnta.

Cur le Traidisiún na Nollag: Tá tionchar mór ag Dickens ar cheiliúradh nua-aimseartha na Nollag. Ní hamháin go raibh an-tóir ar "A Christmas Carol" ar an saoire ach chuir sé béim freisin ar théamaí comhbhá, carthanachta agus dea-thola.

Tionchar Daonchairdiúil: D'fhág tiomantas Dickens do chúiseanna daonchairdis agus sóisialta oidhreacht bhuan. Spreag a chuid iarrachtaí feabhas a chur ar dhálaí na ndaoine nach raibh an t-ádh orthu, go háirithe leanaí, na glúnta atá le teacht de ghníomhaithe agus daonchairdis.

Stíl Liteartha agus Nuálaíocht: D'fhág teicnící insinte Dickens, tréithrithe, agus úsáid na scéalaíochta sraitheach marc doscriosta ar ealaín an úrscéil. Leagann a chumas carachtair i gcuimhne agus socruithe beoga a chruthú caighdeáin nua don seánra.

Traidisiún Léamh Poiblí: Leag traidisiún léitheoireachtaí poiblí agus léirithe Dickens an bunchloch le go bhféadfadh údair agus pearsana poiblí níos déanaí dul i ngleic go díreach leis an lucht féachana. Thug a léamha beatha don litríocht agus léirigh sé cumhacht na scéalaíochta.

Fanann saol agus saothair Charles Dickens mar chuid lárnach den tírdhreach liteartha agus cultúrtha. Cinntíonn a chumas castachtaí an dúlra daonna a ghabháil, a thacaíocht ar son athchóiriú sóisialta, agus a rannchuidiú buan le saol na litríochta go leanann oidhreacht Dickens ag bláthú, rud a shaibhríonn saol léitheoirí ar fud an domhain.

35. Banríon Nefertiti (An Éigipt)

Creidtear gur rugadh an Bhanríon Nefertiti, duine de na daoine is íocónach san Éigipt ársa, timpeall na bliana 1370 BCE le linn 18ú Ríshliocht na Ríochta Nua. Cé go bhfuil a dáta breithe cruinn agus áit bhreithe fós éiginnte, glactar leis go forleathan gur rugadh san Éigipt í, b'fhéidir i gcathair Thebes.

Ainm agus Teidil

Aistríonn ainm Nefertiti go "The Beautiful One Has Come." Ar feadh a saoil, bhí teidil éagsúla aici, lena n-áirítear "Great Royal Wife," a thug le fios a ról mar phríomh-chonsort Pharaoh Akhenaten.

Oideachas agus Cúlra Cultúir

Tionchair Chultúrtha: Is dócha gur fhás Nefertiti aníos i sochaí a bhí tumtha go domhain i dtraidisiúin shaibhre chultúrtha agus reiligiúnacha na sean-Éigipte. Tréimhse de rathúnas mór, éacht ealaíne, agus claochlú reiligiúnach a bhí sa Ríocht Nua.

Cúlra OideachaisCé nach bhfuil sonraí sonracha oideachais Nefertiti doiciméadaithe go maith, glactar leis go bhfaigheadh sí, mar bhall den rang mionlach, oideachas a bheadh oiriúnach dá ról mar bhanríon. Chuimseofaí san oideachas seo eolas ar dheasghnátha reiligiúnacha, béasaíocht chúirte, agus b'fhéidir litríocht.

Pósadh le Akhenaten

Aontas le Akhenaten: Tháinig tábhacht stairiúil le saol Nefertiti nuair a phós sí Amenhotep IV, a ghlac an t-ainm Akhenaten níos déanaí. Bhí sé mar aidhm ag Akhenaten tírdhreach reiligiúnach na hÉigipte a chlaochlú trí adhradh an diosca gréine, Aten, a chur chun cinn chun eisiamh déithe traidisiúnta eile a eisiamh.

Leasuithe Reiligiúnacha: Bhí ról suntasach ag Nefertiti i leasuithe reiligiúnacha a fir chéile. D'aistrigh an lánúin fócas reiligiúnach na hÉigipte ó adhradh ildiachtach na ndéithe iolracha go dtí urraim aondiach an Aten. Tugtar Tréimhse Amarna ar an tréimhse seo.

Oibreacha agus Éachtaí Suntasacha

Léiriú Ealaíne: Tá cáil ar Nefertiti as a háilleacht urghnách, agus tá a bust, a aimsítear i stiúideo an dealbhóra Thutmose i bpríomhchathair Akhenaten,

Akhenaten (Amarna nua-aimseartha), ar cheann de na déantúsáin is cáiliúla in ealaín na hÉigipte ársa.

Gabhann an Nefertiti Bust, atá ar taispeáint anois i Músaem Neues i mBeirlín na Gearmáine, a gnéithe galánta, lena n-áirítear muineál fadaithe galánta agus ceannbheart ríoga. Meastar go bhfuil sé ina masterpiece ar an stíl ealaíne Amarna.

Ranníocaíochtaí Cultúir agus Reiligiúnacha: Bhí ról lárnach ag Nefertiti, in éineacht le Akhenaten, i gcur chun cinn an Aten mar an diagacht uachtarach. Bhí sé mar aidhm ag leasuithe reiligiúnacha an lánúin adhradh a lárú timpeall an diosca gréine, ag siombail an tsolais agus na beatha.

Tógadh teampaill tiomnaithe don Aten, agus cumadh iomann ag moladh an dia gréine. Bhí tionchar mór ag na hathruithe reiligiúnacha ar an tsagartacht thraidisiúnta agus ar na cultais stáit a bhaineann le déithe eile.

Ról mar Bhanchéile Mhór Ríoga: Bhí an teideal iomráiteach "Great Royal Wife" ag Nefertiti, rud a chiallaigh go raibh sí ina príomhchéile Akhenaten. Mar an banríon, ghlac sí páirt i searmanais reiligiúnacha, feidhmeanna stáit, agus imeachtaí poiblí in éineacht lena fear céile.

Shín tionchar Nefertiti níos faide ná dualgais searmanais, agus creidtear go raibh ról gníomhach aici i riaradh na ríochta, go háirithe le linn blianta fada Akhenaten ina dhiaidh sin.

Tionscadail Ailtireachta: Chuir Nefertiti agus Akhenaten tús le tógáil príomhchathair nua, Akhetaten, atá tiomnaithe d'adhradh an Aten. Bhí teampaill mhóra agus palaces sa chathair, ag cur béime ar dhílseacht na lánúine do dhia na gréine.

I measc na dtionscadal ailtireachta an lánúin ríoga bhí tógáil Teampall Mór an Aten agus an Pálás Ríoga in Akhataten. Léirigh na struchtúir seo stíl nuálaíoch agus shainiúil ailtireachta Amarna.

Ról le linn Ré Akhenaten: Tionchar Polaitiúil: Leathnaigh ról Nefertiti níos faide ná dualgais searmanais agus reiligiúnacha. Mar phríomh-chomhghleacaí Akhenaten, is dócha go raibh tionchar polaitiúil aici agus go raibh baint aici le cúrsaí riaracháin stáit.

Litreacha Amarna: Tugann comhfhreagras a fuarthas i Litreacha Amarna, bailiúchán de theachtaireachtaí taidhleoireachta idir pharaohs na hÉigipte agus rialóirí eachtracha éagsúla, le tuiscint go raibh Nefertiti rannpháirteach go gníomhach i ngnóthaí taidhleoireachta. Tugann na litreacha léargas ar dhinimic pholaitiúla an ama.

Saol an Teaghlaigh

Bhí seisear iníonacha ag Nefertiti agus Akhenaten, lena n-áirítear an Ankhesenamun cáiliúil. Tugann na radharcanna teaghlaigh a léirítear i faoiseamh agus inscríbhinní éagsúla léargas ar a saol sa bhaile agus ar dhlúthcheangail an teaghlaigh ríoga.

Meath Akhenaten agus Imeacht Nefertiti

Pharaoh Smenkhkare: Tar éis bhás Akhenaten, chuaigh leasmhac Nefertiti, Smenkhkare, suas go dtí an ríchathaoir. Molann roinnt scoláirí go nglacfadh Nefertiti comhrialtas le Smenkhkare, agus tugann daoine eile le fios gur ghlac sí leis an ainm Neferneferuaten.

Aistriú go Tutankhamun: Tar éis bhás Smenkhkare, rinneadh an pharaoh de Tutankhaten, ar a dtugtaí Tutankhamun níos déanaí. Tá na cúinsí a bhaineann le blianta ina dhiaidh sin agus cinniúint deiridh Nefertiti faoi shrouded i rúndiamhair.

Teoiricí conspóideacha: Tá roinnt teoiricí ann maidir le cinniúint Nefertiti. Tugann roinnt daoine le fios gur lean sí uirthi ag rialú taobh le Tutankhamun, agus molann daoine eile gur imigh sí ó thaifid stairiúla mar gheall ar athrú teidil a bhí uirthi nó mar gheall ar a cuimhne a scriosadh d'aon ghnó.

Spreag an cealú mistéireach Nefertiti ó thaifid stairiúla tuairimíocht agus díospóireachtaí i measc staraithe agus Éigipteolaithe.

Bás agus Adhlacadh

Easpa Fianaise Soiléir: Ní fios go cinntitheach dáta agus imthosca báis Nefertiti. Tá easpa fianaise chinnte ann maidir lena suíomh adhlactha nó na gnáthchleachtais sochraide a breathnaíodh do bhanríon ar a stádas.

Adhlacadh Hipitéiseach i nGleann na Ríthe:
Tugann roinnt teoiricí le tuiscint go bhféadfadh Nefertiti a bheith curtha i nGleann na Ríthe, b'fhéidir i dtuama nach bhfuarthas fós. Is ábhar spéise seandálaíochta leanúnach é cuardach láithreán adhlactha Nefertiti.

Oidhreacht

Tionchar Ealaíne agus Cultúir: Leanann ionadaíocht ealaíonta Nefertiti, go háirithe an Nefertiti Bust, le díograiseoirí ealaíne agus scoláirí a mhealladh. Siombailíonn a íomhá áilleacht idéalach banríonacha na hÉigipte ársa.

Léiríonn stíl ealaíne Amarna, arb é is sainairíonna di imeacht ó choinbhinsiúin ealaíne traidisiúnta, na hathruithe cultúrtha agus reiligiúnacha a thionscain Nefertiti agus Akhenaten.

Tábhacht Reiligiúnach agus Polaitiúil: Bhí tionchar suntasach ag ról Nefertiti sna leasuithe reiligiúnacha ar Akhenaten ar ruthag reiligiúin na sean-Éigipte. Ba chéim uathúil i stair reiligiúnach na hÉigipte é béim na lánúine ar an Aten.

Tá Tréimhse Amarna, ina bhfuil an fócas ar aondiachas agus ag imeacht ón ildiachas traidisiúnta, ina ábhar staidéir léannta agus spéise i gcónaí.

Rúndiamhair Stairiúil: Chuir imeacht Nefertiti ó thaifid stairiúla lena rúndiamhra. Spreagann an enigma a bhain lena blianta ina dhiaidh sin agus an éiginnteacht faoina láthair adhlactha suim agus tuairimíocht.

Tionchar ar Chomharbaí: Bhí tionchar buan ag imeachtaí na Tréimhse Amarna ar pharaohs ina dhiaidh sin. Bhí ról ag Tutankhamun, mac-céile Nefertiti, in athshlánú na gcleachtas reiligiúnach traidisiúnta tar éis Atenism Akhenaten.

Ba é an filleadh ar an ildiachas ar deireadh ná athrú ar shiúl ó na leasuithe reiligiúnacha a bhí á gcur chun cinn ag Nefertiti agus Akhenaten.

Mar fhocal scoir, d'fhág saol na Banríona Nefertiti, cé go raibh rúndiamhra ann, marc doscriosta ar an tsean-Éigipt. Mar bhanríon radiantach Akhenaten, bhí ról lárnach aici i gclaochlú reiligiúnach, i nuálaíocht ealaíne, agus i ngnóthaí taidhleoireachta. Leanann a háilleacht, atá neamhbhásaithe sa Nefertiti Bust íocónach, le siombail a dhéanamh ar allure banríonacha na hÉigipte ársa. Cuireann an enigma a bhain lena blianta ina dhiaidh sin agus an éiginnteacht a bhaineann lena láthair adhlactha leis an spéis bhuan leis an "Beautiful One Has Come." Maireann oidhreacht Nefertiti ní hamháin in oidhreacht ealaíonta agus chultúrtha na sean-Éigipte ach freisin san iarracht leanúnach chun rúndiamhra a saoil shuaithinsigh a réiteach.

36. Thomas Jefferson (SAM)

Rugadh Thomas Jefferson, príomh-údar an Dearbhú Saoirse agus an tríú Uachtarán na Stát Aontaithe, ar 13 Aibreán, 1743, ag plandála Shadwell i Achadh an Iúir. Plandálaí agus suirbhéir ab ea a athair, Peter Jefferson, agus tháinig a mháthair, Jane Randolph Jefferson, ó theaghlach mór le rá ó Virginia.

Fondúireacht Oideachais

Bhí teagascóirí príobháideacha marcáilte ar luathoideachas Jefferson, agus ag aois 9, thosaigh sé ag freastal ar Acadamh na Laidine agus na Gréige. Tháinig borradh faoina fhiosracht intleachtúil, agus faoin am go raibh sé 16 bliana d'aois, chuaigh sé isteach i gColáiste William & Mary in Williamsburg.

Ag an gcoláiste, rinne Jefferson staidéar ar raon leathan ábhar, lena n-áirítear fealsúnacht nádúrtha, matamaitic, agus litríocht. Chuirfeadh an paisean atá aige san fhoghlaim agus a thiomantas d'idéil an tSoilsiú múnla ar a radharc domhanda agus ar a chuid oibre amach anseo.

Tionchair an tSoilsiú

Bhí tionchar mór ag smaointeoirí Enlightenment ar nós John Locke, Francis Bacon, agus Isaac Newton ar Jefferson. Bhain a gcuid smaointe ar chúis, cearta an duine aonair, agus fiosrúchán eolaíochta go mór leis agus bheadh tionchar acu ar a fhealsúnacht pholaitiúil níos déanaí.

D'fhág timpeallacht intleachtúil an tSoilsiú, lena béim ar chúis, ar shaoirse, agus ar dhul chun cinn, marc doscriosta ar smaointeoireacht Jefferson, á threorú ar feadh a shaoil.

Gairm Pholaitiúil Luath

Virginia House of Burgesses: Thosaigh Jefferson a ghairm bheatha pholaitiúil sa bhliain 1769 nuair a toghadh é do Theach Achadh an Iúir. I measc a chuid iarrachtaí luatha bhí cur i gcoinne polasaithe na Breataine a shíl sé a sháraigh cearta coilíneachta.

Mar gheall ar eloquence agus tiomantas Jefferson do chearta an choilíneachta bhí sé ina phearsa ag ardú i dtírdhreach polaitiúil Achadh an Iúir.

Pósadh agus Teaghlach I 1772, phós Jefferson Martha Wayles Skelton, baintreach. Bhí seisear clainne ag an lánúin, cé nár mhair ach beirt iníonacha, Martha agus Mary, agus iad ina ndaoine fásta.

Is minic a choinnigh éilimh ghairm bheatha pholaitiúil Jefferson ar shiúl óna theaghlach é, agus d'fhág bás anabaí Martha i 1782 é faoi bhrón.

Tréimhse Réabhlóideach: Dearbhú na Saoirse: Tá oidhreacht is buaine Jefferson suite ina ról mar phríomhúdar an Dearbhú Saoirse. Sa bhliain 1776, cheap Comhdháil na Mór-Roinne é ar choiste a raibh sé de chúram air doiciméad a dhréachtú a chuirfeadh in iúl cúiseanna na gcoilíneachtaí neamhspleáchas a lorg.

Chinntigh deaslámhacht agus cumhacht fhocail Jefferson sa Dearbhú Saoirse a áit mar dhuine de na daoine is mó tionchair i stair Mheiriceá.

Reacht Achadh an Iúir um Shaoirse Reiligiúnach: Le linn dó a bheith ag fónamh sa Chomhthionól Ginearálta Achadh an Iúir i 1779, ba é Jefferson an t-údar Reacht Virginia um Shaoirse Reiligiúin. Rinne an reacht, a achtaíodh i 1786, Eaglais Shasana in Achadh an Iúir a dhíbhunú agus ráthaíodh saoirse reiligiúnach do gach saoránach.

Léirigh an reachtaíocht seo tiomantas Jefferson do scaradh na heaglaise agus an stáit agus rinneadh réamhtheachtaí don Chéad Leasú ar Bhunreacht na Stát Aontaithe.

Aire don Fhrainc agus Rúnaí Stáit: Seirbhís Taidhleoireachta: Sa bhliain 1784, ceapadh Jefferson ina Aire ar an bhFrainc, i ndiaidh Benjamin Franklin. Thug a chuid ama sa Fhrainc deis dó céimeanna tosaigh Réabhlóid na Fraince a fheiceáil, rud a chuir isteach ar a fhealsúnacht pholaitiúil.

Bhí scileanna taidhleoireachta Jefferson ríthábhachtach chun comhaontuithe trádála a chaibidil agus chun tacaíocht a fháil do na Stáit Aontaithe nua.

Rúnaí Stáit: Nuair a d'fhill sé ar na Stáit Aontaithe i 1789, ceapadh Jefferson mar an chéad Rúnaí Stáit faoin Uachtarán George Washington. Sa ról seo, chuaigh sé i ngleic le Rúnaí an Chisteáin Alexander Hamilton maidir le saincheisteanna ar nós cumhacht feidearálach agus cearta stáit.

Leag difríochtaí fealsúnacha Jefferson le Hamilton an bunchloch le faicsin pholaitiúla a fhoirmiú agus le teacht chun cinn na gcéad pháirtithe polaitíochta sna Stáit Aontaithe.

Bunú na bPáirtithe Polaitíochta: An Páirtí Daonlathach-Poblachtach: Bhunaigh Jefferson, in éineacht le James Madison, an Páirtí Daonlathach-Poblachtach, a chuir i gcoinne bheartais Chónaidhme Alexander Hamilton.

Thacaigh na Daonlathach-Poblachtánach le léirmhíniú dian ar an mBunreacht, ar chearta na stát, agus ar leasanna talmhaíochta. Chuir an páirtí frithchothromaíocht ar fáil do na Feidearálaithe agus leag sé an bonn le haghaidh tairiscint uachtaránachta rathúil Jefferson.

Uachtaránacht (1801-1809)

Toghchán 1800: I dtoghchán a raibh conspóid ghéar ann, rith Jefferson i gcoinne an Uachtaráin reatha John Adams, agus tháinig an bua chun cinn. Ba é an toghchán an chéad aistriú síochánta cumhachta idir páirtithe polaitíochta sna Stáit Aontaithe.

Bhí insealbhú Jefferson i 1801 le fios go raibh athrú ar an idé-eolaíocht pholaitiúil, ar a dtugtar "Réabhlóid na bliana 1800," mar a d'aistrigh cumhacht ó na Feidearálaithe go dtí na Poblachtánaigh Dhaonlathacha.

Éachtaí mar Uachtarán: Ceannach Louisiana: Ceann de na héachtaí is suntasaí a bhain le huachtaránacht Jefferson ná Ceannach Louisiana in 1803. Fuair na Stáit Aontaithe an chríoch ollmhór ón bhFrainc, ag dúbailt méid na tíre.

Turas Lewis agus Clark: Choimisiúnaigh Jefferson an Lewis and Clark Expedition (1804-1806) chun an chríoch nuafhaighte a iniúchadh agus bealach chuig an Aigéan Ciúin a mhapáil. Ba iad Meriwether Lewis agus William Clark a bhí i gceannas ar an turas, ag soláthar eolais luachmhar faoi thailte an iarthair.

Acht Embargo 1807: Agus é ag tabhairt aghaidh ar dhúshláin i dtrádáil na hEorpa agus coinbhleachtaí idir an Bhreatain agus an Fhrainc, chuir Jefferson Acht Embargo 1807 i bhfeidhm, a raibh sé mar aidhm aige leasanna Mheiriceá a chosaint trí thrádáil a shrianadh. Mar sin féin, bhí droch-iarmhairtí eacnamaíocha ag an acht agus cuireadh ina choinne go mór.

Scor: Roghnaigh Jefferson gan tríú téarma a lorg, agus in 1809, d'éirigh sé as Monticello, a phlandáil in Achadh an Iúir. Nuair a chuaigh sé ar scor ligeadh dó díriú ar leasanna éagsúla, lena n-áirítear ailtireacht, litríocht, agus bunú Ollscoil Virginia.

Gníomhaíochtaí Ailtireachta agus Liteartha

Monticello: Bhí tallann ailtireachta Jefferson le feiceáil i ndearadh Monticello, a theach plandála. Léirigh an struchtúr nuachlasaiceach a mheas ar ailtireacht chlasaiceach agus ar eilimintí dearaidh nuálaíocha.

Tháinig Monticello ina lárionad gníomhaíochta intleachtúla agus cultúrtha, ag óstáil aíonna mór le rá agus ag feidhmiú mar léiriú ar leasanna éagsúla Jefferson.

Ollscoil Achadh an Iúir: Mar thoradh ar fhís Jefferson don oideachas bunaíodh Ollscoil Achadh an Iúir in 1819. Bhí ról lárnach aige ina dearadh, curaclam, agus rialachas, ag cur béime ar thábhacht an oideachais tuata agus na n-ealaíon liobrálacha.

Seasann Ollscoil Achadh an Iúir mar theist ar thiomantas Jefferson d'idéil an tsolais agus do chur chun cinn an eolais.

Ranníocaíochtaí Liteartha: Ar feadh a shaoil, ba scríbhneoir díograiseach é Jefferson. Thug a chomhfhreagras fairsing, lena n-áirítear litreacha chuig daoine polaitiúla agus smaointe pearsanta, léargais ar a chuid smaointe ar rialachas, daonlathas, agus cearta an duine aonair.

Ceann dá shaothar is suntasaí ná "Notes on the State of Virginia," scrúdú cuimsitheach ar thíreolaíocht, acmhainní nádúrtha, agus sochaí Achadh an Iúir. Foilsithe i 1785, léiríonn sé fiosracht eolaíoch agus tuairimí.

Blianta Níos déanaí agus Bás

Streachailtí Airgeadais: In ainneoin a chuid ranníocaíochtaí leis an náisiún, bhí dúshláin airgeadais os comhair Jefferson, go háirithe sna blianta ina dhiaidh sin. Chuir fiacha méadaithe agus cor chun donais eacnamaíoch isteach ar a eastát, agus dhíol sé a leabharlann fhairsing le Leabharlann na Comhdhála chun brúnna airgeadais a mhaolú.

Gaol le Sclábhaíocht: Tá oidhreacht Jefferson casta, go háirithe i gcomhthéacs na sclábhaíochta. Cé gur chuir sé in iúl go deaslámhach prionsabail na saoirse aonair, bhí sé ina sclábhaithe ar feadh a shaoil. Tá an chodarsnacht idir a chuid idéalacha agus a ghníomhartha fós ina ábhar grinnscrúdú agus díospóireachta stairiúil.

Bás

Fuair Thomas Jefferson bás ar 4 Iúil, 1826, díreach 50 bliain tar éis glacadh leis an Dearbhú Saoirse. Tharla a bhás ag an am céanna le bás a chomhraic pholaitiúil agus a chomh-Athar Bunaitheach, John Adams.

Ba é bás Jefferson ná deireadh ré, agus bhí an náisiún ag caoineadh gur cailleadh príomh-ailtire neamhspleáchais Mheiriceá agus laoch na n-idéal daonlathach.

Oidhreacht

Dearbhú na Saoirse: Is é an oidhreacht is buaine atá ag Jefferson ná an t-údar atá aige ar an Dearbhú Saoirse. Tá a chuid focal, ag fógairt cearta dúchasacha daoine aonair chun na beatha, na saoirse, agus an tóir ar an tsonas, athshondach mar dhoiciméad bunúsach i stair Mheiriceá.

Ranníocaíochtaí Ailtireachta: Léiríonn oidhreacht ailtireachta Jefferson, atá corpraithe in Monticello agus in Ollscoil Achadh an Iúir, a thiomantas d'idéil chlasaiceacha agus comhtháthú na haistéitice le feidhmiúlacht.

Idéanna an tSoilsithe: Mhúnlaigh glacadh Jefferson ar idéil an tSoilsithe, lena n-áirítear cúis, cearta an duine aonair, agus saothrú an eolais, trajectory luath na Stát Aontaithe. Bhí tionchar ag a thiomantas don oideachas, saoirse creidimh, agus scaradh na heaglaise agus an stáit ar fhorbairt rialachas Mheiriceá.

Oidhreacht Chasta Tá oidhreacht Jefferson ilghnéitheach, marcáilte ag an méid a chuir sé le bunphrionsabail an náisiúin, a cheannaireacht pholaitiúil, agus a ghníomhartha cultúrtha agus intleachtúla. Mar sin féin, cuireann na castachtaí a bhaineann le saincheisteanna cosúil le sclábhaíocht agus an teannas idir a chuid idéalacha agus a ghníomhartha le plé leanúnach faoina oidhreacht.

In ainneoin na n-castachtaí seo, maireann tionchar Thomas Jefferson ar stair Mheiriceá, agus leanann a chuid smaointe ag múnlú tuiscint an náisiúin ar an daonlathas, ar chearta an duine aonair, agus ar thóir aontas níos foirfe.

37. Karl Marx (An Ghearmáin)

Rugadh Karl Heinrich Marx, pearsa lárnach i stair na fealsúnachta, na socheolaíochta agus na heacnamaíochta, ar 5 Bealtaine, 1818, i Trier, cathair in iarthar na Gearmáine mar a thugtar air anois. Ba de theaghlach meánaicmeach é, agus a athair, Heinrich Marx, ina dhlíodóir, agus a mháthair, Henriette Pressburg, de shíolraigh ó theaghlach saibhir i seilbh fíonghort.

Fondúireacht Oideachais

Thosaigh turas intleachtúil Marx ag Ollscoil Bonn, áit a ndearna sé staidéar ar an dlí ar dtús. Mar sin féin, bhí a thréimhse ag Bonn marcáilte le spiorad reibiliúnach agus le penchant do rannpháirtíocht shóisialta agus intleachtúil seachas fócas docht ar an lucht acadúil.

D'aistrigh sé go hOllscoil Bheirlín ina dhiaidh sin, áit ar phléigh sé le fealsúnacht, stair, agus eacnamaíocht pholaitiúil, ag tumadh é féin in atmaisféar bríomhar intleachtúil an ama.

Tionchar na Fealsúnachta Hegelian:

Ag Ollscoil Bheirlín, chas Marx le saothair fealsúnacha Georg Wilhelm Friedrich Hegel, a d'fhág a modh canúinteach tionchar mór ar a fhorbairt intleachtúil.

Chuir smaointe Hegel, go háirithe coincheap na gcanúintí stairiúla, bonn teoiriciúil ar fáil do Marx a rachadh sé i ngleic go criticiúil leis agus go n-athródh sé níos déanaí.

Gairm Luath

Gníomhaíochtaí Iriseoireachta: Tar éis dó a chuid staidéir ollscoile a dhéanamh, thosaigh Marx ar ghairm bheatha san iriseoireacht. Chuir sé ailt le foilseacháin éagsúla, lena n-áirítear an Rheinische Zeitung radacach. Léirigh a chuid scríbhinní le linn na tréimhse seo an tsuim mhéadaithe a bhí aige i saincheisteanna sóisialta agus polaitiúla.

Bhunaigh anailís agus léirmheasanna géarchúiseacha Marx ar imeachtaí polaitiúla é mar fhórsa intleachtúil iontach, agus ní fada go raibh sé ina dhuine mór le rá i bpreas radacach na Gearmáine.

Réamhrá don Smaointeoireacht Chumannach: Mhéadaigh rannpháirtíocht Marx le smaointe sóisialach agus cumannach le linn a chuid ama i Köln, áit ar chuir sé an Neue Rheinische Zeitung in eagar. Thosaigh sé ag comhoibriú le Friedrich Engels, smaointeoir agus scríbhneoir Gearmánach eile.

D'fhorbair Marx agus Engels dlúth-chomhpháirtíocht intleachtúil a mhúnlódh cosán a saoil agus a leagfadh an bonn le haghaidh cuid de na saothair is mó tionchair sa fhealsúnacht pholaitiúil.

Deoraíocht agus an Manifesto Cumannach

Deoraíocht i bPáras: Mar thoradh ar chorraíl pholaitiúil sa Ghearmáin tháinig Marx ar deoraíocht, agus shocraigh sé i bPáras sa bhliain 1843. Le linn na tréimhse sin de choipeadh intleachtúil, lean Marx ag feabhsú a chuid teoiricí agus ag plé le ciorcail pholaitiúla radacacha.

Bhí Páras ina breogán d'fhorbairt na smaointe Marxacha, agus Marx ag idirghníomhú le intleachteach eile a bhí ar deoraíocht agus ag scagadh a léirmheasa ar an gcaipitleachas.

Comhoibriú le Friedrich Engels: Shroich an comhoibriú idir Marx agus Engels a bhuaic le linn na tréimhse seo. I dteannta a chéile, rinne siad comhúdar ar "The Communist Manifesto," a foilsíodh i 1848. Tá an forógra, lena dhearbhú tosaigh cáiliúil, "Tá taibhse ag bagairt ar an Eoraip - taibhse an chumannachais," fós ar cheann de na doiciméid pholaitiúla is íocónach sa stair.

Thug "An Manifesto Cumannach" breac-chuntas ar fhorbairt stairiúil streachailtí na n-aicme agus d'iarr sé go n-éireodh an lucht oibre (proletariat) in aghaidh na bourgeoisie, as a dtiocfaidh bunú sochaí gan aicme.

Forbairt Fealsúnach

Léirmheas ar Fhealsúnacht Hegel: Bhí baint chriticiúil le fealsúnacht Hegelian i gceist le turas intleachtúil Marx. Cé go raibh tionchar ag modh canúinteach Hegel ar Marx, cháin sé idéalachas Hegel freisin agus d'fhéach sé le canúintí a iompú "ar a cheann".

Tháinig coincheap ábharaíoch Marx ar an stair, ar a dtugtar ábharachas stairiúil, chun cinn mar imeacht úrnua ó idéalachas Hegelian. De réir Marx, cruthaíonn coinníollacha ábhartha na sochaí, go háirithe a bonn eacnamaíoch, an forstruchtúr sóisialta agus polaitiúil.

Lámhscríbhinní Eacnamaíochta agus Fealsúnacha: Rinne "Lámhscríbhinní Eacnamaíochta agus Fealsúnacha" Marx, a scríobhadh in 1844 ach nár foilsíodh le linn a shaoil, iniúchadh ar choimhthiú an duine aonair sa tsochaí chaipitleach. Rinne sé iniúchadh ar na héifeachtaí dídhaonnacha a bhí ag an gcaipitleachas ar shaothar agus ar mhothú an duine féin.

Leag na lámhscríbhinní seo an bhunobair d'anailísí eacnamaíocha agus sochpholaitiúla Marx níos déanaí, ag tabhairt sracfhéachaint ar a thuiscint atá ag teacht chun cinn ar riocht an duine laistigh de chreat caipitleach.

Das Caipitil agus Anailís Eacnamaíoch

Téacs Bunaithe: Seasann saothar ceannródaíoch Marx, "Das Kapital," mar bhunchloch dá anailís eacnamaíoch agus sochpholaitiúil. Foilsíodh an chéad imleabhar sa bhliain 1867, agus chuir Engels in eagar agus foilsíodh imleabhair ina dhiaidh sin tar éis bhás Marx.

Chuir "Das Kapital" léirmheas cuimsitheach ar chórais eacnamaíocha chaipitlíocha i láthair, ag mionscrúdú ar dhinimic táirgeadh tráchtearraí, saothair, luach barrachais, agus contrárthachtaí dosheachanta an chaipitleachais.

Teoiric Luach Saothair: Tá teoiric saothair an luacha lárnach d'anailís eacnamaíoch Marx. D'áitigh sé go bhfuil luach na dtráchtearraí díorthaithe ón am saothair atá riachtanach go sóisialta chun iad a tháirgeadh. Chuir an teoiric seo bonn le tuiscint a fháil ar shaothrú i sochaithe caipitlíocha.

D'áitigh Marx go raibh an barrachas luach a baineadh as saothar na n-oibrithe ina fhoinse bhrabúis do chaipitlithe, rud a d'fhág go raibh coinbhleachtaí bunúsacha idir lucht saothair agus caipiteal.

Gníomhaíochas Polaitiúil agus Comhlachas Idirnáisiúnta na bhFear Oibre

Rannpháirtíocht Pholaitiúil: Taobh amuigh dá ghníomhartha intleachtúla, d'fhan Marx gafa go gníomhach i ngníomhaíochtaí polaitiúla. Ailínigh sé é féin le gluaiseachtaí sóisialacha agus lucht oibre, ag moladh cearta oibrithe agus scriosadh na gcóras caipitleach.

Mar gheall ar chriticí géarchúiseacha agus díograis réabhlóideach Marx bhí sé ina dhuine mór le rá i gciorcail pholaitiúla na láimhe clé, agus lean sé ag dul i bhfeidhm ar fhorbairt smaointe sóisialach.

Ról i gCumann Idirnáisiúnta na bhFear Oibre (An Chéad Idirnáisiúnta): Bhí ról lárnach ag Marx i mbunú Chumann Idirnáisiúnta na bhFear Oibre (An Chéad Idirnáisiúnta) sa bhliain 1864. Bhí sé mar aidhm ag an eagraíocht oibrithe a aontú thar theorainneacha náisiúnta agus a gcomhleasanna a chur chun cinn.

Cé go raibh coinbhleachtaí inmheánacha os comhair an Chéad Idirnáisiúnta agus ar deireadh díscaoileadh, bhí sé mar ardán le haghaidh malartú smaointe agus straitéisí i measc gluaiseachtaí éagsúla sóisialach agus saothair.

Saol Pearsanta agus Streachailtí

Dúshláin Airgeadais: Bhí saol Marx marcáilte ag streachailtí airgeadais. In ainneoin a chuid ranníocaíochtaí intleachtúla, bhí deacrachtaí airgeadais ilbhliantúla le sárú aige, ag brath ar thacaíocht airgeadais ó Engels chun a theaghlach a chothú.

Ba mhinic a bhí tús áite ag tiomantas Marx dá idéil réabhlóideacha ar chobhsaíocht phearsanta airgeadais, rud a chuir le saol neamhchinnteachta airgeadais.

Saol an Teaghlaigh

Bhí an dá shólás pearsanta agus tragóidí mar shaintréith ag saol teaghlaigh Marx. Phós sé Jenny von Westphalen sa bhliain 1843, agus bhí roinnt leanaí ag an lánúin. Mar sin féin, cuireadh isteach ar shaol an teaghlaigh nuair a bhásaigh roinnt leanaí sna naíonáin bheaga.

Ba léir díogras Marx dá theaghlach, go háirithe dá iníonacha, ar feadh a shaoil, agus bheadh ról suntasach ag a iníonacha ina dhiaidh sin i gcaomhnú agus i scaipeadh a oidhreacht intleachtúil.

Blianta Níos déanaí agus Bás

Meath Sláinte: Tháinig meath ar shláinte Marx sna blianta ina dhiaidh sin, agus bhí tinnis éagsúla air, lena n-áirítear galar ae. Cuireadh a shláinte i gcontúirt tuilleadh mar gheall ar strus na streachailtí polaitiúla agus airgeadais.

In ainneoin a shláinte ag meath, lean Marx de bheith ag cur le díospóireachtaí polaitiúla agus teoiriciúla go dtí deireadh a shaoil.

Bás agus Oidhreacht

Fuair Karl Marx bás ar 14 Márta, 1883, i Londain. Rinneadh a uaigh ag Reilig Highgate mar láthair oilithreachta do ghluaiseachtaí sóisialach agus cumannach.

Níor chuir bás Marx deireadh lena thionchar. Lean a chuid smaointe ar aghaidh ag dul in olcas tríd an 20ú haois agus ina dhiaidh sin, ag múnlú réabhlóidí polaitiúla, dioscúrsa acadúil, agus gluaiseachtaí sóisialta.

Oidhreacht agus Tionchar

Cruthú Gluaiseachtaí Marxacha: Chuir smaointe Marx bunús teoiriciúil ar fáil do ghluaiseachtaí Marxacha éagsúla a tháinig chun cinn sa 20ú haois. Bhí teoiric Marxach lárnach i bhforbairt stát sóisialach agus cumannach, agus bhí tionchar aici ar struchtúir pholaitiúla, ar bheartais eacnamaíocha agus ar idé-eolaíochtaí sóisialta.

Léiriú an Chaipitleachais: Tá léirmheas Marx ar an gcaipitleachas fós ina chloch choirnéil den phlé ar éagothroime eacnamaíoch, ar dhúshaothrú, agus ar ról streachailt an ranga. Lean an anailís a rinne sé ar na contrárthachtaí dúchasacha laistigh de chórais chaipitleacha de bheith ag imirt tionchair ar dhíospóireachtaí ar cheartas agus athchóiriú eacnamaíoch.

Fáiltiú Acadúil agus Léirmheastóireacht: Sa réimse acadúil, bhí smaointe Marx faoi réir léirmhínithe agus léirmheasanna éagsúla. Chuaigh scoláirí i ngleic le teoiric Mharxach agus leathnaigh sí uirthi, ag cur le díospóireachtaí leanúnacha laistigh de réimsí mar socheolaíocht, eacnamaíocht agus eolaíocht pholaitiúil.

Tionchar Domhanda: Síneann tionchar Marx i bhfad níos faide ná réimsí an acadaimh agus teoiric pholaitiúil. Tá a chuid smaointe tar éis dul i bhfeidhm ar chultúr móréilimh, ag spreagadh gluaiseachtaí ar son ceartas sóisialta agus comhionannais ar fud an domhain.

Is léir oidhreacht bhuan Marx ag ábharthacht leanúnach a chuid smaointe sa phlé faoin gcaipitleachas, faoin sóisialachas, agus faoi na féidearthachtaí a bhaineann le claochlú sóisialta.

Mar fhocal scoir, d'fhág Karl Marx, smaointeoir réabhlóideach, fealsamh, agus gníomhaí, marc doscriosta ar thírdhreach intleachtúil an 19ú haois agus an 20ú haois. Tá a léirmheasanna ar an gcaipitleachas, a abhcóideacht ar son an lucht oibre, agus a fhís de shochaí gan aicme tar éis dul i bhfeidhm ar an stair, ag dul i bhfeidhm ar ghluaiseachtaí polaitiúla, scoláireacht acadúil, agus an tóir níos leithne ar cheartas sóisialta.

In ainneoin na ndúshlán agus na gconspóidí a bhaineann lena chuid smaointe, maireann oidhreacht intleachtúil Karl Marx, ag tabhairt cuireadh do mhachnamh, critic agus rannpháirtíocht leanúnach. Léiríonn a shaol agus a shaothar an chumhacht atá ag smaointe chun cúrsa na staire a mhúnlú agus gluaiseachtaí a spreagadh le haghaidh athrú sóisialta.

38. Banríon Isabella I na Caisle (An Spáinn)

Rugadh Isabella I de Castile, duine de na monarcaí is mó tionchair i stair na Spáinne, ar 22 Aibreán, 1451, i mbaile Madrigal de las Altas Torres, i Ríocht na Castile, an Spáinn. Ba iníon í le John II na Castile agus Iseabal na Portaingéile, agus ba shuaite na polaitíochta meánaoise a blianta tosaigh.

Dúshláin Dinimiciúla

Bhí atharthacht Isabella ina ábhar conspóide, mar go raibh ráflaí mídhílseachta ag a hathair John II. Spreag sé seo díospóidí faoina dlisteanacht agus chuir sé castacht leis an ngréasán casta de pholaitíocht dhinimiceach cheana féin.

Le bás a leathdheartháir Anraí IV i 1474 bhí an chéim le héirí Isabella chun an ríchathaoir, ach spreag sé freisin géarchéim comharbais ar a dtugtar Cogadh Comharbais Chaisil.

Oideachas agus Pósadh

Deiseanna Oideachais: Fuair Isabella oideachas daingean, go háirithe i gcúrsaí na státcheirde, na polaitíochta agus na n-ealaíon. Bhí eolas maith aici ar an Laidin agus suim mhór aici sa litríocht agus sa diagacht.

D'ullmhaigh a cuid oideachais í do dhúshláin na ceannaireachta agus an rialachais, rud a mhúnlaigh í ina rialóir cumasach agus soléite.

Pósadh le Ferdinand of Aragon: Ceann de na tráthanna ba shainiúla i saol Isabella ná a pósadh le Ferdinand of Aragon. Tharla an aontas ar 19 Deireadh Fómhair, 1469, rud a chuir tús le comhpháirtíocht a mbeadh tionchar mór aici ar stair na Spáinne.

Ní comhaontas pearsanta amháin a bhí sa phósadh ach beart straitéiseach chun ríochtaí cumhachtacha na Castile agus Aragon a aontú, rud a réitigh an bealach d'aontú na Spáinne.

Saothar Gairme agus Sármhaith

Cogadh Comharbais Chaisil: Ba dhúshlán suntasach é Cogadh an Chomharbais Chaistíligh, a spreag bás Anraí IV, d'éileamh Isabella ar an ríchathaoir. Chuir a comhraic, Joanna la Beltraneja, in aghaidh dlisteanacht Isabella.

Trí ainliú polaitiúil géarchúiseach, fuair Isabella tacaíocht na bpríomhuaisle agus na faicsin. Réitíodh an choimhlint sa deireadh le Conradh na dTarbh de Guisando i 1468, ag aithint Isabella mar an t-oidhre dlisteanach.

Corónú mar Bhanríon na Castile: Tháinig turas Isabella chuig an ríchathaoir chun críche ar an 13 Nollaig, 1474, nuair a coróiníodh go hoifigiúil í mar Bhanríon na Caisle. Ba é seo tús a riail neamhspleách agus tús ré chlaochlaitheach do Ríocht na gCeilteach.

Ba shaintréith de réimeas Isabella ná tiomantas don cheartas, athchóirithe eacnamaíocha, agus lárnú an údaráis ríoga.

Athghabháil Granada: Ar cheann de na tráthanna sainiúla de réimeas Isabella ba ea críochnú an Reconquista, an iarracht a mhair leis na céadta bliain chun Leithinis na hIbéire a fháil ar ais ó riail na Moslamach. Sa bhliain 1492, an bhliain chéanna a shroich Críostóir Columbus Meiriceá, ghabh Isabella agus Ferdinand an daingean Ioslamach deireanach, Emirate Granada.

Ba é titim Ghránada deireadh riail na Moslamach sa Spáinn agus bhí sé ina shiombail d'athaontú na tíre faoin riail Chríostaí. Bhí iarmhairtí forleathana ag bua Isabella agus Ferdinand don Spáinn agus don Eoraip.

Pátrúnacht Christopher Columbus: Bhí ról ríthábhachtach ag pátrúnacht Isabella i dturas stairiúil Christopher Columbus. In ainneoin amhras tosaigh ó chomhairleoirí agus ó scoláirí, chuir Isabella agus Ferdinand tacaíocht airgeadais agus pholaitiúil ar fáil do phlean Columbus an Áis a bhaint amach trí sheoltóireacht siar.

Ba é an toradh a bhí air seo ná an chéad turas a rinne Columbus i 1492, rud a d'fhág gur thángthas ar Mheiriceá agus a mhéadaigh tionchar na Spáinne ar scála domhanda.

Éachtaí agus Ranníocaíochtaí

Leasuithe Institiúideacha: Chuir Isabella sraith athchóirithe institiúideacha i bhfeidhm a bhí dírithe ar údarás ríoga a neartú agus ceartas a chur chun cinn. D'atheagraigh sí riaradh an cheartais, chuir sí srian ar chumhacht na n-uaisle, agus d'oibrigh sí i dtreo rialtas níos láraithe agus níos éifeachtaí a chruthú.

Leag leasuithe Isabella an bhunchloch le stát aontaithe Spáinneach a bhunú.

Polasaithe Reiligiúnacha: Bhí cráifeacht Chaitliceach le sonrú i réimeas Isabella. Caitliceach diaga a bhí inti agus rinne sí iarracht tionchar na hEaglaise Caitlicí sa Spáinn a neartú.

Ceann de na gníomhartha suntasacha a bhí aici ba ea bunú Ionchoisne na Spáinne i 1478, chun orthodoxy reiligiúnach a choinneáil agus chun údarás ríoga a chomhdhlúthú. Cé go raibh sé conspóideach, tháinig an Inquisition chun bheith ina uirlis chun cumhacht a lárú agus chun comhréireacht reiligiúnach a chinntiú.

Giúdaigh agus Muslamaigh a dhíbirt: D'eisigh Isabella agus Ferdinand Foraithne Alhambra i 1492, a d'ordaigh díbirt na nGiúdach as an Spáinn mura n-iompódh siad go dtí an Chríostaíocht. Léirigh an polasaí seo, mar aon leis na Moslamaigh a dhíbirt níos luaithe as Granada, díograis reiligiúnach an ama.

Cé gur cáineadh na gníomhartha seo as a dtionchar ar éagsúlacht reiligiúnach agus chultúrtha, bhí siad ag teacht le haeráid reiligiúnach na hEorpa sna meánaoiseanna déanacha.

Áit agus Dáta an Bháis

Fuair Isabella I na Castile, tar éis dó marc doscriosta a fhágáil ar stair na Spáinne, bás ar 26 Samhain, 1504, i bPálás Ríoga Alcázar na Monarcha Caitliceacha i Medina del Campo, an Spáinn. Ba é a bás ná deireadh ré agus chuir sé dúshlán roimh leanúnachas a fís don Spáinn aontaithe.

Oidhreacht

Oidhreacht na hAontachta: Is minic a dhéantar réimeas Isabella a cheiliúradh mar gheall ar aontú na Spáinne. Trína pósadh le Ferdinand agus leis an Reconquista, bhí ról lárnach ag Isabella i thabhairt le chéile ríochtaí na Castile agus Aragon, ag leagan an bhunsraith do stát nua-aimseartha na Spáinne.

Chuir aontas na Castile agus na hAragóine tús le haontú na Spáinne níos déanaí nuair a phós garmhac Isabella, Séarlas I na Spáinne, le Joanna na Castile.

Tionchar Domhanda: Bhí iarmhairtí móra ar stair an domhain ag tacaíocht Isabella do Christopher Columbus. D'oscail fionnachtain Mheiriceá caibidil nua maidir le taiscéalaíocht, coilíniú, agus trádáil a chuirfeadh cruth ar imeachtaí an domhain.

Léirigh toilteanas Isabella infheistíocht a dhéanamh i bplean uaillmhianach Columbus cur chuige chun cinn chun tionchar na Spáinne ar an stáitse domhanda a leathnú.

Tionchar Cultúir agus Reiligiúnach: Bhí tionchar buan ag polasaithe reiligiúnacha Isabella, lena n-áirítear bunú Ionchoisne na Spáinne agus díbirt na nGiúdach agus na Muslamaigh, ar thírdhreach reiligiúnach agus cultúrtha na Spáinne.

Bhí cáil ar na Monarcha Caitliceacha, Isabella agus Ferdinand, as a dtacaíocht láidir don Chaitliceachas, agus mhúnlaigh a n-oidhreacht féiniúlacht na Spáinne mar náisiún Caitliceach.

Conspóidí Buan: Níl oidhreacht Isabella gan chonspóid. Bhí díbirt na nGiúdach agus na Moslamach agus bunú Ionchoisne na Spáinne ina n-ábhar díospóireachta stairiúla, agus thug scoláirí agus tráchtairí dearcthaí éagsúla ar spreagthaí agus iarmhairtí na mbeartas seo.

Mar fhocal scoir, d'fhág Isabella I na Castile, banríon fís agus diongbháilteachta, oidhreacht bhuan a sháraíonn teorainneacha na Spáinne meánaoiseach. Mar thoradh ar a réimeas tháinig aontú ríochtaí na Spáinne, críochnaíodh an Reconquista, agus tugadh tacaíocht do thuras stairiúil Christopher Columbus.

Cé go ndéantar ceiliúradh ar rannchuidithe Isabella as a dtionchar ar stair na Spáinne agus domhanda, déantar grinnscrúdú freisin ar a gcastacht. Tá a cuid polasaithe reiligiúnacha, go háirithe, fós ina n-ábhar díospóireachta agus machnaimh. Mar sin féin, maireann tionchar Isabella ar thírdhreach cultúrtha, reiligiúnach agus geopolitical na Spáinne, rud a fhágann go bhfuil sí lárnach i dtaipéis stair na hEorpa.

39. Anraí VIII (Sasana)

Rugadh Anraí VIII, ceann de na monarcaí is íocónach agus iarmhartacha i stair Shasana, ar 28 Meitheamh, 1491, ag Pálás Placentia i Greenwich, Sasana. Ba é an dara mac é leis an Rí Anraí VII agus Eilís Eabhrac, agus ba léir a bhlianta tosaigh ag na pribhléidí agus na dúshláin a bhaineann le bheith ina oidhre ríoga.

Fondúireacht Oideachais

Fuair Anraí oideachas Renaissance a d'oir dá stádas ríoga. Cuireadh teagasc air i raon ábhar, lena n-áirítear teangacha, diagacht, ceol agus spóirt. Bhí sé mar aidhm ag a chuid oideachais é a ghreamú le haghaidh freagrachtaí na ríthe.

Agus é líofa sa Laidin agus sa Fhraincis, d'fhorbair Anraí suim mhór sa diagacht agus bhí an-eolas aige i saothair na n-údar clasaiceach.

Comharbas ar an Ríchathaoir

Nuair a bhásaigh Anraí VII sa bhliain 1509 tháinig Anraí óg chun na ríchathaoireach ag 17 mbliana d'aois. Ba é a ardú céime tús ré nua i stair Shasana, ar a dtugtar ríshliocht na dTúdarach, agus chuir sé an stáitse le haghaidh réimeas a d'athródh go mór. chúrsa an náisiúin.

Póstaí agus Saol Pearsanta:

Caitríona Aragon: Ba le Caitríona Aragon, baintreach a dhearthár ba shine, Artúr, a chéad phós Anraí. Bhí an aontas seo spreagtha go polaitiúil, agus é mar aidhm aige naisc a neartú idir Sasana agus an Spáinn.

Bhí dúshláin roimh phósadh Catherine agus Henry, a bhí comhchuí ar dtús, toisc nach raibh Catherine in ann oidhre fireann a tháinig slán as a naíonacht. Bheadh an tsaincheist seo ina fhachtóir sainmhínithe níos déanaí i réimeas Anraí.

Anne Boleyn agus an Briseadh leis an Róimh: Mar gheall ar mhian Henry d'oidhre fireann agus a infatuation le Anne Boleyn tháinig cinneadh tábhachtach – neamhniú a phósadh le Catherine. Nuair a dhiúltaigh an Pápa an neamhniú a dheonú spreag Anraí briseadh leis an Eaglais Chaitliceach Rómhánach.

Bhunaigh an briseadh leis an Róimh, arna chatalú ag Acht na Ceannasachta sa bhliain 1534, Eaglais Shasana agus Anraí ina Cheann Uachtarach uirthi, rud a chuir tús le Reifirméisean Shasana.

Pósadh le Anne Boleyn: Mar thoradh ar phósadh Henry le Anne Boleyn rugadh Eilís, a bheadh ina Bhanríon Eilís I níos déanaí. Mar sin féin, níor éirigh le Anne oidhre fireann a tháirgeadh agus mar gheall ar an timpeallacht pholaitiúil faoi bhrú, thit sí. Cuireadh chun báis í ar chúisimh adhaltranais agus tréasa i 1536.

Póstaí ina dhiaidh sin: Bhí sé phósadh ag Henry san iomlán, gach ceann suntasach ina bhealach. Tá a phósadh le Jane Seymour agus Anne of Cleves suntasach mar gheall ar a n-impleachtaí polaitiúla, agus tháinig deireadh le pósadh Catherine Howard nuair a cuireadh chun báis í. Bhí Catherine Parr, séú bean Henry, níos sine ná é.

Tháinig easpa oidhre fireann ó phósadh Anraí ina théama athfhillteach, rud a chuaigh i bhfeidhm ar a phóstaí agus ag cur le dinimic chasta chúirt na dTúdarach.

Éachtaí Gairme agus Polaitiúla

Feachtais Mhíleata: Rinne Anraí VIII iarracht cumhacht Shasana ar stáitse na hEorpa a dhearbhú trí fheachtais mhíleata. Chuir sé cogaí in aghaidh na Fraince agus na hAlban, le cathanna suntasacha ar nós Cath Flodden Field (1513) in aghaidh na nAlbanach agus Cath na Spurs (1513) in aghaidh na bhFrancach.

Cé go raibh fiontair mhíleata Henry costasach, neartaigh siad cáil Shasana agus chuir siad le bród náisiúnta.

Leasuithe Dlí agus Riaracháin: Bhí leasuithe suntasacha dlí agus riaracháin i réimeas Henry. Bhí ról lárnach ag a phríomh-aire, Thomas Wolsey, sna hathruithe seo. Bunaíodh Cúirt Dlísheomra na Réalta chun ceartas a chinntiú i gcásanna a bhaineann leis an uaisle, agus rinneadh comhlacht ceannais lárnach den Phríomh-Chomhairle.

Bhí sé mar aidhm ag na hathchóirithe údarás ríoga a chomhdhlúthú agus córas rialachais níos éifeachtaí agus níos láraithe a chruthú.

Díscaoileadh na Mainistreacha: Bhí Díscaoileadh na Mainistreacha ar cheann de na beartais ba iarmhartacha i réimeas Anraí. Ar cuireadh tús leis sna 1530idí, bhain an beartas seo le hurghabháil agus díscaoileadh institiúidí mainistreach, ag aistriú a saibhreas agus a n-airíonna go dtí an choróin.

Bhí impleachtaí móra eacnamaíocha agus sóisialta ag an díscaoileadh, ag athdháileadh talún agus acmhainní agus ag claochlú tírdhreach reiligiúnach Shasana.

Acht na Ceannasachta (1534): D'fhógair Acht na Ceannasaíochta, a ritheadh i 1534, Anraí VIII mar Cheann Uachtarach ar Eaglais Shasana. Ba é seo an briseadh foirmiúil le húdarás an Phápa agus na hEaglaise Caitlicí Rómhánacha.

Leag bunú Eaglais Shasana an bhunobair le haghaidh claochluithe reiligiúnacha agus coinbhleachtaí a chruthódh stair Shasana ar feadh na gcéadta bliain.

Pátrúnacht Chultúrtha: Bhí Anraí VIII ina phátrún ar na healaíona, ag cothú timpeallacht chultúrtha bhríomhar ina chúirt. Thacaigh sé le ceoltóirí, filí, agus drámadóirí, ag cur le borradh an Renaissance i Sasana.

Fuair an chuideachta aisteoireachta cáiliúil "King's Men", a raibh William Shakespeare san áireamh ann, pátrúnacht ríoga le linn réimeas Anraí.

Bás agus Comharbas

Meath Sláinte: Sna blianta deiridh dá shaol, chuaigh sláinte Henry in olcas go suntasach. D'fhulaing sé ó tinnis éagsúla, lena n-áirítear otracht, ulcers, agus b'fhéidir sifilis.

Chuir strus na ndúshlán polaitíochta agus castachtaí a ghnóthaí pósta agus dynastach an dochar fisiciúil ar chorp Henry.

Bás

Anáil Anraí VIII an ceann deireanach ar an 28 Eanáir, 1547, ag an Pálás Whitehall i Londain. Bhí sé 55 bliain d'aois tráth a bháis.

Ba é bás Henry deireadh ré agus chuir sé tús le tréimhse aistrithe polaitíochta agus éiginnteachta.

Oidhreacht

Oidhreacht na dTúdarach: Tá réimeas Anraí VIII mar chuid den oidhreacht Túdarach níos leithne a chuimsíonn a athair Anraí VII agus a leanaí, go háirithe an Bhanríon Eilís I. Tá athruithe suntasacha polaitiúla, reiligiúnacha agus cultúrtha mar thréith ag ré na dTúdarach.

Bhí impleachtaí buana ag an sos leis an Róimh, bunú Eaglais Shasana, agus díscaoileadh na mainistreach do thírdhreach reiligiúnach agus polaitiúil Shasana.

Tionchar Reiligiúnach: Leag scaradh Anraí VIII ón Eaglais Chaitliceach Rómhánach agus bunú Eaglais Shasana an dúshraith don Reifirméisean Sasanach. Gné shainiúil d'Eaglais Shasana ba ea ról an mhonarc mar Cheann Uachtarach na hEaglaise.

Chuir na hathruithe reiligiúnacha a thionscain Anraí tús le forbairtí reiligiúnacha ina dhiaidh sin i Sasana, lena n-áirítear Lonnaíocht Reiligiúin Eilís.

Lárú Polaitiúil: I bhflaitheas Henry bhí iarrachtaí chun cumhacht pholaitiúil a lárú. Chuir leasuithe dlí agus riaracháin a bhí dírithe ar údarás ríoga a neartú le héabhlóid stát Shasana.

Bhí róil ríthábhachtacha ag an gCúirt Dlísheomra agus ag an bPríomh-Chomhairle i rialachas an réimse, ag socrú fasaigh d'institiúidí níos déanaí.

Borradh Cultúir: Chuir pátrúnacht na n-ealaíon Anraí VIII leis an athbheochan cultúrtha ag cúirt Shasana. Bhí rath ar cheoltóirí, filí agus drámadóirí faoina urraíocht.

Chuir an t-atmaisféar bríomhar cultúrtha le linn réimeas Anraí an bhunsraith don Ré Eilís, a mheastar go minic mar ré órga litríocht agus chultúr an Bhéarla.

Dúshláin Dhinimiciúla: Chuir easpa oidhre fireann ó phósadh Henry le nádúr suaite chomharbais na dTúdarach. Thug a thriúr leanaí - Edward VI, Mary I, agus Eilís I - aghaidh ar dhúshláin agus mhúnlaigh cinniúint Shasana ina slite.

Tháinig Eilís I, go háirithe, chun cinn mar cheann de na monarcaí is cáiliúla i Sasana, ag leanúint agus ag comhdhlúthú oidhreacht na dTúdarach.

Mar fhocal scoir, d'fhág Anraí VIII, figiúr casta agus buadhach, marc doscriosta ar stair Shasana. Chonaic a réimeas fórsaí claochlaitheacha an Renaissance, buntáistí reiligiúnacha an Reifirméisin, agus comhdhlúthú an údaráis ríoga.

Óna intrigues pósta go dtí a chuid feachtais mhíleata, chuaigh gníomhartha Henry in iúl arís ar feadh na gcéadta bliain, ag múnlú cúrsa stair pholaitiúil, reiligiúnach agus chultúrtha Shasana. Cé go bhfuil conspóid agus dúshláin an chomharbais marcáilte ar a oidhreacht, tá Anraí VIII fós ina dhuine lárnach i dtaipéis ríshliocht na dTúdarach agus in insint níos leithne éabhlóid Shasana ina náisiún nua-aimseartha.

40. Benjamin Franklin (SAM)

Rugadh Benjamin Franklin, duine de bhunaitheoirí na Stát Aontaithe, ar an 17 Eanáir, 1706, i mBostún, Massachusetts Bay Colony. An mac ab óige ag Josiah Franklin, déantóir coinnle, agus Abiah Folger, d'fhás Benjamin aníos i dteaghlach measartha le teaghlach mór. Bhí a oideachas foirmiúil teoranta, agus ag aois 10, tarraingíodh siar ón scoil é chun cabhrú lena athair i ngnó an teaghlaigh.

Printíseacht agus Tóraíocht Liteartha

Spreag printíseacht tosaigh Benjamin lena dhearthair James, printéir, a spéis sa bhfocal scríofa. Léigh sé go fonnmhar leabhair agus ailt, ag forbairt oideachas liteartha féinmhúinte.

Chun a chuid smaointe a fhoilsiú gan ainm, ghlac an déagóir Franklin leis an ainm cleite "Silence Dogood" agus chuir sé aistí satiriúla chuig nuachtán a dhearthár, an "New-England Courant."

Gairme sa Phriontáil

Philadelphia agus an Pennsylvania Gazette: Agus deiseanna níos mó á lorg aige, d'fhág Franklin Bostún agus shocraigh sé in Philadelphia i 1723. Ansin, d'oibrigh sé mar chlódóir agus bhunaigh sé an Pennsylvania Gazette i 1729, a tháinig chun bheith ar cheann de na nuachtáin is rathúla sna coilíneachtaí Meiriceánacha.

I measc na rannchuidithe nuálacha a chuir Franklin leis an Gazette bhí píosaí greannmhara agus aphorisms cliste, ag leagan an bhunsraith dá ról mar intleachteach poiblí amach anseo.

Éachtaí agus Éachtaí Eolaíochta

Aireagáin an tSlat Tintreach: Léiríodh spéis Franklin san eolaíocht agus sa turgnamh in aireagáin éagsúla. Ina measc, seasann an tslat tintreach amach mar chruthú úrnua.

Sa bhliain 1752, rinne Franklin a thurgnamh eitleoige cáiliúil, ag cruthú nádúr leictreach an tintreach agus ag ceapadh an tslat tintreach mar mhodh chun foirgnimh a chosaint ó bhuailtí tintreach.

An sorn Franklin a aireagán: leathnaigh intleacht Franklin go dtí an réimse teasa. I 1741, thug sé isteach an "Franklin Stove," rogha níos éifeachtaí agus níos sábháilte ar teallaigh traidisiúnta. D'uasmhéadaigh an sorn an t-aschur teasa agus laghdaigh sé an baol dóiteáin.

Léirigh an t-aireagán seo cur chuige praiticiúil Franklin maidir le fadhbréiteach agus a thiomantas d'fheabhsú an tsaoil laethúil.

Ranníocaí Seirbhíse Poiblí agus Sibhialta

Bunú Chumann Fealsúnachta Mheiriceá: Ba thacadóir daingean é Franklin ar thóir an eolais. Sa bhliain 1743, bhunaigh sé an American Philosophical Society, eagraíocht léannta a raibh sé mar aidhm aici fiosrúchán eolaíoch agus malartú intleachtúil a chur chun cinn.

Bhí ról ríthábhachtach ag an tsochaí maidir le forbairtí eolaíocha, fealsúnacha agus cultúrtha a chothú sna coilíneachtaí Meiriceánacha.

Ról i bhFeabhsuithe Cathartha: Chuir meon sibhialta Franklin tús le tionscadail éagsúla ar mhaithe le leas an phobail. Bhí ról lárnach aige i mbunú na chéad leabharlann poiblí i Meiriceá, an Library Company of Philadelphia, i 1731.

Ina theannta sin, bhí sé i gceannas ar iarrachtaí chun sráideanna, soilsiú agus sláintíocht Philadelphia a fheabhsú, ag cur le folláine iomlán na cathrach.

Gairm Pholaitiúil agus Taidhleoireacht

Albany Plan of Union (1754): Tháinig gairm pholaitiúil Franklin chun suntais leis an mbaint a bhí aige le Comhdháil na nAlbanach i 1754. Ag an gcomhdháil, mhol sé an Albany Plan of Union, togra físiúil do rialtas coilíneachta aontaithe.

Cé nár glacadh leis an bplean, leag sé an bhunchloch le haghaidh pléití amach anseo ar aontacht choilíneachta agus rinne sé forléiriú ar ról Franklin i múnlú institiúidí polaitiúla Mheiriceá.

Ionadaíocht i Londain: Cuireadh tús le gairm taidhleoireachta Franklin nuair a cuireadh go Londain é mar ghníomhaire coilíneach. Ba é an chéad sprioc a bhí aige ná abhcóideacht a dhéanamh ar son leasanna Pennsylvania, ach ba ghearr gur chuir a scileanna taidhleoireachta isteach ar phlé níos leithne faoi chaidreamh coilíneach leis an mBreatain.

Le linn a chuid ama i Londain, tháinig Franklin chun bheith ina phearsa a raibh meas air i gciorcail intleachtúla agus bhunaigh sé naisc bhuan le daoine a raibh tionchar acu.

Ról sa Réabhlóid Mheiriceá: De réir mar a mhéadaigh an teannas idir na coilíneachtaí Meiriceánacha agus an Bhreatain, tháinig Franklin chun cinn mar dhuine lárnach i ngluaiseacht an neamhspleáchais. Bhí ról ríthábhachtach aige i ndréachtú an Dearbhú Saoirse agus bhí sé ar dhuine de na sínitheoirí.

Léiríodh a thuilleadh cumas taidhleoireachta Franklin le linn an Chogaidh Réabhlóideach, áit ar fuair sé tacaíocht ríthábhachtach ón bhFrainc do chúis Mheiriceá.

Taidhleoireacht sa Fhrainc

Conradh Comhghuaillíochta leis an bhFrainc (1778): Bhí iarrachtaí taidhleoireachta Franklin sa Fhrainc ríthábhachtach chun cúnamh Francach a fháil do na coilíneachtaí Meiriceánacha. Sa bhliain 1778, rinne sé an Conradh Comhghuaillíochta a idirbheartú, rud a chuir an comhaontas míleata idir an Fhrainc agus na Stáit Aontaithe ar bhonn foirmiúil le linn an Chogaidh Réabhlóideach.

Chuir éirim, intleacht agus cáil Franklin mar pholaimait Mheiriceá go mór le sochaí na Fraince é agus chabhraigh sé le tacaíocht a fháil do chúis Mheiriceá. Conradh Pháras (1783): Bhain cumas taidhleoireachta Franklin buaicphointe amach nuair a síníodh Conradh Pháras i 1783, rud a chuir deireadh foirmiúil leis an gCogadh Réabhlóideach. Rinne sé féin, in éineacht le John Adams agus John Jay, idirbheartaíocht ar an gconradh a d'aithin neamhspleáchas na Stát Aontaithe.

Chuir éachtaí taidhleoireachta Franklin sa Fhrainc go mór le rathúlacht na Réabhlóide Mheiriceánaigh.

Fill ar Meiriceá agus Blianta Níos déanaí:

Blianta Deiridh i Philadelphia: Tar éis fanacht fada san Eoraip, d'fhill Franklin ar Philadelphia i 1785. Fáiltíodh roimhe mar laoch agus lean sé de ról a bheith aige i mblianta tosaigh na Stát Aontaithe.

In ainneoin a sheanaoise, d'fhan Franklin gníomhach sa saol poiblí, ag cur le díospóireachtaí ar struchtúr rialtas SAM.

Oibreacha Suntacha

Dírbheathaisnéis: Seasann "Dírbheathaisnéis" Benjamin Franklin mar cheann de na saothair dírbheathaisnéise is cáiliúla agus is mó tionchair i litríocht Mheiriceá. Scríobhadh sé thar roinnt blianta, tugann sé léargais ar a shaol, a charachtar, agus a phrionsabail.

Feidhmíonn an "Dírbheathaisnéis" mar threoir maidir le feabhsú pearsanta agus féin-smacht, rud a léiríonn tiomantas Franklin don fhoghlaim ar feadh an tsaoil agus d'fhéinfheabhsú.

Almanack Richard Poor: Bhain Franklin clú liteartha amach trí "Poor Richard's Almanack," foilseachán bliantúil a scríobh sé faoin ainm cleite Richard Saunders. Bhí an-tóir ar an almanac agus é líonta le húrscéalta grinn, comhairle phraiticiúil, agus réamhaisnéisí aimsire.

Tá na focail ó "Almanack Richard's Poor," mar "Go luath a chodladh agus go luath éirí, fear sláintiúil, saibhir, ciallmhar," fós luaite go forleathan.

An Bealach chun Saibhreas: Tá tiomsú eagna ó "Poor Richard's Almanack," "The Way to Wealth" aiste a chuireann béim ar frugality, tionscal, agus rabhán. Cuimsíonn sé cur chuige pragmatach agus luachanna-bhunaithe Franklin i leith na beatha.

Tá "The Way to Wealth" á lua i gcónaí i gcainteanna ar airgeadas pearsanta agus ar rathúlacht.

Áit agus Dáta an Bháis

Fuair Benjamin Franklin bás ar 17 Aibreán, 1790, in aois a 84, i Philadelphia, Pennsylvania. Ba é a bhás ná deireadh ré, agus na Stáit Aontaithe ag caoineadh gur cailleadh státaire, eolaí, scríbhneoir agus fealsamh.

Oidhreacht

Athair Bunaithe agus Státaire: Tá oidhreacht Benjamin Franklin mar Athair Bunaitheach fite fuaite go domhain i mbunús na Stát Aontaithe. Bhunaigh an méid a chuir sé le dréachtú an Fhorógra Saoirse agus rath taidhleoireachta an Chogaidh Réabhlóideach é mar státaire a raibh tábhacht thar na bearta aige.

D'fhág cumas Franklin dul i ngleic le tírdhreacha polaitiúla casta agus comhghuaillíochtaí a thógáil go raibh tionchar marthanach aige ar luathfhorbairt an náisiúin.

Oidhreacht Eolaíoch

Dhaingnigh turgnaimh agus nuálaíochtaí Franklin sa leictreachas a stádas mar eolaí ceannródaíoch. Léirigh a chuid aireagán, lena n-áirítear an tslat tintreach agus sorn Franklin, cur chuige praiticiúil maidir le fiosrúchán eolaíoch.

Bhí tionchar ag oidhreacht eolaíoch Franklin ar na glúine aireagóirí agus eolaithe ina dhiaidh sin.

Tionchar Liteartha

Mar scríbhneoir agus foilsitheoir, d'fhág Franklin marc doscriosta ar litríocht Mheiriceá. Tá staidéar á dhéanamh i gcónaí ar a chuid "Dírbheathaisnéis" agus "Almanac Risteard na mBocht" agus tá meas orthu as a n-eagna, a n-éirim agus a bhfiúntas liteartha.

Tagann béim Franklin ar fhéinfheabhsú agus ar bhua chathartha trína shaothar scríofa.

Taidhleoireacht agus Caidreamh Idirnáisiúnta

D'ardaigh gnóthachtálacha taidhleoireachta Franklin maidir le tacaíocht na Fraince a fháil le linn an Chogaidh Réabhlóideach na Stáit Aontaithe ar an ardán idirnáisiúnta. Chuir a scileanna taidhleoireachta agus a cháil mar idirbheartaí saga le rath taidhleoireachta luath an náisiúin.

Leag oidhreacht Franklin sa taidhleoireacht fasaigh do thaidhleoirí Mheiriceá amach anseo.

Tionchar ar Oideachas agus ar Fhoghlaim

Léiríonn bunú an American Philosophical Society agus tiomantas Franklin do leabharlanna a thiomantas do thóir an eolais. Tá a thionchar ar oideachas agus ar fhoghlaim fós le feiceáil sna hinstitiúidí ar chuidigh sé lena bhunú.

Maireann an bhéim a leagann Franklin ar oideachas mar mhodh chun feabhsú pearsanta agus sochaíoch.

Deilbhín Cultúrtha

Tá íomhá agus pearsa Benjamin Franklin ina siombailí íocónacha de stair agus féiniúlacht Mheiriceá. Tá a chosúlacht le feiceáil ar airgeadra, agus tá a chuid aphorisms agus nathanna á lua agus ag tagairt i gcónaí.

Mar gheall ar rannpháirtíocht ilghnéitheach Franklin tá sé ina shiombail d'intleacht Mheiriceá, pragmatachas, agus spiorad na nuálaíochta.

Mar fhocal scoir, cuimsíonn saol Benjamin Franklin spiorad an tSoilsiú Mheiriceá - tréimhse a bhfuil fiosracht intleachtúil, fiosrúchán eolaíoch, agus tiomantas don bhua chathartha ag baint léi. Ón tús humhal a bhí aige i mBostún go dtí an ról lárnach a bhí aige i mbunú na Stát Aontaithe, léiríonn aistear Franklin na féidearthachtaí a bhaineann le féinfheabhsú agus cumhacht bunathraithe an eolais.

Mar pholaimait, státaire, eolaí, agus scríbhneoir, téann oidhreacht Franklin i bhfad thar a chuid ama. D'fhág a rannchuidiú le heolaíocht, litríocht agus taidhleoireacht marc doscriosta ar na Stáit Aontaithe agus ar an domhan mór. Tá Benjamin Franklin fós ina shiombail d'athléimneacht Mheiriceá, d'intleacht, agus d'iarracht gan staonadh ar dhul chun cinn.

41. Thomas Edison (SAM)

Rugadh Thomas Alva Edison, duine de na haireagóirí is bisiúla sa stair, ar 11 Feabhra, 1847, i Milano, Ohio, SAM. Ba é an seachtú leanbh agus an leanbh deireanach de Samuel Ogden Edison Jr. agus Nancy Matthews Elliott, luathbhlianta Edison marcáilte le nádúr aisteach. Bhog a theaghlach go Port Huron, Michigan, le linn a óige.

Oideachas Foirmiúil Teoranta

Ba bheag oideachas foirmiúil Edison, agus níor fhreastail sé ar scoil ach ar feadh cúpla mí. Ghlac a mháthair, iarmhúinteoir, an phríomhfhreagracht as a chuid oideachais, rud a spreag grá don léitheoireacht agus don fhoghlaim. Sholáthair eispéiris luatha Edison mar ghasúir nuachta agus mar oibreoir teileagraif léargais phraiticiúla a chruthódh a intinn airgtheach níos déanaí.

Gairm Luath agus Fiontraíocht

Oibreoir teileagraif: Ag aois 15, tháinig Edison chun bheith ina oibreoir teileagraif, ag obair do chuideachtaí teileagraif éagsúla. Leag a chumas ar threalamh teileagraif agus a thuiscint ar chórais leictreacha an bhunchloch dá aireagán amach anseo.

Chuir taithí Edison sa tionscal teileagraif lena spéis i dteicneolaíochtaí leictreacha agus cumarsáide.

Bog go Nua-Eabhrac agus Fiontraíocht: Sa bhliain 1869, bhog Edison go Cathair Nua-Eabhrac, áit ar bhunaigh sé a chéad saotharlann. Bhunaigh sé é féin mar aireagóir agus fiontraí neamhspleách, ag díriú ar theicneolaíochtaí reatha a fheabhsú agus cinn nua a fhorbairt.

Leag fiontair luatha fiontraíochta Edison an bonn don Impireacht tionsclaíochta agus teicneolaíochta a thógfadh sé níos déanaí.

An Monarcha Aireagáin

Saotharlann Pháirc Menlo: Sa bhliain 1876, bhunaigh Edison a shaotharlann is cáiliúla, ar a dtugtar Menlo Park, i New Jersey. Tugadh "monarcha aireagáin" uirthi agus d'fheidhmigh sé mar áit bhreithe go leor dá aireagán úrnua.

Bhí cur chuige córasach ag Edison, le foireann de chúntóirí oilte ag obair ar thionscadail éagsúla ag an am céanna.

Oibreacha agus Éachtaí Suntasacha

The Phonograph (1877): Ba é ceann de na haireagáin ba íocónaí a bhí ag Edison ná an phonograph, a paitinníodh in 1878. Ba é an chéad ghléas é a bhí in ann fuaim a thaifeadadh agus a atáirgeadh. D'athraigh an fonograph tionscal an cheoil agus na siamsaíochta.

Thug aireagán Edison deis do dhaoine guthanna agus ceol taifeadta a chloisteáil den chéad uair, rud a léirigh dul chun cinn suntasach i dteicneolaíocht fuaime.

An Bolgáin Solais Gealbhruthacha (1879): Mar thoradh ar obair Edison ar soilsiú leictreach, forbraíodh an bolgán solais gealbhruthach praiticiúil. Sa bhliain 1879, d'éirigh leis bolgán solais leictreach praiticiúil a mhaireann fada a thaispeáint, rud a fhágann go bhfuil sé inmharthana ó thaobh tráchtála de. D'athraigh glacadh forleathan soilsiú gealbhruthach an saol laethúil, ag soláthar rogha eile níos sábháilte agus níos éifeachtaí ar soilsiú gáis.

An Córas Cumhachta Leictrí (1882): Bhí ról ríthábhachtach ag Edison i mbunú an chéad chóras dáileacháin cumhachta leictrigh. Sa bhliain 1882, d'oscail sé Stáisiún Cumhachta Pearl Street i gCathair Nua-Eabhrac, an chéad ghléasra cumhachta lárnach ar domhan.

Leag córas cumhachta leictreachais Edison an bunchloch le haghaidh leictriú forleathan na gcathracha agus na dtionscal, rud a d'athraigh go bunúsach an chaoi a raibh daoine ag maireachtáil agus ag obair.

Motion Pictures (Kinetoscope, 1891): Mar gheall ar an spéis a bhí ag Edison i siamsaíocht amhairc, ceapadh an Kinetoscope, gléas chun pictiúir ghluaiste a thaifeadadh agus a fheiceáil. Bhí an Kinetoscope ina réamhtheachtaí do theicneolaíocht nua-aimseartha pictiúir gluaisne.

Chuir ranníocaíochtaí Edison sa phictiúrlann an chéim amach d'fhorbairt thionscal na scannán.

Gairm mar Aireagóir agus Nuálaí

Paitinní Iomadúla: Bhí breis agus 1,000 paitinn ag Edison dá aireagán, a chlúdaigh raon leathan réimsí, lena n-áirítear teileagrafaíocht, teileafónaíocht, cadhnraí stórála, agus stroighin. Thuill a chuid aschur torthúil an leasainm "The Wizard of Menlo Park."

Shín nuálaíocht Edison níos faide ná an teicneolaíocht chun dul chun cinn i bpróisis agus ábhair thionsclaíocha a áireamh.

Ceallraí Stórála (1903): Mar thoradh ar obair Edison ar chadhnraí stórála, forbraíodh ceallraí stórála alcaileach níos éifeachtaí agus níos marthanaí. Bhí feidhm ag an nuálaíocht seo i bhfeithiclí leictreacha, i bhfomhuireáin, agus i bhfoinsí cumhachta iniompartha.

Chuir teicneolaíocht ceallraí stórála Edison le forbairt luath iompair leictreacha.

Foirmiú General Electric

Comhoibriú le JP Morgan: Áiríodh le fiontair ghnó Edison comhoibriú leis an airgeadóir mór le rá JP Morgan. In 1892, chomhcheangail Edison a chuideachta leictreach le Cuideachta Thomson-Houston Electric chun General Electric (GE) a chruthú.

Bhí cruthú General Electric ina nóiméad ríthábhachtach i stair na ilchuideachtaí tionsclaíochta agus teicneolaíochta.

Blianta Níos déanaí agus Oidhreacht

Saotharlann West Orange: Sa bhliain 1887, bhog Edison a shaotharlann go West Orange, New Jersey, áit ar lean sé lena shaothar airgtheach. Tháinig saotharlann West Orange chun bheith ina mol nuálaíochta, ag cur le dul chun cinn i réimsí éagsúla.

Taifid Phonograph agus Tairiscintí Feabhsaithe

Lean Edison ag cur leis an tionscal siamsaíochta, ag forbairt taifid fhónagraf feabhsaithe agus dul chun cinn i dteicneolaíocht pictiúr gluaisne.

Leag a chuid oibre i dtaifeadadh fuaime agus i bpictiúrlann an bhunchloch le haghaidh éabhlóid thionscal an cheoil agus na scannán.

Áit agus Dáta an Bháis

Fuair Thomas Edison bás ar 18 Deireadh Fómhair, 1931, in aois a 84, ina theach cónaithe, Glenmont, in West Orange, New Jersey.

Oidhreacht

Nuálaíocht agus Fiontraíocht: Tá oidhreacht Thomas Edison comhchiallach le nuálaíocht agus le fiontraíocht. Mar thoradh ar a thóir gan staonadh ar réitigh ar fhadhbanna an fhíorshaoil, tháinig aireagáin chlaochlaitheacha a rinne an tsochaí a athmhúnlú.

Leag cur chuige Edison i leith aireagáin, a chomhcheanglaíonn fiosrúchán eolaíoch le cur i bhfeidhm praiticiúil, fasach le haghaidh taighde agus forbairt nua-aimseartha.

Soilsiú Leictreach agus Córais Cumhachta

Bhí tionchar mór ag ranníocaíochtaí Edison le córais soilsithe leictreacha agus cumhachta ar an saol laethúil. Nuair a glacadh go forleathan le soilsiú leictreach, d'athraigh tithe, gnólachtaí agus cathracha, ag teacht isteach i ré nua áise agus táirgiúlachta.

Leag a fhís do chóras cumhachta láraithe leictrigh an bonn don eangach leictreach nua-aimseartha.

Ranníocaíochtaí Tionscal Siamsaíochta

Bhí ról lárnach ag aireagáin Edison sa tionscal siamsaíochta, amhail an phonograph agus pictiúir tairiscint, i bhforbairt taifeadta fuaime agus phictiúrlann.

Tá forbairt thionscal na siamsaíochta mar gheall ar obair cheannródaíoch Edison.

Ginearálta Leictreach (GE)

Bhí bunú General Electric, mar thoradh ar chomhoibriú Edison le JP Morgan, ina bhunchloch de thírdhreach tionsclaíoch Mheiriceá. Leathnaigh tionchar GE chuig earnálacha éagsúla, lena n-áirítear fuinneamh, cúram sláinte agus iompar.

Lean oidhreacht Edison ar aghaidh trí thionchar General Electric ar nuálaíocht dhomhanda.

Meon an Aireagóra

Chuir "meon an aireagóra" Edison béim ar thurgnamh, atriall, agus toilteanas foghlaim ón teip. Léiríonn a luachan cáiliúil, "Níor theip orm. Tá 10,000 bealach aimsithe agam nach n-oibreoidh," a léiríonn a athléimneacht agus a dhiongbháilteacht.

Spreag an cur chuige Edison i leith na nuálaíochta líon mór aireagóirí agus fiontraithe.

Mar fhocal scoir, léiríonn saol agus saothar Thomas Edison cumhacht chlaochlaitheach na hintleachta daonna. Ó aireagán an fhónograph agus an bolgáin solais ghealbhruthacha go dul chun cinn i gcórais chumhachta leictrigh agus bunú General Electric, tá tionchar Edison ar an saol nua-aimseartha do-tomhaiste. Síneann a oidhreacht thar réimse na teicneolaíochta, ag dul i bhfeidhm ar an gcaoi a mairimid, a n-oibrímid agus a gcuirimid siamsaíocht orainn féin. Tá Thomas Edison fós ina shiombail den nuálaíocht, den bhuanseasmhacht, agus d'acmhainneacht gan teorainn an aigne dhaonna.

42. James Cook (Sasana)

Rugadh James Cook, duine de na taiscéalaithe agus seoltóirí is cáiliúla sa stair, ar 27 Deireadh Fómhair, 1728, i sráidbhaile Marton i Yorkshire, Sasana. Bhí sé ar an dara duine de ochtar leanaí a rugadh do James Cook, oibrí feirme, agus Grace Pace. Caitheadh blianta tosaigh Cook i dtimpeallacht shuarach, agus níor chuir acmhainní teoranta a mhuintire mórán deiseanna ar fáil don oideachas foirmiúil.

Luathoideachas agus Printíseacht

D'fhreastail Cook ar an scoil sráidbhaile áitiúil, áit ar ghnóthaigh sé bunscileanna léitheoireachta agus scríbhneoireachta. Agus acmhainneacht a mhic á aithint aige, shocraigh athair Cook dó a bheith ina phrintíseach le siopadóir áitiúil.

Le linn a phrintíseachta, d'fhorbair Cook suim mhór sa loingseoireacht agus sa mhatamaitic, rud a chuir tús lena ghairm bheatha amach anseo mar thaiscéalaí.

Gairm bheatha agus Turais Luatha an Chabhlaigh:

Dul isteach sa Chabhlach Ríoga: Sa bhliain 1755, liostáil James Cook sa Chabhlach Ríoga mar mhairnéalach cumasach. Tharraing a chumas sa loingseoireacht agus sa mhatamaitic aird a chuid ceannairí go tapa.

Thosaigh gairm chabhlaigh Cook le linn tréimhse coinbhleachta domhanda, lena n-áirítear Cogadh na Seacht mBliana, ina raibh sé ag fónamh i gcáileanna éagsúla ar bord soithí cabhlaigh.

Mapáil Thalamh an Éisc (1758-1762): Tháinig scileanna Cook sa loingseoireacht agus sa chartagrafaíocht chun solais le linn a thréimhse i dTalamh an Éisc, Ceanada. Chuimsigh a chuid oibre suirbhéireacht agus mapáil an chósta, rud a chuir go mór le cruinneas na gcairteacha Briotanacha. Ba é an taithí seo a chuir tús le cáil Cook mar shuirbhéir mionchúiseach oilte.

An Chéad Turas Fionnachtana (1768-1771)

Ag Breathnú ar Idirthuras Véineas: Ba iad an Cumann Ríoga agus an Cabhlach Ríoga a choimisiúnaigh an chéad turas mór Cook. Ba é an príomhchuspóir ná breathnú ar iompar Véineas trasna na Gréine, imeacht neamhaí a d'fhéadfadh sonraí luachmhara a sholáthar chun an fad idir an Domhan agus an Ghrian a chinneadh.

Bhí Cook i gceannas ar an HMS Endeavour ar an turas seo, a raibh sé mar aidhm aige freisin réigiún an Aigéin Chiúin Theas a iniúchadh agus a chairteadh.

Mapáil na Nua-Shéalainne agus Oirthear na hAstráile

Thug turas Cook go Taihítí é, áit ar chonacthas an t-aistriú ó Véineas go rathúil i 1769. Ina dhiaidh sin, rinne sé nascleanúint agus mapáil ar chóstaí na Nua-Shéalainne, agus bhí sé ar an gcéad Eorpach a rinne amhlaidh chomh cruinn sin.

Lean an turas ar aghaidh go cósta thoir na hAstráile, áit a ndearna Cook an réigiún a chairteadh agus a éileamh don Bhreatain.

Ranníocaíochtaí le Loingseoireacht

Léirigh céad turas Cook a chuid scileanna loingseoireachta iontacha agus a thiomantas do charthanacht chruinn. Chuir a chur chuige mionchúiseach i leith na mapála feabhas suntasach ar an eolas ar an Aigéan Ciúin Theas.

Ghlac Cook bearta freisin chun scurvy a chosc i measc a chriú, ag cur cleachtais i bhfeidhm a bheadh caighdeánach níos déanaí ar thurais fhada farraige.

Dara Turas na Fionnachtana (1772-1775)

Taiscéalaíocht an Leathsféar Theas: Coimisiúnaíodh an dara turas de chuid Cook chun tuilleadh iniúchta a dhéanamh ar an Leathsféar Theas. Ba é an príomhsprioc ná cuardach a dhéanamh ar mhór-roinn miotasach Terra Australis.

Chuaigh Cook timpeall na cruinne ag domhanleithead an-ard ó dheas, rud a chuir in iúl go raibh mór-roinn mhór theas ann.

Trasnú Ciorcail Antartach: Shroich turas Cook an Ciorcal Antartach, agus rinne sé iarrachtaí iomadúla dul isteach sa phaca oighir, ag cur eolas luachmhar ar fáil faoi réigiún polar an deiscirt.

Áiríodh leis an turas freisin fionnachtain roinnt oileán, lena n-áirítear an tSeoirsia Theas agus Oileáin Sandwich Theas.

An Tríú Turas Fionnachtana (1776-1779)

Turas Pasáiste an Iarthuaiscirt: Bhí sé mar aidhm ag an tríú turas agus an turas deiridh de Cook an Pasáiste Thiar Thuaidh a aimsiú, bealach inseolta a nascann an tAigéan Atlantach agus an tAigéan Ciúin tríd an Artach.

Bhí dúshláin éagsúla roimh an turas, lena n-áirítear coinníollacha aimsire crua, ach rinne Cook iniúchadh ar chóstaí Mheiriceá Thuaidh agus Caolas Bering.

Haváí agus Deireadh Tragóideach: Shroich turas Cook na hOileáin Haváí, ar a dtug sé Oileáin Sandwich, i 1778. Rinne sé iniúchadh agus mapáil ar na hoileáin sula lean sé ar aghaidh lena chuardach ar Phasáiste an Iarthuaiscirt.

Sa bhliain 1779, d'fhill Cook ar Haváí, agus tharla eachtra tragóideach. D'éirigh teannas idir an fhoireann agus na haváígh dhúchasacha, rud a d'fhág bás Cook le linn teagmháil fhoréigneach ar 14 Feabhra 1779.

Éachtaí agus Oidhreacht

Mapáil agus Taiscéalaíocht: Chuir turais James Cook go mór le tíreolaíocht aitheanta an domhain, go háirithe i réigiún an Aigéin Chiúin. Bhí a chairteacha agus a léarscáileanna cruinne ina n-acmhainní luachmhara do thaiscéalaithe agus do loingseoirí ina dhiaidh sin.

Leag an méid a chuir Cook le mapáil agus le taiscéalaíocht an bonn le haghaidh iarrachtaí eolaíocha san aigéaneolaíocht agus sa chartagrafaíocht amach anseo.

Ranníocaíochtaí Eolaíochta: Bhí impleachtaí suntasacha eolaíocha ag turas Cook. Chuir na breathnuithe cruinne ar idirthuras Véineas sonraí ríthábhachtacha ar fáil do réalteolaithe, rud a chuir le tuiscint ar an ngrianchóras.

Bhí tionchar ag tiomantas Cook do mhapáil chruinn agus an úsáid a bhain sé as arduirlisí loingseoireachta ar an bpobal eolaíoch.

Iarrachtaí Daonnúla: Chuir turais Cook bearta i bhfeidhm chun sláinte agus folláine a chriú a fheabhsú. Leag an bhéim a chuir sé ar shláinteachas, ar chothú, agus ar chosc na scurvy síos caighdeán do thurais fhada farraige amach anseo.

Chuir iarrachtaí daonnúla Cook le dul chun cinn sa leigheas muirí agus le folláine na mairnéalach.

Tionchar Cultúrtha: Bhí tionchar mór ag idirghníomhú Cook le pobail dhúchasacha le linn a thurais ar thuiscint traschultúrtha. Thug a chuid tuairiscí agus irisí léargas luachmhar ar nósanna, ar theangacha agus ar thraidisiúin na ndaoine ar chas sé leo.

Áirítear le hoidhreacht Cook scéal casta ar mhalartú cultúrtha agus a iarmhairtí.

Taiscéalaíocht ar an Réigiúin Antartach agus Artach: Chuir turais Cook isteach sa Leathsféar Theas go mór le tuiscint na réigiún Polar. Leag an iniúchadh a rinne sé ar an gCiorcal Antartach agus a chuid iarrachtaí le nascleanúint a dhéanamh ar na huiscí oighreata an bunchloch le haghaidh turais pholacha amach anseo.

Chuir éachtaí Cook i dtaiscéalaíocht pholaire le heolas eolaíoch faoi fhoircinn an Domhain.

Áit agus Dáta an Bháis

Tháinig deireadh tragóideach le James Cook i gCuan Kealakekua, Haváí, ar 14 Feabhra, 1779, le linn a thríú turas fionnachtana.

Mar fhocal scoir, seasann saol agus turais James Cook mar theist ar Ré na Taiscéalaíochta agus ar spiorad an fhiosrúcháin eolaíoch. D'athraigh a rannchuidiú le loingseoireacht, le cartagrafaíocht, agus le breathnóireacht eolaíoch tuiscint ar réigiún an Aigéin Chiúin agus chuaigh sé i bhfeidhm ar na glúnta taiscéalaithe ina dhiaidh sin. Ní hamháin gur leathnaigh turais Cook léarscáil an domhain ach chothaigh siad idirghníomhartha traschultúrtha agus dul chun cinn eolaíoch freisin. Cé go bhfuil a oidhreacht marcáilte ag éachtaí, cuireann castachtaí na dteagmhálacha cultúrtha le linn ré na taiscéalaíochta é níos measa freisin. Is pearsa íocónach i stair na mara é James Cook, a bhfuil cáil air mar gheall ar a chumas loingseoireachta agus an tionchar buan a bheidh ag a chuid iarrachtaí taiscéalaíochta.

43. Florence Nightingale (Sasana)

Rugadh Florence Nightingale, bunaitheoir an altranais nua aimseartha, ar 12 Bealtaine, 1820, i bhFlórans, san Iodáil, do thuismitheoirí saibhre Béarla, William Edward Nightingale agus Frances Smith Nightingale. D'fhill an teaghlach ar Shasana nuair a bhí Florence ina leanbh, agus d'fhás sí aníos ag Embley Park i Hampshire. Ó aois óg, léirigh Florence fonn intleacht agus braistint láidir freagrachta sóisialta.

Cúlra Oideachais

Cuireadh oideachas fairsing ar fáil do Florence Nightingale, rud neamhghnách do mhná a linne. Rinne sí staidéar ar raon leathan ábhar, lena n-áirítear matamaitic, fealsúnacht, agus litríocht.

In ainneoin ionchais na sochaí do mhná sa 19ú haois, lean Flórans le hoideachas le paisean, ag leagan an bhunsraith dá rannchuidiú le cúram sláinte amach anseo.

Gairm Luath agus Tiomantas don Altranas

Coinbhinsiúin Shóisialta agus Roghanna Gairme: Thug Florence aghaidh ar ionchais na sochaí a chuir teorainn le roghanna gairme ban a rang. Mar sin féin, bhí sí meáite ar chosán seirbhíse a leanúint agus dhiúltaigh sí do na róil thraidisiúnta a shanntar do mhná óna cúlra.

I gcoinne mhianta a muintire, léirigh Florence fonn a bheith ina altra, gairm nach raibh mórán airde uirthi ag an am.

Oiliúint Altranais sa Ghearmáin: Sa bhliain 1851, thaistil Florence Nightingale go dtí an Ghearmáin chun oiliúint altranais fhoirmiúil a fháil ag Institiúid na nDeonach Protastúnach i Kaiserswerth.

Nocht a cuid ama sa Ghearmáin í do phrionsabail an tsláinteachais, an chúraim othar, agus na bainistíochta ospidéil, rud a leag an bonn dá cuid oibre bunathraithe i réimse an altranais.

Cogadh na Criméaigh agus an Mhuire leis an Lampa:

Glaoch chun Freastail: Tháinig casadh i ngairm Florence Nightingale nuair a thosaigh Cogadh na Criméaigh in 1853. Nuair a cuireadh isteach air ag tuairiscí ar dhálaí uafásacha in ospidéil mhíleata, bhraith Nightingale glao chun cúram sláinte do shaighdiúirí a sheirbhísiú agus a fheabhsú.

Sa bhliain 1854, ceapadh í ina Ceannfort ar na hAltraí Mná in Ospidéal na Beairice i Scutari, an Tuirc.

Leasuithe Trasfhoirmeacha: Chuir Nightingale tús láithreach le feabhas a chur ar shláintíocht, shláinteachas agus coinníollacha foriomlána ospidéil. Thug sí isteach bearta diana glaineachta, agus diúscairt chuí dramhaíola, agus chuir sí bunchaighdeáin chúraim i bhfeidhm.

Laghdaigh an bhéim a chuir sí ar shláinteachas agus shláintíocht go mór an ráta básmhaireachta i measc saighdiúirí, agus thuill sí an leasainm "The Lady with the Lamp" as a cuid babhtaí oíche chun seiceáil a dhéanamh ar othair.

Cur Chuige Staidrimh agus Anailíseach

Tháinig meon anailíseach Nightingale chun tosaigh agus í ag bailiú agus ag anailísiú sonraí ar rátaí mortlaíochta ospidéil. Bhain sí úsáid as fianaise staitistiúil chun tacú le sláintíocht, aeráil agus cothú feabhsaithe.

Leag a cuid oibre an bhunchloch le haghaidh cleachtais altranais nua-aimseartha agus úsáid anailís staitistiúil i mbainistíocht cúram sláinte.

Cogadh Iar-Choireacht agus Leasuithe Altranais:

Bunú Scoil Altranais Nightingale: Tar éis Chogadh na Criméaigh, d'fhill Florence Nightingale ar Shasana agus lean sí lena habhcóideacht ar mhaithe le leasuithe altranais. In 1860, bhunaigh sí Scoil Altranais an Nightingale in Ospidéal St. Thomas i Londain.

Tháinig an scoil chun bheith ina eiseamláir don oideachas altranais, ag cur béime ar chur chuige eolaíoch maidir le cúram altranais.

Údaracht agus Litríocht: Scríbhneoir cumasach a bhí in Nightingale, agus bhí tionchar ag a cuid leabhar, lena n-áirítear "Notes on Nursing," mar théacsanna sa réimse sin. Thug "Nótaí ar Altranas" comhairle phraiticiúil ar chúram altranais, ar shláinteachas, agus ar thábhacht an chomhshaoil i dtéarnamh othar.

Chuir a cuid scríbhinní le gairmiúlacht an altranais agus le hardú an altranais mar ghairm oilte a bhfuil meas uirthi.

Éachtaí agus Ranníocaíochtaí

Leasuithe Cúraim Sláinte: Leathnaigh tionchar Florence Nightingale thar altranas agus isteach i mbeartas cúram sláinte. Mhol sí go ndéanfaí athchóirithe cuimsitheacha ar chúram sláinte, lena n-áirítear sláintíocht fheabhsaithe, dálaí maireachtála níos fearr, agus bearta sláinte poiblí.

Réitigh abhcóideacht Nightingale an bealach chun Coimisiún Ríoga um Shláinte an Airm a bhunú, rud a d'fhág go ndearnadh leasuithe suntasacha ar chúram sláinte míleata agus sibhialta.

Tionchar Idirnáisiúnta: Chuaigh tionchar Nightingale thar na teorainneacha náisiúnta. Chuir sí comhairliúchán ar chórais cúram sláinte ar fáil do rialtais ar fud an domhain, ag dul i bhfeidhm ar fhorbairt an oideachais altranais agus an bhonneagair cúram sláinte.

Aithníodh agus glacadh go hidirnáisiúnta lena prionsabail a bhaineann le bainistíocht altranais agus cúram sláinte.

Ceannródaí i Staidreamh: Bhí cur chuige staitistiúil Nightingale maidir le bainistiú cúram sláinte ceannródaíoch. D'úsáid sí anailís staitistiúil chun patrúin a aithint, chun cinntí bunaithe ar fhianaise a dhéanamh, agus chun tacú le hathruithe polasaí.

Leag a cuid oibre an bonn le húsáid staitisticí i bpleanáil sláinte poiblí agus cúram sláinte.

Blianta Níos déanaí agus Oidhreacht

Tiomantas do Chúiseanna Sóisialta: Sna blianta ina dhiaidh sin, lean Florence Nightingale dá gníomhaíochas ar chúiseanna sóisialta éagsúla. Thacaigh sí le cearta na mban, mhol sí feabhas a chur ar sheirbhísí leighis Arm na Breataine, agus d'oibrigh sí i dtreo athchóiriú tithe na mbocht agus ospidéil.

In ainneoin a sláinte laghdaithe, d'fhan Nightingale tiomanta d'athchóiriú sóisialta go dtí na blianta ina dhiaidh sin.

Áit agus Dáta an Bháis

Fuair Florence Nightingale bás ar 13 Lúnasa, 1910, in aois a 90 bliain, ina teach i Londain. Mhair a oidhreacht i bhfad i ndiaidh a báis, rud a d'fhág marc doscriosta ar an altranas agus ar an gcúram sláinte.

Oidhreacht

Bunaitheoir an Altranais Nua-Aimseartha: Breathnaítear go forleathan ar Florence Nightingale mar bhunaitheoir an altranais nua-aimseartha. D'athraigh an bhéim a bhí aici ar ghlaineacht, ar shláinteachas agus ar chúram fianaise-bhunaithe an altranas ó ghairm bheatha neamhoilte den chuid is mó go gairm eolaíoch a bhfuil meas uirthi.

Tá an Nightingale Pledge, ráiteas eitice agus prionsabail d'altraí, ainmnithe ina onóir agus á aithris ag altraí ar fud an domhain.

Anailís Staitistiúil i gCúram Sláinte: Rinneadh samhail cheannródaíoch de chur chuige staitistiúil Nightingale i leith cúram sláinte. Leag an úsáid a bhain sí as sonraí staitistiúla le cinnteoireacht a thiomáint agus le feabhas a chur ar thorthaí othar fasach do chleachtas nua-aimseartha na bainistíochta cúram sláinte.

Leanann a hoidhreacht san anailís staitistiúil le tionchar a imirt ar thaighde agus ar bheartas cúram sláinte.

Abhcóide um Leasuithe Cúraim Sláinte: Bhí tionchar buan ag abhcóideacht Florence Nightingale ar athchóirithe cúram sláinte ar shláinte an phobail. Leag a cuid oibre an bunús le haghaidh feabhsuithe ar sláintíocht, oideachas altranais agus infrastruchtúr cúram sláinte.

Réitigh a tiomantas do chúiseanna sóisialta an bealach do na glúnta ina dhiaidh sin de ghníomhaithe cúram sláinte.

Ranníocaíochtaí Liteartha: Tá tionchar fós ag scríbhinní Nightingale, go háirithe "Notes on Nursing," ar oideachas altranais. Chuir a saothar liteartha bonn teoiriciúil ar fáil do chleachtas altranais agus leag sí béim ar an tábhacht a bhaineann le comhbhá, breathnóireacht agus cúram othar.

Leanann a cuid scríbhinní ag spreagadh altraí agus gairmithe cúram sláinte ar fud an domhain.

Aitheantas Idirnáisiúnta: Chuaigh tionchar Florence Nightingale i bhfad thar theorainneacha Shasana. Glacadh lena prionsabail agus a modhanna oibre ar fud an domhain, agus tháinig a hainm le cúram altranais atruach agus eolaíoch.

Déantar Lá Idirnáisiúnta na nAltraí a cheiliúradh ar a lá breithe, an 12 Bealtaine, in ómós a rannchuidithe leis an altranas.

Mar fhocal scoir, rinne saol agus saothar Florence Nightingale réabhlóidiú ar chúram sláinte, rud a d'fhág oidhreacht bhuan a sháraíonn am agus teorainneacha. Bhí tionchar mór agus buan ar an réimse cúram sláinte ag a tiomantas do chúram altranais atá bunaithe ar fhianaise, a habhcóideacht d'athchóirithe cúram sláinte, agus a húsáid cheannródaíoch ar anailís staitistiúil. Leanann oidhreacht Florence Nightingale ag spreagadh na glúnta altraí, gairmithe cúram sláinte, agus abhcóidí do shláinte an phobail agus athchóiriú sóisialta. Fanann The Lady with the Lamp ina siombail de chomhbhá, den nuálaíocht, agus de thiomantas gan staonadh do leas daoine eile.

44. Ludwig van Beethoven (An Ghearmáin)

Rugadh Ludwig van Beethoven, duine de na cumadóirí is cáiliúla i stair an cheoil chlasaicigh, ar 16 nó 17 Nollaig, 1770, in Bonn, Toghthóirí Köln (anois sa Ghearmáin). Tá a dháta breithe cruinn fós éiginnte mar gheall ar an easpa taifead cuí le linn an ama sin. Tháinig Beethoven ó theaghlach ceoil; ba cheoltóirí iad a sheanathair, Ludwig van Beethoven, agus a athair, Johann van Beethoven.

Luathoideachas agus Meantóireacht

Léirigh Beethoven comharthaí luatha de thallann ceoil, agus d'aithin a athair a chumas. Faoi threoir a athar, fuair Beethoven a oideachas ceoil tosaigh.

Agus tallann iontach a mhic á aithint aige, lorg Johann van Beethoven ceoltóirí a raibh tionchar acu in Bonn, lena n-áirítear an t-orgánach cúirte Christian Gottlob Neefe, chun meantóireacht a dhéanamh ar Ludwig óg.

Bog go Vín: Sa bhliain 1787, agus é 17 mbliana d'aois, rinne Beethoven cinneadh suntasach a chruthódh a thodhchaí: bhog sé go Vín, príomhchathair cheoil na hEorpa. Bhí go leor cumadóirí iontacha i Vín, lena n-áirítear Wolfgang Amadeus Mozart agus Joseph Haydn.

Chuir bogadh Beethoven go Vín tús lena thurais mar chumadóir, pianódóir, agus nuálaí ceoil.

Gairme Luath i Vín

Staidéir le Haydn: Lorg Beethoven Joseph Haydn, cumadóir clúiteach, agus ghlac sé ceachtanna uaidh. D'aithin Haydn tallann agus acmhainneacht Beethoven ach rinne sé cur síos air mar "fhear óg ceannasach."

In ainneoin an chaidrimh dhúshlánaigh lena mhúinteoir, ghlac Beethoven prionsabail chlasaiceacha Haydn isteach agus é ag brú teorainneacha na noirm cheoil bhunaithe.

Saothair Luatha agus Aitheantas: Fuair Beethoven aitheantas go tapa mar phianódóir agus cumadóir virtuoso. Léirigh a shaothar tosaigh, lena n-áirítear sonáid pianó agus ceol aireagail, a chumas teicniúil agus a spiorad nuálaíoch.

Tharraing a chuid cumadóireachta aird na bpátrúin aristocratacha, lena n-áirítear Ardeaspag Köln agus an teaghlach Esterházy, a thug tacaíocht airgeadais dá iarrachtaí ealaíne.

Oibreacha agus Éachtaí Suntasacha

Siansa Uimh. 3 "Eroica" (1803): Is saothar ceannródaíoch í Siansa Uimh. 3 Beethoven, ar a dtugtar an "Eroica," a léirigh imeacht ón bhfoirm shiansach chlasaiceach. Agus é tiomnaithe do Napoleon Bonaparte, bhí meas ag Beethoven ar dtús air as a chuid idéalacha daonlathacha.

Mar sin féin, nuair a d'fhógair Napoleon é féin mar Impire, bhain Beethoven an dúthracht go mór le rá, ag cur in iúl go raibh sé míshuaimhneasach leis an gceannaire.

Sonáid Pianó agus Concertos: Sonáid pianó Beethoven, lena n-áirítear an "Moonlight Sonáid," an "Pathétique Sonáid," agus an "Appassionata," fós mar bhunchlocha an stór pianó. Léiríonn na cumadóireachta seo a mháistreacht ar an bpianó agus a chumas mothúcháin as cuimse a chur in iúl.

Bhunaigh a chuid consairtíní pianó, go háirithe an "Impire Concerto" (Concerto Pianó Uimh. 5), é mar phríomh-chumadóir dá chuid ama.

Siansa Uimh. 5 (1808): Tá Siansa Uimh. 5 Beethoven ar cheann de na saothair is aitheanta agus is íocónach sa stór clasaiceach. Tá an móitíf ceithre nóta ag tús na siansach ("short-short-short-long") ar cheann de na frásaí ceoil is cáiliúla sa stair.

Mar gheall ar dhéine dhrámatúil agus struchtúr nuálaíoch na siansa is saothar réabhlóideach é, rud a dhaingnigh cáil Beethoven mar rianadóir ceoil.

Siansa Uimh. 6 "Tréadach" (1808): I gcodarsnacht le Siansa drámatúil Uimh. 5, léiríonn Siansa Uimh. 6 Beethoven, ar a dtugtar an "Siansach Tréadach," téama níos suaimhneach agus spreagtha ag nádúr. Is teist é an saothar ar chumas Beethoven íomhánna beoga a chur in iúl tríd an gceol.

Is sampla luath de cheol ríomhchláraithe é an "Tréadach Shiansach", ina bhfuil sé ar intinn ag an gcumadóir mothúcháin shonracha a mhúscailt nó radhairc a léiriú tríd an gceol.

Missa Solemnis (1819-1823): Is saothar córúil mór agus cuimhneacháin é The Missa Solemnis a chum Beethoven thar roinnt blianta. Is suíomh Aifrinn é a thaispeánann taobh spioradálta agus domhainfhrithchaiteach Beethoven. Seasann an Missa Solemnis mar cheann de na cumadóireachta is doimhne agus is spioradáltacht ag Beethoven.

Siansa Uimh. 9 "Córal" (1822-1824): Is éacht i gceol clasaiceach an Iarthair í Siansa Uimh. 9 Beethoven, ar a dtugtar an "Choral Symphony" de ghnáth.

Is í an chéad shiansach a corpraíodh curfá agus aonréadaithe gutha sa ghluaiseacht deiridh.

I ngluaiseacht deiridh na siansa tá an "Óid don Aoibhneas," suíomh dán Friedrich Schiller a cheiliúrann bráithreachas uilíoch na daonnachta.

Dúshláin agus Streachailtí Pearsanta

Bodhar: Ar cheann de na dúshláin ba mhó a bhí roimh Beethoven bhí an bodhaire ag tosú de réir a chéile, ag tosú sna fichidí déanacha. In ainneoin gur cailleadh a chuid éisteachta de réir a chéile, lean Beethoven ag cumadh, ag brath go mór ar a shamhlaíocht cheoil istigh.

Is teist fós é a chumas sárshaothair a chumadh cé nach raibh sé in ann a chuid saothar a chloisteáil, dá éirim neamhghnách.

Caidrimh Phearsanta: Thug Beethoven aghaidh ar dhúshláin ina chaidrimh, agus é ag streachailt le ceisteanna uaignis agus aonraithe mar gheall ar a bhodhaire. Chuir a mheon luaineach agus a thiomantas ealaíonta dian brú uaireanta ar an gcaidreamh le cairde, le teaghlach agus le pátrúin.

In ainneoin na ndúshlán seo, choinnigh Beethoven cairdeas domhain buan, lena n-áirítear lena dhílseacht "Immortal Beloved", a bhfuil a fhéiniúlacht fós ina ábhar tuairimíochta i measc staraithe.

Blianta Níos déanaí agus Bás

Saothar Tréimhse Dhéanach: Sa tréimhse dhéanach de chuid Beethoven, marcáilte ag introspection agus cur in iúl doimhin, chruthaigh sé cuid dá shaothar is físiúla agus ba dhúshlánaí. Áirítear le cumadóireachta ón tréimhse seo na ceathairéid teaghrán déanach, sonatas pianó (lena n-áirítear an "Hammerklavier"), agus an sonáid pianó deiridh, Op. 111.

Bhrúigh na saothair seo teorainneacha na tonúlachta agus na foirme, rud a léirigh an ré Rómánsúil a leanfadh.

Bás

Fuair Ludwig van Beethoven bás ar 26 Márta, 1827, i Vín, in aois a 56. Cuireadh cúis a bháis i leith cioróis iar-heipitití an ae, rud a d'eascair as nimhiú luaidhe, b'fhéidir, a bhí ina ghalar coitianta le linn an ama sin. mar gheall ar chóireálacha luaidhe-bhunaithe do riochtaí leighis éagsúla.

D'fhreastail slua mór caointeoirí ar shochraid Beethoven, lena n-áirítear comhcheoltóirí, meastóirí, agus daoine mór le rá na linne.

Oidhreacht

Nuálaí Ceoil: Tá oidhreacht Beethoven sainmhínithe ag an méid a chuireann sé le ceol clasaiceach an Iarthair. Threisigh sé na réanna Clasaiceacha agus Rómánsúla, ag tabhairt isteach gnéithe armónacha agus struchtúracha nuálacha a mhéadaigh féidearthachtaí léiriú an cheoil.

Tá a thionchar ar na glúine cumadóirí ina dhiaidh sin, lena n-áirítear iad siúd ón ré Rómánsúil, do-tomhaiste.

Indibhidiúlacht agus Léiriú Ealaíne: Bhí béim Beethoven ar léiriú an duine aonair agus ar chumhacht an neamhspleáchais ealaíonta mar fhórsa tiomána in éabhlóid an cheoil. Mar gheall ar an diúltú cloí go docht le noirm sheanbhunaithe, réitigh sé an bealach do chumadóirí a nguthanna uathúla a fhiosrú.

Ba théama lárnach in aeistéitic Rómánsúil é smaoineamh an ealaíontóra "laoch" agus é ag iarraidh saoirse ealaíne agus mothúcháin dhomhain a chur in iúl trína gcuid oibre.

Nuálaíocht Shiansach: D'athraigh siansaíochtaí Beethoven, go háirithe an "Eroica," an Cúigiú Siansa, agus an Naoú Siansa, an seánra siansach. Chuir a leathnú ar an bhfoirm shiansach, cuimsiú na n-eilimintí córúla, agus iniúchadh ar fhorbairt téamach an stáitse do chumadóirí siansach amach anseo.

Tá siansa Beethoven fós ina stáplaí de hallaí ceolchoirme ar fud an domhain.

Tionchar ar an Pianachas: Bhí tionchar as cuimse ag cumadóireachta pianó Beethoven, lena n-áirítear a 32 sonatas pianó, consairtín, agus bagatelles, ar an bpianódachas. Bhí tionchar ag a úsáid nuálaíoch as an bpianó mar uirlis aonair ar na glúnta pianódóirí agus cumadóirí.

Tá cáil ar a sonáid pianó, go háirithe, as a n-doimhneacht mhothúchánach, a ndúshláin theicniúla, agus a dtábhacht ealaíne.

Smaointe Daonnúla: Tá Naoú Siansa Beethoven, lena "Óid don Aoibhneas," ina siombail uilíoch den dhaonnachas agus den mhian le haghaidh domhan níos fearr. Is teist leanúnach ar idéalacha daonnúla Beethoven é smaoineamh na bráithreachais uilíoch a chuirtear in iúl sa ghluaiseacht deiridh.

Is minic a dhéantar an Naoú Siansa ag imeachtaí suntasacha stairiúla agus ceiliúrtha.

Bodhar mar Fhoinse Inspioráide: níor laghdaigh bodhar Beethoven a spiorad cruthaitheach; ina ionad sin, bhí sé ina fhoinse inspioráide do chuid de na cumadóireachta is doimhne dá chuid. Is teist ar chumhacht an spioraid dhaonna é a chumas chun teorainneacha fisiceacha a shárú agus ceol a chruthú a thagann go mór le heispéireas an duine.

Leanann scéal saoil Beethoven ag spreagadh daoine aonair atá ag tabhairt aghaidh ar achrann.

Mar fhocal scoir, tá saol agus ceol Ludwig van Beethoven fite fuaite le hinsint na bua thar an achrann agus an tóir gan staonadh ar léiriú ealaíonta. D'fhág a chuid cumadóireachta, a chuimsíonn seánraí na siansa, an cheoil aireagail, an phianó, agus saothair chórúla, marc doscriosta ar stair cheol clasaiceach an Iarthair. Síneann oidhreacht Beethoven níos faide ná an méid a chuireann sé le foirm agus struchtúr an cheoil; cuimsíonn sé bunbhrí na mothúchán daonna agus an tóir bhuan le haghaidh bua aonair agus comhchoiteann. Mar "Tíotán na Siansa" agus "Máistreacht na Máistrí," tá Beethoven fós ina sholas treorach do cheoltóirí, scoláirí agus díograiseoirí araon, ag léiriú an chosáin chuig sármhaitheas ealaíne agus cumhacht bunathraithe an cheoil.

45. George Washington (SAM)

Rugadh George Washington, an figiúr lárnach sa Réabhlóid Mheiriceá agus an chéad Uachtarán ar na Stáit Aontaithe, ar 22 Feabhra, 1732, i gContae Westmoreland, Achadh an Iúir, ar Eastát an Phápa Creek. Bhí a thuismitheoirí, Augustine Washington agus Mary Ball Washington, ina mbaill shuntasacha d'uaisle coilíneacha Achadh an Iúir.

Luathoideachas agus Tionchair

Bhí oideachas foirmiúil Washington teoranta. Fuair sé teagasc sa bhaile agus, cé nach raibh a chuid oideachais fairsing, chuir sé suim mhór sa mhatamaitic, sa suirbhéireacht agus sna clasaicí.

Bhí tionchar mór ag bás luath a athar nuair nach raibh George ach 11 bliain d'aois ar a shaol, ag múnlú a charachtar agus ag cothú braistint freagrachta.

Gairm sa Suirbhéireacht agus sa tSeirbhís Mhíleata

Suirbhéir: Thosaigh an chéad iarracht ag Washington ar an saol poiblí mar shuirbhéir i bhfásach Achadh an Iúir. Leag a chuid oibre ag déanamh suirbhéireachta ar an talamh an dúshraith dá n-iarrachtaí sa todhchaí maidir le tuairimíocht talún agus thug sé taithí luachmhar dó i gceannaireacht agus i gcinnteoireacht.

Ghnóthaigh a scil mar shuirbhéir coimisiún dó mar shuirbhéir oifigiúil Chontae Culpeper i 1749 agus é 17 mbliana d'aois.

Seirbhís Mhíleata i gCogadh na Fraince agus na hIndia: Cuireadh tús le gairm mhíleata Washington le linn Chogadh na Fraince agus na hIndia (1754-1763). Coimisiúnaíodh é mar mhóroifigeach i mílíste Achadh an Iúir, agus é de chúram air teorainn thiar Achadh an Iúir a chosaint ar chúngú na Fraince.

Ba iad gníomhartha Washington le linn an chogaidh, lena n-áirítear a ról i gCath Jumonville Glen agus a ghéilleadh ag Fort Necessity, na céimeanna tosaigh dá cheannaireacht mhíleata.

In ainneoin na ndúshlán sin, thug eispéiris Washington i gCogadh na Fraince agus na hIndia léargais agus ceachtanna luachmhara dó a bheadh ríthábhachtach i Réabhlóid Mheiriceá.

Ról sa Réabhlóid Mheiriceá

Príomh-Cheannasaí ar Arm na Mór-Roinne: Tháinig an Réabhlóid Mheiriceá chun solais sa bhliain 1775, agus cheap an Dara Comhdháil Ilchríochach George Washington ina Cheannasaí ar Arm na Mór-Roinne.

Thug Washington aghaidh ar dhúshláin shuntasacha, lena n-áirítear arm le trealamh lag agus oilte, ach bhí ról ríthábhachtach ag a cheannaireacht, a athléimneacht agus a stuamacht straitéiseach i rathúlacht fhórsaí Mheiriceá sa deireadh.

Trasnú na hAbhann Delaware agus bua ag Trenton (1776): I bogadh dána agus íocónach ar oíche 25-26 Nollaig, 1776, Washington i gceannas ar thrasnú rathúil ar an oighear-líonadh Delaware Abhainn. Bhí bua ríthábhachtach ag Arm na Mór-Roinne mar thoradh ar an ionsaí gan choinne ar fhórsaí na Heiseán i Trenton, New Jersey.

Neartaigh Cath Trenton meanma agus léirigh sé cumas Washington ainlithe straitéiseacha a dhéanamh.

Valley Forge (1777-1778): Rinne an geimhreadh crua ag Valley Forge tástáil ar bhuanseasmhacht an Airm Ilchríochach. In ainneoin na gcoinníollacha deacra, chuir Washington athchóirithe ríthábhachtacha i bhfeidhm, lena n-áirítear feabhsuithe oiliúna agus disciplín, le cúnamh ón Baron von Steuben.

Tháinig Valley Forge chun cinn, rud a d'athraigh Arm na Mór-Roinne ina fhórsa troda níos smachtaithe agus níos éifeachtaí.

Bua ag Saratoga agus Comhghuaillíocht leis an bhFrainc (1777): Bhí bua na Meiriceánach ag Cath Saratoga i 1777 ina bhuaicphointe a chuir ina luí ar na Francaigh dul i gcomhghuaillíocht foirmiúil le cúis Mheiriceá. Thug an chomhghuaillíocht seo tacaíocht mhíleata agus airgeadais ríthábhachtach don Arm Ilchríochach.

Bhí ról lárnach ag scileanna taidhleoireachta agus ceannaireacht Washington maidir leis an gcomhghuaillíocht leis an bhFrainc a dhaingniú.

Léigear Yorktown agus Géilleadh na Breataine (1781): Ba é Léigear Yorktown i 1781 an bua míleata cinntitheach ba chúis le deireadh an Chogaidh Réabhlóideach. Leag Washington, i gcomhar le fórsaí na Fraince faoin nGinearál Rochambeau, léigear ar fhórsaí na Breataine faoi cheannas an Ghinearáil Cornwallis.

Chuir géilleadh na Breataine ag Yorktown deireadh leis an gcoimhlint go héifeachtach, rud a réitigh an bealach do Chonradh Pháras i 1783, a d'aithin neamhspleáchas na Stát Aontaithe go foirmiúil.

Uachtaránacht agus Tógáil Náisiún:

Uachtarán an Choinbhinsiúin Bhunreachta (1787): chuaigh ceannaireacht Washington níos faide ná an catha. Bhí sé i gceannas ar an gCoinbhinsiún Bunreachtúil i Philadelphia i 1787, áit ar dréachtaíodh Bunreacht na Stát Aontaithe. Bhí a láithreacht agus a thacaíocht ríthábhachtach maidir le glacadh leis an mBunreacht nua.

Mhúnlaigh tiomantas Washington do rialtas láir láidir agus córas cothrom seiceála agus cothromaithe cúrsa an náisiúin.

Céad Uachtarán na Stát Aontaithe (1789-1797): Sa bhliain 1789, toghadh George Washington d'aon toil mar chéad Uachtarán na Stát Aontaithe. Leag a uachtaránacht fasaigh thábhachtacha don phoblacht nua, ag bunú an chreata don bhrainse feidhmiúcháin agus ag sainiú ról an uachtaráin.

Bunaíodh an phríomhchathair i gCathair Nua-Eabhrac le linn uachtaránacht Washington , agus ghlac sé mionn oifige ar 30 Aibreán 1789 .

The Whisky Rebellion (1794): Ceann de na dúshláin tosaigh a bhí le sárú ag an rialtas feidearálach nua ná an Whisky Rebellion, agóid in aghaidh cánach ar bhiotáille driogtha. Léirigh Washington údarás an rialtais feidearálach trí fhórsa a threorú go pearsanta chun an éirí amach a chosc.

Dhearbhaigh réiteach rathúil an Éirí Amach Whisky go raibh cumhacht ag an rialtas feidearálach a dhlíthe a fhorfheidhmiú.

Aitheasc Slán (1796): Ina Aitheasc Slán aige, d'fhógair Washington nach lorgódh sé tríú téarma agus thairg sé comhairle agus foláirimh don náisiún. Leag sé béim ar a thábhachtaí atá an aontacht náisiúnta, na contúirtí a bhaineann le faicseanachas polaitiúil, agus an gá le dul i ngleic le comhghuaillíochtaí eachtracha a sheachaint.

Meastar gur doiciméad bunúsach é Seoladh Slán Washington a threoraíonn beartas eachtrach Mheiriceá.

Éachtaí agus Oidhreacht

Athair Bunaithe agus Siombail na Ceannaireachta: Tá ról George Washington mar Athair Bunaitheach bunúsach do bhunú na Stát Aontaithe. A cheannaireacht le linn an Chogaidh Réabhlóideach, uachtaránacht, agus an Coinbhinsiún Bunreachtúil thuill sé an teideal "Athair a Thír."

Tháinig carachtar, ionracas agus tiomantas Washington d'idéil na saoirse agus an phoblachtachais chun bheith ina eiseamláir do cheannairí na todhchaí.

Caomhnú an Aontais: Bhí ról ríthábhachtach ag Washington i gcaomhnú an aontas leochaileach le linn a uachtaránachta. Chuir a cheannasaíocht ar an Éirí Amach Whisky síos agus ord a choinneáil béim ar údarás an rialtais chónaidhme.

Leag tiomantas Washington do rialtas láir láidir agus éifeachtach an bhunchloch do chobhsaíocht na Stát Aontaithe.

Cruthú Traidisiúin Uachtaránachta: Bhunaigh Washington go leor traidisiúin uachtaránachta, lena n-áirítear úsáid an teidil "An tUasal Uachtarán," an teorainn dhá théarma, agus an t-aitheasc tionscnaimh. Mhúnlaigh na traidisiúin seo ról athraitheach na huachtaránachta.

Leagann a chinntí fasaigh thábhachtacha amach maidir le stiúradh an bhrainse feidhmiúcháin.

Sliabh Vernon: Tháinig eastát Mount Vernon i Washington, atá suite ar bhruach Abhainn Potomac, ina shiombail dá shaol agus dá oidhreacht. Ní hamháin gur teach a bhí sa phlandáil ach bhí sé ina lárionad nuálaíochta agus turgnamh talmhaíochta freisin.

Seasann Mount Vernon mar chuimhneachán ar éachtaí Washington agus ar an méid a chuir sé le stair Mheiriceá.

Áit agus Dáta an Bháis

Fuair George Washington bás ar 14 Nollaig, 1799, ag Mount Vernon. Ba é an chúis bháis ná epiglottitis géarmhíochaine agus niúmóine. Chuaigh bás Washington i bhfeidhm go mór ar an náisiún, agus d'fhreastail náisiún caoineadh ar a shochraid.

Mar fhocal scoir, aistear iontach a bhí i saol George Washington ó shuirbhéir óg i bhfásach Achadh an Iúir go dtí ceannaire urramach náisiún nua. Bhí ról lárnach ag a stuaim mhíleata, a ghaois pholaitiúil, agus a thiomantas do phrionsabail na saoirse agus an rialachais bhunreachtúil i múnlú na Stát Aontaithe. Síneann oidhreacht Washington thar a chuid éachtaí ar pháirc an chatha agus in oifig na huachtaránachta; cuimsíonn sé na luachanna agus na hidéil marthanacha a leanann de shainiú an náisiúin. Mar an ceannaire dosháraithe a threoraigh na Stáit Aontaithe trí na blianta múnlaitheacha, tá ranníocaíochtaí George Washington mar chuid lárnach de stair Mheiriceá i gcónaí, agus maireann a oidhreacht mar chomhartha ceannaireachta agus tógáil náisiún.

46. Máthair Teresa (An Albáin/An India)

Rugadh an Mháthair Teresa, a darbh ainm Anjezë Gonxhe Bojaxhiu ar dtús, ar 26 Lúnasa, 1910, i Skopje, a bhí mar chuid den Impireacht Ottomanach an tráth sin agus atá anois ina príomhchathair ar an Mhacadóin Thuaidh. Ba de bhunadh Albanach a tuismitheoirí, Nikollë agus Dranafile Bojaxhiu. Ó aois an-óg, léirigh Anjezë tuiscint dhomhain comhbhá agus fonn cuidiú leo siúd a bhí i ngátar.

Glao Luath Reiligiúnach

Ag 12 bliana d'aois, bhí taithí ag Anjezë ar "glaoch laistigh de ghlao" a thug sí le linn oilithreacht chuig Eaglais na Madonna Duibhe. Spreag an taithí spioradálta seo í chun a saol a chaitheamh le seirbhís reiligiúnach.

Thosaigh sí leis na Siúracha Loreto, pobal mná rialta Éireannacha, in aois a 18 agus fuair sí an t-ainm Sister Mary Teresa.

Oideachas agus Luathghairm

Oiliúint mar Mhúinteoir: Tar éis di dul isteach i Siúracha Loreto, cuireadh an tSiúr Teresa go hÉirinn ar feadh a tréimhse nua. Bhog sí ansin go Darjeeling, India, chun tús a chur lena hoiliúint mar mhúinteoir.

Bhí dúthracht an tSiúr Teresa don oideachas agus a grá do dhaoine bochta agus imeallaithe le feiceáil le linn a luathbhlianta mar mhúinteoir.

Ag múineadh i gCalcúta: Mhúin an tSiúr Teresa ag Ardscoil Naomh Muire i gCalcúta ar feadh beagnach 20 bliain. Thuill a tiomantas don oideachas agus a nádúr trócaireach meas agus ardmheas na mac léinn agus na comhghleacaithe di.

Mar sin féin, bhí a saol ar tí seal suntasach a ghlacadh mar gur mhothaigh sí gairm mhéadaithe chun freastal ar na daoine is boichte de na boicht.

Bunú Misinéirí na Carthanachta

Inspioráid chun Freastal ar na Bocht: Sa bhliain 1946, le linn a turas traenach go Darjeeling, fuair an tSiúr Teresa taithí ar an rud ar thug sí síos níos déanaí mar "glaoch laistigh de ghlao." Mhothaigh sí go raibh uirthi an clochar a fhágáil agus cónaí i measc na mbochtán chun freastal orthu go díreach.

An bhliain dár gcionn, fuair sí cead ón Vatacáin chun Siúracha Loreto a fhágáil agus thosaigh sí ag maireachtáil i measc na mbochtán i slumaí Calcúta.

Misinéirí na Carthanachta a Bhunú: Sa bhliain 1950, bhunaigh an Mháthair
Teresa Misinéirí na Carthanachta go hoifigiúil, pobal reiligiúnach atá
tiomnaithe do fhreastal ar "an ocrach, na nocht, na daoine gan dídean, na
daoine lag, na daill, na lobhar, na daoine sin go léir nach dteastaíonn uathu,
gan grá, gan chúram ar fud na sochaí, daoine atá éirithe ina n-ualach ar an
gcumann agus atá seachanta ag gach duine."
D'fhás Misinéirí na Carthanachta go tapa, ag leathnú a gcuid oibre thar
Calcúta go codanna eile den India agus ar deireadh thiar go tíortha éagsúla
ar fud an domhain.

Oibreacha agus Éachtaí Suntasacha

Tithe do Dhaoine a Bhásaíonn: Dhírigh misean na Máthar Teresa ar chúram
a sholáthar do na daoine is díothaí agus dóibh siúd a bhfuil tinneas foirceanta
orthu. Bhunaigh sí "Nirmal Hriday" (Pure Heart), áit chónaithe do na daoine
a bhí ag fáil bháis, áit a bhféadfadh daoine aonair cúram dínit a fháil ina
chuimhneacháin deiridh.

Tháinig an Tí Kaligat do na Daoine atá ag Marú i gCalcúta ina shiombail de
chomhbhá agus de sheirbhís neamhleithleach.

Scáthláin do Dhílleachtaithe agus Leanaí Tréigthe: D'oscail Misinéirí na
Carthanachta go leor dílleachtlanna agus scáthláin do leanaí tréigthe, rud a
chuir timpeallacht ghrámhar chothaithe ar fáil dóibh.

Chuir an Mháthair Teresa béim ar luach gach saol daonna, bcag beann ar
imthosca breithe.

Ionaid Chúraim VEID/SEIF: Mar fhreagra ar an eipidéim VEID/SEIF,
bhunaigh an Mháthair Teresa agus a Misinéirí Carthanachta ionaid chúraim
dóibh siúd a ndeachaigh an víreas i bhfeidhm orthu.

Leag a cuid oibre in aghaidh na géarchéime SEIF béim ar a tiomantas chun
freastal ar na daoine ar an imeall agus an stiogma.

Méadú Domhanda ar Mhisinéirí na Carthanachta: Faoi threoir na Máthar
Teresa, leathnaigh Misinéirí na Carthanachta a gcuid oibre lasmuigh den
India. Bunaíodh ionaid i dtíortha éagsúla, lena n-áirítear na Stáit Aontaithe,
ag cabhrú le daoine i ngátar ar scála domhanda.

Chuaigh tionchar agus tionchar na Máthar Teresa i bhfad thar
theorainneacha na hIndia.

Aitheantas agus Gradaim

Duais Nobel na Síochána (1979): Ghnóthaigh tiomantas gan staonadh na Máthar Teresa don obair dhaonnúil agus maolú na fulaingthe a cuid gradam agus onóracha. I 1979, bronnadh Duais Nobel na Síochána uirthi as a cuid iarrachtaí cúnamh a thabhairt do dhaonnacht fhulaingt.

Mhol an Coiste Nobel a "obair chun cabhair a thabhairt do fhulaingt daonnachta" agus a tiomantas don phrionsabal "grá agus comhbhá a léirítear i seirbhís neamhleithleach do dhaoine eile."

Bharat Ratna (1980): Mar aitheantas ar a seirbhís eisceachtúil don chine daonna, fuair an Mháthair Teresa an gradam sibhialtach is airde san India, an Bharat Ratna, i 1980.

D'admhaigh a tír dhúchais í mar shiombail de sheirbhís neamhleithleach agus de chomhbhá.

Dúshláin agus Léirmheastóireacht

Conspóidí a bhaineann le Misinéirí Carthanachta: Bhí cáineadh agus conspóidí i ndán don Mháthair Teresa agus do Mhisinéirí na Carthanachta, lena n-áirítear imní faoi cháilíocht an chúraim leighis a chuirtear ar fáil ina gcuid áiseanna.

D'áitigh roinnt léirmheastóirí gur chuir a cur i gcoinne frithghiniúna agus ginmhillte le saincheisteanna ródhaonra i gceantair bhochta.

Streachailt Phearsanta: Rinne scríbhinní na Máthar Teresa, a nochtadh tar éis a báis, tréimhsí in amhras spioradálta a dhoiciméadú agus mothú i bhfad i gcéin ó Dhia.

Rinne a streachailtí leis an gcreideamh, a nochtadh ina litreacha príobháideacha, í a dhaonnachtú agus a athshondas le go leor a théann i ngleic lena ndúshláin spioradálta.

Bás agus Bás

Ag dul chun báis: Fuair an Mháthair Teresa bás ar an 5 Meán Fómhair, 1997, in aois a 87 bliain. Bhí caoineadh domhanda ar a bás, agus d'fhreastail daoine mór le rá agus daoine ó gach cineál saoil ar a sochraid.

Lean a oidhreacht comhbhá agus seirbhíse ag spreagadh daoine ar fud an domhain.

Beatification (2003): Tharla builleadh na Máthar Teresa, an chéad chéim i dtreo canónú mar naomh, i 2003. Chuir an Pápa Eoin Pól II, a mheas mar chara pearsanta í, an próiseas go tapa.

D'aithin an searmanas beatification di mar "Bheannaithe Teresa de Calcúta."

Canónú (2016): In 2016, rinne an Pápa Proinsias canónú ar an Máthair Teresa mar naomh, ag aithint a buanna gaisciúla agus an leigheas míorúilteach a cuireadh i leith a idirghuí.

Déantar Naomh Teresa de Calcúta a cheiliúradh as a tiomantas neamhleithleach do na daoine is boichte.

Oidhreacht

Deilbhín Daonnúil: Is íocón daonnúil í oidhreacht na Máthar Teresa, a bhfuil cáil uirthi as a seirbhís neamhleithleálach do na baill is leochailí sa tsochaí.

Leanann a saol agus a cuid oibre ar aghaidh ag spreagadh daoine aonair agus eagraíochtaí atá tiomanta do chúiseanna carthanúla agus daonnúla.

Misinéirí na Carthanachta: Leanann Misinéirí na Carthanachta, an pobal reiligiúnach a bhunaigh sí, lena gcuid oibre ar fud an domhain, ag tabhairt aire dóibh siúd atá i mbaol, tinn agus i ngátar.

Tá prionsabail agus teagasc na Máthar Teresa fite fuaite i misean agus i luachanna na heagraíochta.

Aitheantas Domhanda na Trócaire: Is fianaise é canónú na Máthar Teresa ag an Eaglais Chaitliceach agus a haitheantas domhanda mar shiombail de chomhbhá ar thionchar buan a saoil agus a saothair.

Tá a hainm comhchiallach anois le gníomhartha cineálta, grá, agus comhbhá i dtreo na ndaoine nach bhfuil an t-ádh leo.

Mar fhocal scoir, is eiseamláir de shaol na Máthar Teresa cumhacht chlaochlaitheach na seirbhíse neamhleithleachais agus na comhbhá. Óna blianta tosaigh mar Deirfiúr le Loreto go bunú na Misinéirí Carthanachta, thiomnaigh sí í féin chun fulaingt na mbochtán agus na ndaoine imeallaithe a mhaolú. D'fhág a saothair shuntasacha, lena n-áirítear bunú tithe do dhaoine a bhí ag fáil bháis agus scáthláin do leanaí dílleachtaí, marc doscriosta ar an domhan.

Cé go ndéantar a oidhreacht a cheiliúradh ar fud an domhain, ní raibh an Mháthair Teresa gan a léirmheastóirí agus thug sí aghaidh ar dhúshláin i rith a saoil. Léiríonn na conspóidí a bhaineann le Misinéirí na Carthanachta agus a streachailtí le creideamh castacht a turais. Mar sin féin, cuireann a canónú mar naomh agus tionchar leanúnach Mhisinéirí na Carthanachta béim ar thábhacht bhuan a tiomantais don ghrá, don chomhbhá agus don tseirbhís don chine daonna. Tá an Mháthair Teresa, "Naomh na Gutters," fós ina siombail bhuan den chineáltas agus den altrúchas a sháraíonn teorainneacha reiligiúnacha agus cultúrtha.

47. Joseph Stalin (An Rúis)

Joseph Vissarionovich Stalin, a rugadh ar 18 Nollaig, 1878, i Gori, Georgia (an uair sin mar chuid den Impireacht na Rúise), chun cinn mar cheann de na figiúirí is mó tionchair agus conspóideach an 20ú haois. Rugadh é mar Ioseb Besarionis Dze Jughashvili, ghlac sé an ainm cleite "Stalin," a chiallaíonn "fear cruach."

Streachailtí Luatha

Bhí an-chraic ag baint le saol luath Stalin. Bhí a athair, gréasaí, agus a mháthair, bean níocháin, ar mhodh measartha. Tharla tragóid go luath nuair a fuair a athair bás, rud a d'fhág an teaghlach i gcruachás airgeadais.

Bhí tinneas ar óige Stalin freisin, lena n-áirítear an bolgach, rud a d'fhág coilm aghaidhe air.

Seimineár

Chláraigh Stalin ar dtús ag Seimineár Diagachta Tiflis le bheith ina shagart. Mar sin féin, mar gheall ar a nochtadh do smaointe radacacha, go háirithe Marxachas, d'fhág sé a chuid staidéir reiligiúnacha agus dul i ngleic le gluaiseachtaí réabhlóideacha.

Ba é an toradh a bhí ar a rannpháirtíocht i ngníomhaíochtaí frith-Tsaracha ná gabhálacha, príosúnacht, agus sa deireadh deoraíocht go dtí an tSibéir.

Oideachas agus Rannpháirtíocht Pholaitiúil Luath

Idéanna Réabhlóideacha: Thosaigh claochlú idé-eolaíoch Stalin agus é ag dul i ngleic le saothair Marx agus Lenin. Neartaigh a thiomantas d'idéil shóisialacha agus réabhlóideacha le linn a chuid ama in Tiflis (Tbilisi anois). Chuaigh sé isteach i bPáirtí Sóisialta Daonlathach an Lucht Oibre Seoirseach, áit ar chuir sé aithne ar phríomhchoincheapa Marxacha.

Ról sa Pháirtí Bolshevik: Rinne Stalin é féin a ailíniú leis an ngrúpa Bolshevik de Pháirtí Sóisialta Daonlathach an Lucht Oibre, faoi cheannas Vladimir Lenin. Spreag a scileanna eagrúcháin agus a thiomantas don chúis é i róil cheannaireachta.

Bhí ról ríthábhachtach ag Stalin i Réabhlóid Dheireadh Fómhair 1917 a raibh mar thoradh ar threascairt an Rialtais Shealadaigh agus bunú riail na Bolshevik.

Ardú chun Cumhachta

Commissar do Náisiúntachtaí: thuill buanna riaracháin Stalin poist tionchair dó. D'fhóin sé mar Choimisinéir an Phobail do Ghnóthaí Náisiúntachtaí, áit ar chuir sé beartais ar náisiúntachtaí agus eitneachtaí i bhfeidhm laistigh den stát Sóivéadach nuabhunaithe.

Ba é a ról ná aghaidh a thabhairt ar shaincheisteanna náisiúnta agus eitneacha a eascraíonn as comhdhéanamh éagsúil an Aontais Shóivéadaigh.

Ceannaireacht Mhíleata: Ba shuntasach an méid a chuir Stalin le linn Chogadh Cathartha na Rúise (1918-1922). Bhí ról lárnach aige in eagrú an Airm Dheirg agus ag straitéisiú i gcoinne fórsaí frith-Bholshevik.

Dhaingnigh a rath sa cheannaireacht mhíleata a sheasamh laistigh den cheannaireacht Bolshevik.

Ard-Rúnaí an CPSU: Lean ardú céime Stalin nuair a ceapadh é ina Ard-Rúnaí ar Choiste Lárnach Pháirtí Cumannach an Aontais Shóivéadaigh (CPSU) i 1922.

Thug an seasamh, a measadh ar dtús mar ní chomh suntasach, deis dó cumhacht a chomhdhlúthú trí dhílseoirí a cheapadh chuig príomhphoist agus a thionchar a leathnú laistigh den pháirtí.

Gairm agus Beartais

An Chéad Phlean Cúig Bliana: Mar cheannaire, chuir Stalin beartais eacnamaíocha i bhfeidhm a bhí dírithe ar thionsclaíocht tapa a dhéanamh ar an Aontas Sóivéadach. Dhírigh an Chéad Phlean Cúig Bliana (1928-1932) ar phleanáil eacnamaíoch láraithe, comhthiomsú na talmhaíochta, agus tosaíocht a thabhairt do thionscal trom.

Bhí sé mar aidhm ag an bplean an tAontas Sóivéadach a athrú ina chumhachtaí tionsclaíochta.

Comhthiomsú: Áiríodh i mbeartais Stalin comhthiomsú éigeantach na talmhaíochta, rud a bhí in aghaidh go suntasach ag an tuathánach.

Bhí cruatan forleathan, gorta, agus cailleadh an tsaoil mar thoradh ar an bpróiseas tiomsaithe, go háirithe le linn an Ghorta Mhóir san Úcráin (Holodomor) go luath sna 1930idí.

Purge Mór: Sna 1930idí déanacha cuireadh tús leis an bPurgadóir Mór, tréimhse faoi chois ollsmacht agus purgóidí polaitiúla. Bhí eagla ar Stalin ar easaontú inmheánach, agus dhírigh sé ar naimhde braite laistigh den pháirtí, den arm agus den tsochaí i gcoitinne.

Cuireadh na mílte chun báis, agus cuireadh go leor eile i bpríosún nó cuireadh chuig campaí saothair iad.

Oibreacha agus Éachtaí Suntasacha

Dtionsclaíochta: D'athraigh béim Stalin ar thionsclaíocht an tAontas Sóivéadach ó shochaí talmhaíochta go teach cumhachta tionsclaíoch. Chuir forbairt mhear an tionscail throm le cumas míleata agus eacnamaíoch na tíre. Chuir na héachtaí a baineadh amach sa tionsclaíocht le stádas an Aontais Shóivéadaigh mar chumhacht domhanda.

Ceannaireacht an Dara Cogadh Domhanda: Bhí ceannaireacht Stalin le linn an Dara Cogadh Domhanda lárnach i mbua an Aontais Shóivéadaigh ar an nGearmáin Naitsíoch. Chonacthas cuid de na cathanna ba shuntasaí sa chogadh ar an bhFronta Thoir, Cath Stalingrad ina measc.

Chuidigh cinntí straitéiseacha Stalin agus comhordú le fórsaí na gComhghuaillithe le defeat na gcumhachtaí Ais.

Clár na nArm Núicléacha: Rinne Stalin maoirseacht ar fhorbairt chlár airm núicléacha an Aontais Shóivéadaigh. Sa bhliain 1949, d'éirigh leis an Aontas Sóivéadach a chéad bhuama adamhach a thástáil, rud a chuir tús le rás arm an Chogaidh Fhuair.

Ardaíodh an tAontas Sóivéadach go stádas sárchumhachta mar gheall ar éadáil na gcumas núicléach.

Conspóidí agus faoi chois

Gorta agus Faoiseamh: Bhí gorta forleathan mar thoradh ar bheartais Stalin, go háirithe comhthiomsú, go háirithe san Úcráin le linn an Holodomor. Chuir éileamh éigeantach gráin agus cur isteach ar chleachtais talmhaíochta le géarchéim dhaonnúil.

Chuir an Purge Mór, arb iad is sainairíonna faoi chois polaitiúil, ollghabhálacha agus forghníomhaithe, oidhreacht Stalin níos mó.

Cult na Pearsantachta: Chothaigh Stalin cultas pearsantachta, ag cothú íomhá de féin mar cheannaire cineálta agus dothuigthe. Neartaigh portráidí, dealbha, agus bolscaireacht an miotas "Stalin the Wise."

Chuir cultas na pearsantachta le timpeallacht eagla agus easaontais faoi chois.

Bás agus Oidhreacht

Bás: Fuair Joseph Stalin bás ar 5 Márta, 1953, ag aois 74. Liostaíodh cúis oifigiúil an bháis mar hemorrhage cheirbreach.

Ba é a bhás ná deireadh ré agus cuireadh tús le meastóireacht chasta ar a oidhreacht.

Oidhreacht Mheasctha

Tá oidhreacht Stalin marcáilte ag idirghníomhú casta éachtaí agus buanna. Cé go raibh ról ríthábhachtach aige i dtionsclaíochta agus i nuachóiriú an Aontais Shóivéadaigh, bhí fulaingt agus cailleadh an tsaoil an-mhór mar thoradh ar a chuid polasaithe.

Tá gnéithe conspóideacha a cheannaireachta á bplé i gcónaí i measc staraithe agus scoláirí.

Athmheasúnú tar éis bháis

Tar éis bhás Stalin, cháin a chomharba, Nikita Khrushchev, cultas a phearsantachta agus d'admhaigh sé farasbairr an Phurgadóir Mhóir.

Chuir ceannairí ina dhiaidh sin beartais dí-Stalinithe i bhfeidhm, ag baint dealbha, ag athainmniú cathracha, agus ag iarraidh an tAontas Sóivéadach a scaradh ó na gnéithe dorcha de riail Stalin.

Mar fhocal scoir, cuimsíonn saol agus ceannaireacht Joseph Stalin tréimhse chorraitheach i stair an domhain. Ó chúlra humble, d'ardaigh sé chun bheith ina dhuine lárnach i Réabhlóid na Rúise, ag treorú an Aontais Shóivéadaigh trí thréimhsí de chlaochlú gasta agus de chruatan ollmhór. Tá oidhreacht Stalin ar cheann de na contrárthachtaí, le héachtaí i dtionsclaíochta agus bua sa Dara Cogadh Domhanda faoi scáth dola daonna a chuid polasaithe agus faoi chois na heasaontais. Leanann an díospóireacht faoi oidhreacht Stalin ar aghaidh, rud a léiríonn nádúr casta an tionchair a bhí aige ar an Aontas Sóivéadach agus ar an 20ú haois ina iomláine.

48. Augustus Caesar (An Róimh)

Rugadh Gaius Octavius Thurinus, ar a dtugtar Augustus Caesar sa stair, ar 23 Meán Fómhair, 63 BCE, sa Róimh, le linn tréimhse suaitheadh polaitiúil. Ba é sin-nea agus mac uchtaithe Julius Caesar, an ginearál míleata clúiteach agus státaire. Fuair athair Augustus, Gaius Octavius, bás nuair a bhí sé ceithre bliana d'aois, agus phós a mháthair, Atia, isteach i dteaghlach mór le rá Julian, rud a chuir faoi chiorcail pholaitiúla a raibh tionchar acu air.

Fuair Augustus oideachas Rómhánach traidisiúnta, ag díriú ar litríocht, reitric, agus fealsúnacht. Múinteoirí mór le rá a rinne maoirsiú ar a chuid staidéir, rud a chuir bunús láidir sna healaíona agus sna daonnachtaí ar fáil dó.

In ainneoin na timpeallachta suaite polaitiúla, d'ullmhaigh oideachas Augustus é do dhúshláin na ceannaireachta sa Phoblacht Rómhánach.

Ardú chun Cumhachta agus na Triumvirates

Glacadh le Julius Caesar: Tháinig athrú suntasach ar shaol Augustus sa bhliain 44 BCE nuair a dúnmharaíodh Iúl Caesar. Le huacht Caesar, ghlac sé Augustus mar a mhac agus mar oidhre, rud a thiomnaigh sé fortún substaintiúil agus oidhreacht pholaitiúil shuntasach.

Agus é 18 mbliana d'aois, fuair Augustus é féin isteach i ndomhan casta agus luaineach pholaitíocht na Róimhe.

Cruthú an Chéad Triumvirate: Sa streachailt cumhachta a lean tar éis fheallmharú Caesar, rinne Ágastas é féin a ailíniú le Marcus Antonius (Mark Antony) agus Marcus Aemilius Lepidus chun an Chéad Triumvirate a chruthú sa bhliain 43 BCE.

Thug an chomhghuaillíocht pholaitiúil seo deis do Ágastas cumhacht a chomhdhlúthú agus díoltas a lorg as dúnmharú Caesar.

Cathanna na bhFilipí: Chuaigh na Triumvirs, faoi cheannas Augustus, Antony, agus Lepidus, i gcoinne fórsaí an ghrúpa seanadóir i gCathanna Filipí sa bhliain 42 BCE. Bhí an bua ag na Triumvirs, rud a chuir deireadh le príomhchomhraic.

In ainneoin a rathúlachta, lean teannais laistigh den Triumvirate, rud a d'fhág go raibh briseadh síos sa chaidreamh idir Octavian (Augustus) agus Antony.

An bua ar Antony agus Cleopatra

Iomaíocht le hAntony: Chuaigh an caidreamh idir Augustus agus Mark Antony chun cinn faoi cheisteanna cumhachta, dílseachta agus cúrsaí pearsanta. Chuir caidreamh Antony le Cleopatra, Banríon na hÉigipte, brú breise ar a gcomhghuaillíocht.

Tháinig an choimhlint chun cinn i gCath Chabhlaigh Actium sa 31 BCE, áit ar bhain Ágastas amach go cinntitheach ar chomhfhórsaí Antony agus Cleopatra.

Deireadh leis an Ríshliocht Ptolemaic: Ba é an bua ag Actium ná deireadh an ríshliocht Ptolemaic san Éigipt. Rinne Cleopatra agus Antony araon féinmharú ina dhiaidh sin, agus rinneadh cúige Rómhánach den Éigipt.

Tháinig Augustus chun cinn mar mháistir gan sárú ar an Róimh, ag comhdhlúthú a chumhacht agus ag leagan amach an stáitse chun Poblacht na Róimhe a chlaochlú go hImpireacht na Róimhe.

An Príomhoide

Bunú an Phrionsabail: Sa bhliain 27 BCE, rinne Ágastas chomhartha siombalach trí chumhachtaí urghnácha a ghéilleadh, ag cur i láthair é féin mar athshlánaitheoir Phoblacht na Róimhe. Mar sin féin, labhair a ghníomhartha a mhalairt.

Bhronn an Seanad na teidil "Augustus" agus "Princeps" dó, rud a chuir tús leis an bPrionsabal, foirm nua rialtais a raibh údarás deiridh ag Ágastas agus é ag coinneáil aghaidh na n-institiúidí poblachtacha traidisiúnta.

Leasuithe agus Riarachán: Chuir Augustus tús le sraith leasuithe chun an stát Rómhánach a chobhsú. Thug sé faoi chlár tógála ollmhór, lena n-áirítear tógáil bóithre, droichead, agus uiscerianta, ag cur le rathúnas agus aontacht na hImpireachta.

I measc na leasuithe riaracháin bhí bunú státseirbhíse gairmiúla agus atheagrú arm na Róimhe.

Daonáireamh agus an Pax Romana: Rinne Augustus daonáireamh cuimsitheach chun cánachas agus saoránacht na Róimhe a eagrú níos fearr. Tugadh "Daonáireamh Ágastas" ar an daonáireamh seo agus bhí sé ríthábhachtach d'fheidhmiú éifeachtach an stáit Rómhánach.

Ba theist ar iarrachtaí rialachais agus taidhleoireachta Ágastas an tréimhse de shíocháin agus de chobhsaíocht choibhneasta a lean, ar a dtugtar an Pax Romana.

Éachtaí Cultúrtha agus Ailtireachta

Pátrúnacht na nEalaíon: Bhí Ágastas ina phátrún ar na healaíona agus ar an litríocht, ag tacú le filí mar Virgil, Horace, agus Propertius. Choimisiúnaigh Ágastas dán eipiciúil Veirgil, an "Aeneid," chun bunús na Róimhe agus a riail a ghlóiriú.

Bhí sé mar aidhm ag Augustus féiniúlacht agus mórtas Rómhánach a chothú trí thionscnaimh chultúrtha.

Tionscadail Ailtireachta: D'fhág Augustus marc doscriosta ar spéirlíne na Róimhe le go leor tionscadal ailtireachta. Ba é an ceann ba shuntasaí ná atógáil an Fhóraim Rómhánach, a chuimsigh Teampall Caesar agus Teampall Divus Augustus.

Léirigh Fóram Augustus, a críochnaíodh sa 2 BCE, a thiomantas d'fhorbairt uirbeach agus do ghlóir na Róimhe.

Teaghlach agus Comharbais

Póstaí agus Oidhrí: Phós Augustus trí huaire, agus bhí a shaol teaghlaigh marcáilte ag tragóid agus ainliú polaitiúil. Rug a chéad bhean, Scribonia, iníon dó darbh ainm Julia.

Ba é an t-oidhre ba shuntasaí a bhí ag Augustus ná a leasmhac Tiberius, mac a thríú bean chéile, Livia Drusilla. Tháinig Tiberius i gcomharbacht ar Ágastas ar deireadh mar Impire.

Pleananna Comharbais: Bhí dúshláin roimh Augustus maidir le comharbas cobhsaí a bhaint amach. Bhí bac ar a chuid pleananna chun riail dhinimiciúil a bhunú mar gheall ar bhás anabaí oidhrí ionchasacha, lena n-áirítear Gaius agus Lucius, clann mhac Agrippa agus Julia.

Tháinig Tiberius, leasmhac Augustus, i gcomharbacht air ar deireadh thiar sa 14 CE, rud a léirigh go raibh an ríshliocht Julio-Claudian fós ann.

Bás agus Oidhreacht

Bás Ágastas: Fuair Ágastas bás ar 19 Lúnasa, 14 CE, in aois a 75 bliana d'aois. Tharla a bhás le linn stoirme toirní, rud a chuir leis an tuairim go raibh sé deified.

Ina uacht, d'fhág Ágastas treoracha maidir le bunú an Phríomhoide agus leanúint den chóras impiriúil.

Deification agus Cultúir Ágastas: Tar éis a bháis, rinne an Seanad Ágastas ar Ágastas, agus tugadh Divus Augustus air. Chuir a chult, ar a dtugtar "Cult of Augustus," béim ar a ról mar athshlánaitheoir stáit na Róimhe agus mar sholáthraí na síochána.

Bhí teampaill agus altars tiomnaithe do Ágastas, agus bhí a íomhá le feiceáil ar bhoinn agus séadchomharthaí ar fud an Impireacht.

Tionchar Marthanach: Tá oidhreacht Augustus domhain, mar bhí ról lárnach aige i gclaochlú na Róimhe ó phoblacht go himpireacht. Ba é a réimeas ná tús an ríshliocht Julio-Claudian, ag leagan an stáitse le haghaidh leathnú agus comhdhlúthú cumhachta Impireacht na Róimhe.

Thug an Pax Romana, a bunaíodh le linn riail Augustus, tréimhse de shíocháin agus de rathúnas choibhneasta go dtí an domhan Rómhánach, ag cothú fás cultúrtha agus eacnamaíoch.

Mar fhocal scoir, bhí saol Augustus Caesar ina saga de láimhsiú polaitiúil, cumas míleata, agus státaireacht bhuan. Tháinig ceannaire chun cinn ó chaos titim Phoblacht na Róimhe, ní hamháin a d'athbhunaigh ord ach a leag an dúshraith do chóras impiriúil marthanach. Mhúnlaigh tionscadail ailtireachta Augustus, pátrúnacht chultúrtha, agus athchóirithe riaracháin féiniúlacht na Róimhe le linn na Pax Romana. D'éirigh lena oidhreacht mar an chéad Impire Rómhánach a dhíbirt agus a urramú, mhair i bhfad i ndiaidh a bháis, rud a d'fhág marc doscriosta ar leathanaigh na staire agus ar chreatlach Impireacht na Róimhe.

49. Tutankhamun (An Éigipt)

Rugadh Tutankhamun, an pharaoh cáiliúil Éigipteach, timpeall 1341 BCE le linn Ochtú Ríshliocht Déag na Ríochta Nua. Ba é a áit bhreithe an chathair Akhenaten, ar tugadh Amarna níos déanaí, cathair a bhunaigh a réamhtheachtaí agus b'fhéidir a athair, Akhenaten. Rugadh mar Tutankhaten é, agus d'athraigh sé a ainm go Tutankhamun níos déanaí, rud a léirigh filleadh ar chleachtais reiligiúnacha traidisiúnta na hÉigipte.

Oideachas agus Tionchair Luatha

Múnlaíodh luathbhlianta Tutankhamun ag an gcruachás reiligiúnach agus polaitiúil a chuir Akhenaten tús leis, a bhí i gceannas ar adhradh an diosca gréine, Aten, thar dhéithe traidisiúnta na hÉigipte. Creidtear go bhfuair Tutankhamun oideachas i dteagasc nua creidimh a athar.

Chuir bás Akhenaten agus réimeas Smenkhkare enigmatic ina dhiaidh sin, b'fhéidir deartháir nó leasdearthair níos sine Tutankhamun, leis an aeráid chasta pholaitiúil le linn bhlianta múnlaitheacha Tutankhamun.

Ascension to the Throne

Aontachas agus Leasuithe Reiligiúnacha: Chuaigh Tutankhamun suas ar an ríchathaoir in aois a naoi nó a deich, tar éis bhás Smenkhkare. Ba léiriú é a réimeas luath nuair a aisiompaíodh na leasuithe reiligiúnacha a thionscain Akhenaten, agus é ag athchóiriú déithe traidisiúnta, lena n-áirítear Amun, ar adhradh na ndéithe traidisiúnta.

Bhí ról ríthábhachtach ag príomhchomhairleoir an pharaoh agus regent féideartha, Ay, chun an rí óg a threorú trí chasta an rialachais le linn na hidirthréimhse seo.

Ealaín agus Ailtireacht

Gníomhaíochtaí Tógála: In ainneoin a réime gairid, bhí Tutankhamun i mbun gníomhaíochtaí tógála, ag tógáil struchtúir agus séadchomharthaí chun a oidhreacht a dhaingniú. Ina measc tá athchóiriú Theampall Karnak, coimpléasc reiligiúnach suntasach atá tiomnaithe d'Amun.

Chuir na breisithe agus na hathchóirithe a rinne Tutankhamun ar struchtúir atá ann cheana féin béim ar a thiomantas chun cleachtais reiligiúnacha traidisiúnta na hÉigipte a athbheochan.

Pósadh agus Teaghlach

Pósadh le hAnkhesenamun: Phós Tutankhamun a leathdheirfiúr Ankhesenamun, cleachtas coitianta i measc ríchíosa na hÉigipte chun íonacht na fola ríoga a choinneáil. Léirigh aontas na lánúine, cé go raibh leanúnachas dynastic á chinntiú aige, na caidrimh chasta teaghlaigh laistigh den chúirt ríoga.

Chuir easpa oidhrí marthanacha ó aontas Tutankhamun agus Ankhesenamun le dúshláin an chomharbais tar éis bhás anabaí Tutankhamun.

Oibreacha agus Éachtaí Suntasacha

Seoda na Sochraide: B'fhéidir go bhfuil aithne níos fearr ar Tutankhamun mar gheall ar a sheomra adhlactha slán a d'aimsigh an seandálaí Howard Carter i nGleann na Ríthe i 1922. Bhí réimse urghnách seoda sochraide sa tuama, lena n-áirítear masc órga íocónach an bháis a tháinig chun bheith ina masc buan. siombail na hÉigipte ársa.

Sa seomra adhlactha freisin bhí troscán casta, seodra, carbaid agus déantáin eile, a sholáthair léargais luachmhara ar chultúr ábhartha agus ar chreidimh reiligiúnacha an ama.

Athchóiriú an Reiligiúin Thraidisiúnta: Ba mhór an éacht le linn a réime é athchóiriú Tutankhamun ar chleachtais reiligiúnacha thraidisiúnta na hÉigipte, lena n-áirítear Amun a athbhunú mar phríomhdhia.

Chuir an t-athailíniú reiligiúnach seo le cobhsaíocht na ríochta agus fuair sé tacaíocht na sagartachta cumhachtach, ag cur le dlisteanacht Tutankhamun mar rialóir.

Bás agus Teoiricí ina Timpeall

Teoiricí faoi Bhás Tutankhamun: Is iomaí tuairimíocht agus fiosrú eolaíoch a rinneadh ar na cúinsí a bhain le bás Tutankhamun. Cé go bhfuil cúis chruinn a bháis neamhchinnte fós, tá teoiricí éagsúla molta, lena n-áirítear breoiteacht, ionfhabhtú agus timpistí.

Tugann anailísí eolaíocha a rinneadh le déanaí, lena n-áirítear staidéir DNA agus scananna CT, le fios go bhféadfadh saincheisteanna sláinte iolracha a bheith ag Tutankhamun, lena n-áirítear bristeadh cos agus maláire, a d'fhéadfadh a bheith tar éis cur lena bhás roimh am.

Aois ag Bás agus Oidhreacht

Fuair Tutankhamun bás timpeall ocht mbliana déag nó naoi mbliana déag d'aois, agus ba é an toradh a bhí ar a bhás tobann ná gur ullmhaíodh go gasta a adhlacadh. D'fhág bás an pharaoh óig folús cumhachta, rud a chuir an stáitse le haghaidh comharbas rialóirí sna blianta ina dhiaidh sin.

Ainneoin chomh giorra is a bhí a réimeas, d'éirigh le hoidhreacht Tutankhamun trí chaomhnú iontach a thuama agus a chuid seoda, ag tabhairt spléachadh annamh ar shaibhreas agus ar shaibhreas cultúrtha na Ríochta Nua.

Imeachtaí iarbháis agus Comharbas

Comharbóirí agus Deireadh an Ochtú Ríshliocht Déag: Tar éis bhás Tutankhamun, ghlac a chomhairleoir agus b'fhéidir a sheanathair céile, Ay, an ríchathaoir. Tháinig Horemheb, ceannasaí míleata, i gcomharbacht ar réimeas gairid Ay, rud a chuir deireadh leis an Ochtú Ríshliocht Déag.

Bhí sé mar aidhm ag réimeas Horemheb rianta de Thréimhse Amarna a dhíothú agus cobhsaíocht a thabhairt ar ais go dtí an Éigipt, ag leagan an stáitse don Naoú Ríshliocht Déag ina dhiaidh sin.

Athfhionnachtain Nua-Aimseartha

Fionnachtain an Tuama: Bhí tuama Tutankhamun i bhfolach i nGleann na Rí ar feadh níos mó ná trí mhíle bliain go dtí gur thángthas air ag Howard Carter sa bhliain 1922. Tharraing nochtadh an tuama agus a chuid seoda samhlaíocht an domhain agus spreag spéis athnuaite san Éigipt ársa.

Chinntigh doiciméadú mionchruinn agus iarrachtaí caomhnaithe Carter agus a fhoireann go ndéanfaí staidéar ar oidhreacht Tutankhamun agus go mbeadh meas uirthi do na glúnta atá le teacht.

Tionchar Cultúrtha agus Turasóireacht

Achomharc Domhanda Tutankhamun: Tá an spéis dhomhanda i seoda Tutankhamun, go háirithe masc órga an bháis, tar éis dul thar réimsí na seandálaíochta agus na staire. Chuaigh na déantáin óna thuama ar camchuairt an domhain, ag tarraingt na milliúin cuairteoirí agus ag cur le turasóireacht chultúrtha na hÉigipte.

Tá íomhá íocónach an pharaoh buachaill comhchiallach le sibhialtacht na hÉigipte ársa agus leanann sé ar aghaidh ag mealladh samhlaíochta daoine.

Mar fhocal scoir, d'fhág Tutankhamun, buachaill pharaoh na hÉigipte, marc doscriosta ar an stair in ainneoin go raibh sé chomh gairid agus a bhí a réimeas. Chuir an t-athchóiriú a rinne sé ar chleachtais thraidisiúnta reiligiúnacha, éirim a sheoda adhlactha, agus an rúndiamhair a bhain lena bhás roimh am lena spéis leanúnach san Éigipt ársa. Seasann oidhreacht

Tutankhamun, atá caomhnaithe i seoda a thuama, mar theist ar shaibhreas chultúr na hÉigipte le linn na Ríochta Nua agus feidhmíonn sé mar dhroichead a nascann an saol nua-aimseartha le splendors an am atá caite.

50. Sir Arthur Conan Doyle (Albain)

Rachaidh Sir Arthur Ignatius Conan Doyle, a rugadh ar an 22 Bealtaine, 1859, i nDún Éideann, Albain, ar dhuine de na scríbhneoirí is clúití agus ba mhó le rá dá chuid. Ealaíontóir ba ea a athair, Charles Altamont Doyle, agus ba de theaghlach Caitliceach Éireannach a mháthair, Mary Foley. Bhí Conan Doyle ar an tríú duine de dheichniúr clainne i dteaghlach Doyle.

Oideachas agus Tionchair Luatha

Bhí luathoideachas Conan Doyle ar siúl sa bhaile, agus ina dhiaidh sin d'fhreastail sé ar Hodder Place, Stonyhurst, scoil ullmhúcháin Íosánach. Spreag a thaithí ag Stonyhurst, go háirithe tionchar a mhúinteoirí, braistint láidir moráltachta agus smachta ann.

Chuaigh sé ar aghaidh le staidéar a dhéanamh ar leigheas in Ollscoil Dhún Éideann, áit ar chuir sé suim sa litríocht agus sa scríbhneoireacht. Bheadh tionchar níos déanaí ag a chuid staidéir leighis ar chruthú ceann de na bleachtairí ficseanúla is cáiliúla, Sherlock Holmes.

Gairm Leighis agus Mianta Scríbhneoireachta

Cleachtas Liachta: Chríochnaigh Conan Doyle a chéim leighis in 1881 agus thosaigh sé ar ghairm bheatha mar mháinlia loinge. Bhí sé ar roinnt turasanna, lena n-áirítear turas chuig an Artach, rud a spreag a chuid scríbhneoireachta amach anseo.

In ainneoin a ghairm bheatha leighis, bhí níos mó tarraingte ag Conan Doyle ar an litríocht. Thosaigh sé ag scríobh gearrscéalta agus á gcur faoi bhráid irisí éagsúla.

Gairm sa Scríbhneoireacht

Saothair Luatha agus Aitheantas: Úrscéalta stairiúla agus scéalta eachtraíochta go príomha a bhí i saothair luatha Conan Doyle. Ba é a chéad phíosa suntasach "A Study in Scarlet," a thug isteach carachtar Sherlock Holmes agus a chara an Dr. John Watson.

Ba bheag an glacadh a cuireadh le Holmes ar dtús, ach leag sé an dúshraith do shraith a thiocfadh chun bheith ar cheann de na sraitheanna bleachtaireachta is íocónach sa stair liteartha.

Sherlock Holmes: Feiniméan Liteartha: Rinne carachtar Sherlock Holmes a chéad uair in "A Study in Scarlet" sa bhliain 1887. Tharraing Holmes, a bhfuil cáil air mar gheall ar a réasúnaíocht dhéaduchtach iontach, a bhreathnóireacht ghéar, agus a chur chuige loighciúil chun rúndiamhra a réiteach, samhlaíocht na léitheoirí go tapa. .

Lean rath Holmes ar aghaidh le sraith gearrscéalta a foilsíodh in The Strand Magazine, ina measc "The Adventures of Sherlock Holmes" (1892), "The Memoirs of Sherlock Holmes" (1894), agus bailiúcháin eile.

Ní hamháin gur chruthaigh Conan Doyle de Sherlock Holmes clú agus rath airgeadais air ach bhunaigh sé an seánra bleachtaireachta mar fhoirm liteartha a bhfuil an-tóir uirthi agus a bhí marthanach.

Oibreacha Suntacha

Sraith Sherlock Holmes: Tá ceithre úrscéal agus sé ghearrscéal caoga sa tsraith Sherlock Holmes. Meastar úrscéalta mar "The Hound of the Baskervilles" (1902) agus "The Valley of Fear" (1915) mar chlasaicigh d'fhicsean bleachtaireachta.

Mar gheall ar an éileamh a bhí ar Holmes rinneadh oiriúnuithe ar mheáin éagsúla, lena n-áirítear léiriúcháin stáitse, craoltaí raidió, agus scannáin. Tháinig an carachtar feiniméan cultúrtha, transcending litríocht.

Ficsean Stairiúil agus Ficsean Eolaíochta: Taobh amuigh den seánra bleachtaireachta, rinne Conan Doyle iniúchadh ar fhicsean stairiúil, ag scríobh úrscéalta mar "Micah Clarke" (1889) agus "The White Company" (1891). Chuaigh sé isteach sa fhicsean eolaíochta freisin le saothair ar nós "The Lost World" (1912), a léirigh eachtraí an Ollaimh Challenger.

Léirigh cumas Conan Doyle bogadh idir seánraí a sholúbthacht mar scríbhneoir agus chuir sé lena thionchar buan ar an litríocht.

Éachtaí agus Aitheantas

Ridire agus Onóracha Liteartha: Sa bhliain 1902, rinne an Rí Éadbhard VII ridire Conan Doyle as a sheirbhís mar dhochtúir deonach i gCogadh na mBórach. Bhí ról ag a chuid éachtaí liteartha, go háirithe cruthú Sherlock Holmes, san onóir.

In ainneoin an tóir a bhí ar Holmes, bhí Conan Doyle ag iarraidh go n-aithneofaí é as a chuid úrscéalta stairiúla agus a shaothair eile. Mar sin féin, chuir an bleachtaire scáth ar a chuid iarrachtaí liteartha eile.

Spioradáltacht agus Conspóidí

Suim san asarlaíocht: Chuir Conan Doyle spéis sa spioradáltacht agus san asarlaíocht. D'fhreastail sé ar na séances agus bhí sé ina chreidmheach go láidir i gcumarsáid leis na mairbh. Mar gheall ar an spéis seo bhí caidreamh dian le roinnt dá phiaraí liteartha, lena n-áirítear a dhlúthchara, Houdini.

Bhí a chloí leis an spioradáltacht ina ábhar conspóide, agus ó am go chéile chuir a sheasamh poiblí ar an ábhar a chuid éachtaí liteartha faoi scáth.

Saol Pearsanta agus Teaghlaigh

Pósadh agus Leanaí: Sa bhliain 1885, phós Conan Doyle Louisa Hawkins, a raibh beirt leanaí aige, Mary agus Kingsley. Bhí tragóidí pearsanta marcáilte ar shaol a theaghlaigh, lena n-áirítear bás a mhac Kingsley sa Chéad Chogadh Domhanda.

Chuaigh tionchar an Chéad Chogadh Domhanda i bhfeidhm go mór ar Conan Doyle, rud a thug air tacú go gníomhach leis an iarracht chogaidh agus labhairt go poiblí faoin gcoimhlint.

Blianta Níos déanaí agus Bás

An Chéad Chogadh Domhanda agus an tSeirbhís Phoiblí: Le linn an Chéad Chogadh Domhanda, d'fhóin Conan Doyle mar dhochtúir deonach, in ainneoin é a bheith sna caogaidí. Scríobh sé paimfléid ar an gcogadh agus bhí baint aige le gníomhaíochtaí éagsúla a bhain leis an gcogadh.

Chuaigh an cogadh i bhfeidhm ar shláinte Chonán Doyle, ach lean sé dá shaothar liteartha agus dá sheirbhís phoiblí.

Bás agus Oidhreacht: Fuair Sir Arthur Conan Doyle bás ar 7 Iúil, 1930, in aois a 71 bliain, de bharr taom croí. Ba é a bhás ná deireadh ré i bhficsean bleachtaireachta.

Is é Sherlock Holmes a shainíonn oidhreacht Conan Doyle go príomha, carachtar atá anois ina shiombail den réasúnaíocht dhéaduchtach agus den anailís loighciúil. Bhí tionchar ag Holmes ar líon bleachtairí ficseanúla eile agus tá sé fós ina dhuine ionúin i gcultúr an phobail.

Oidhreacht agus Tionchar

Tionchar Liteartha: Tá tionchar Conan Doyle ar an litríocht do-tomhaiste. Carachtar gan ré is ea Sherlock Holmes a leanann air ag mealladh léitheoirí agus ag spreagadh scríbhneoirí ar feadh na nglún. D'fhág cur chuige loighciúil an bhleachtaire chun rúndiamhra a réiteach marc doscriosta ar an seánra bleachtaireachta.

Tá scéalta Sherlock Holmes á léamh agus á n-oiriúnú go forleathan fós, le léirmhínithe nua sa litríocht, sa teilifís, agus sa scannán, ag taispeáint a n-éileamh buan.

Deilbhín Cultúir: Síneann an méid a chuireann Conan Doyle le litríocht agus cultúr móréilimh níos faide ná Holmes. Chuir a iniúchadh ar fhicsean stairiúil, ficsean eolaíochta, agus scéalta eachtraíochta saibhriú ar an tírdhreach liteartha.

Cé gurb é Holmes an saothar is cáiliúla dá chuid, léiríonn saothar ilghnéitheach Conan Doyle a scil maidir le hinsintí láidre a chumadh thar seánraí éagsúla.

Mar fhocal scoir, bhí saol agus slí bheatha Sir Arthur Conan Doyle marcáilte ag nuálaíocht liteartha agus tionchar cultúrtha. Rinne a chruthú Sherlock Holmes an seánra bleachtaireachta a réabhlóidiú, ag déanamh rian buan ar an litríocht agus ar an gcultúr móréilimh. Taobh amuigh de Holmes, neartaíonn solúbthacht Conan Doyle mar scríbhneoir agus an méid a chuireann sé le ficsean stairiúil agus ficsean eolaíochta a stádas mar fhathach liteartha. Maireann a oidhreacht trí na scéalta bleachtaireachta gan am a leanann ar aghaidh ag gabháil do léitheoirí agus a spreagann iad ar fud an domhain.

51. Archimedes (An Ghréig)

Rugadh Archimedes, duine de na matamaiticeoirí agus na heolaithe is mó sa Ghréig ársa, timpeall na bliana 287 BCE i gcathair Syracuse ar oileán na Sicile. Bhain sé le teaghlach ársa agus ardmheas, agus bhí a athair, Phidias, ina réalteolaí. Is beag atá ar eolas faoi luathoideachas Archimedes, ach is dócha go bhfuair sé teagasc sa mhatamaitic, san eolaíocht agus sa fhealsúnacht, ag leagan an bhunsraith dá ghníomhartha intleachtúla amach anseo.

Cúlra Oideachais

Seans go ndearna Archimedes staidéar in Alexandria, san Éigipt, a bhí ina lárionad foghlama lena linn. Chuirfeadh Leabharlann Alexandria, lena cnuasach mór lámhscríbhinní, saothar na matamaiticeoirí agus na n-eolaithe roimhe sin i láthair dó.

Creidtear go raibh sé ina mhac léinn leis an matamaiticeoir Euclid, agus chuimsigh a oideachas matamaitice céimseata, uimhríocht, agus brainsí eile den mhatamaitic.

Gairm agus Ranníocaíochtaí

Syracuse agus Pátrúnacht Ríoga: Chaith Archimedes an chuid is mó dá shaol i Syracuse, áit ar bhain sé clú amach as a bhuanna suntasacha sa mhatamaitic, san fhisic agus san innealtóireacht. Ní hamháin gur scoláire a bhí ann ach ba aireagóir agus innealtóir é freisin, ag cur a phrionsabail matamaitice i bhfeidhm ar dhúshláin phraiticiúla.

Le linn a chuid ama i Syracuse, d'fhorbair Archimedes dlúthbhaint leis an Rí Hiero II, a d'aithin agus a raibh meas aige ar a genius. Thug an phátrúnacht ríoga seo na hacmhainní agus an tacaíocht do Archimedes chun a chuid iarrachtaí eolaíochta a dhéanamh.

Scriú Archimedes agus Scriú Uisce: Ceann de na haireagáin shuntasacha atá ag Archimedes ná scriú Archimedes, gléas atá deartha chun uisce a ardú. Is éard a bhí sa mheicníocht scriú seo ná dromchla helical a bhí fillte timpeall ar sheafta sorcóireach, rud a fhágann gur féidir uisce a ardú le haghaidh uisciúcháin nó draenála.

Léirigh an scriú uisce cumas Archimedes chun prionsabail na matamaitice a chur i bhfeidhm chun fadhbanna praiticiúla a réiteach, ag taispeáint trasnaithe na teoirice agus na hinnealtóireachta ina chuid oibre.

Hidreastatach agus Prionsabal Archimedes: Chuir Archimedes go mór leis an tuiscint ar mheicnic sreabhach. Luaitear prionsabal na buacachta, ar a dtugtar prionsabal Archimedes, go bhfulaingíonn corp atá faoi uisce i sreabhán fórsa buacach aníos atá comhionann le meáchan an tsreabháin a dhíláithríonn sé.

De réir an finscéal, d'aimsigh Archimedes an prionsabal seo agus é ag glacadh folctha agus dúirt sé, "Eureka!" (a chiallaíonn "Tá sé faighte agam") nuair a thuig sé an réiteach ar fhadhb a bhaineann le íonacht an óir.

An Luamhán agus Dlí an Luamháin: Tá baint cháiliúil ag Archimedes leis an luamhán, agus cheap sé dlí an luamháin, a deir go bhfuil an iarracht agus an fhriotaíocht iolraithe faoina n-achar faoi seach ón bhfulcroma comhionann. Ní hamháin teoiriciúil ach praiticiúla a bhí a chuid léargais ar mheicnic an luamháin, mar chuir sé na prionsabail seo i bhfeidhm ar dhearadh meaisíní éagsúla.

Éachtaí Matamaitice

Tomhas an Chiorcail: Ina shaothar "Tomhas an Chiorcail," ríomh Archimedes luach pi (π) le cruinneas iontach. Bhain sé é seo amach trí pholagáin a inscríobh agus a chur timpeall ar chiorcal agus an modh ídithe a úsáid chun an imlíne agus an t-achar a chomhfhogasú.

Leag obair Archimedes an bhunobair le haghaidh fhorbairt calcalas intí na céadta bliain níos déanaí.

Bíseach Airciméideach: Coincheap matamaitice eile é an bís Archimedes, cuar a bhfuil deighilt leanúnach aige idir casadh i ndiaidh a chéile, a chuirtear chun sochair Archimedes. Tá feidhm ag an bís seo i réimsí éagsúla, lena n-áirítear fisic, réalteolaíocht agus bitheolaíocht.

Cruthaítear an bís trí phointe a bhogadh ar luas tairiseach feadh líne atá ag rothlú ar ráta tairiseach, ag táirgeadh an chruth sainiúil a bhaineann le bíseanna Airciméacha.

Ceathairéad na Parabola: Ina thráchtas "Ceathrú na Parabola," ríomh Archimedes an limistéar atá faoi iamh ag parabóil agus ag líne dhíreach. Thaispeáin sé coincheap an cheathrú, nó an t-achar a aimsiú, d'fhíoracha geoiméadracha.

Bhain Archimedes úsáid as modh ídithe chun an t-achar a chomhfhogasú, teicníocht a bhain le polagáin a scríobh laistigh den chruth agus an comhfhogasú a scagadh trí líon na sleasa de na polagáin inscríofa a mhéadú.

Innealtóireacht Mhíleata agus Cosaint Syracuse

Aireagáin le haghaidh Cosanta: Thug Syracuse aghaidh ar roinnt bagairtí míleata le linn shaolré Archimedes, agus bhí ról ríthábhachtach aige in aireagáin intleachtúla a cheapadh chun an chathair a chosaint.

I measc a chuid aireagán bhí an "Claw of Archimedes", meicníocht crúcaí cúngaithe a d'fhéadfaí a úsáid chun longa namhaid a ardú as an uisce, rud a fhágann go bhfuil siad i mbaol ionsaí.

Airm Scáthán agus Solas na Gréine: De réir cuntais stairiúla, d'fhorbair Archimedes córas scátháin chun solas na gréine a dhíriú ar longa Rómhánacha a bhí ag druidim linn, agus iad á gcur trí thine. Cé go bhfuil plé déanta ar fhéidearthacht an "gha teasa" seo, tá sé fós ina chuid den fhinscéal a bhaineann le hArchimedes.

Léiríonn scéal Archimedes ag úsáid scátháin chun Syracuse a chosaint a chur chuige airgtheach agus seiftiúil maidir le réiteach fadhbanna.

Bás agus Oidhreacht

Bás i Léigear Syracuse: Tháinig deireadh tragóideach le saol Archimedes le linn an Dara Cogadh Púnach nuair a bhí Syracuse faoi léigear ag fórsaí na Róimhe sa bhliain 212 BCE. In ainneoin orduithe chun Archimedes a spáráil, tuairiscítear gur mharaigh saighdiúir Rómhánach é le linn sac na cathrach.

Ba é bás Archimedes ná cailleadh meoin iontach, agus d'fhág a chuid oibre sa mhatamaitic, san fhisic, agus san innealtóireacht marc doscriosta ar stair na heolaíochta.

Oidhreacht agus Tionchar: Lean obair Archimedes le tionchar a imirt i bhfad i ndiaidh a bháis. Leag a phrionsabail sa hidreastatach, sa mheicnic, agus sa chéimseata an bhunchloch le haghaidh forbairtí eolaíocha sa todhchaí.

Bhí meas ag matamaiticeoirí agus eolaithe, lena n-áirítear Isaac Newton agus Galileo Galilei, ar an méid a chuir Archimedes leis.

Ainmnítear na solaid Archimedean, aicme polyhedra a d'aimsigh Archimedes, ina onóir. Léiríonn na solaid seo, lena n-áirítear an scriú cáiliúil Archimedean, oidhreacht bhuan a shaothar sa chéimseata.

Síneann tionchar Archimedes níos faide ná an mhatamaitic agus an eolaíocht, ag baint le réimsí na hinnealtóireachta, na straitéise míleata, agus feidhmiú praiticiúil na bprionsabal teoiriciúil.

Mar fhocal scoir, d'fhág Archimedes, luminary den Ghréig ársa, oidhreacht bhuan i réimsí na matamaitice, na fisice agus na hinnealtóireachta. Sa raon a chuir sé le prionsabail bhunúsacha sa chéimseata go réitigh airgtheacha ar dhúshláin phraiticiúla, lena n-áirítear meicníochtaí cosanta míleata. Leanann fiosracht intleachtúil Archimedes, cumas matamaitice, agus spiorad airgtheach ag spreagadh eolaithe, matamaiticeoirí agus innealtóirí go dtí an lá inniu. Is teist é scéal Archimedes ar nádúr gan teorainn an chine dhaonna agus ar an tionchar a d'fhéadfadh a bheith ag duine aonair ar chúrsa eolais agus nuálaíochta an duine.

52. Banríon Hatshepsut (An Éigipt)

In annála na sean-Éigipte, seasann ainm amháin amach mar theist ar athléimneacht agus diongbháilteacht bean a chuaigh in aghaidh noirm a cuid ama—Banríon Hatshepsut. Rugadh Hatshepsut timpeall na bliana 1507 BCE, agus thiocfadh sé chun bheith ar cheann de na rialóirí is íocónacha agus is enigmataí san Éigipt, rud a d'fhágfadh marc doscriosta ar stair an domhain ársa. Nochtann a saol, arb iad is sainairíonna é ag cumas polaitiúil, cumas ailtireachta, agus oidhreacht a sháródh an gaineamh ama, mar scéal mealltach faoi bhean a raibh fonn uirthi ríchathaoir Pharaoh a ardú i sochaí a raibh fir i gceannas uirthi.

An Luathshaol agus Oideachas

Thosaigh turas Hatshepsut i gcathair Thebes, príomhchathair rathúil na hÉigipte ársa. Rugadh i lineage ríoga an 18ú dynasty, bhí sí iníon Pharaoh Thutmose I agus a banríon, Ahmose. Mar an sliocht ríoga, fuair Hatshepsut tógáil phribhléideach laistigh de theorainneacha an pháláis ríoga. Cuireadh oideachas uirthi i gcúrsaí státcheirde, reiligiúin, agus in infhillteacht shaol na cúirte, agus chruthaigh sí a bheith ina bean óg thar a bheith cumasach agus cliste.

Ina blianta foirmiúla, d'fhorbair Hatshepsut suim mhór i dtraidisiúin reiligiúnacha agus chultúrtha na hÉigipte. Thum sí í féin i dteagasc na sagartachta, agus fuair sí tuiscint dhomhain ar na creidimh chasta reiligiúnacha a bhí lárnach d'fheidhmiú stát na hÉigipte. D'fhreastalódh an luath-nochtadh seo ar intricacies an rialachais agus na spioradáltachta go maith di sna blianta amach romhainn.

An Ascension to the Throne

D'athraigh bás a hathar, Thutmose I, gan choinne, saol Hatshepsut. In ionad an ríchathaoir a thabhairt díreach chuig Hatshepsut, fuair a leathdheartháir, Thutmose II, an comharbas ar dtús. Ba ghearr, áfach, réimeas Thutmose II, agus nuair a fuair sé bás, chuaigh an ríchathaoir ar aghaidh chuig a mhac le duine coitianta, Thutmose III, nach raibh ann ach naíonán ag an am.

Agus an deis á thapú aige, ghlac Hatshepsut ról an Regent, le héifeacht a bheith ina rialóir de facto taobh lena leasmhac Thutmose III. Mar an ríogán, bhí tionchar nach beag aici ar ghnóthaí na ríochta, rud a chuir tús le ré chlaochlaitheach don Éigipt.

An Pharaoh Mná

I mbeart dána a chuaigh in aghaidh noirm bhunaithe chomharbais na hÉigipte, ghlac Hatshepsut céim réabhlóideach. Timpeall na bliana 1479 BCE, dhearbhaigh sí í féin mar Pharaoh, ag caitheamh regalia traidisiúnta rialóirí fireanna, lena n-áirítear an féasóg bhréagach, an fheileadh, agus an ceannbheart nemes sainiúil. Ba í an gníomh gan fasach seo í mar an chéad Pharaoh baineann i stair thaifeadta.

Níorbh é toimhde Hatshepsut den teideal ríoga amháin siombalach; rialaigh sí go gníomhach an Éigipt le lámh daingean. Bhí cobhsaíocht pholaitiúil, rathúnas eacnamaíoch, agus tionscadail ailtireachta uaillmhianacha ag baint lena réimeas, a mhair níos mó ná fiche bliain, a léirigh a fís do mhóráltacht na hÉigipte.

Oibreacha agus Éachtaí Suntasacha

Tá oidhreacht Hatshepsut eitseáilte i gclocha a cuid iarrachtaí ailtireachta, go háirithe an teampall marbh ag Deir el-Bahari. Is sárshaothar ailtireacht na hÉigipte ársa é an struchtúr suntasach seo, atá suite i gcoinne aillte Necropolis Theban. Deartha ag an ailtire Senenmut, is meascán comhchuí é an teampall de ardáin choilíneach, dealbha agus faoisimh a insíonn lineage diaga agus éachtaí an Pharaoh baineann.

Bhí Hatshepsut ag iarraidh a réimeas a bhunú mar ré rathúil agus chobhsaí, agus thug Hatshepsut tosaíocht don trádáil agus don taidhleoireacht. Seoladh turais chuig an tír iontach de Punt, réigiún saibhir i earraí coimhthíocha, faoina riail, a neartú naisc eacnamaíocha na hÉigipte le tailte iasachta. Léiríonn na faoisimh ag Deir el-Bahari na seoda coimhthíocha a tugadh ar ais ó Punt, lena n-áirítear crainn tuise, ainmhithe, agus miotail lómhara, ag cur béime ar thiomantas Hatshepsut chun saibhreas agus tionchar na hÉigipte a leathnú.

Is léir cumas riaracháin Hatshepsut sa bhainistiú rathúil a rinne sí ar acmhainní na ríochta agus ina comhghuaillíochtaí straitéiseacha le cumhachtaí comharsanachta. Faoina riail, d'fhás an Éigipt faoi bhláth go heacnamaíoch, agus bhain na daoine taitneamh as tréimhse choibhneasta síocháin agus rathúnas.

Rúndiamhair Theampall Mortuary Hatshepsut

Ní hamháin go bhfuil teampall marbh Hatshepsut ag Deir el-Bahari ina theist ar a fís ailtireachta ach cothaíonn sé rúndiamhair na mblianta ina dhiaidh sin freisin. Tagann deireadh tobann le hinscríbhinní ar bhallaí an teampaill, rud a fhágann gur féidir le staraithe agus seandálaithe tuairimíocht a dhéanamh faoi na cúinsí a bhain lena bás agus na hiarrachtaí a rinneadh ina dhiaidh sin chun í a scriosadh as taifid stairiúla.

Tugann teoiricí le tuiscint gur fhéach Thutmose III, tar éis dó aibíocht a bhaint amach, cuimhne Hatshepsut a scriosadh chun a éileamh ar an ríchathaoir a dhaingniú. Tá an hipitéis seo ar aon dul leis an bhfíric go ndearnadh aghlot nó scriosadh go leor dealbha agus inscríbhinní ar a bhfuil a hainm le linn blianta níos déanaí de réimeas Thutmose III.

Bás agus Oidhreacht

Tá cúinsí cruinne bhás Hatshepsut faoi cheilt i gcónaí faoi rúndiamhair. Molann roinnt teoiricí cúiseanna nádúrtha, agus tugann cuid eile le tuiscint gur droch-shúgradh. Fágann easpa fianaise dhochloíte go ndéanann staraithe machnamh ar enigma a laethanta deiridh.

Mar sin féin, mhair oidhreacht Hatshepsut i ngaineamh an ama. In ainneoin na n-iarrachtaí a cuimhne a scriosadh, is in annála na staire atá a héachtaí agus a rannchuidiú le ré órga na hÉigipte fós. Ba thréimhse rathúnas, borradh ealaíonta, agus cumas taidhleoireachta a bhí i réimeas an pharaoh baineann, a léirigh na hairde a d'fhéadfadh an Éigipt a bhaint amach faoi cheannaireacht láidir fhísiúil.

Sna céadta i ndiaidh a báis, tháinig athbheochaint ar chuimhne Hatshepsut nuair a d'aimsigh na hÉigiptigh agus na staraithe a cuid oibre arís. Sa 19ú haois agus sa 20ú haois chonacthas spéis athnuaite ina réimeas, le tochailtí seandálaíochta ag tabhairt solais ar chasta a saoil agus a riail.

Mar fhocal scoir, tá turas Hatshepsut ó bhanphrionsa go dtí an chéad Pharaoh baineann na hÉigipte fós ina chaibidil thar a bheith suimiúil i taipéis na seanstaire. D'fhág a cumas dul i ngleic le tírdhreach casta polaitiúil a cuid ama, mar aon lena cur chuige físiúil i leith rialachais agus éachtaí ailtireachta suntasacha, marc doscriosta ar oidhreacht na sean-Éigipte. Agus muid ag leanúint ar aghaidh ag nochtadh rúin a saoil agus ag nochtadh na rúndiamhra a bhaineann lena réimeas, seasann Hatshepsut mar shiombail bhuan de chumhachtú agus cheannaireacht na mban i ndomhan ina bhfuil fir faoi smacht.

53. Hernan Cortes (An Spáinn)

Rugadh Hernán Cortés, an conquistador Spáinneach a raibh ról lárnach aige i ngéilleadh na hImpireachta Aztec, ar 2 Nollaig 1485, i Medellín, baile i Ríocht na gCeilteach (an Spáinn an lae inniu). Rugadh Cortés i dteaghlach uaisle níos lú, agus fuair Cortés oideachas daingean a d'oir dá stádas. Bhí an-eolas aige ar na daonnachtaí, ar an dlí, agus ar an straitéis mhíleata, ag leagan an bhunsraith do shaol a bheadh marcáilte ag taiscéalaíocht agus concas.

Gairm Mhíleata Luath

Chuaigh Cortés i mbun a ghairm bheatha mhíleata ag aois óg, agus chuaigh sé isteach in arm na hIodáile i 1504. Ghlac sé páirt i bhfeachtais mhíleata éagsúla i ndeisceart na hIodáile agus bhain sé clú amach as a chrógacht agus a stuamacht straitéiseach. Bheadh an nochtadh luath seo do chogaíocht ina chuid lárnach chun Cortés a mhúnlú mar cheannaire míleata iontach a mbeadh sé ina dhiaidh sin.

Sa bhliain 1511, sheol Cortés go críocha nua-aimsithe Mheiriceá, ag iarraidh a fhortún a lorg sa Domhan Nua. Shroich sé Santo Domingo, sa Phoblacht Dhoiminiceach sa lá atá inniu ann, agus go luath bhunaigh sé é féin mar riarthóir agus ceannaire cumasach. Mar sin féin, chuaigh a uaillmhianta níos faide ná an Mhuir Chairib, agus bhí sé ag iarraidh an deis chun iniúchadh a dhéanamh ar an mórthír ollmhór agus mistéireach.

Conquest Meicsiceo

Tháinig tráth cinniúnach Cortés sa bhliain 1519 nuair a chuaigh sé ar thuras chun cósta Mheicsiceo a iniúchadh. Ba é a mhisean ar dtús ná taiscéalaíocht, trádáil agus taidhleoireacht, ach d'fhás sé go tapa ina conquest lán-chuimsitheach agus é ag leagan a dhearcadh ar an Impireacht Aztec saibhir agus cumhachtach a bhí á rialú ag Moctezuma II.

I mbeart dána, chuir Cortés in aghaidh orduithe ghobharnóir Spáinneach Chúba, a rinne urraíocht ar a thuras ar dtús, agus dódh a long nuair a shroich sé cósta Mheicsiceo. D'fhág an cinneadh straitéiseach seo nach raibh aon rogha ag a chuid fear ach dul ar aghaidh chuig an anaithnid, rud a chothaíonn tiomantas agus diongbháilteacht i measc na saighdiúirí.

Bhí an feachtas i gcoinne na Aztecs lán le dúshláin, lena n-áirítear teagmháil le grúpaí dúchasacha eile agus easaontas inmheánach i measc na céimeanna Cortés. In ainneoin na mbacainní sin, léirigh Cortés scileanna ceannaireachta agus idirbheartaíochta den scoth, ag cruthú comhghuaillíochtaí le roinnt grúpaí dúchasacha a bhí míshásta leis an riail Aztec.

Léirigh an cruinniú míchlúiteach idir Cortés agus Moctezuma II in Tenochtitlan, príomhchathair na Aztec, an dinimic chasta a bhí i réim. Ar deireadh thiar chuir Moctezuma fáilte roimh mar aoi, agus é neamhchinnte ar dtús faoi conas a bhraithfeadh sé Cortés. Tháinig méadú ar an teannas, áfach, agus gabhadh Moctezuma sa bhliain 1520 agus fuair sé bás dá bharr.

Ba iad na himeachtaí a tharla ina dhiaidh sin, lena n-áirítear an Noche Triste (Oíche Bhrón) cháiliúil, áit ar fhulaing na Spáinnigh caillteanais mhóra le linn dóibh cúlú ó Tenochtitlan, agus an filleadh ar deireadh le treisithe, ba chríoch le titim an Impireacht Aztec sa bhliain 1521. Rinne Cortés agus a chuid comhghuaillithe léigear. go Tenochtitlan, ag ceiliúradh deireadh ceann de na caibidlí is suntasaí i stair Mheiriceá.

Oibreacha agus Éachtaí Suntasacha

Is é conquest Cortés ar an Impireacht Aztec gan amhras an éacht is suntasaí aige, agus bhí iarmhairtí forleathana aige ar stair Mheiriceá. Mar sin féin, chuaigh a ról i múnlú láithreacht na Spáinne sa Domhan Nua níos faide ná an concas míleata. Agus é ina cheannaire ar an turas, ghlac Cortés le freagrachtaí an rialachais agus an riaracháin sna críocha nua-thionscanta.

Ar cheann de phríomh-éachtaí Cortés bhí bunú lonnaíocht Veracruz ar Murascaill Mheicsiceo, a bhí mar bhonn ríthábhachtach le haghaidh tuilleadh turais agus mar gheata do thionchar na Spáinne sa réigiún. Ina theannta sin, bhí ról suntasach aige i mbunú Chathair Mheicsiceo i 1524, ar fhothrach Tenochtitlan. Ba é seo tús riail choilíneach na Spáinne sa réigiún. Áiríodh ar éachtaí Cortés freisin taiscéaladh fairsing ar Leithinis an Yucatan agus ar réigiún Baja California. Chuidigh na hiniúchtaí seo le tuiscint na Spáinne ar thíreolaíocht, ar chultúr, agus ar acmhainní féideartha na gcríoch ollmhóra a bhí siad ag iarraidh a éileamh.

Gobharnóireacht agus Coinbhleachtaí

Tar éis an Impireacht Aztec a ghabháil, ceapadh Cortés ina Ghobharnóir ar an Spáinn Nua, críoch ollmhór a chuimsíonn Meicsiceo an lae inniu agus codanna de Mheiriceá Láir. Bhí a rialachas marcáilte ag meascán casta de bheartais a raibh sé mar aidhm acu leasanna na bpobal dúchasacha, na lonnaitheoirí Spáinneacha, agus na Corónach a chothromú.

Bhí dúshláin roimh Cortés maidir le smacht a choinneáil ar na críocha ollmhóra faoina riail. Mar thoradh ar choinbhleachtaí le hoifigigh Spáinneacha eile, lena n-áirítear conquistadors rival, chomh maith le freasúra ón gCoróin, tháinig díospóidí dlí agus conspóidí. In ainneoin a chuid ranníocaíochtaí suntasacha, ba é an toradh a bhí ar riail údarásach Cortés uaireanta agus ar aighnis le maorlathas na coilíneachta ná gur baineadh é as post an ghobharnóra i 1526.

Fill ar an Spáinn agus Trioblóidí Dlí

D'fhill Cortés ar an Spáinn chun a chuid gníomhartha agus éachtaí a chosaint os comhair na cúirte ríoga. Cé gur tugadh fáilte agus onóir dó ar dtús mar gheall ar a choncas, tháinig trioblóidí dlíthiúla ar a aighnis le riarachán na coilíneachta agus na líomhaintí gur sháraigh sé a údarás.

Bhí cathanna dlíthiúla millte ar oidhreacht Cortés, agus bhí sé ag streachailt leis an aitheantas agus na luach saothair a chreid sé a bhí tuillte aige a bhaint amach. In ainneoin a chuid iarrachtaí, níor ghnóthaigh sé fabhar na Corónach ná an leibhéal tionchair a bhí aige tráth. Bhí frustrachas agus díomá ar a chuid blianta ina dhiaidh sin, mar go raibh a chuid ranníocaíochtaí suntasacha le hImpireacht na Spáinne faoi scáth achrann dlí agus polaitíochta.

Bás

Fuair Hernán Cortés bás ar 2 Nollaig, 1547, i Castilleja de la Cuesta, in aice le Sevilla, sa Spáinn. Bhásaigh sé ar a 62ú breithlá, rud a léiríonn turas corraitheach agus casta fear a raibh ról lárnach aige in athmhúnlú a dhéanamh ar chúrsa na staire i Meiriceá.

Oidhreacht

Tá oidhreacht Hernán Cortés ilghnéitheach agus casta. Cé go gceiliúrtar go minic é mar thaiscéalaí agus mar chonsaitheoir dána a raibh ról ríthábhachtach aige i leathnú Impireacht na Spáinne, tá a oidhreacht marcáilte freisin ag conspóid agus cáineadh. Bhí conquest na hImpireachta Aztec, lena tactics brúidiúla agus a tionchar millteach ar dhaonraí dúchasacha, ina ábhar díospóireachta agus athluachála stairiúil.

Chuaigh tionchar Cortés níos faide ná an concas míleata. Chuir a rialachas, a thaiscéalaíocht, agus bunú lonnaíochtaí le bunú riail choilíneach na Spáinne i Meiriceá. Tá cathair Veracruz, a bhunaigh Cortés, fós ina cathair chalafoirt shuntasach le stair shaibhir, agus seasann Cathair Mheicsiceo, tógtha ar fhothracha Tenochtitlan, mar theist ar thionchar buan coilíniú na Spáinne.

I ndíospóireachtaí comhaimseartha, cuimhnítear ar Cortés mar dhuine lárnach in aois na taiscéalaíochta agus mar shiombail de dhinimic chasta agus thrioblóidí an choilínithe Eorpaigh i Meiriceá. D'fhág concas na hImpireachta Aztec, ar mhaithe le níos fearr nó níos measa, marc doscriosta ar thírdhreach cultúrtha agus stairiúil Meicsiceo agus an réigiún níos leithne. Mar fhocal scoir, ba léiriú é saol Hernán Cortés ar na castachtaí agus na contrárthachtaí a bhain le Ré na Taiscéalaíochta. Mar conquistador, taiscéalaí, agus rialtóir, bhí ról lárnach aige in athmhúnlú thírdhreach geopolitical Mheiriceá. Cé go raibh conquest na hImpireachta Aztec ina éacht nach bhféadfaí a shéanadh de straitéis mhíleata, bhí iarmhairtí as cuimse ann do na pobail dhúchasacha agus do chúrsa na staire.

Tá tábhacht stairiúil, conspóid agus tionchar marthanach ag baint le oidhreacht Cortés. Leag a thurais, a rialachas, agus bunú lonnaíochtaí an bhunsraith do riail choilíneach na Spáinne i Meiriceá. Leagann castachtaí a smachta, lena n-áirítear coinbhleachtaí le pobail dhúchasacha agus comh-Spáinneacha araon, béim ar na dúshláin agus na aincheisteanna eiticiúla atá ina gcuid dhílis de na teagmhálacha luatha idir an Sean-Domhain agus an Domhan Nua.

Agus oidhreacht Hernán Cortés á meas againn, tá sé riachtanach machnamh a dhéanamh ar an gcomhthéacs stairiúil níos leithne agus ar na peirspictíochtaí iolracha a chuireann lenár dtuiscint ar an bhfigiúr casta seo. Tá a shaol agus a chuid éachtaí fós ina n-ábhar fiosrúcháin stairiúil leanúnach, ag tabhairt cuireadh dúinn scrúdú criticiúil a dhéanamh ar iarmhairtí taiscéalaíochta agus coilínithe na hEorpa i Meiriceá.

54. Rí Tut (an Éigipt)

Bhí Tutankhamun, ar a dtugtar an Rí Tut go minic, ina pharaoh ársa Éigipteach den 18ú dynasty (a rialaigh c. 1332–1323 BCE). Tá a réimeas suntasach ní mar gheall ar a fhad nó a conquests míleata ach as fionnachtain neamhghnách a thuama agus a seoda go luath sa 20ú haois, a thug léargas annamh agus suimiúil ar shaol na sean-Éigipt. Scrúdóidh an bheathaisnéis seo saol, réimeas agus oidhreacht bhuan an Rí Tutankhamun.

Breith agus Luathshaol

Rugadh Tutankhamun timpeall na bliana 1341 BCE, le linn ama nuair a bhí an Éigipt i gceannas ar an Pharaoh cumhachtach Akhenaten. Tutankhaten an t-ainm breithe a bhí air, rud a léiríonn an tionchar a bhí ag deabhóid a athar don Aten, dia na gréine. Creidtear gur mionbhean chéile de chuid Akhenaten darbh ainm Kiya í a mháthair.

Rinneadh athruithe suntasacha reiligiúnacha ar réimeas Akhenaten, mar ar chuir sé adhartha Aten chun cinn mar an deity aonair agus bhog sé an phríomhchathair ó Thebes go cathair nua ar a dtugtar Akhetaten. Is dócha go bhfaca Tutankhaten, agus é ina phrionsa óg, na leasuithe reiligiúnacha seo, a raibh tionchar mór acu ar thírdhreach cultúrtha agus reiligiúnach na sean-Éigipt.

Athrú Ainm agus Aontachas leis an Ríchathaoir

Tar éis bhás Akhenaten, rialaigh a chomharba, Smenkhkare, go hachomair sula bhfuair sé bás. Timpeall naoi nó deich mbliana d'aois, chuaigh Tutankhaten suas ar an ríchathaoir, is dócha le cúnamh ó phríomhchomhairleoirí agus oifigigh. Mar iarracht siombalach é féin a scaradh ó na hathruithe reiligiúnacha a thionscain a athair, d'athraigh sé a ainm go Tutankhamun, rud a chiallaigh "íomhá bheo Amun," dia traidisiúnta Thebes.

Athchóiriú an Reiligiúin Thraidisiúnta

Ar cheann de na gníomhartha ba shuntasaí a rinne Tutankhamun mar pharaoh bhí athchóiriú ar chleachtais reiligiúnacha traidisiúnta na hÉigipte. D'aisiompaigh sé polasaithe a athar agus a réamhtheachtaí, Akhenaten, a rinne iarracht adhradh na ndéithe traidisiúnta i bhfabhar Aten a chosc.

D'athchóirigh Tutankhamun, a raibh tionchar ag a phríomhchomhairleoir Ay agus ag an nGinearál Horemheb air, adhradh Amun agus déithe eile.

Ba bheart polaitiúil suntasach é athchóiriú na gcleachtas reiligiúnach traidisiúnta, toisc go raibh sé mar aidhm aige muintir na hÉigipte a aontú agus sagartacht chumhachtach Amun a shásamh. Ba í réimeas an pharaoh óg filleadh ar an gcobhsaíocht agus ar na noirm chultúir a bhain le tréimhsí níos luaithe an 18ú dynasty.

Pósadh agus Teaghlach

Phós Tutankhamun a leathdheirfiúr, Ankhesenamun, iníon le Akhenaten agus, is dócha, neacht Tutankhamun. Bhí póstaí idir garghaolta coitianta i ríchíosanna na hÉigipte ársa, go minic chun línte fola agus cumhacht ríoga a choinneáil. Creidtear go raibh beirt iníonacha ag Tutankhamun agus ag Ankhesenamun, a fuair an bheirt acu bás ina naíonán, bunaithe ar láithreacht a gcónraí beaga a fuarthas i dtuama Tutankhamun.

Oibreacha agus Éachtaí Suntasacha

Cé go raibh réimeas Tutankhamun sách gearr, agus nach bhfuil mórán fianaise ann ar fheachtais mhíleata nó ar thionscadail mhóra ailtireachta a bhain leis, tá a oidhreacht nasctha go doscriosta le fionnachtain iontach a thuama i nGleann na Rí.

Tuama Tutankhamun: D'aimsigh an seandálaí Briotanach Howard Carter suíomh adhlactha Tutankhamun, KV62, i 1922, beagnach slán agus ina bhfuil bailiúchán neamhghnách earraí sochraide. I measc na seoda bhí an masc báis órga íocónach a chlúdaigh mummy an pharaoh, an iliomad dealbh, jewelry, troscán, agus déantúsáin éagsúla eile.

Masc Báis Órga: Tá masc báis Tutankhamun ar cheann de na siombailí is so-aitheanta san Éigipt ársa. Déanta as óir agus inleagtha le clocha lómhara, cuireadh an masc go díreach ar mummy an pharaoh. Is sampla fíorálainn é d'ealaíneacht agus de cheardaíocht na tréimhse agus is léiriú íocónach de chultúr na hÉigipte ársa é.

Seoda Sochraide: Bhí réimse leathan earraí sochraide sa tuama, lena n-áirítear prócaí alabastar a bhí snoite go dlúth, prócaí ceannbhrait ina raibh orgáin inmheánacha an pharaoh, na carbaid, na ríchathaoireacha, agus saibhreas jewelry. Thug saibhreas na n-earraí adhlactha léargas fíorluachmhar ar chultúr ábhartha na sean-Éigipte.

Ba mhór an t-uafás i réimse na hÉigipteola é fionnachtain tuama Tutankhamun, rud a thug rochtain thar na bearta ar shaol ábhartha pharaoh na Ríochta Nua. Chuir caomhnú mionchruinn na n-earraí adhlactha saibhreas eolais ar fáil faoi nósanna ríoga, cleachtais reiligiúnacha, agus teicnící ealaíne na linne.

Bás agus Teoiricí a Bhaineann A Dhéanamh

Tá bás Tutankhamun fós ina ábhar tuairimíochta agus díospóireachta i measc staraithe agus Éigipteolaithe. Níl na himthosca a bhain lena bhás soiléir, agus tá teoiricí éagsúla molta, ó chúiseanna nádúrtha go súgradh salach.

Cúiseanna Nádúrtha: Creideann roinnt scoláirí gur ghéill Tutankhamun do chúiseanna nádúrtha, mar aimhréití de bharr cos briste, a nochtadh trí staidéir íomháithe nua-aimseartha ar a mhamaí. D'fhéadfadh ionfhabhtuithe de bharr an ghortaithe cur lena bhás.

Neamhoird Géiniteacha: Tá iniúchadh déanta freisin ar fhéidearthacht neamhoird ghéiniteacha, atá níos measa ag idirphósadh laistigh den teaghlach ríoga. Tá sé molta ag taighdeoirí go bhféadfadh go raibh riochtaí cosúil le galar Kohler nó anemia chorráncheall ag Tutankhamun, rud a d'fhéadfadh cur lena bhás luath.

Ionfhabhtuithe agus Maláire: Molann teoiricí eile go bhféadfadh ról a bheith ag ionfhabhtuithe, a d'fhéadfadh a bheith níos measa ag ráig mhaláire, i mbás Tutankhamun. Tá staidéir le déanaí tar éis rianta de pharasítí maláire éagsúla a bhrath ina iarsmaí.

In ainneoin na dteoiricí seo, níl fianaise dhochloíte fós ann maidir le cúis chruinn bhás Tutankhamun. Níor chuir an rúndiamhra a bhain lena bhás ach leis an intleacht agus an spéis ina réimeas agus a oidhreacht.

Oidhreacht

Tá oidhreacht Tutankhamun sainmhínithe go príomha ag fionnachtain iontach a thuama agus a seoda, a raibh tionchar suntasach aige ar staidéar ar stair agus ar chultúr na hÉigipte ársa. Thug seoda KV62 léargais nach bhfacthas riamh roimhe ar an saol ábhartha, cleachtais reiligiúnacha, agus éachtaí ealaíne na tréimhse Ríochta Nua.

Tionchar ar an Éigipteolaíocht: Ba bhuaicphointe i réimse na hÉigipteola é fionnachtain tuama Tutankhamun, rud a spreag suim athnuaite i staidéar na sean-Éigipte. Leag doiciméadú mionchruinn agus caomhnú ábhar an tuama síos caighdeán do chleachtas seandálaíochta agus chuir siad le tuiscint ar adhlacthaí ríoga i nGleann na Ríthe.

Tionchar Cultúrtha: Tá masc báis órga Tutankhamun, go háirithe, ina shiombail bhuan den tSean-Éigipte agus is minic a bhaineann sé le mistéireacht agus le húire na bpáraoh. Tá atáirgeadh agus léirithe an masc uileláithreach i gcultúr an phobail, rud a dhaingníonn a stádas mar íomhá íocónach tuilleadh.

Turasóireacht agus Achomharc Coitianta: Bhí tionchar mór ag an spéis dhomhanda i seoda Tutankhamun ar thurasóireacht san Éigipt. Thug taispeántais ina bhfuil déantúsáin óna thuama camchuairt ar fud an domhain, ag tarraingt na milliúin cuairteoirí agus ag gineadh spéis fhorleathan an phobail i stair na hÉigipte ársa.

Mystique agus Intrigue: Chuir na cúinsí a bhain le saol agus bás Tutankhamun, mar aon le fionnachtain neamhghnách a thuama, le braistint rúndiamhra agus intrigue a spreagann daoine ar fud an domhain i gcónaí. Spreag an enigma a bhain lena réimeas saothair iomadúla ficsin, clár faisnéise agus imscrúduithe léannta.

Mar fhocal scoir, b'fhéidir nár fhág réim ghairid Tutankhamun marc buan ar thírdhreach pholaitiúil nó ailtireachta na sean-Éigipt, ach chinntigh fionnachtain a thuama sa 20ú haois go mairfidh a oidhreacht. Trí sheoda KV62, leanann Tutankhamun ag gabháil do shamhlaíocht scoláirí, staraithe agus an phobail araon. Tá masc órga an bháis, siombail íocónach a réime, ina shuaitheantas marthanach d'áilleacht agus d'ealaín na hÉigipte ársa. Maireann an buachaill-rí, a bhí i gceannas in aimsir anróiteach reiligiúnaigh agus pholaitiúil, ní hamháin trí na déantúsáin a aimsíodh ina thuama ach freisin san iarracht leanúnach chun rúndiamhra a bheatha agus a bháis a réiteach.

55. Ivan an Uafásach (An Rúis)

Figiúr casta agus enigmatic ab ea Ivan IV, ar a dtugtar Ivan the Terrible go coitianta, a d'fhág marc doscriosta ar stair na Rúise. Rugadh ar 25 Lúnasa, 1530, i Moscó, bhí Ivan an chéad Tsar na Rúise, rialú ó 1547 go dtí go bhfuair sé bás i 1584. Bhí a réimeas marcáilte ag an dá éachtaí suntasacha agus brutality notorious, ag tuilleamh dó an epithet "an uafásach." Scrúdaíonn an bheathaisnéis seo saol agus oidhreacht Ivan IV, ag cur síos ar a luathbhlianta, a chuid éachtaí, agus na castachtaí a shainigh a riail.

An Luathshaol agus Oideachas

Ba gharmhac é Ivan IV do Ivan the Great (Ivan III) agus mac don Grand Prince Vasily III agus Elena Glinskaya. Chuir intrigues agus éagobhsaíocht pholaitiúil isteach ar a shaol luath. Fuair a athair bás nuair nach raibh Ivan ach trí bliana d'aois, rud a d'fhág an t-oidhre óg i mbaol na streachailtí cumhachta laistigh d'uaisleacht na Rúise. Tar éis bhás Vasily III, d'fheidhmigh máthair Ivan, Elena Glinskaya, mar rítheaghlach go dtí gur cailleadh í i 1538.

I measc na suaitheadh, rinne grúpa d'uaisle a raibh tionchar acu maoirseacht ar luathoideachas Ivan. Is dócha gur chuir an comhrac agus an t-ionramháil pholaitiúil a bhí mórthimpeall air le linn na tréimhse foirmiúla seo le forbairt chur chuige mímhuiníneach agus neamhthrócaireach Ivan i leith rialachais níos déanaí sa saol.

Ascension to the Throne

Ag trí bliana d'aois, rinneadh Ard-Phrionsa Moscó de Ivan agus, nuair a shroich sé sé bliana déag d'aois i 1547, tugadh an chéad Tsar de chuid na Rúise air. Ba é an corónú stairiúil seo ná bunú foirmiúil Tsardom na Rúise, rud a léirigh athrú i struchtúr polaitiúil na tíre.

Ba shaintréith de réimeas luath Ivan an fonn cumhacht a chomhdhlúthú agus údarás a lárú. Bhí cruthú an Oprichnina ag gabháil lena chorónú, polasaí stáit a bhain le bunú críoch ar leith a bhí á rialú ag an tsar agus a lucht tacaíochta dílis amháin. Bhí sé mar aidhm ag an aistriú seo tionchar na n-uaisle a shrianadh agus smacht Ivan ar stát na Rúise a dhaingniú.

Feachtais Mhíleata

Rialóir a bhí i Ivan an Uafásach a d'fhéach leis na críocha a bhí faoi smacht na Rúise a leathnú agus a neartú. Ar cheann de na feachtais mhíleata suntasacha a bhí aige bhí conquest Kazan, daingean suntasach Tatairis, i 1552. Ba bhua ríthábhachtach don Rúis é gabháil Kazan, ag leathnú a teorainneacha agus ag daingniú smacht ar phríomhbhealaí trádála.

Ina dhiaidh sin, d'iompaigh Ivan a aird ar an Khanate of Astrakhan, ag seoladh feachtas rathúil i 1556 a ionchorprú an réigiún i Impireacht na Rúise a bhí ag fás. D'ardaigh an rath míleata seo seasamh Ivan agus chuir sé leis an dearcadh air mar rialóir cumhachtach cumasach.

Leasuithe Dlí

In ainneoin a chlú tíoránta go minic, chuir Ivan IV sraith leasuithe dlí i bhfeidhm a bhí dírithe ar stát na Rúise a eagrú agus a rialú. Sna blianta 1550-1551, thionóil sé an Zemsky Sobor, comhthionól ionadaithe ó aicmí sóisialta éagsúla, chun leasuithe dlí a phlé agus a chur i bhfeidhm. Ba shraith chuimsitheach dlíthe é an Sobornoye Ulozheniye, ar a dtugtar an Cód Dlíthiúil 1550 freisin, a thug aghaidh ar shaincheisteanna maoine, coiriúlachta agus pionóis.

Cé gur iarracht a bhí sna leasuithe dlí seo chun ord agus struchtúr a thabhairt do stát na Rúise, bhí siad marcáilte freisin le pionóis throma as easumhlaíocht agus easaontas. Léirigh an cód, ar go leor bealaí, cur chuige údarásach Ivan i leith rialachais.

Tréimhse Oprichnina

Ba é ceann de na gnéithe ba shuntasaí de riail Ivan the Terrible ná tréimhse Oprichnina, a thosaigh i 1565 agus a mhair go dtí 1572. Le linn an ama seo, bhunaigh Ivan críoch ar leith, iargúlta ar a dtugtar an Oprichnina, áit ar fheidhmigh sé féin agus a lucht leanúna dílis treallach. agus cumhacht brúidiúil go minic.

Ba shaintréithe an Oprichnina ag purges forleathan, coigistiú eastát, agus chun báis. Bhí garda Ivan, ar a dtugtar an Oprichniki, i mbun gníomhartha foréigin agus sceimhle, rud a chuir eagla ar fud na tíre. Tá an spreagadh taobh thiar den tréimhse bhrúidiúil seo fós ina ábhar díospóireachta stairiúil, le teoiricí ag réimsiú ó mhian Ivan deireadh a chur le iomaitheoirí polaitiúla go dtí a mheabhairshláinte atá ag dul in olcas.

Gníomhartha Uafásach agus Tragóidí Pearsanta

Thuill réimeas Ivan an monacaire "an Uafásach" dó mar gheall ar nádúr brúidiúil agus corrach a riail. Bhí gníomhartha cruálachta iomadúla mar thoradh ar a mheon agus a chuid amhrais, lena n-áirítear bás a mhac agus a oidhre, Ivan Ivanovich, i 1581. Níl na cúinsí a bhain le bás mac Ivan soiléir fós, ach creidtear gur tharla sé mar thoradh ar argóint theas idir athair agus mac.

Léirigh an eachtra thragóideach seo an dochar mór pearsanta agus síceolaíoch a bhí ag smacht Ivan air féin agus ar na daoine mórthimpeall air. Léirigh sé nádúr dorcha dothuartha a rialachais.

Oidhreacht agus Éachtaí

Cé gur minic a chuimhnítear ar réimeas Ivan the Terrible mar gheall ar a brúidiúlacht, bhí impleachtaí suntasacha aige freisin maidir le múnlú stát na Rúise. I measc na bpríomhghnéithe dá oidhreacht tá:

Lárú na Cumhachta: Chuir bunú Ivan an Oprichnina agus a chuid iarrachtaí cumhacht a lárú le bunú stát Rúiseach níos aontaithe. D'aistrigh Tsardom na Rúise, faoi Ivan, ó struchtúir rialachais díláraithe an ama atá thart.

Leathnú na Críocha: Leathnaigh feachtais mhíleata Ivan, go háirithe conquests Kazan agus Astrakhan, teorainneacha críochach stát na Rúise. Dhaingnigh na buanna seo tionchar na Rúise sa réigiún agus d'oscail siad bealaí trádála nua.

Leasuithe Dlí: Cé go raibh an Cód Dlí de 1550 marcáilte ag gnéithe údarásacha, is éard atá ann ná iarracht chun dlíthe a chódú agus creat dlíthiúil a bhunú do stát na Rúise. Leag sé seo an bunchloch le haghaidh forbairtí dlí sa Rúis amach anseo.

Ranníocaíochtaí CultúrthaChonacthas éachtaí cultúrtha agus ealaíne i réimeas Ivan, lena n-áirítear tógáil Ardeaglais Naomh Basil i gCearnóg Dhearg Moscó. Is teist é an sárshaothar ailtireachta íocónach seo ar bheogacht chultúrtha na tréimhse.

Bás agus Deireadh Ríshliocht Rurik

Fuair Ivan the Terrible bás ar an 28 Márta, 1584, rud a d'fhág oidhreacht a bhain le héacht agus clú. Chuir a bhás deireadh le ríshliocht Rurik, mar a tháinig a mhac Fyodor Ivanovich i gcomharbacht air. Bhí laige agus éagobhsaíocht le sonrú i réimeas Fyodor, rud a d'fhág go raibh Am na dTrioblóidí i stair na Rúise ina dhiaidh sin.

Mar fhocal scoir, tá riail Ivan an Uafásach ina ábhar spéise agus díospóireachta stairiúil. Tá an méid a chuir sé le lárnú na cumhachta, leathnú chríocha na Rúise, athchóirithe dlí, agus éachtaí cultúrtha in aice le gníomhartha brúidiúla agus nádúr dothuartha a rialachais. Cuimsíonn oidhreacht Ivan castachtaí na ceannaireachta agus an tionchar as cuimse a d'fhéadfadh a bheith ag meon pearsanta agus ag streachailtí síceolaíochta ar stair an náisiúin. Mar dhuine ríthábhachtach in éabhlóid stát na Rúise, feidhmíonn réimeas Ivan an Uafásach mar chaibidil ríthábhachtach in insint aistear na Rúise i dtreo bheith ina mórchumhachtaí Eorpacha.

56. Seán Locke (Sasana)

Bhí John Locke, a rugadh ar 29 Lúnasa, 1632, i Wrington, Somerset, Sasana, ina fhealsamh agus ina lianna a raibh tionchar mór ag a smaointe ar chúrsa fealsúnachta agus smaointe polaitiúla an Iarthair. Ar phríomhfhigiúr an tSoilsiú, leag saothair Locke an bhunchloch le haghaidh smaointe nua-aimseartha ar chearta an duine aonair, ar dhlisteanacht an rialtais, agus ar an gconradh sóisialta. Déanann an bheathaisnéis seo iniúchadh ar shaol luath Locke, ar a oideachas, ar a ghairm bheatha thréan, ar shaothair shuntasacha, ar éachtaí agus ar oidhreacht bhuan.

An Luathshaol agus Oideachas

Rugadh John Locke isteach i dteaghlach Puritan, agus bhí a athair, darbh ainm John Locke freisin, ina dhlíodóir tíre agus ina úinéir beag talún. Múnlaíodh luathbhlianta Locke ag suaitheadh polaitiúla agus reiligiúnacha Shasana sa 17ú haois, lena n-áirítear Cogadh Cathartha Shasana agus forghníomhú Rí Séarlas I i 1649. Bheadh tionchar ag na himeachtaí seo ar a thuairimí fealsúnacha níos déanaí ar an rialtas agus ar an údarás.

Fuair Locke a luathoideachas i Scoil Westminster i Londain, áit ar bhain sé barr feabhais amach sa staidéar clasaiceach agus sa nuatheangacha araon. I 1652, chuaigh sé isteach i Eaglais Chríost, Oxford, mar mhac léinn. Ag Oxford, rinne Locke staidéar faoi dhaoine a raibh tionchar acu ar nós John Owen, diagaire Puritan, agus bhí sé faoi lé smaointe na réabhlóide eolaíochta, go háirithe saothair Robert Boyle.

Gairm mar Lia

Tar éis dó a chuid staidéir a chríochnú in Oxford, lean Locke gairm bheatha sa leigheas. Rinne sé staidéar ar leigheas in Ollscoil Montpellier sa Fhrainc, áit ar fhorbair sé suim sa chur chuige eimpíreach agus eolaíoch chun an gcorp daonna a thuiscint. D'fhill Locke ar Shasana sa bhliain 1667 agus fuair sé aitheantas mar dhochtúir go luath.

Chuir a ghairm bheatha leighis i dteagmháil le daoine a raibh tionchar acu ar an am, lena n-áirítear Iarla Shaftesbury, a bheadh ina chomhghuaillíocht agus ina chara polaitiúil suntasach. Is dócha go raibh tionchar ag eispéiris Locke mar dhochtúir ar a bhéim ar bhreathnóireacht, ar thaithí agus ar chúis ina shaothar fealsúnachta níos déanaí.

Gairm Pholaitiúil agus Fealsúnach

Bhí iontráil Locke isteach i saol na polaitíochta nasctha go dlúth lena ghaol le muintir Shaftesbury. Thug Anthony Ashley Cooper, an 1ú Iarla Shaftesbury, poist éagsúla rialtais do Locke. Ba é an chéad ról rialtais a bhí ag Locke ná mar rúnaí don Bhord Trádála agus Plandálacha i 1668, agus ina dhiaidh sin rinneadh é ina choimisinéir achomhairc.

Bhí timpeallacht pholaitiúil na linne suaite, le díospóireachtaí faoi nádúr an údaráis pholaitiúil, ról na monarcachta, agus teorainneacha chumhacht an rialtais. Chuir taithí agus tuairimí Locke féin le linn na tréimhse seo le forbairt a fhealsúnachta polaitiúla.

Oibreacha Suntacha

"An Essay Concerning Human Understanding" (1689): Ar cheann de na saothair is mó a chuaigh i bhfeidhm ar Locke, leag an aiste seo an dúshraith don eimpíreach agus meastar go bhfuil sí ina sainchomhartha i bhfealsúnacht an aigne. Inti, d'áitigh Locke gur tabula rasa nó scláta bán é an intinn nuair a rugadh é, agus go bhfaightear eolas ó thaithí céadfach.

"Two Treates of Government" (1689): D'fhéadfaí a áitiú gurb í an saothar seo an cion is cáiliúla a chuir Locke le fealsúnacht pholaitiúil. Sa "First Treatise," dhiúltaigh sé don nóisean de cheart diaga na ríthe, agus sa "Dara Treatise," chuir Locke a theoiric ar an gconradh sóisialta i láthair, ag áitiú go bhfaigheann rialtais a ndlisteanacht ó thoiliú an lucht rialaithe.

"A Letter Concerning Tolereration" (1689): Sa saothar seo, mhol Locke ar son caoinfhulaingt reiligiúnach agus scaradh na heaglaise agus an stáit. D'áitigh sé gur cheart go mbeadh saoirse ag daoine aonair a reiligiún a chleachtadh gan cur isteach ar an stát.

"Some Thoughts Concerning Education" (1693): Cuirtear tuairimí Locke ar an oideachas i láthair sa saothar seo, ag cur béime ar a thábhachtaí atá sé fiosracht nádúrtha linbh a chothú trí fhoghlaim phraiticiúil agus ó thaithí.

"Réasúntacht na Críostaíochta" (1695): Scríobhadh mar fhreagra ar dhíospóireachtaí diagachta na linne seo, d'fhéach an saothar seo le léirmhíniú réasúnach agus réasúnach ar an gCríostaíocht a chur i láthair.

Ranníocaíochtaí Fealsúnachta

Empiricism: Chuir "Aiste maidir le Tuiscint Dhaonna" le Locke an eimpíreach chun cinn, an smaoineamh go dtagann eolas as taithí céadfach agus breathnóireacht. Dhiúltaigh sé don nóisean de smaointe dúchasacha agus d'áitigh sé go dtosaíonn an intinn mar scláta bán, múnlaithe ag taithí.

Tabula Rasa: Bhí coincheap Locke den "tabula rasa" nó an scláta bán mar bhunús leis an bplé ar nádúr an duine agus ar fhorbairt na hintinne. Bhí tionchar ag an smaoineamh seo ar fhealsúna, síceolaithe agus oideachasóirí ina dhiaidh sin.

Teoiric an Chonartha Shóisialta: Bunchloch de theoiric na gconarthaí sóisialta is ea "Two Treatses of Government" Locke. Dúirt sé go dtiocfadh daoine aonair i stát an nádúir le chéile go deonach chun sochaí pholaitiúil a chruthú, ag aontú le rialtas a chosnaíonn a gcearta nádúrtha chun na beatha, na saoirse agus na maoine.

Cearta Nádúrtha: Bhí tionchar mór ag béim Locke ar chearta nádúrtha ar fhorbairt na fealsúnachta polaitiúla. D'áitigh sé go bhfuil cearta dúchasacha ag daoine aonair nach féidir a choimhthiú, lena n-áirítear an ceart chun na beatha, na saoirse agus na maoine.

Caoinfhulaingt Reiligiúnach: Chuir abhcóideacht Locke ar son caoinfhulaingt reiligiúnach in "A Letter Concerning Tolereration" le tuiscint éabhlóideach ar shaoirse reiligiúnach agus scaradh na heaglaise agus an stáit. Bhí tionchar ag a chuid smaointe ar fhorbairt caoinfhulaingt reiligiúnach i smaoinimh an tSoilsiú.

Éachtaí agus Oidhreacht

Tionchar ar Aithreacha Bunaithe Mheiriceá: Bhí tionchar mór ag fealsúnacht pholaitiúil Locke, go háirithe a chuid smaointe ar chearta nádúrtha agus ar an gconradh sóisialta, ar na hAithreacha Bunaithe Mheiriceá. Tá macalla ar a chuid coincheapa i nDearbhú Saoirse na Stát Aontaithe, go háirithe an frása "saol, saoirse, agus sa tóir ar sonas."

Tionchar ar Smaointeoireacht Pholaitiúil: Bhí ról ríthábhachtach ag smaointe Locke i múnlú smaointeoireacht na hEagnaíochta agus i bhforbairt na fealsúnachta liobrálacha polaitiúla. Bhí tionchar ag a bhéim ar chearta an duine aonair agus ar rialtas teoranta ar smaointeoirí níos déanaí agus ar ghluaiseachtaí polaitiúla a bhí ag tacú le daonlathas agus cearta daonna.

Fealsúnacht Oideachais: Bhí tionchar buan ag tuairimí Locke ar an oideachas, atá leagtha amach i "Some Thoughts Concerning Education", ar theoiric an oideachais. Bhí tionchar ag a chuid smaointe ar ghluaiseachtaí forásacha oideachais agus ar fhorbairt na hoideolaíochta nua-aimseartha.

Caoinfhulaingt agus Saoirse Reiligiúin: Chuir abhcóideacht Locke ar son caoinfhulaingt reiligiúnach agus scaradh na heaglaise agus an stáit le forbairt smaointe ar shaoirse reiligiúnach. Bhí tionchar ag a thuairimí ar fhulaingt ar fhorbairt forálacha bunreachtúla a chosnaíonn saoirse creidimh.

Bás agus Fáiltiú Níos Déanaí

Fuair John Locke bás ar 28 Deireadh Fómhair, 1704, in Oates, Essex, Sasana. Ba é a bhás ná deireadh saoil a bhí tiomnaithe do ghníomhaíochtaí intleachtúla agus d'iniúchadh ceisteanna bunúsacha faoi nádúr an duine, eolas, agus údarás polaitiúil.

Cé go raibh tuairimí Locke in aghaidh cáineadh agus cur i gcoinne ina shaol, d'fhás a oidhreacht go seasta sna céadta bliain ina dhiaidh sin. Chuaigh smaointeoirí an tsolais, ar nós Voltaire agus Montesquieu, i ngleic lena chuid saothar, agus leathnaigh a thionchar chuig gluaiseachtaí ina dhiaidh sin ag tacú le daonlathas, cearta daonna, agus saoirse an duine aonair.

Sa 19ú haois, rinneadh smaointe Locke a athbheochan agus a athléiriú ag smaointeoirí liobrálacha a d'fhéach lena phrionsabail a chur i bhfeidhm ar dhúshláin pholaitiúla agus shóisialta an lae inniu. Mhair tionchar a chuid scríbhinní isteach sa 20ú haois, agus lean scoláirí agus fealsúna ag plé lena chuid teoiricí agus iad a chur in oiriúint do chomhthéacsanna intleachtúla nua.

Mar fhocal scoir, d'fhág John Locke, pearsa lárnach den tEolasú, marc doscriosta ar ríochtaí na fealsúnachta, na polaitíochta agus an oideachais. Leanann a chuid smaointe ar eimpíreach, cearta nádúrtha, an conradh sóisialta, agus caoinfhulaingt reiligiúnach ag baint le pléití comhaimseartha ar chearta an duine, ar dhlisteanacht an rialtais, agus ar nádúr an eolais.

Mhúnlaigh an méid a chuir Locke leis an smaointeoireacht pholaitiúil, go háirithe a thuairimí ar shrianta chumhacht an rialtais agus cearta daoine aonair, conair an daonlathais liobrálacha. Síneann a oidhreacht níos faide ná a mhíle intleachtúil láithreach, ag dul i bhfeidhm ar bhunsraitheanna an rialachais bhunreachtúil agus ar thuiscint ar chearta an duine sa ré nua-aimseartha.

Mar fhealsamh a d'fhéach le castachtaí beatha an duine a thuiscint agus aghaidh a thabhairt orthu, is teist é ábharthacht bhuan John Locke ar chumhacht na smaointe chun cúrsa na staire agus éabhlóid na sochaithe a mhúnlú.

57. Rani Padmini (An India)

Cuimhnítear Rani Paadmini, figiúr legendary i stair na hIndia, mar shiombail na háilleachta, na hintleachta agus an mhisneach. Rugadh sa 13ú haois í, agus leathnaíonn a saol i gcomhthéacs na hIndia meánaoiseach, marcáilte ag intrigue polaitiúil, cathanna valorous, agus scéalta grá agus íobairt. Tá sé mar aidhm ag an bheathaisnéis seo iniúchadh a dhéanamh ar shaol Rani Padmini, ag rianú a breith, agus a oideachais, na himeachtaí a mhúnlaigh a cinniúint, a cuid éachtaí, agus an oidhreacht bhuan a d'fhág sí ina diaidh.

Breith agus Luathshaol

Tá sonraí cruinne bhreith Rani Padmini fós faoi cheilt i gceocháin ama, rud a chuireann leis an mistéireacht a bhaineann lena saol. Rugadh sa 13ú haois í, agus creidtear gur tháinig sí ar an saol sa réigiún ar a dtugtar Mewar anois i Rajasthan, India. Mar gheall ar ghanntanas taifead stairiúil ón tréimhse seo bíonn sé dúshlánach sonraí sonracha a fháil faoina saol luath, lena n-áirítear a dáta breithe agus cúinsí a hóige.

Comhthéacs Oideachais agus Cultúir

San India meánaoiseach, ba mhinic a cuireadh oideachas ar fáil do mhná laistigh de theorainneacha an teaghlaigh agus dhírigh sé ar ghrúmaeireacht a dhéanamh orthu dá róil mar chúramóirí baile agus caomhnóirí traidisiúin chultúrtha. Is dócha go bhfuair Rani Paadmini oideachas sna healaíona, sa litríocht agus sa cheol, mar measadh go raibh siad seo riachtanach do mhná uasal. Bheadh tionchar ag saibhreas cultúrtha an réigiúin, mar aon le héiteas onóra agus éirim forleithne Rajput, ar a tógáil.

Pósadh le Rawal Ratan Singh

Tháinig athrú suntasach ar shaol Rani Padmini agus í ag pósadh le Rawal Ratan Singh, rialóir Mewar. Tarraingíodh Rawal Ratan Singh, a bhfuil aithne air as a mhisneach agus a chivalry, chuig áilleacht agus intleacht ainme Padmini. Ní amháin go raibh aontas Rani Padmini agus Rawal Ratan Singh ina chomhghuaillíocht phósta ach ina aontas freisin a mbeadh tionchar aige ar chinniúint Mewar sna blianta amach romhainn.

An Finscéal de Chittorgarh

Tháinig Chittorgarh, príomhchathair Mewar, ar stáitse do dhráma nua shaol Rani Padmini. Bhí an chathair, a bhfuil cáil uirthi mar gheall ar a mórgacht agus a dúnfort iontach, ina finné ar shaothrú éirimiúil a rialóirí agus ar athléimneacht a muintire. Bhí sé i ndán do Chittorgarh a bheith ina chroílár de scéal a bhainfeadh trí chonairí na staire.

Éachtaí Suntacha agus Oibreacha Suntacha

Cé go bhfuil taifid stairiúla gann, tá finscéal Rani Padmini fite fuaite le scéalta faoina misneach, a hintleacht, agus imeacht suntasach a tháinig chun a oidhreacht a shainiú.

Léigear Chittorgarh: Tharla ceann de na tráthanna sainiúla i saol Rani Padmini le linn léigear Chittorgarh ag Alauddin Khilji, Sultan Deilí, go luath sa 14ú haois. Tá na spreagthaí taobh thiar den léigear casta, lena n-áirítear intrigue polaitiúil, comhghuaillíochtaí, agus an dúil i gcumhacht agus seilbh.

An Straitéis Scáthán: Is é an finscéal go raibh ról lárnach ag Rani Paadmini sna himeachtaí roimh an léigear. Le hiarmhairtí achrann a thuiscint, deirtear gur cheap sí straitéis a bhain lena machnamh a thaispeáint i scáthán d'Alauddin Khilji. Bhí sé mar aidhm ag an bplean seiftiúil seo radharc a thabhairt don Sultan ar a háilleacht agus beannacht a phearsa a choinneáil.

An Jauhar: Agus iad ag tabhairt aghaidh ar bhagairt ionradh láithreach, rinne mná Chittorgarh, faoi cheannas Rani Padmini, an rogha misniúil "jauhar," deasghnátha féin-abhartha a dhéanamh. Is caibidil thorthúil i scéal Chittorgarh an gníomh seo den íobairt chomhchoiteann, arna thiomáint ag tiomantas don onóir agus diúltú géilleadh d'fhorshuíomh.

Oidhreacht agus Tionchar Cultúir

Síneann oidhreacht Rani Padmini thar na himeachtaí stairiúla a thug a cuid ama chun cinn. Tá a scéal neamhbhásmhar i mbailéid, i ndánta agus i mbéaloideas, ag dul thar teorainneacha ama agus spáis. Tá tionchar a saoil ar chultúr na hIndia le feiceáil i nathanna ealaíne éagsúla agus i saothair liteartha a spreagann spiorad a ré i gcónaí.

Saothair Liteartha agus Béaloideas: Tá athshondas le sonrú i scéal Rani Padmini i bailéid Rajasthani, ar a dtugtar "Padmavat," a insíonn na himeachtaí a bhaineann le léigear Chittorgarh. Cuireann an dán eipiciúil "Padmavat," a scríobh an file Sufi Malik Muhammad Jayasi sa 16ú haois, le taipéis shaibhir an bhéaloidis Indiach.

Léiriúcháin Amharc: Spreag finscéal Rani Padmini go leor léirithe ealaíne, lena n-áirítear pictiúir agus deilbh. Léiríodh an scéal i bhfoirmeacha éagsúla ealaíne, ag gabháil le héiteas na hIndia meánaoiseach agus éirim a muintire. Oiriúnú Cineamatach: Léiríodh saol Rani Padmini i bpictiúrlann na hIndia freisin, agus tá inspioráid ag scannánóirí ó ghnéithe stairiúla agus finscéalta a scéal. Cé go n-eisíonn léirithe cinematacha scéalta stairiúla go minic, cuireann siad le buanú a hoidhreachta sa chultúr coitianta.

Conspóidí agus Léirmhínithe Stairiúla

Spreag na himeachtaí stairiúla a bhaineann le Rani Padmini agus léigear Chittorgarh díospóireachtaí agus conspóidí thar na céadta bliain. De bharr na ndúshlán a bhaineann le fíricí stairiúla a mhionléiriú ó fhinscéalta, bíonn sé dúshlánach cuntas cinntitheach ar a saol a chur i láthair. Ina theannta sin, chuir dearcthaí éagsúla ar léiriú carachtair agus imeachtaí le léirmhínithe éagsúla.

Cruinneas Stairiúil: Mar gheall ar ghanntanas na dtaifead staire comhaimseartha tá tuairimí difriúla ag scoláirí maidir le cruinneas na n-imeachtaí a bhaineann le Rani Padmini. Cé go mbreathnaíonn cuid acu ar an bhfinscéal mar tháirge béaloidis agus bailéid, áitíonn daoine eile go bhféadfadh gnéithe den fhírinne stairiúil a bheith sa chroí-insint.

Narratives Polaitiúla: Uaireanta tá finscéal Rani Padmini leithreasaithe le haghaidh insintí polaitiúla, le grúpaí éagsúla ag léirmhíniú a scéal chun freastal ar a gcláir oibre idé-eolaíocha. Is féidir le léirmhínithe den sórt sin cur le saobhadh fíricí stairiúla agus buanú an mhiotais.

Siombalachas Cultúir: Beag beann ar chruinneas stairiúil imeachtaí sonracha, tá Rani Padmini tagtha chun bheith ina siombail chultúrtha a ionadaíonn idéalacha onóra, íobairt agus friotaíochta. Sáraíonn an siombalachas atá fite fuaite ina scéal an comhthéacs stairiúil agus leanann sé ag baint le luachanna cultúrtha agus sochaíocha.

Mar fhocal scoir, tá saol Rani Padmini ina chaibidil thar a bheith suimiúil agus enigmatach in annála stair na hIndia. Mhair a finscéal ar feadh na gcéadta bliain, ag gabháil do shamhlaíocht na nglún agus ag cur le taipéis chultúrtha an náisiúin. Cibé an bhfuil sé ina fhíor stairiúil, ina shiombail de ghaisce baininscneach, nó ina charachtar sa bhéaloideas, leanann Rani Padmini le braistint uafás agus mórtais.

Mar gheall ar chastacht a scéil, fite fuaite le hionsaí polaitiúla na hIndia meánaoiseach, bíonn sé dúshlánach fíoras a scaradh ón finscéal. Mar sin féin, luíonn oidhreacht bhuan Rani Padmini ní hamháin sna himeachtaí a cuireadh i leith di ach freisin sa tionchar cultúrtha a bhí aici ar litríocht, ealaín, agus comhfhiosacht mhuintir na hIndia. Seasann a saol, atá marcáilte le misneach, intleacht agus íobairt, mar theist ar athléimneacht daoine aonair agus iad ag tabhairt aghaidh ar dhúshláin a ré.

58. Ibn Battuta (Maracó)

Bhí Ibn Battuta, a rugadh ar 25 Feabhra, 1304, i Tangier, Maracó, ar dhuine de na taistealaithe agus na taiscéalaithe ba mhó sa domhan Ioslamach meánaoiseach. Thug a thurais fhairsing ar fud na hAfraice, an Mheánoirthir, na hÁise, agus na hEorpa é, ag clúdach achar agus ré nach raibh a leithéid le feiceáil ina chuid ama. Soláthraíonn saol agus turasanna Ibn Battuta scéal tarraingteach ar chultúir, sochaithe agus tírdhreacha éagsúla an 14ú haois. Scrúdaíonn an bheathaisnéis seo a bhreith, a oideachas, a ghairm bheatha, a shaothair shuntasacha, éachtaí, agus an oidhreacht a d'fhág sé ina dhiaidh.

Breith agus Luathshaol

Rugadh Ibn Battuta i dteaghlach scoláirí dlí Ioslamacha. Is é a ainm iomlán ná Abu Abdullah Muhammad Ibn Abdullah Al Lawati Al Tanji Ibn Battuta. Is beag atá ar eolas faoina shaol luath, a theaghlach, nó na cúinsí a thug air dul ar a thurais neamhghnách. Tá sé faighte amach, áfach, gur ó theaghlach scoláirí a bhí sé, rud a thabharfadh le tuiscint go raibh nochtadh luath aige do theagasc Ioslamach agus bunsraith san oideachas reiligiúnach.

Fuair Ibn Battuta a oideachas tosaigh sa dlí-eolaíocht Ioslamach, rud a bhí de nós ag duine a rugadh i dteaghlach scoláirí dlí. Rinne sé staidéar ar an Quran, Hadith (nathanna an Prophet Muhammad), agus prionsabail an dlí Ioslamach faoi scoláirí cáiliúla a chuid ama. Is dócha gur sholáthair a ghníomhaíochtaí oideachais bunús láidir dó san eolas Ioslamach traidisiúnta, rud a d'fhiteascfadh níos déanaí lena thuairimí le linn a thurais.

Gairm bheatha agus Wanderlust

Thosaigh turas Ibn Battuta sa bhliain 1325 nuair a chuaigh sé, in aois a 21, ar oilithreacht go Mecca, dualgas reiligiúnach do Mhoslamaigh. Chuir an oilithreacht seo, ar a dtugtar Hajj, tús le odaisé a mhairfeadh beagnach trí scór bliain agus a chlúdódh fad a mheastar a bheith os cionn 75,000 míle.

Hajj agus Thall: Cé gurbh é an cuspóir tosaigh a bhí ag Ibn Battuta ná an Hajj a chomhlíonadh, ba é a mhian agus a fhiosracht a bhí i bhfad níos faide ná an oilithreacht. Murab ionann agus taistealaithe eile dá chuid a chuaigh ar thurais chomhchosúla, ní raibh bealach ná plean réamhshocraithe ag Ibn Battuta. Ina áit sin, ghlac sé le spontáineacht na taiscéalaíochta agus le dothuarthacht a chuid eachtraí.

Taisteal ar fud an Domhain Ioslamaigh: Le linn a chuid taistil, thug Ibn Battuta cuairt ar go leor tailte, lena n-áirítear Leithinis na hAraibe, Peirsis, Lár na hÁise, fo-ilchríoch na hIndia, Oirdheisceart na hÁise, agus Oirthear na hAfraice. Thug a thurais é trí chathracha fuadaracha, sráidbhailte iargúlta, fásaigh, sléibhte, agus trasna farraigí agus aibhneacha.

Oibreacha Suntacha

Is é an oidhreacht is suntasaí agus is buaine de thaisteal Ibn Battuta ná a chuntas mionsonraithe, "Rihla" nó "The Journey." Soláthraíonn an taistealóg seo peirspictíocht fhíorluachmhar pearsanta ar an domhan Ioslamach meánaoiseach, ag tabhairt léargais ar chultúir, nósanna agus tírdhreacha polaitiúla éagsúla na réigiún ar thug sé cuairt air. Comhdhéanta i bhfoirm dialainne, cuireann an Rihla insint shaibhir ar a chuid taithí agus tuairimí.

Rihla (An Turas): Saothar iontach liteartha é Rihla Ibn Battuta a thugann léiriú beoga ar na háiteanna ar thug sé cuairt orthu, na daoine ar chas sé leo, agus na himeachtaí a chonaic sé. Clúdaíonn sé raon leathan ábhar, lena n-áirítear tíreolaíocht, stair, cultúr, agus dinimic shóisialta agus pholaitiúil an domhain mheánaoisigh. Tá an Rihla fós ina bunfhoinse riachtanach do staraithe agus scoláirí atá ag déanamh staidéir ar an domhan Ioslamach sa 14ú haois.

Éachtaí agus Tionchar

Tá éachtaí Ibn Battuta fréamhaithe i scála agus scóip a chuid taistil. Is éacht taiscéalaíochta thar na bearta é a thuras le linn tréimhse nuair a bhí taisteal fadraoin crua agus contúirteach. Téann tionchar a chuid taistil níos faide ná éachtaí pearsanta agus leathnaíonn sé go réimsí éagsúla:

Eolas Geografach: Chuir Ibn Battuta go mór le heolas geografach an domhain Ioslamaigh mheánaoiseach. Líon a chuid taistil bearnaí sna léarscáileanna a bhí ann cheana féin agus thug sé réigiúin nua isteach don chartagrafaíocht Ioslamach.

Malartú Cultúir: Tríd an teagmháil a bhí aige le cultúir agus sochaithe éagsúla, chuir Ibn Battuta le malartú cultúrtha. Is teist é a Rihla ar idirnascadh na sibhialtachtaí, ag taispeáint idirleathadh smaointe, teicneolaíochtaí agus traidisiúin ar fud an domhain Ioslamaigh.

Doiciméadúchán Stairiúil: Is taifead stairiúil den 14ú haois é doiciméadú mionchruinn Ibn Battuta ar a thaistil. Tugann a chuid tuairimí léargas ar dhálaí polaitiúla, eacnamaíocha agus sóisialta na n-áiteanna ar thug sé cuairt orthu.

Oidhreacht na Taiscéalaíochta: D'fhág spiorad eachtrúil Ibn Battuta agus a oscailteacht don anaithnid oidhreacht bhuan i stair na taiscéalaíochta. Seasann a thuras mar inspioráid do na glúnta atá le teacht taistealaithe agus taiscéalaithe.

Fill ar ais agus Saol Níos Déanaí

Tar éis beagnach trí scór bliain de thaisteal leanúnach, d'fhill Ibn Battuta go Maracó timpeall na bliana 1354. D'ainneoin a chuid taistil fhairsing, thug sé aghaidh ar dhúshláin ath-imeasctha isteach i saol socraithe a bhaile dúchais. Thosaigh sé ag deachtú an chuntais ar a thurais chuig an scoláire Ibn Juzayy, as a dtagann comhdhéanamh an Rihla.

Bás

Tá dáta cruinn bás Ibn Battuta fós éiginnte. Soláthraíonn taifid stairiúla faisnéis achrannach, agus tugann roinnt foinsí le tuiscint gur bhásaigh sé i 1368, agus molann foinsí eile dáta níos déanaí. Beag beann ar an am ar leith, mhair oidhreacht Ibn Battuta trína chuid scríbhinní agus an tionchar a bhí ag a chuid taistil ar chomhchuimhne an domhain Ioslamaigh.

Oidhreacht

Síneann oidhreacht Ibn Battuta i bhfad níos faide ná a bhfuil bainte amach aige. Leanann scoláirí ar aghaidh ag déanamh staidéir ar a Rihla agus ag tagairt dó, rud a thugann léargas luachmhar ar shaol Ioslamach na meánaoise. Is féidir oidhreacht Ibn Battuta a thuiscint i roinnt toisí:

Doiciméadúchán Stairiúil: Feidhmíonn Rihla Ibn Battuta mar phríomhfhoinse do staraithe atá ag déanamh staidéir ar an 14ú haois. Cuireann a chuid tuairimí le tuiscint ar dhinimic pholaitiúil, chultúrtha agus eacnamaíoch na réigiún ar a dtrasnaigh sé.

Tionchar Cultúrtha: Léiríonn turasanna Ibn Battuta éagsúlacht agus saibhreas an domhain Ioslamaigh. Cuireann a theagmhálacha le cultúir éagsúla béim ar chomhnascadh na sochaithe agus ar an malartú cultúrtha a bhain le tréithe na meánaoise.

Inspioráid le haghaidh Taiscéalaíochta: Spreag spiorad eachtrúil Ibn Battuta agus a oscailteacht don taiscéalaíocht na glúine seo den lucht siúil ina dhiaidh sin. Is teist fós é a thuras ar an gcumas daonna fiosracht, athléimneacht agus inoiriúnaitheacht.

Aitheantas Domhanda: Tá aitheantas idirnáisiúnta faighte ag oidhreacht Ibn Battuta. Rinneadh ceiliúradh ar a chuid taistil sa litríocht, i gcláir fhaisnéise agus in imeachtaí cultúrtha, rud a léiríonn an spéis bhuan lena thuras neamhghnách.

Mar fhocal scoir, d'fhág Ibn Battuta, cruinneadóir an Ioslaim, marc doscriosta ar thírdhreach stairiúil agus cultúrtha an domhain Ioslamaigh mheánaoiseach. Mar gheall ar a fhiosracht doshásta, mar aon lena oscailteacht don anaithnid, ligeadh dó achair ollmhóra a thrasnú agus taithí a fháil ar éagsúlacht na sibhialtachta daonna.

Tríd an Rihla, bhronn Ibn Battuta scéal iontach ar a chuid eachtraí don phobal a leanstan, rud a shaibhríonn ár dtuiscint ar an domhan Ioslamach meánaoiseach. Maireann a oidhreacht in annála na taiscéalaíochta, ag spreagadh na nglúnta atá le teacht chun glacadh le spiorad na fiosrachta agus na fionnachtana a shaintréith dá shaol neamhghnách.

59. Banríon Eilís II (Sasana)

Is siombail í an Bhanríon Eilís II, a rugadh ar 21 Aibreán, 1926, i Londain Shasana, den leanúnachas, den traidisiún agus den athléimneacht. Mar an monarc is faide ar an bhfód i stair na Breataine, chonaic sí agus bhí ról lárnach aici i gclaochlú na Ríochta Aontaithe agus an Chomhlathais. Scrúdaíonn an bheathaisnéis seo saol na Banríona Eilís II, ag clúdach a breith, a hoideachas, a gairm bheatha, saothair shuntasacha, éachtaí, agus machnamh ar a hoidhreacht.

Breith agus Luathshaol

Rugadh an Bhanphrionsa Eilís Alexandra Mary do Dhiúc agus Bandiúc Eabhrac, ar a dtugtar níos déanaí an Rí Seoirse VI agus an Bhanríon Eilís (Máthair na Banríona). Rugadh Elizabeth i dteach a seantuismitheoirí máthar, 17 Sráid Bruton i Londain, agus ba í Elizabeth an chéad leanbh ag an Diúc agus na Bandiúc agus deirfiúr níos sine na Banphrionsa Margaret. Bhí a blianta tosaigh marcáilte ag scáth na coimhlinte domhanda a bhí ar tí tarlú, agus an Dara Cogadh Domhanda ag teacht chun cinn go déanach sna 1930idí agus sna 1940idí.

Meascán de theagasc príobháideach agus eispéiris a bhí in oideachas na Banphrionsa Eilís a mhúnlaigh imeachtaí corraitheacha a cuid ama. Fuair sí oideachas sa bhaile, rinne sí staidéar ar stair agus ar an dlí bunreachtúil, ag ullmhú do ról mar mhonarc bunreachtúil amach anseo. Chuimsigh a cuid oideachais ceachtanna i dteangacha, sna heolaíochtaí agus sna healaíona, rud a chuir bonn leathan ar fáil di.

An Dara Cogadh Domhanda agus an tSeirbhís Phoiblí

Mhúnlaigh tionchar an Dara Cogadh Domhanda blianta múnlaitheacha an Bhanphrionsa Eilís go mór. In éineacht lena deirfiúr agus a tuismitheoirí, thug sí aghaidh ar na dúshláin agus na neamhchinnteachtaí a bhain le Londain aimsir an chogaidh. Le linn na coinbhleachta, thug sí faoi sheirbhís phoiblí trí dhul isteach sa tSeirbhís Chúnta Críoch (ATS) i 1945, áit a ndearna sí oiliúint mar thiománaí agus mar mheicneoir. Thug an taithí seo deis di cur go díreach leis an iarracht chogaidh agus thug sé léargais luachmhara ar shaol na ngnáthshaoránach.

Ascension to the Throne

Tháinig athrú stairiúil ar shaol na Banphrionsa Eilís ar 6 Feabhra, 1952, nuair a fuair a hathair, an Rí Seoirse VI, bás. Ag aois 25, d'ardaigh Eilís go dtí an ríchathaoir, agus í ina banríon ríchathaoir ar an Ríocht Aontaithe agus ina Ceannaire ar an gComhlathas. Bhí a searmanas corónach ar siúl ar 2 Meitheamh, 1953, ag Mainistir Westminster, ócáid mhór a chuir tús le ré nua.

Saol an Teaghlaigh

I 1947, phós an Banphrionsa Eilís Philip Mountbatten, Diúc Dhún Éideann, iar-phrionsa na Gréige agus na Danmhairge. Tháirg a gceardchumann ceathrar clainne: Charles, Prionsa na Breataine Bige; Anne, Banphrionsa Ríoga; Prionsa Andrew, Diúc Eabhrac; agus an Prionsa Edward, Iarla Wessex. Bhí ról suntasach ag teaghlach na Banríona sa saol poiblí, agus rannchuidigh gach ball le cúiseanna carthanachta, leis an tseirbhís phoiblí, agus, i gcás an Phrionsa Charles, le leanúint den lineage ríoga.

Oibreacha agus Éachtaí Suntasacha

Is iomaí éachtaí agus tiomantas seasta dá ról mar mhonarc bunreachtúil i réimeas na Banríona Eilís II. Cé gur cumhachtaí searmanais den chuid is mó atá ag an monarcacht, téann tionchar agus tionchar na Banríona thar dhualgais shiombalach.

Ról Taidhleoireachta: Bhí an Bhanríon ina siombail de leanúnachas agus de chobhsaíocht, go háirithe le linn aimsir an athraithe pholaitiúil. Is éard a bhí i gceist lena ról mar dhuine taidhleoireachta ná bualadh le ceannairí domhanda, cuairteanna stáit a óstáil, agus ionadaíocht a dhéanamh ar an Ríocht Aontaithe agus ar an gComhlathas ar an ardán domhanda.

Nuachóiriú na Monarcachta: Bhí baint lárnach ag an mBanríon Eilís II le nuachóiriú na monarcachta chun é a dhéanamh níos inrochtana agus níos ábhartha sa saol comhaimseartha. Áirítear leis seo glacadh leis na meáin nua, dul i dteagmháil leis an bpobal trí imeachtaí teilifíse, agus oiriúnú d'ionchais athraitheacha sochaí atá éagsúil agus atá ag forbairt.

Ceannaireacht an Chomhlathais: Gné shainitheach dá réimeas ba ea tiomantas na Banríona don Chomhlathas, cumann deonach de 54 náisiún neamhspleácha. D'oibrigh sí chun na naisc idir na Ballstáit a neartú agus chun comhar, forbairt agus luachanna comhroinnte a chur chun cinn.

An monarc is faide ag an Rí: An 9 Meán Fómhair, 2015, sháraigh an Bhanríon Eilís II an taifead roimhe sin a bhí ag a sin-seanmháthair, an

Bhanríon Victoria, agus í ar an monarc is faide i stair na Breataine. Léirigh an chloch mhíle seo a dúthracht agus a seasmhacht i ról a mhair le blianta fada. Iubhaile Órga agus Diamaint: Sa bhliain 2002, cheiliúir an Bhanríon Eilís II a Iubhaile Órga, ag ceiliúradh 50 bliain ar an ríchathaoir. Lean an Iubhaile Diamaint ina dhiaidh sin in 2012, ag comóradh 60 bliain dá réimeas. Ócáidí ceiliúrtha náisiúnta agus idirnáisiúnta a bhí sna jubilítí seo, rud a léirigh an meas atá ag an bpobal ar sheirbhís na Banríona.

Dúshláin agus Trialacha

Cé go bhfuil cobhsaíocht tréithrithe ag réimeas na Banríona Eilís II, ní raibh sé gan dúshláin agus chuimhneacháin de bhrón as cuimse. I measc roinnt cásanna suntasacha tá:

Íomhá Phoiblí an Teaghlaigh Ríoga: Thug an teaghlach ríoga aghaidh ar ghrinnscrúdú agus ar dhúshláin dá íomhá phoiblí, lena n-áirítear conspóidí, colscarthaí, agus bás tragóideach an Bhanphrionsa Diana i 1997. Le linn na n-amanna deacra seo, bhí an Bhanríon ag dul i ngleic le tuiscint ar dhualgas agus ar fhreagracht .

Athruithe Bunreachtúla: Mar gheall ar éabhlóid na socruithe bunreachtúla, go háirithe an laghdú de réir a chéile ar chumhachtaí foirmiúla na monarcachta, tá ar an mBanríon oiriúnú do chúinsí agus ionchais athraitheacha.

Géarchéimeanna Náisiúnta agus Domhanda: Chuir an Bhanríon láithreacht seasta ar fáil le linn géarchéimeanna náisiúnta agus domhanda, lena n-áirítear cor chun donais eacnamaíoch, gníomhartha sceimhlitheoireachta, agus éigeandálaí sláinte. Bhí a ról mar dhuine aontaithe ríthábhachtach chun braistint leanúnachais agus athdhearbhaithe a sholáthar.

Oidhreacht

Agus an Bhanríon Eilís II ag leanúint lena réimeas isteach sa 21ú haois, tá a oidhreacht bunaithe go daingean cheana féin. I measc na bpríomhghnéithe dá oidhreacht bhuan tá:

Siombail an Leanúnachais: Bhí an Bhanríon ina siombail de leanúnachas agus de chobhsaíocht i ndomhan atá ag athrú go tapa. Tá meas agus ardmheas tuillte aici ar a tiomantas do dhualgas agus do sheirbhís.

Deilbhín Cultúir: Tá íomhá na Banríona Eilís II tar éis éirí comhchiallach le céannacht na Breataine agus an Chomhlathais. Síneann a tionchar níos faide ná réimsí na polaitíochta agus an rialachais chuig léirithe cultúir agus móréilimh féiniúlachta.

Inoiriúnaitheacht agus Athléimneacht: Chuir cumas na Banríona in oiriúint do chúinsí athraitheacha agus dul i ngleic le dúshláin le grásta agus le hathléimneacht le hábharthacht marthanach na monarcachta.

Seirbhís agus Tiomantas: Le linn a réime fada, tá dúthracht na Banríona don tseirbhís phoiblí agus a mothú dualgais tar éis caighdeán a shocrú do na glúnta atá le teacht den teaghlach ríoga.

An Monarcacht a Dhaonnú: Tríd an monarcacht a nuachóiriú agus dul i dteagmháil leis an bpobal ar bhealaí nua, bhí ról ag an mBanríon Eilís II i ndaonnú na hinstitiúide, rud a d'fhág go raibh sí níos inathraithe do shochaí éagsúil agus chomhaimseartha.

Mar fhocal scoir, tá saol agus réimeas na Banríona Eilís II fite fuaite le stair na Ríochta Aontaithe agus an Chomhlathais. Is éard a bhí i gceist lena ról mar mhonarc bunreachtúil ná oiriúnú d'amanna athraitheacha, dul i ngleic le dúshláin, agus braistint leanúnachais a léiriú. Mar an monarc is faide ar an bhfód i stair na Breataine, seasann sí mar shiombail seasmhachta, seirbhíse agus seasmhachta. Síneann oidhreacht na Banríona Eilís II i bhfad níos faide ná na gnéithe polaitiúla agus searmanais dá ról; is teist é ar a tiomantas gan staonadh do dhualgas, ar a inoiriúnaitheacht, agus ar a tionchar buan ar chreatlach chultúrtha agus stairiúil na náisiún ar a bhfreastalaíonn sí.

60. Marie Tussaud (An Fhrainc)

Marie Tussaud, a rugadh ar 1 Nollaig, 1761, i Strasbourg, an Fhrainc, is fearr aithne uirthi mar bhunaitheoir na músaeim céir Madame Tussauds a bhfuil cáil dhomhanda uirthi. Is scéal iontach cruthaitheachta agus ratha a aistear saoil, marcáilte le tallann ealaíonta, teacht aniar agus spiorad fiontraíochta. Scrúdaíonn an bheathaisnéis seo breith, oideachas, gairm bheatha Marie Tussaud, saothair shuntasacha, éachtaí, agus an oidhreacht a d'fhág sí ina diaidh.

Breith agus Luathshaol

Rugadh Marie Grosholtz, ar a dtugtaí Marie Tussaud níos déanaí, isteach i dteaghlach oilte Grosholtz i Strasbourg na Fraince. D'oibrigh a máthair mar choimeádaí tí don Dr. Philippe Curtius, dochtúir atá oilte ar shamhaltú céir. Leag nochtadh luath Marie le healaín na samhaltú céir an bonn dá gairm amach anseo. Go tragóideach, fuair a hathair, Joseph Grosholtz, bás nuair nach raibh sí ach sé bliana d'aois, rud a d'fhág a teaghlach chun dul i ngleic le dúshláin airgeadais.

Oideachas agus Printíseacht Luath

Ghlac oideachas Marie seal praiticiúil nuair a rinne sí printíseach leis an Dr. Curtius, fostóir a máthar. Faoina teagasc, d'fhoghlaim sí ealaín chasta na samhaltú céir, ceird a bhain le cruthú figiúirí saolta ó chéir. Bhí ról ríthábhachtach ag an Dr. Curtius, a raibh bailiúchán de shamhlacha anatamaíocha céir aige a úsáideadh don oideachas leighis, i múnlú scileanna ealaíne Marie.

Tús Gairme sa Fhrainc

Agus Marie ag feabhsú a scileanna samhaltú céir, rinneadh ealaíontóir oilte inti féin. I 1777, agus í 16 bliana d'aois, chruthaigh sí a céad dealbh céir, portráid d'fhealsamh agus scríbhneoir Voltaire. Ba é seo tús a gairme i samhaltú céir, agus fuair sí aitheantas go luath as a cumas chun cosúlacht agus léirithe a cuid ábhar a ghabháil.

An Bhogadh go Sasana

Go luath sna 1780idí, tháinig athrú suntasach ar shaol Marie Tussaud nuair a d'fhág sí an Fhrainc go Sasana. Cúiseanna pearsanta agus polaitiúla araon a spreag an t-aistriú seo. Bhí Réabhlóid na Fraince ag teacht chun cinn, agus bhí an timpeallacht shóisialta agus pholaitiúil ag éirí níos éagobhsaí. Mar gheall ar naisc Marie leis an teaghlach ríoga trína cuid oibre ar shamhaltú céir bhí a post neamhbhuana.

Gairm i Sasana agus an Royal Connection

Agus í ag socrú i Londain, lean Marie Tussaud dá cuid oibre i múnlú céir, ag taispeáint a buanna do lucht éisteachta nua. Bhunaigh sí í féin mar dhuine mór le rá i gciorcail ealaíne agus thuill sí pátrúnacht daoine cáiliúla. Bhí an ceangal a bhí aici le teaghlach ríoga na Fraince ríthábhachtach maidir lena gairm bheatha a mhúnlú, toisc gur coimisiúnaíodh í chun cosúlachtaí céir a chruthú de Marie Antoinette agus baill eile den chúirt ríoga.

Bunú Taispeántas Madame Tussaud

Fuair figiúirí céir Marie moladh go forleathan as a réalachas agus aird ar mhionsonraí. Sa bhliain 1835, d'oscail sí a céad buanthaispeántas ar Baker Street i Londain, inar thaispeáin sí cnuasach de phearsana stairiúla agus comhaimseartha. Chuimsigh an taispeántas ní hamháin daoine ríchíosa agus polaitiúla ach freisin coirpigh iomráiteach agus daoine eile de chuid an ama. Le rath an fhiontar seo leagadh an bhunsraith le haghaidh Madame Tussauds, ceann de na nithe is díol suntais ar domhan, do thurasóirí.

Oibreacha agus Éachtaí Suntasacha

Ní raibh éachtaí Marie Tussaud teoranta dá samhaltú céir sciliúil; ba bhean ghnó stuama í freisin agus ceannródaí i saol na siamsaíochta. I measc cuid dá saothar agus éachtaí suntasacha tá:

Portráidí Céir de Fhíoracha Suntasacha: Áiríodh i mbailiúchán Marie Tussaud portráidí céir den saol de phearsana stairiúla ar nós Napoleon Bonaparte, Benjamin Franklin, agus George Washington. Chuir a cumas chun croílár a cuid ábhar a ghabháil leis an éileamh a bhí ar a taispeántais.

Ag Maireachtáil agus ag Cur in Oiriúint do Ré Athraithe: Mhair saol Marie roinnt tréimhsí corraitheacha sa stair, lena n-áirítear Réabhlóid na Fraince agus a tharla. Thaispeáin a cumas chun dul i ngleic le réaltbhuíonta polaitiúla, oiriúnú do chách a bhí ag athrú, agus leas a bhaint as suim an phobail ina figiúirí céir a athléimneacht agus a spiorad fiontraíochta.

Leathnú Madame Tussauds: Mar gheall ar rath thaispeántais Marie i Londain bunaíodh Madame Tussauds mar bhranda domhanda. Thar na blianta, d'oscail músaeim céir Madame Tussauds i gcathracha éagsúla ar fud an domhain, lena n-áirítear Amstardam, Nua-Eabhrac, agus Sydney.

Oidhreacht Ealaíne Le cur chuige nuálaíoch Marie Tussaud i leith samhaltú céir, arb é is sainairíonna é aird ghéar ar mhionsonraí agus tiomantas don réalachas, leagadh síos caighdeán do na glúnta dealbhóirí céir amach anseo. Maireann a oidhreacht in ealaíona agus ceardaíocht thaispeántais Madame Tussauds.

Bás agus Oidhreacht

D'éag Marie Tussaud an 16 Aibreán, 1850, in aois a 88 bliain. In ainneoin na ndúshlán a bhí le sárú aici ar feadh a saoil, mhair a oidhreacht tríd an institiúid a bhunaigh sí. Lean Madame Tussauds ag fás agus ag forbairt, agus tháinig sé ina feiniméan cultúrtha a mheall na milliúin cuairteoirí gach bliain.

Oidhreacht Madame Tussauds

Tá iarsmalanna céir Madame Tussauds, a bhunaigh Marie Tussaud ar dtús, tar éis éirí comhchiallach le daoine cáiliúla agus popchultúr. Áirítear ar oidhreacht Madame Tussauds:

Tionchar Cultúrtha: Tá Madame Tussauds tar éis éirí ina íocón cultúrtha, a léiríonn crosbhealach na healaíne, na siamsaíochta agus an chultúir iomráiteach. Léiríonn na músaeim raon éagsúil de dhaoine, lena n-áirítear deilbhíní stairiúla, réalta scannán, ceoltóirí, agus pearsantachtaí spóirt.

Díol spéise do Thurasóirí: Is díol spéise do thurasóirí é Madame Tussauds in iliomad cathracha ar fud an domhain. Tarraingítear deis do chuairteoirí dul i dteagmháil le macasamhla céir an tsaoil de na daoine cáiliúla is fearr leo.

Nuálaíocht Leantach: Lean branda Madame Tussauds ag nuálaíocht, ag ionchorprú teicneolaíochtaí nua agus eispéiris idirghníomhacha chun rannpháirtíocht an chuairteora a fheabhsú. Comhtháthaíodh réaltacht fhíorúil, réaltacht mhéadaithe, agus teicneolaíochtaí tumoideachais eile sna taispeántais.

Luach Oideachais: Cé go bhfuil aithne ar Madame Tussauds mar gheall ar a luach siamsaíochta, feidhmíonn na taispeántais cuspóir oideachais freisin. Léirítear pearsana stairiúla, deilbhíní cultúrtha agus ceannairí polaitiúla, rud a thugann deis do chuairteoirí foghlaim faoi phearsantachtaí móra le rá ó réimsí éagsúla agus idirghníomhú leo.

Mar fhocal scoir, is teist é turas Marie Tussaud ó phrintíseach óg in Strasbourg go bunaitheoir Madame Tussauds ar a tallann ealaíonta, a inoiriúnaitheacht agus a spiorad fiontraíochta. Mhúnlaigh a cumas cosúlacht na bhfigiúirí stairiúla agus comhaimseartha sa chéir agus a teacht aniar in aghaidh dúshláin pholaitiúla agus phearsanta a gairm bheatha shuntasach. Seasann iarsmalanna céir Madame Tussauds, lena láithreacht dhomhanda agus a dtionchar cultúrtha, mar ómós buan d'ealaín agus d'fhís Marie Tussaud. Maireann a hoidhreacht ní hamháin sna figiúirí céir a chruthaigh sí ach freisin sa tóir leanúnach atá ar Madame Tussauds mar ábhar iontais agus íocónach ar fud an domhain.

61. Amerigo Vespucci (An Iodáil)

Rugadh Amerigo Vespucci, an taiscéalaí agus an cartagrafaí Iodálach ar ainmníodh ilchríocha Mheiriceá Thuaidh agus Theas ina dhiaidh, ar 9 Márta, 1454, i bhFlórans na hIodáile. Ba é an tríú leanbh de Ser Nastagio, nótaire, agus Lisabetta Mini. Ag fás aníos i stát cathrach faoi bhláth Fhlórans le linn na hAthbheochana, nochtaíodh Vespucci do thimpeallacht a chothaigh fiosracht intleachtúil agus spiorad taiscéalaíochta.

Oideachas agus Luathghairm

Fuair Amerigo Vespucci oideachas cuimsitheach, ag déanamh staidéir ar na daonnachtaí, réalteolaíocht agus tíreolaíocht. Chuir sé suim mhór i loingseoireacht agus i dtaiscéalaíocht, agus is dócha go raibh tionchar ag atmaisféar intleachtúil agus muirí na linne air. Bhí naisc ag teaghlach Vespucci leis an teaghlach Medici cumhachtach agus tionchar, rud a thug deiseanna dó a chuid eolais a leathnú agus a spéiseanna a leanúint.

Ina ghairm bheatha luath, d'oibrigh Amerigo Vespucci d'fhiontair tráchtála an teaghlaigh Medici. Fuair sé taithí i saol an airgeadais agus na tráchtála, rud a bheadh luachmhar ina chuid iarrachtaí taiscéalaíochta níos déanaí. D'éascaigh a chaidreamh le teaghlach Medici a rochtain ar chiorcail tionchar, lena n-áirítear an taiscéalaí agus loingseoir tionchar, Lorenzo di Pier Francesco de' Medici.

Turais go dtí an Domhan Nua

Tháinig casadh cinntitheach ar shlí bheatha taiscéalaíochta Amerigo Vespucci nuair a chuaigh sé i seirbhís na Spáinne go luath sna 1490idí. Le linn na tréimhse seo, rinne Christopher Columbus a thurais stairiúla go Meiriceá cheana féin, agus bhí suim ag dul i méid in iniúchadh agus tuiscint a fháil ar na tailte nua-aimsithe. Chuaigh Vespucci in éineacht le roinnt turas Spáinneach chuig na hIndiacha Thiar agus cósta Mheiriceá Theas.

Is minic a bhíonn a thurais ina n-ábhar díospóireachta stairiúil, le roinnt daoine ag rá gur ghlac sé páirt i gceithre thuras ar a laghad trasna an Atlantaigh idir 1497 agus 1504. Ba é an turas ba shuntasaí díobh seo an turas 1499–1500, nuair a rinne Vespucci iniúchadh ar chósta thuaidh an Deiscirt. Meiriceá. Scaipeadh a mhionchuntais ar na hiniúchtaí seo, a cuireadh i láthair i litreacha chuig Lorenzo di Pier Francesco de' Medici agus chuig daoine eile, go forleathan agus aistríodh go teangacha éagsúla iad.

An Domhan Nua á Ainmniú

Bhí oidhreacht Amerigo Vespucci fite fuaite go domhain leis an Domhan Nua nuair a roghnaigh cartagrafaí Gearmánach, Martin Waldseemüller, na hilchríocha a ainmniú ina dhiaidh. I 1507, chuir Waldseemüller léarscáil le chéile inar lipéadaigh sé na tailte nua-aimsithe mar "Meiriceá," in ómós do Vespucci. Cé go raibh an cinneadh seo conspóideach, dhaingnigh sé áit Vespucci sa stair, agus tháinig an t-ainm Meiriceá mar shiombail ar na críocha ollmhóra, gan taiscéaladh trasna an Atlantaigh.

Cartagrafaíocht agus Ranníocaíochtaí

Taobh amuigh dá thurais thaiscéalacha, chuir Amerigo Vespucci go mór le réimse na cartagrafaíochta. Bhí baint aige le scagadh a dhéanamh ar theicnící loingseoireachta agus mapála. D'aithin Vespucci nádúr ar leith na dtailte a ndearnadh iniúchadh orthu, agus iad á idirdhealú ón Áise. Chuidigh a chuid breathnuithe agus léarscáileanna le tuiscint níos cruinne ar thíreolaíocht Mheiriceá.

Bhí ról ríthábhachtach ag obair Vespucci sa chartagrafaíocht, mar aon lena chuntais scríofa ar an Domhan Nua, i múnlú braistintí Eorpacha ar na mór-ilchríocha a thángthas orthu le déanaí. Chuir a léarscáileanna, cé nach raibh an oiread sin aithne orthu agus atá ag Waldseemüller, leis an tuiscint a bhí ag teacht chun cinn ar thíreolaíocht Mheiriceá.

Saol Pearsanta agus Oidhreacht

Níl an oiread sin doiciméadaithe ar shaol pearsanta Amerigo Vespucci ná ar a chuid éachtaí taiscéalaíochta agus cartagrafaíochta. Is beag atá ar eolas faoina shaol teaghlaigh nó faoina chaidreamh. Mar sin féin, ní féidir a shéanadh a thionchar ar stair an domhain. Tá ainm Vespucci eitseáilte go buan in annála na taiscéalaíochta, toisc go bhfuil ilchríocha Mheiriceá Thuaidh agus Theas i ngeall ar a oidhreacht.

Tá a cháil mar thaiscéalaí agus mar ainmneach Mheiriceá tar éis maireachtáil leis na cianta. Cé go bhfuil roinnt conspóide thart ar mhéid a thurais thaiscéalacha agus ar ainmniú na mór-roinne, aithnítear agus admhaítear an méid a chuir Vespucci le tuiscint an Domhain Nua.

Bás agus Ionad Suaimhnis Deiridh

Fuair Amerigo Vespucci bás ar 22 Feabhra, 1512, i Sevilla, sa Spáinn. Ba é a bhás ná deireadh caibidle in Aois na Taiscéalaíochta, ach lean a oidhreacht ag forbairt. Cé nach raibh Vespucci beo chun tionchar buan a ainm ar thíreolaíocht an domhain a fheiceáil, tá na ilchríocha a ainmníodh ina dhiaidh ina fhianaise ar a ról lárnach i múnlú chúrsa na staire.

Conspóidí Stairiúla agus Athluachálacha

Ní raibh oidhreacht Amerigo Vespucci gan chonspóid. Tá ceist curtha ag roinnt scoláirí faoi chruinneas a chuntais agus faoi mhéid a chuid iniúchtaí. Leanann an díospóireacht faoi cé acu an raibh an onóir dhá mhór-roinn ainmnithe ina dhiaidh ag Vespucci ag spreagadh díospóireachtaí i measc staraithe.

In ainneoin na gconspóidí, ní féidir neamhaird a dhéanamh ar an méid a chuir Vespucci le tuiscint an Domhain Nua. Thug a bhreathnuithe, a chuid scríbhinní agus léarscáileanna léargas luachmhar ar thíreolaíocht Mheiriceá, rud a chuaigh i bhfeidhm ar chúrsa na n-iniúchtaí amach anseo agus a mhúnlaigh an dearcadh Eorpach ar na tailte nua-aimsithe.

Mar fhocal scoir, d'fhág Amerigo Vespucci, fear na hintleachta agus na taiscéalaíochta, marc doscriosta ar an domhan. Bhí ról ríthábhachtach ag a thurais chuig an Domhan Nua, a bhreathnuithe mionchúiseacha, agus a chuid ranníocaíochtaí don chartagrafaíocht i múnlú na luaththuiscint ar Mheiriceánaigh. Bíodh sé ag seoladh uiscí neamhchartáilte an Atlantaigh nó ag ilchríocha ainmnithe ina onóir, maireann oidhreacht Vespucci mar shiombail de fhiosracht dhosháraithe an spioraid dhaonna agus tionchar domhain na taiscéalaíochta ar chúrsa na staire.

62. Ferdinand Magellan (An Phortaingéil/An Spáinn)

Rugadh Ferdinand Magellan, an taiscéalaí Portaingéileach clúiteach a stiúraigh an chéad turas rathúil chun timpeall na cruinne a thimpeallú, timpeall na bliana 1480 i Sabrosa, an Phortaingéil. Níl cinnte dáta beacht a bhreithe, ach aontaíonn staraithe go ginearálta gur tharla sé le deich mbliana anuas den 15ú haois. Ba ó theaghlach uasal é Magellan a raibh stair fhada de sheirbhís mhíleata acu, agus léirigh a thógáil na luachanna araíonachta agus uaillmhéine a chuirfeadh cruth ar a thodhchaí.

Oideachas agus Luathghairm

Bhí tionchar ag naisc a mhuintire agus timpeallacht intleachtúil an ama ar oideachas Magellan. Is dócha go bhfuair sé oiliúint i loingseoireacht, cartagrafaíocht, agus réalteolaíocht, disciplíní riachtanacha le haghaidh gairme san taiscéalaíocht. Agus é ina fhear óg, d'fhóin sé i gcabhlach na Portaingéile, ag fáil taithí luachmhar ar mhairnéalacht agus loingseoireacht. Mar sin féin, ba é a nádúr uaillmhianach conspóideach uaireanta ba chúis le coinbhleachtaí le húdaráis na Portaingéile, agus sa deireadh lorg sé deiseanna in áiteanna eile.

Seirbhís do Choróin na Spáinne

Sa bhliain 1517, thairg Magellan, a bhí easaontach le cúirt na Portaingéile, a chuid seirbhísí do Choróin na Spáinne. Bhí deis ag an Spáinn, a raibh fonn uirthi dul san iomaíocht leis an bPortaingéil sa trádáil spíosraí brabúsaí, i dtogra Magellan bealach siar chuig na hOileáin Spíosraí a aimsiú. Rinne Conradh Tordesillas (1494) na tailte nua-aimsithe a roinnt idir an Phortaingéil agus an Spáinn, agus chreid Magellan go bhféadfadh sé dul chuig na hOileáin Spíosa saibhre gan an conradh a shárú trí dhul i dtír siar.

Cuardach Bealach Siar

Bhí fís Magellan mór agus uaillmhianach. Lorg sé bealach siar go dtí na hOileáin Spice, atá suite sna Moluccas, grúpa oileán san Indinéis inniu. Is éard a bhí i gceist leis an bplean a bhí aige ná na huiscí neamhchartáilte a loingseoireacht go hiarthar Mheiriceá Theas, aistear a thabharfadh tríd an gcaolas é a chreid sé a bhí ann i ndeisceart na mór-roinne.

Turas Magellan

I mí Mheán Fómhair 1519, sheol Magellan ó Sevilla, an Spáinn, agus í i gceannas ar chabhlach de chúig long - Oileán na Tríonóide, San Antonio, Concepción, Victoria, agus Santiago. Chuimsigh an turas thart ar 270 fear, lena n-áirítear mairnéalach, saighdiúirí, agus speisialtóirí éagsúla. Bhí stíl cheannaireachta Magellan údarásach, agus bhí dúshláin le sárú aige maidir le smacht a choinneáil i measc na foirne éagsúla.

Bhí an turas crua, marcáilte ag stoirmeacha, ceannairc, agus ganntanas forálacha. Shroich an cabhlach cósta Mheiriceá Theas go luath sa bhliain 1520, agus threoraigh Magellan an turas trí uiscí fealltach ar a dtugtar Caolas Magellan anois. Thángthas ar an sliocht ar 1 Samhain, 1520, ag soláthar nasc ríthábhachtach idir an Aigéin Atlantach agus an Aigéin Chiúin.

Pacific Crossing agus na hOileáin Fhilipíneacha
Tar éis an chaolais a thrasnú, chuaigh an turas isteach san Aigéan Ciúin ollmhór, a d'ainmnigh Magellan "Aigéan Ciúin" mar gheall ar a suaimhneas. Bhí an turas trasna an Aigéin Chiúin gruama, agus an fhoireann ag tabhairt aghaidh ar an ocras agus ar an scurvy. Cuireadh scileanna ceannaireachta Magellan chun cinn agus an cabhlach ag maireachtáil ar muir.

I mí an Mhárta 1521, shroich an turas na Marianas agus níos déanaí i dtír sna hOileáin Fhilipíneacha. Chuaigh Magellan, ag lorg comhghuaillíochtaí le ceannairí áitiúla, i gcoimhlintí réigiúnacha. I gCath Mactan ar 27 Aibreán, 1521, maraíodh Magellan in aicsean. Ba bhuille suntasach é a bhás don turas, ach ghlac a dhara ceannasaí, Juan Sebastián Elcano, ceannasaíocht agus lean ar aghaidh leis an iarracht chun na hOileáin Spíosraí a bhaint amach.

Oidhreacht agus Éachtaí
In ainneoin bás anabaí Magellan, bhain an turas amach ceann de na garspriocanna is suntasaí i stair na mara. D'éirigh leis na longa a tháinig slán, faoi cheannas Elcano, na Moluccas a bhaint amach, ag fáil lasta luachmhar de spíosraí. Lean an turas ar aghaidh trasna an Aigéin Indiaigh , timpeall Rinn an Dóchais , agus ar deireadh d'fhill ar an Spáinn ar 6 Meán Fómhair 1522 .

Ba mhór an éacht é imshruthú an Domhain, rud a léirigh fairsinge an domhain agus ag athmhúnlú tuiscint na hEorpa ar thíreolaíocht dhomhanda. Thug rath an turas léargais luachmhara ar loingseoireacht, ar chartagrafaíocht, agus ar dhúshláin thurais fhada farraige.

Turas Magellan-Elcano

Cé gur chuir Magellan tús leis an turas Magellan-Elcano, is minic a bhaineann sé leis an dá thaiscéalaí mar gheall ar cheannaireacht Elcano agus an turas á chríochnú. D'fhill an Victoria, an t-aon long den bhunchabhlach a tháinig slán, ar ais go dtí an Spáinn faoi cheannas Elcano, ag críochnú an chéad imlíne dhoiciméadaithe ar an Domhan. Léirigh an turas a ollmhór an Domhain agus indéantacht an taistil fad-achair mhuirí.

Conspóidí agus Léirmheasanna

Níl oidhreacht Magellan gan chonspóid. Rinneadh cáineadh ar a stíl cheannaireachta údarásach agus ar a chinntí le linn an tslua, agus chuir a bhás sna hOileáin Fhilipíneacha sraith tragóid leis an scéal. Áitíonn cuid acu gur uaillmhian phearsanta agus iomaíocht leis an bPortaingéil a spreag diongbháilteacht Magellan bealach siar a aimsiú chuig na hOileáin Spice, seachas cuspóir eolaíoch nó loingseoireachta amháin.

Ina theannta sin, bhí an teagmháil a bhí ag Magellan le pobail dhúchasacha le linn an turais marcáilte ag míthuiscintí cultúrtha agus coinbhleachtaí. Mar thoradh ar choilíniú Eorpach ar dhaonraí dúchasacha, lena n-áirítear leathadh galar agus suaitheadh cultúir, rinneadh measúnuithe criticiúla ar thionchar iomlán na dturas sin.

Cuimhneacháin agus Onóracha

In ainneoin na gconspóidí, tá rannpháirtíocht Magellan le loingseoireacht agus taiscéalaíocht á gcomóradh leis na cianta. Tá a ainm ar Chaolas Magellan, a thángthas air le linn an tslua, mar atá na Scamaill Magellanacha, dhá réaltra dwarf neamhrialta atá le feiceáil ón leathsféar theas. Tá an t-ainm Magellan ar go leor sainchomharthaí tíre, cathracha agus institiúidí ar fud an domhain in ómós do thuras stairiúil an taiscéalaí.

Mar fhocal scoir, bhí saol Ferdinand Magellan marcáilte ag uaillmhian, misneach, agus cuardach gan staonadh chun fionnachtana. Ba é an turas a bhí Juan Sebastián Elcano a bhí i gceannas ar an bhfís a bhí aige maidir le dul timpeall ar an Domhan, cé gur ghearr a bhás é. Seasann turas Magellan-Elcano mar theist ar dhiongbháilteacht dhaonna, ar fhiosracht, agus ar an gcumas chun dúshláin ollmhóra a shárú agus eolas á lorg.

Tá oidhreacht Magellan casta, le meas agus léirmheastóirí araon. Cé nach féidir a shéanadh ar an méid a chuir sé le loingseoireacht agus le tuiscint na tíreolaíochta domhanda, ardaíonn iarmhairtí taiscéalaíochta na hEorpa ar na pobail dhúchasacha agus na coimhlintí cultúrtha a tháinig ina dhiaidh sin ceisteanna eiticiúla tábhachtacha. Tá Ferdinand Magellan fós ina phearsa ríthábhachtach i stair na taiscéalaíochta, ag cuimsiú spiorad na heachtraíochta a shainigh Ré na Fionnachtana.

63. Hiuen Tsang (An tSín)

Rugadh Xuanzang, ar a dtugtar Hiuen Tsang freisin, i 602 AD i Chenhe Village, Goushi Town, Luozhou (Yanshi nua-aimseartha), i gCúige Henan, an tSín anois. Rugadh i dteaghlach scoláirí é, Chen Hui an t-ainm a tugadh air agus Sanzang an t-ainm cúirtéiseach a bhí air. Ó aois óg, léirigh Xuanzang suim mhór san fhoghlaim agus claonadh domhain spioradálta.

Oideachas agus Luathbhlianta

Bhí luathoideachas Xuanzang fréamhaithe sa Chonfucianism agus sa smaoineamh traidisiúnta Síneach. Rinne sé staidéar ar na clasaicí, ar fhealsúnacht agus ar stair na Síne, agus léirigh sé cumas foghlama eisceachtúil. Mar sin féin, ba é a ghníomhartha intleachtúla a spreag é chun iniúchadh a dhéanamh lasmuigh de churaclam traidisiúnta na Síne, agus d'fhorbair sé spéis ar leith do theagasc Búdachais.

Sna déaga, rinneadh manach de Xuanzang, agus é á thiomnú do staidéar an Bhúdachais. Bhí an aeráid pholaitiúil sa tSín ag an am éagobhsaí, leis an aistriú ón Sui Dynasty go dtí an Ríshliocht Tang. Le linn na tréimhse seo, thug an Búdachas aghaidh ar thréimhsí géarleanúna, a spreag Xuanzang chun tearmann a lorg agus a chuid staidéir a chur chun cinn lasmuigh de theorainneacha na Síne.

An turas go dtí an India

I 629 AD, chuaigh Xuanzang amach ar thuras iontach chun na hIndia, á thiomáint ag a mhian a thuiscint ar an mBúdachas a dhoimhniú agus scrioptúir bharántúla a fháil. Bheadh an oilithreacht seo, ar a dtugtar Taifid Great Tang ar Réigiúin an Iarthair, ar cheann de na turais is cáiliúla sa stair.

Thug Xuanzang aghaidh ar go leor dúshlán le linn a thurais, lena n-áirítear tír-raon fealltach, teagmháil le bandits, agus bacáin taidhleoireachta. In ainneoin na ndeacrachtaí sin, lean sé air, agus thug a thuras tríd an Silk Road é, ag trasnú na hÁise Láir agus ag dul trí réigiúin mar Xinjiang, an Chirgeastáin, an Úisbéiceastáin agus an Afganastáin sa lá atá inniu ann.

Staidéir san India

Shroich Xuanzang an India sa bhliain 630 AD agus chaith sé na 17 mbliana ina dhiaidh sin ag déanamh staidéir ar fhealsúnacht agus ar scrioptúr Búdachais ag ionaid mhainistreacha éagsúla ar fud fho-roinne na hIndia.

Thug a chuid staidéir go dtí lárionaid shuntasacha foghlama é, Nalanda ina measc, áit a ndeachaigh sé i ngleic le scoláirí agus manaigh Búdachais mór le rá.

Le linn a chuid ama san India, d'aistrigh Xuanzang líon mór de na scrioptúr Búdachais ó Sanscrait go Sínis. Ní hamháin go raibh a chuid aistriúcháin an-chruinn ach chuimsigh sé tráchtaireachtaí agus nótaí mionsonraithe freisin. Chuir an ranníocaíocht ollmhór seo go mór le litríocht Bhúdachais na Síne agus bhí ról ríthábhachtach aige i gcaomhnú agus i scaipeadh theagasc Búdachais.

Fill ar ais go dtí an tSín

Sa bhliain 645 AD, tar éis dó breis agus deich mbliana go leith a chaitheamh san India, chinn Xuanzang filleadh ar an tSín. Thug sé leis cnuasach mór scrioptúr, iarsmaí, agus déantáin chultúir. Ní ba lú an t-eachtra a bhí ar a thuras fillte ná a thuras amach, agus é lán de theagmhálacha le cultúir, dúshláin agus contúirtí éagsúla.

Bhí an-díograis ar fhilleadh Xuanzang sa tSín, áit ar ceiliúradh é as an méid a bhain sé amach téacsanna naofa a thabhairt ar ais agus as an eolas a fuair sé le linn a thurais fhairsing. Fuair Impire Taizong de Ríshliocht Tang ina onóir é, agus rinneadh cur síos ar eispéiris Xuanzang i "Great Tang Records on the Western Regions", cuntas a thug léargas luachmhar ar na cultúir agus na sochaithe ar chas sé leo.

Blianta Níos déanaí agus Oidhreacht

Sna blianta tar éis dó filleadh, lean Xuanzang ar aghaidh lena ghníomhaíochtaí léannta. Bhí sé ina phearsa lárnach i bhforbairt an Bhúdachais Síneach agus bhí ról aige i bolscaireacht theagasc an Bhúdachais. Chuir a chuid aistriúcháin agus a chuid scríbhinní go mór le saibhreas intleachtúil agus spioradálta na Síne.

Shín oidhreacht Xuanzang thar a shaolré. Spreag a chuid taistil agus scríbhinní na glúnta níos déanaí, agus aithníodh go forleathan an méid a chuir sé le scaipeadh an Bhúdachais agus na tuisceana traschultúrtha. Ní raibh tionchar a thurais teoranta do ríochtaí reiligiúnacha; bhí ról suntasach aige freisin maidir le malartú cultúrtha a chothú agus tionchar a imirt ar chúrsa na staire san Áise.

Bás

Fuair Xuanzang bás sa bhliain 664 AD i gcathair Chang'an, príomhchathair Ríshliocht Tang. Ba é a bhás ná deireadh saoil a bhí tiomnaithe do thóir an eolais, don tsoilsiú spioradálta, agus do naisc chultúrtha a líonadh. In ainneoin na gcéadta bliain a rith, tháinig deireadh le hoidhreacht Xuanzang, agus leanadh le staidéar agus le meas ar a chuid scríbhinní.

Oibreacha Suntacha

Taifid Mhóra Tang ar Réigiúin an Iarthair (◇◇◇◇◇): Seo cuntas mionsonraithe Xuanzang ar a thuras, ag taifeadadh a thaithí, a thuairimí, agus a theagmhálacha le cultúir éagsúla feadh Bhóthar an tSíoda. Soláthraíonn an saothar léargais luachmhara ar thírdhreach polaitiúil, sóisialta agus reiligiúnach na réigiún ar a dtrasnaigh sé.

Aistriúcháin Bhúdacha: Is iad na haistriúcháin a rinne sé ar na scrioptúr Búdachais ón tSanscrait go dtí an tSínis is mó a chuireann Xuanzang go buan leis. Leag a chur chuige mionchúiseach agus a thiomantas do chruinneas ardchaighdeán amach d'aistritheoirí ina dhiaidh sin. Tá an Tripitaka, cnuasach de scrioptúr Búdachais, ar cheann de na saothair is suntasaí mar thoradh ar a chuid aistriúcháin.

Éachtaí agus Ranníocaíochtaí

Téacsanna Búdachais a Chaomhnú: Chabhraigh aistriúcháin fhairsing Xuanzang leis an iliomad téacsanna Búdachais a d'fhéadfadh a bheith caillte le himeacht ama a chaomhnú. Bhí a shaothar ina bhunsraith do staidéar agus cleachtadh an Bhúdachais sa tSín.

Malartú Cultúir: Chothaigh turas Xuanzang malartú cultúrtha idir an tSín agus na réigiúin ar thug sé cuairt orthu. Chuir a chuid scríbhinní léitheoirí Síneacha in aithne do thaipéis chultúrtha shaibhir na hÁise Láir agus Theas, ag dul i bhfeidhm ar ealaín, litríocht agus fealsúnacht.

Oidhreacht Scoláire Tháinig oidhreacht intleachtúil Xuanzang thar a chuid ama. Bhí a chuid scríbhinní ina bhfoinsí riachtanacha do scoláirí níos déanaí a rinne staidéar ar an mBúdachas, ar stair na hÁise, agus ar idirghníomhaíochtaí traschultúrtha.

Inspioráid don Lucht Siúil Níos Déanaí: Bhí turas Xuanzang mar inspioráid do thaistealaithe níos déanaí, lena n-áirítear an taiscéalaí cáiliúil Síneach Zheng He. Spreag a chuid cuntas fiosracht faoi thailte i bhfad i gcéin agus chuir siad le tuiscint níos leithne ar an domhan.

Comóradh agus Aitheantas

Déantar cuimhne agus urraim ar Xuanzang ar bhealaí éagsúla: Dealbha agus Séadchomharthaí: Déanann mórán dealbha agus séadchomharthaí sa tSín comóradh ar Xuanzang, ag cur béime ar a thábhacht i stair chultúrtha agus reiligiúnach na Síne.

Institiúidí Cultúir agus Acadúla: Tá a ainm ar go leor institiúidí agus ollscoileanna, rud a léiríonn a thionchar buan ar acadamh na Síne agus ar staidéir Bhúdacha.

Féilte Cultúrtha: Imeachtaí agus féilte a cheiliúradh saol Xuanzang agus ranníocaíochtaí ar siúl in áiteanna éagsúla sa tSín, ag cur béime ar an tábhacht leanúnach a oidhreacht.

Mar fhocal scoir, turas iontach creidimh, eolais agus malairte cultúrtha a bhí i saol Xuanzang. Ba eispéireas claochlaitheach í a chuid oilithreachta chun na hIndia, a chuimsigh na mílte míle agus blianta de staidéar tiomnaithe, a shaibhrigh ní hamháin a thuiscint ar an mBúdachas ach freisin ar oidhreacht intleachtúil agus chultúrtha na Síne.

Mar scoláire, aistritheoir, agus taiscéalaí, d'fhág Xuanzang marc doscriosta ar stair an Bhúdachais agus ar na hidirghníomhaíochtaí idir chultúir éagsúla. Maireann a oidhreacht sna scríbhinní a dhéanann cuntas ar a thuras, na haistriúcháin a chaomhnaigh na scrioptúr Búdachais, agus an tionchar as cuimse a bhí aige ar shaol intleachtúil agus spioradálta na Síne ársa. Is scéal inspioráideach fós é Odaisé Hiuen Tsang faoi mhisneach, fiosracht, agus an tóraíocht ar eagna uilíoch.

64. Megasthenes (Anatolia)

Rugadh Megasthenes, an staraí agus an taidhleoir ársa Gréagach, thart ar 350 BCE san Ionia, réigiún ársa in iarthar Anatolia (an Tuirc sa lá atá inniu ann). Is beag atá ar eolas faoina shaol tosaigh agus faoina chúlra teaghlaigh, ach d'fheicfeadh a ghairm bheatha níos déanaí ról lárnach dó i gcothú naisc chultúrtha agus taidhleoireachta idir domhan na Gréige agus Impireacht chumhachtach Mauryan san India ársa.

Oideachas agus Tionchair

Is dócha go bhfuair Megasthenes oideachas Gréagach traidisiúnta, a chuimseodh staidéir ar fhealsúnacht, reitric, agus stair. B'fhéidir go raibh tionchar ag atmaisféar intleachtúil na sean-Ghréige, agus an bhéim ar fhealsúnacht agus ar thaiscéalaíocht, ar Megasthenes agus gur spreag sé a spéis sa domhan mór lasmuigh den Mheánmhuir.

Gairm Taidhleoireachta

Is fearr aithne ar Megasthenes as a ról mar thaidhleoir agus mar ambasadóir chuig Impireacht na Mauryan faoi réimeas Chandragupta Maurya. Sa tréimhse Heilléanach, ní raibh na malartuithe idir an domhan Gréagach agus Indiach neamhchoitianta, agus bhí ceapachán Megasthenes mar ambasadóir ina theist ar chomhnascadh méadaitheach na sibhialtachtaí ársa.

Teacht san India

Tháinig Megasthenes go dtí an India timpeall 300 BCE le linn riail Chandragupta Maurya, bunaitheoir Impireacht Mauryan. Bhí Chandragupta, a rinne an ruaig ar ríshliocht Nanda agus a bhunaigh impireacht ollmhór i dtuaisceart na hIndia, fonnmhar ar naisc taidhleoireachta a bhunú le comharbaí Gréagacha Alastar Mór.

Seirbhís i gCúirt Mauryan

Bhí Megasthenes ina ambasadóir Seleucid chuig cúirt Mauryan. Ba é an príomhthasc a bhí aige ná tírdhreach polaitiúil, sóisialta agus cultúrtha na hIndia a bhreathnú agus a thuairisciú. Le linn dó a bheith ann, chuir sé aithne ar chúirt agus ar shochaí na Mauryan, ag tairiscint léargais luachmhara ar riarachán, míleata, agus nósanna Impireacht na Mauryan.

Oibreacha Suntacha

Is é an saothar is suntasaí atá ag Megasthenes ná an cuntas stairiúil agus eitneagrafaíochta dar teideal "Indika" (Indica), mionchuntas ar a chuid tuairimí agus taithí san India. Ar an drochuair, níor mhair an buntéacs, ach rinne staraithe agus scríbhneoirí níos déanaí, lena n-áirítear an tíreolaí Gréagach Strabo agus an t-údar Rómhánach Arrian, tagairtí do shaothar Megasthenes ina gcuid scríbhinní.

Chlúdaigh "Indika" raon leathan ábhar, lena n-áirítear tíreolaíocht, rialachas, reiligiún, agus nósanna fo-roinne na hIndia. Thug cuntas Megasthenes ceann de na léargais is luaithe agus is cuimsithí ar fho-ilchríoch na hIndia do na Gréagaigh, rud a mhúnlaigh dearcadh an Iarthair ar an India leis na céadta bliain.

Tuairimí ar an gCumann Indiach

Chuimsigh "Indika" Megasthenes cur síos mionsonraithe ar ghnéithe éagsúla de shochaí na hIndia, ag tairiscint faisnéis luachmhar ar Impireacht Mauryan:

Riarachán Polaitiúil: Rinne Megasthenes doiciméadú ar struchtúr riaracháin Impireacht Mauryan, ag cur síos ar eagrú ordlathach na n-oifigeach, ról an rí, agus feidhmiú an mhaorlathais impiriúil.

Neart Míleata: Thug a thuairimí ar mhíleata Mauryan, lena n-áirítear a eagrú agus a inniúlachtaí, léargais do na Gréagaigh ar chumhacht agus ar chumhacht impireacht na hIndia.

Tíreolaíocht agus Topagrafaíocht: Rinne Megasthenes cur síos ar thíreolaíocht na hIndia, lena n-áirítear a haibhneacha, a sléibhte agus a aeráid. Thug sé cuntas freisin ar fhána agus flora an réigiúin.

Cleachtais Shóisialta agus Reiligiúin: Rinne ambasadóir na Gréige doiciméadú ar ghnéithe éagsúla de shaol sóisialta Indiach, cleachtais reiligiúnacha, agus an córas caste. Bhí a chur síos ar fhealsúnacht na hIndia, go háirithe ar theagaisc Brahmanachais, i measc na gcéad chuntais mhionsonraithe a bhí ar fáil don domhan Thiar.

Éachtaí agus Tionchar

Bhí tionchar mór ag "Indika" Megasthenes ar thuiscint na Gréige ar an India agus bhí tionchar aige ar dhearcadh na Róimhe agus na hEorpa níos déanaí ar an bhfo-ilchríoch. Cé nach raibh míchruinneas agus laofachtaí cultúrtha ag baint le taistealaithe ársa mar gheall ar a chuid oibre, léirigh sé iarracht luath ar thuiscint traschultúrtha agus réitigh sé an bealach le haghaidh idirghníomhaíochtaí idir an Oirthir agus an tIarthar amach anseo.

Bás agus Oidhreacht

Níl cúinsí báis Megasthenes soiléir, agus ní sholáthraíonn taifid stairiúla faisnéis chinntitheach maidir le cathain ná cén áit a bhfuair sé bás. Mhair a oidhreacht, áfach, trína shaothar scríofa agus an tionchar a bhí aige ar na glúnta staraithe agus taiscéalaithe ina dhiaidh sin.

Conspóidí agus Léirmhínithe

Tá cuntais Megasthenes, cosúil le go leor taistealaithe ársa, faoi réir amhras agus cáineadh. Ceistíonn roinnt scoláirí nua-aimseartha cruinneas a chuid tuairiscí agus tugann siad faoi deara míthuiscintí nó míthuiscintí féideartha ar nósanna agus institiúidí Indiacha. Tá sé tábhachtach súil chriticiúil a thabhairt dá chuid scríbhinní, ag cur san áireamh na difríochtaí cultúrtha agus teanga a bhí idir na Gréagaigh agus na hIndiaigh le linn na tréimhse sin.

Cuimhneacháin agus Tagairtí

Cé nach bhfuair Megasthenes féin aitheantas forleathan i dtréimhsí níos déanaí, luadh a shaothar, "Indika," agus rinne scoláirí ina dhiaidh sin tagairt dó. Bhain an t-údar Rómhánach Arrian, ina shaothar "Indica," agus an tíreolaí Strabo úsáid fhairsing as tuairimí Megasthenes chun cur lena dtuiscint ar an India.

Mar fhocal scoir, bhí ról ríthábhachtach ag Megasthenes mar idirghabhálaí cultúrtha idir shaol na Gréige agus na hIndia, ag tairiscint fuinneog do na Gréagaigh isteach i sibhialtacht chasta agus sofaisticiúil na hIndia ársa. Leag a chuid oibre, "Indika," an bunchloch le haghaidh malartuithe traschultúrtha sa todhchaí agus chuir sé le sruthanna intleachtúla níos leithne an domhain Heilléanaíoch. Cé go bhfuil cuid mhór de shaol Megasthenes fós faoi cheilt ag débhríocht stairiúil, ní féidir a shéanadh ar a thionchar ar thuairimí luatha na hIndia ar domhan an Iarthair, rud a fhágann gur pearsa lárnach é i stair na taidhleoireachta agus na taiscéalaíochta ársa.

65. Vasco de Gama (An Phortaingéil)

Rugadh Vasco da Gama, taiscéalaí agus loingseoir cáiliúil na Portaingéile, timpeall na bliana 1460 i mbaile fuadarach cósta Sines, an Phortaingéil. Rugadh Vasco da Gama i dteaghlach uasal, agus ba é an tríú duine de chúigear mac Estêvão da Gama agus Isabel Sodré é.

Oideachas agus Tionchair Luatha

Fuair Vasco da Gama oideachas traidisiúnta d'fhear uasal dá chuid, agus is dócha go raibh loingseoireacht, matamaitic agus cartagrafaíocht san áireamh ann. Agus é ag fás aníos i náisiún muirí a raibh traidisiún saibhir mara aige, bhí sé faoi lé scéalta na dtaiscéalaithe roimhe seo mar Prince Henry the Navigator, a bhí i ndiaidh an stáitse a bhaint amach d'Aois Fionnachtana na Portaingéile.

Gairm i dTiscéalaíocht Luath

Go luath ina ghairm bheatha, bhí baint ag Vasco da Gama le hiarrachtaí na Portaingéile cósta na hAfraice a iniúchadh. D'iarr na Portaingéile, faoi cheannaireacht Henry the Navigator, bealach farraige díreach chuig margaí brabúsaí spíosraí an Oirthir, ag seachaint na bealaí thar tír atá á rialú ag ceannaithe Arabacha. Ghlac Da Gama páirt i roinnt turas ar feadh chósta Iarthar na hAfraice, ag fáil taithí luachmhar ar loingseoireacht agus ar mhairnéalach.

An Chéad Turas go dtí an India (1497–1499)

Ba é an turas farraige is suntasaí agus is suntasaí de chuid Vasco da Gama an chéad bhealach díreach farraige go dtí an India. Choimisiúnaigh Coróin na Portaingéile, ag aithint na buntáistí eacnamaíocha féideartha a bhaineann le bealach díreach chuig an Oirthear, da Gama chun turas a threorú chun bealach farraige a aimsiú chuig cladach saibhir spíosraí na hIndia.

Ar an 8 Iúil, 1497, sheol Vasco da Gama ó Liospóin le cabhlach de cheithre shoitheach, lena n-áirítear a phríomhlong, an São Gabriel. Bhí sé mar aidhm ag a thuras cuairt a thabhairt ar Rinn an Dóchais, an tAigéan Indiach a thrasnú agus cladach na hIndia a bhaint amach. Bhí an turas lán le dúshláin, lena n-áirítear farraigí fealltach, scurvy, agus an dola síceolaíoch ar an bhfoireann. Mar sin féin, threoraigh diongbháilteacht agus scileanna loingseoireachta Vasco da Gama an turas trí na deacrachtaí seo.

Tar éis beagnach bliain seoltóireachta, shroich Vasco da Gama agus a chabhlach cladaí Calicut (Kozhikode an lae inniu) ar chósta thiar theas na hIndia i mBealtaine 1498. Bhí an teagmháil leis na rialóirí agus ceannaithe áitiúla dúshlánach, ach bhain da Gama amach a lasta spíosraí agus earraí luachmhara roimh imeacht don Phortaingéil.

Fill ar an bPortaingéil agus Aitheantas

Ba mhór an bua é filleadh Vasco da Gama ar an bPortaingéil i Meán Fómhair 1499. D'oscail rath a thurais bealach farraige chuig an India, rud a laghdaigh go mór na costais agus na rioscaí a bhaineann le trádáil spíosraí. Bhí luach margaidh ag na spíosraí agus na hearraí a thug sé ar ais ó Calicut a sháraigh costas an turais iomláin, rud a léirigh acmhainneacht eacnamaíoch na trádála muirí.

As a ghnóthachtáil, moladh Vasco da Gama mar laoch náisiúnta sa Phortaingéil. Bronnadh onóracha, luach saothair airgeadais air, agus stádas ardaithe i sochaí na Portaingéile. D'aithin an Rí Manuel I an méid a rinne da Gama trí é a cheapadh mar Chunta Vidigueira.

An Dara Turas go dtí an India (1502–1503)

Níor cheil rath Vasco da Gama uaillmhianta na Portaingéile san Aigéan Indiach. Sa bhliain 1502, coimisiúnaíodh da Gama le haghaidh an dara turas, an uair seo mar an Leasrí na Portaingéile san Oirthear. Ba é an misean a bhí aige ná ceannasacht na Portaingéile sa réigiún a dhearbhú, comhaontuithe trádála a bhunú, agus a chinntiú go rialódh an Phortaingéil príomhchalafoirt feadh an bhealaigh farraige go dtí an India.

Bhí an dara turas seo marcáilte le gealltanais mhíleata agus idirbheartaíochtaí taidhleoireachta. D'fhostaigh Vasco da Gama fórsa chun tionchar na Portaingéile a bhunú, lena n-áirítear imshuí cabhlaigh de Calicut. Bhí a ghníomhartha neamhthrócaireach uaireanta, rud a léirigh nádúr iomaíoch agus brúidiúil iomaíochta muirí na hEorpa sa 16ú haois.

An Tríú Turas agus Bás (1524)

Cuireadh tús le tríú turas Vasco da Gama chun na hIndia i 1524. An uair seo, ceapadh é mar Leas-Uachtarán na Portaingéile ar feadh an dara téarma. Mar sin féin, tháinig athrú ar an staid pholaitiúil san India, agus thug da Gama aghaidh ar dhúshláin ó rialóirí áitiúla agus easaontas inmheánach i measc na Portaingéile.

Le linn an turais seo, thit Vasco da Gama go dona tinn agus fuair sé bás i gcathair Cochin (Kochi an lae inniu) ar 24 Nollaig, 1524. Cuireadh a chorp i dtús báire i Séipéal San Proinsias i gCochin, ach ina dhiaidh sin aistríodh a iarsmaí go dtí an Phortaingéil.

Oibreacha agus Éachtaí Suntasacha

Bunú Bealach na Farraige go dtí an India: Bhí an chéad turas ag Vasco da Gama chun na hIndia mar phointe cinniúnach i stair na mara, agus é ag dul ar bhealach díreach farraige chuig cladach saibhir spíosraí na hIndia. Chuaigh an éacht seo i bhfeidhm go mór ar thrádáil spíosraí domhanda agus bhunaigh an Phortaingéil mar phríomhghníomhaí san Aigéan Indiach.

Rath Taidhleoireachta agus Míleata: Léirigh dara turas Da Gama a scileanna taidhleoireachta agus míleata. Rinne sé comhaontuithe a chaibidil le rialóirí áitiúla, bhunaigh sé ceannas na Portaingéile i bpríomhchalafoirt, agus dhaingnigh sé pribhléidí trádála don Phortaingéil.

Aitheantas agus Onóracha: Thug rath Vasco da Gama aitheantas agus onóracha dó sa Phortaingéil. Ceapadh é mar Chunta Vidigueira agus fuair luach saothair airgeadais as a chuid ranníocaíochta le trádáil agus taiscéalaíocht na Portaingéile.

Oidhreacht sa Taiscéalaíocht: Réitigh turais Vasco da Gama an bealach do thaiscéalaithe agus trádálaithe Eorpacha amach anseo san Aigéan Indiach. Chuir a chuid éachtaí le leathnú Impireacht na Portaingéile agus leag sé an bhunchloch le haghaidh coilíniú Eorpach san Áis ina dhiaidh sin.

Comóradh agus Ómós

Séadchomharthaí agus Dealbha: Déanann séadchomharthaí agus dealbha éagsúla sa Phortaingéil agus in áiteanna eile ar domhan obair Vasco da Gama a chomóradh. I measc na samplaí suntasacha tá an Séadchomhartha chuig na Fionnachtana i Liospóin, a bhfuil dealbh suntasach de da Gama ann.

Logainmneacha: Tá an t-ainm Vasco da Gama ar go leor áiteanna, sa Phortaingéil agus sna hiarchoilíneachtaí Portaingéile. Áirítear leis seo cathracha, sráideanna, agus gnéithe geografacha a chuireann i gcuimhne dá thábhacht stairiúil.

Tagairtí Loingseoireachta: Is minic a úsáidtear ainm Vasco da Gama i gcomhthéacsanna farraige, lena n-áirítear ainmniú long. Ainmníodh roinnt soithí cabhlaigh, idir stairiúil agus chomhaimseartha, i ndiaidh an taiscéalaí clúiteach.

Mar fhocal scoir, léiríonn saol agus turais Vasco da Gama caibidil shainitheach in Aois na Fionnachtana. Mar gheall ar a rathúlacht chun bealach farraige díreach a aimsiú chun na hIndia, d'athraigh sé an trádáil dhomhanda agus bhunaigh sé an Phortaingéil mar mhórchumhacht mhuirí. Cé go raibh a mhodhanna neamhthrócaireach uaireanta, mhair oidhreacht Vasco da Gama mar shiombail den taiscéalaíocht, den loingseoireacht, agus den thóir ar bhuntáiste eacnamaíoch agus geopolitical sa ré nua-aimseartha luath. D'oscail a thurais léargais nua don Eoraip agus d'fhág sé marc doscriosta ar chúrsa stair an domhain.

66. Rabindranath Tagore (An India)

D'fhág Rabindranath Tagore, peaisa mór le rá i litríocht na hIndia agus íocón cultúrtha domhanda, marc doscriosta ar an domhan trína chuid oibre ilghnéitheach mar fhile, fealsamh, ceoltóir agus ealaíontóir. Rugadh ar an 7 Bealtaine, 1861, i Calcúta (Kolkata anois), India, chuaigh tionchar Tagore i bhfad níos faide ná ríochtaí na litríochta, ag dul i bhfeidhm ar chreatlach soch-chultúrtha a chuid ama agus athshondach thar na glúnta. Ghnóthaigh a chuid léargais dhomhain, arna gcur in iúl i bhfilíocht agus i bprós, Duais Nobel sa Litríocht dó i 1913, rud a fhágann gurb é an chéad Áiseach é a fuair onóir dá leithéid.

An Luathshaol agus Oideachas

Rugadh Rabindranath Tagore, ar a dtugtar "Gurudev" freisin i dteaghlach oirirce Beangáilis. Bhí a athair, Debendranath Tagore, ina fhealsamh agus ina cheannaire ar an Brahmo Samaj, gluaiseacht athchóirithe soch-reiligiúin i mBeangál sa naoú haois déag. Agus é ag fás aníos i dtimpeallacht intleachtúil spreagthach, d'fhorbair Rabindranath suim mhór sa litríocht, sa cheol agus sna healaíona ó aois an-óg.

Thosaigh oideachas foirmiúil Tagore i Brighton, Sasana, ach d'fhill sé ar an India gan a chuid staidéir a chríochnú. Autodidact a bhí ann den chuid is mó, ag foghlaim trí léitheoireacht fhairsing agus iniúchadh pearsanta. Bhí oideachas Tagore eicléictiúil, ag tarraingt ó thraidisiúin liteartha an Oirthir agus an Iarthair araon. Chomhcheangail a nochtadh do shaothair Shakespeare, Shelley, agus filí eile an Iarthair lena mheas an domhain ar litríocht chlasaiceach na hIndia, rud a chuaigh i bhfeidhm ar an tsintéis uathúil a bheadh mar thréith dá chuid scríbhinní níos déanaí.

Gairme Liteartha agus Saothair Shonracha

Chuaigh gairmréim liteartha Tagore chun tosaigh nuair a foilsíodh a chéad chnuasach dánta dar teideal "Kabi Kahini" (The Poet's Tale), sa bhliain 1878. Mar sin féin, ba é a chnuasach dánta dar teideal "Gitanjali" (Song Offerings) a thug cáil idirnáisiúnta air. agus Duais Nobel sa Litríocht i 1913. Léiríonn dánta "Gitanjali" smaointe spioradálta agus fealsúnachta Tagore, ag iniúchadh téamaí an ghrá diaga, nasc daonna, agus áilleacht an dúlra.

Seachas an fhilíocht, scrúdaigh Tagore foirmeacha liteartha éagsúla, lena n-áirítear úrscéalta, gearrscéalta, agus drámaí. I measc a shaothair shuntasacha tá "The Home and the World", úrscéal a fhiosraíonn castachtaí an náisiúnachais agus na saoirse pearsanta, agus "Gora," úrscéal a thugann aghaidh ar cheisteanna sóisialta agus reiligiúnacha i gcomhthéacs ghluaiseacht neamhspleáchais na hIndia. Léiríonn gearrscéalta Tagore, a bhailítear in imleabhair cosúil le "The Hungry Stones" agus "Muktadhara," a máistreacht i gceird a dhéanamh ar scéalta poigthiúla le meascán de réalachas agus misteachas.

Ba dhrámadóir bisiúil é Tagore freisin, agus léiríonn a dhrámaí ar nós "Chitrangada" agus "Oifig an Phoist" a chumas smaointe fealsúnacha domhain a fhí isteach i scéalta drámatúla. Is minic a léirigh a dhrámaí a fhís den dhaonnachas uilíoch a sháraíonn teorainneacha cultúrtha agus náisiúnta.

Leasuithe Oideachais agus Santiniketan

Chuaigh ranníocaíochtaí Tagore níos faide ná an litríocht isteach i réimse an oideachais. Sa bhliain 1901, bhunaigh sé scoil thurgnamhach, Brahmacharya Ashram, i Santiniketan, chun oideachas a thabhairt a bhí comhchuibhithe leis an dúlra agus a chothaigh cruthaitheacht. Tháinig an scoil chun cinn ina hOllscoil Visva-Bharati i 1921, ag cur béime ar chomhtháthú na n-eilimintí is fearr ón Oirthear agus ón Iarthar.

Ag Visva-Bharati, rinne Tagore iarracht timpeallacht a chruthú ina bhféadfadh mic léinn dul i ngleic le raon éagsúil disciplíní, lena n-áirítear na daonnachtaí, na heolaíochtaí agus na healaíona. Mar gheall ar an mbéim ar chruthaitheacht, ar smaointeoireacht chriticiúil, agus ar shintéis na gcóras faisnéise éagsúla, is institiúid uathúil í Visva-Bharati, a mheall mic léinn ó gach cearn den domhan.

Ranníocaíochtaí Ceoil agus Ealaíne

Ní raibh gníomhaíochtaí ealaíne Tagore teoranta do litríocht agus oideachas; ba chumadóir agus ceoltóir clúiteach é freisin. Chum sé go leor amhrán, ar a dtugtar Rabindra Sangeet, a chomhcheangail a chuid liricí fileata le séiseanna a raibh tionchar ag ceol clasaiceach Indiach orthu. Tháinig na hamhráin seo, a chuireann raon mothúchán agus téamaí in iúl, mar chuid lárnach de chultúr na Beangáilise agus leanann siad á gceiliúradh inniu.

Chomh maith le ceol, bhí Tagore ina ealaíontóir cumasach, ag tástáil le foirmeacha éagsúla amharcealaíon. Léirigh a phictiúir agus a líníochtaí, arb iad is sainairíonna iad simplíocht agus nasc leis an dúlra, a chuid íogaireachtaí ealaíne. Chuir cruthaitheacht ilghnéitheach Tagore béim ar a chreideamh i gcomhcheangailteacht na gcineálacha éagsúla cainte.

Tionchar Domhanda Tagore

Chuaigh tionchar Rabindranath Tagore i bhfad thar theorainneacha na hIndia. Thug a chuid taistil go dtí an Eoraip, na Stáit Aontaithe, agus áiteanna éagsúla san Áise é, áit a ndeachaigh sé i ngleic le smaointeoirí, scríbhneoirí agus ceannairí polaitiúla. Léirigh idirghníomhú Tagore le daoine ar nós Albert Einstein, WB Yeats, agus Mahatma Gandhi fairsinge an tionchair a bhí aige ar réimsí éagsúla.

Tháinig athshondas ar léirmheas Tagore ar an náisiúnachas agus ar abhcóideacht ar son an idirnáisiúnachais tar éis an Chéad Chogadh Domhanda agus teacht chun cinn na náisiúnstát. Thuill a chuid léachtaí agus scríbhinní ar an ngá atá le peirspictíocht dhomhanda, ag cur béime ar idirnascadh na daonnachta, ardmheas agus leanúna air ar fud an domhain.

Oidhreacht agus Éachtaí

Maireann oidhreacht Rabindranath Tagore tríd an méid a chuireann sé le litríocht, oideachas, ceol agus ealaín. Leanann a chuid smaointe fealsúnacha ar dhaonnachas, uilíochas, agus sintéis chultúir éagsúla ag spreagadh scoláirí, ealaíontóirí agus smaointeoirí ar fud an domhain. Léiríonn tóir leanúnach Rabindra Sangeet agus ceiliúradh chomóradh breithe Tagore, ar a dtugtar Rabindra Jayanti, ábharthacht leanúnach a chuid oibre.

Bhain éachtaí Tagore buaicphointe amach leis an Duais Nobel sa Litríocht i 1913, aitheantas a thug ní amháin onóir dó ina aonar ach a shiombail freisin an t-aitheantas a tugadh do shaibhreas agus do dhoimhneacht litríocht na hIndia ar an stáitse domhanda. D'fhág a chumas an bhearna idir smaoineamh, traidisiún agus nua-aois an Oirthir agus an Iarthair a líonadh, rian doscriosta ar thírdhreach intleachtúil an fichiú haois.

Bás agus Oidhreacht

Anáil Rabindranath Tagore a cheann deireanach ar 7 Lúnasa, 1941, ag aois 80, i Calcúta, India. Ba chríoch le ré a bhás, ach mhair a oidhreacht trína chuid oibre toirtiúil agus na hinstitiúidí a bhunaigh sé go háirithe Ollscoil Visva-Bharati.

Leanann Visva-Bharati ar aghaidh ag rathú mar ionad foghlama agus malairte cultúrtha, ag cuimsiú fís Tagore ar institiúid a sháraíonn gnáth-theorainneacha. Léiríonn ceiliúradh domhanda Rabindra Jayanti agus an iniúchadh agus an meas leanúnach ar chion saothair liteartha agus ealaíne Tagore a thionchar buan ar an tírdhreach cultúrtha domhanda.

Mar fhocal scoir, is eiseamláir é saol agus saothar Rabindranath Tagore an chumhacht a bhaineann le léiriú ealaíne agus le hiniúchadh intleachtúil chun bacainní cultúrtha, teanga agus tíreolaíocha a shárú. Mar fhile, fealsamh, oideachasóir, agus ealaíontóir, maireann oidhreacht Tagore ní hamháin i taipéis shaibhir litríocht na hIndia ach freisin i gcomhthéacs níos leithne na staire intleachtúla domhanda. Mar gheall ar a chumas chun tionchair éagsúla a shintéisiú agus fís den chine daonna uilíoch a chur in iúl, is é Rabindranath Tagore an beacon a leanann a solas ag treorú na nglún atá ag lorg inspioráide agus soléite.

67. Sir Edmund Hillary (An Nua-Shéalainn)

Tá Sir Edmund Hillary, a rugadh ar 20 Iúil, 1919, in Auckland, an Nua-Shéalainn, ina phearsa íocónach in annála stair na sléibhteoireachta. Bhí cáil air as a éacht gan sárú mar gurbh é an chéad duine, in éineacht le Tenzing Norgay, cruinniú mullaigh Shliabh Everest, agus bhí saol Hillary ina theist ar mhisneach, ar athléimneacht agus ar spiorad eachtraíochta. Taobh amuigh dá ghníomhartha sléibhteoireachta, thiomnaigh sé é féin d'iarrachtaí daonnúla sna Himalayas, rud a d'fhág marc doscriosta ar shaol na taiscéalaíochta agus ar an daonchairdeas araon.

An Luathshaol agus Oideachas

Rugadh Edmund Percival Hillary isteach i dteaghlach meánaicmeach in Auckland, an Nua-Shéalainn. Iriseoir ba ea a athair, Percival Augustus Hillary, agus bean tí ba ea a mháthair, Gertrude Hillary. Ag fás aníos, d'fhorbair Edmund óg paisean don amuigh faoin aer, ag iniúchadh na gcnoc agus na gcuanta in aice lena bhaile. Shainmhíneodh an nasc luath seo leis an dúlra conair a shaoil níos déanaí.

D'fhreastail Hillary ar Bhunscoil Tuakau agus bhog sé go Scoil Ghramadaí Auckland ina dhiaidh sin. In ainneoin nach raibh claonadh acadúil aige, d'éirigh sé thar barr i ngníomhaíochtaí lasmuigh agus d'fhorbair sé grá don siúlóireacht agus don dreapadóireacht. Leag a thaithí luath i sléibhte na Nua-Shéalainne an dúshraith do na heachtraí a bhí ag fanacht leis.

Turais Sléibhteoireachta Luatha

Tháinig borradh faoi spéis Hillary sa sléibhteoireacht agus é ina dhéagóir. Sa bhliain 1939, agus é 20 bliain d'aois, chuaigh sé isteach i gcampa YMCA sna hAlpa Theas, rud a chuir tús lena oiliúint fhoirmiúil sa dreapadóireacht. Tháinig a scil agus a dhiongbháilteacht chun solais go tapa, agus faoi na 1940idí luatha, bhí sé ina shléibhteoir cumasach.

Chuir an Dara Cogadh Domhanda isteach ar ghníomhaíochtaí dreapadóireachta Hillary. Chuaigh sé isteach in Aerfhórsa Ríoga na Nua-Shéalainne agus bhí sé ina loingseoir san Aigéan Ciúin Theas. Chuir a thaithí cogaidh feabhas ar a scileanna marthanais agus spreag sé braistint smachta agus misnigh dó a d'fhreastalódh go maith air sna dúshláin a bhí romhainn.

Turais Iar-Chogaidh agus Ascent Everest

Tar éis an chogaidh, thosaigh Hillary ar a dhícheall sléibhteoireachta, ag glacadh páirte i roinnt turas ar na hAlpa Theas. Sa bhliain 1951, chuaigh sé ar thuras taiscéalaíochta chuig an bPol Theas, aistear a dhaingnigh a cháil mar thaiscéalaí intrepide tuilleadh.

Tháinig buaicphointe gairme sléibhteoireachta Hillary chun cinn i 1953 nuair a roghnaíodh é mar phríomhdhreapadóir do thuras na Breataine ar Everest. Bhí sé mar aidhm ag an turas, faoi cheannas Coirnéal John Hunt, an buaic is airde ar domhan, Sliabh Everest (29,032 troigh nó 8,848 méadar) a shárú.

Ar an 29 Bealtaine, 1953, shroich Hillary agus an treoraí Sherpa Tenzing Norgay cruinniú mullaigh Shliabh Everest, éacht stairiúil a ghlac samhlaíocht an domhain. Shroich an scéala faoin rath a bhí orthu an domhan ar an oíche roimh chorónú na Banríona Eilís II, rud a chuir sraith shuntasach bhreise lena bua. Ba mhian le muintir Neipeal agus leis an bpobal idirnáisiúnta i gcoitinne é mar gheall ar uirísle Hillary agus meas ar chultúr Sherpa.

Obair Dhaonnúil sna Himalayas

Tar éis ghabháil Everest, chuaigh saol Hillary i dtreo iarrachtaí daonnúla. Ag aithint na bochtaineachta agus an easpa bonneagair i réigiún Solu-Khumbu i Neipeal, chuir sé tús le tionscadail chun cáilíocht na beatha a fheabhsú do na pobail áitiúla. Dhírigh Iontaobhas Himalayan, a bhunaigh Hillary i 1960, ar scoileanna, ospidéil agus aerstráicí a thógáil, ag soláthar cúnaimh a raibh géarghá leis do mhuintir an réigiúin.

Chuaigh tiomantas Hillary do leas mhuintir Sherpa níos faide ná forbairt bonneagair. Bhunaigh sé Scoil Khumjung, a tháinig chun bheith ina eiseamláir don oideachas sa cheantar. Bhí sé mar aidhm ag Institiúid Sir Edmund Hillary Mountain i Khumjung cultúr agus oidhreacht mhuintir Sherpa a chaomhnú agus forbairt inbhuanaithe a chothú.

Taiscéalaíocht Antartach agus Blianta Níos déanaí

Sna blianta i ndiaidh ardú Everest, lean Hillary ag iniúchadh agus ag cur le turasanna éagsúla. Sa bhliain 1958, bhí sé i gceannas ar roinn na Nua-Shéalainne den Turas Tras-Antartach an Chomhlathais, agus é ar an gcéad duine a shroich na Polannaigh Thuaidh agus Theas agus cruinniú mullaigh Everest.

In ainneoin éilimh na taiscéalaíochta agus na daonchairdis, d'fhan Hillary ina eachtránaí gníomhach. Ghlac sé páirt sa expedition "Ocean to Sky" i 1977, a chonaic sé scaird-bhádóireacht suas an Abhainn Ganges ó Bhá Bengal go dtí an Himalayas.

Ba iad na blianta ina dhiaidh sin a bhí ag Sir Edmund Hillary ná a thiomantas do chúiseanna comhshaoil agus caomhnaithe. D'fhóin sé mar Ard-Choimisinéir na Nua-Shéalainne don India agus don Bhanglaidéis sna 1980í agus bhí sé ina phríomh-thacadóir ar son áilleacht nádúrtha a thír dhúchais a chaomhnú.

Éachtaí agus Onóracha

Ní raibh éachtaí Sir Edmund Hillary teoranta do réimsí na sléibhteoireachta agus na hoibre daonnúla. Ar feadh a shaoil, fuair sé go leor onóracha agus duaiseanna, ag aithint a chuid oibre le taiscéalaíocht agus daonchairdeas.

Chomh maith le bheith ina ridire ag an mBanríon Eilís II i 1953, bronnadh Ord an Garter ar Hillary, ceann de na honóracha is airde sa Ríocht Aontaithe, i 1995. Fuair sé Ord na Nua-Shéalainne freisin, an onóir is airde ina thír dhúchais. , i 1987. Déantar oidhreacht Hillary a neamhbhásmháil tuilleadh i nóta bainc cúig dollar na Nua-Shéalainne, ina léirítear a phortráid taobh le Mount Cook agus Mount Aspiring.

Bás agus Oidhreacht

Fuair Sir Edmund Hillary bás ar 11 Eanáir, 2008, in aois a 88, in Auckland, an Nua-Shéalainn. Chuir a bhás deireadh le ré ach d'fhág sé oidhreacht ina dhiaidh a leanann inspioráid agus athshondas ar fud an domhain.

Síneann tionchar Hillary níos faide ná an conquering Everest; cuimsíonn sé a thiomantas do chúiseanna daonnúla, a thiomantas do leas mhuintir Sherpa, agus a thacaíocht do chaomhnú an chomhshaoil. Seasann Iontaobhas Himalayan, atá fós gníomhach inniu, mar theist ar a thionchar buan sa réigiún Himalayan.

Sa Nua-Shéalainn, maireann oidhreacht Hillary ar aghaidh trí Fhondúireacht Sir Edmund Hillary, a thacaíonn le tionscadail atá ailínithe lena luachanna, agus trí Ionad Gníomhaíochta Allamuigh Sir Edmund Hillary, a sholáthraíonn cláir oideachais agus ceannaireachta lasmuigh do dhaoine óga.

Mar fhocal scoir, aistear urghnách bua, seirbhíse agus taiscéalaíochta a bhí i saol Sir Edmund Hillary. Ó airde Everest go croílár na Himalayas, chuimsigh sé spiorad na heachtraíochta agus na hathléimneachta. Taobh amuigh de na taifid sléibhteoireachta, léirigh tiomantas Hillary do phobail ardaitheacha an taobh trua dá charachtar.

Sáraíonn oidhreacht Sir Edmund Hillary teorainneacha na Nua-Shéalainne agus an phobail sléibhteoireachta. Leanann scéal a bheatha ag spreagadh daoine aonair chun a n-aislingí a leanúint, dúshláin a shárú, agus cur le feabhsú na daonnachta agus na timpeallachta. De réir mar a chuimhníonn an domhan ar an taiscéalaí agus an daonchairdiúil seo, tá oidhreacht Sir Edmund Hillary fós eitseáilte i gcuimhne na ndaoine atá ag iarraidh airde nua a bhaint amach, go litriúil agus go figiúrtha.

68. Yuri Gagarin (An tAontas Sóivéadach/An Rúis)

Rugadh Yuri Alekseyevich Gagarin, a rugadh ar 9 Márta, 1934, i sráidbhaile Klushino, in aice le Gzhatsk (Smolensk anois), an tAontas Sóivéadach (An Rúis), a ainm sa stair mar an chéad duine chun taisteal isteach sa spás amuigh. Ba mhór an éacht é spáseitilt cheannródaíoch Gagarin ar bord an spásárthaigh Vostok 1 ar 12 Aibreán, 1961, le linn an rás spáis idir na Stáit Aontaithe agus an tAontas Sóivéadach. Taobh amuigh dá spáseitilt stairiúil, bhí saol Gagarin ina theist ar bhuanna chlár spáis na Sóivéide, ar a thiomantas don taiscéalaíocht, agus ar a oidhreacht bhuan mar laoch náisiúnta agus idirnáisiúnta.

An Luathshaol agus Oideachas

Ba é Yuri Gagarin an tríú duine de cheathrar leanaí a rugadh do Alexei Ivanovich Gagarin agus Anna Timofeyevna Gagarina, an bheirt fheirmeoirí humhal. D'fhulaing teaghlach Gagarin cruatan an tsaoil san Aontas Sóivéadach tuaithe, go háirithe le linn na mblianta corraitheacha roimh an Dara Cogadh Domhanda. Bhí blianta tosaigh Yuri marcáilte ag tionchar an chogaidh, agus an teaghlach ag fulaingt ar áitiú Gearmánach ina sráidbhaile. In ainneoin na ndúshlán, tháinig oideachas Gagarin chun cinn tar éis an chogaidh. I 1949, chláraigh sé i ngairmscoil i Lyubertsy, áit ar chuir sé spéis san eitlíocht agus chuaigh sé isteach i gclub eitilte áitiúil. Cuireadh an paisean a bhí ag Gagarin don eitilt agus don taiscéalaíocht spáis chun cinn le linn na mblianta foirmiúla seo, rud a chuir tús lena thodhchaí mar chosmonaut.

Gairm Mhíleata agus Oiliúint Eitlíochta

Thosaigh turas Gagarin i dtreo a bheith ina chosmonaít nuair a chláraigh sé san Aerfhórsa Sóivéadach i 1955. Chuaigh sé isteach i Scoil Eitlíochta Mhíleata Orenburg, áit a bhfuair sé oiliúint mar phíolóta. Ghnóthaigh a scileanna eisceachtúla agus a thiomantas áit dó i measc na n-iarrthóirí mionlach cosmonaut a roghnaíodh do chlár spáis na Sóivéide.

Ní hamháin gur rompu pearsanta a bhí i mbealach Gagarin chuig an spás ach freisin léiriú ar thiomantas an Aontais Shóivéadaigh a chumas teicneolaíochta a léiriú le linn an Chogaidh Fhuair. Spreag an Rás Spáis, comórtas idir na Stáit Aontaithe agus an tAontas Sóivéadach le haghaidh ceannasacht i dtaiscéalaíocht spáis, dianiarracht chun garspriocanna stairiúla a bhaint amach.

An Vostok Stairiúil 1 Misean

Ar an 12 Aibreán, 1961, chuaigh Yuri Gagarin ar bord spásárthach Vostok 1, agus é ar tí stair a dhéanamh mar an chéad duine sa spás. Shín tábhacht an mhisin thar ghnóthachtáil an duine aonair; ba shiombail é cumas teicneolaíochta agus idé-eolaíoch an Aontais Shóivéadaigh. Tharraing turas Gagarin isteach sa spás samhlaíocht na ndaoine ar fud an domhain agus thug sé ráiteas thar na bearta faoi chumas na Sóivéadach taiscéalaíochta spáis.

Le linn na heitilte fithise 108-nóiméad, d'fhulaing Gagarin ganntanas meáchain agus chonaic sé cuaire an Domhain. A focail cáiliúla, "Poyekhali!" ("Lig dúinn!"), a craoladh faoi smacht na talún, tháinig chun bheith ina caoineadh rallying as bua na hiarrachta daonna sa spás. Nuair a críochnaíodh Vostok 1 go rathúil bhí Gagarin ina dhuine mór le rá idirnáisiúnta agus ina shiombail d'éachtaí spáis na Sóivéide.

Gairm agus Éachtaí Iar-Spáis

Tar éis a spáseitilte stairiúil, tháinig Yuri Gagarin chun bheith ina ambasadóir domhanda don Aontas Sóivéadach agus dá chlár spáis. Chuir a charisma, a uirísle, agus a iompraíocht suaimhneach go mór le daoine ar fud an domhain é. Dhaingnigh turas Gagarin ar thíortha éagsúla a stádas mar laoch idirnáisiúnta, ag dul thar deighiltí polaitiúla agus idé-eolaíocha.

Sna blianta ina dhiaidh sin, lean Gagarin ar aghaidh lena sheirbhís san Aerfhórsa Sóivéadach agus sa chlár spáis. Bhí sé ina dhuine suntasach laistigh den phobal spáis Sóivéadach, ag glacadh páirte i ngníomhaíochtaí oiliúna agus cur chun cinn. In ainneoin a bheith bunaithe ar a thuilleadh eitiltí spáis, mhair oidhreacht Gagarin mar chosmonaí ceannródaíoch.

Saol Pearsanta agus Oidhreacht

Bhí saol pearsanta Yuri Gagarin marcáilte le braistint dualgas, umhlaíocht agus tiomantas don tseirbhís phoiblí. I 1962, phós sé Valentina Ivanovna Goryacheva, agus bhí beirt iníonacha ag an lánúin, Yelena agus Galina. Léirigh saol teaghlaigh Gagarin luachanna laoch Shóivéadaigh a d'fhan ceangailte lena fhréamhacha in ainneoin na clú agus an tslua.

Go tragóideach, gearradh saol Yuri Gagarin gearr i dtimpiste eitleáin ar 27 Márta, 1968. In éineacht leis an teagascóir eitilte Vladimir Seryogin, bhí

Gagarin ag píolótú scaird trodaire MiG-15UTI ar mhisean traenála gnáthaimh nuair a bhuail an t-aerárthach in aice le baile Kirzhach. Tá cúinsí na timpiste fós ina n-ábhar tuairimíochta agus imscrúdaithe, ach ba mhór an chailliúint é bás anabaí Gagarin ag 34 bliain d'aois don Aontas Sóivéadach agus don domhan.

Mar sin féin, sáraíonn oidhreacht Gagarin teorainneacha ama agus spáis. Maireann a spiorad dosháraithe, íomhá a aghaidh miongháire i gculaith spáis, agus a éacht íocónach mar an chéad duine sa spás mar shiombail de thaiscéalaíocht agus bua an duine. Tugann go leor séadchomharthaí, iarsmalanna, agus dámhachtainí ar fud an domhain ómós do ranníocaíochtaí Gagarin le taiscéalaíocht spáis.

Tionchar Domhanda agus Aitheantas

D'fhág spáseitilt stairiúil Yuri Gagarin marc doscriosta ar an bhfeasacht dhomhanda. Chomh maith leis an teideal Laoch an Aontais Shóivéadaigh agus go leor duaiseanna eile san Aontas Sóivéadach a fháil, fuair Gagarin aitheantas idirnáisiúnta. Bronnadh Ord Lenin air, Bonn Óir Síochána na Náisiún Aontaithe, agus Bonn Óir Spáis ón Fédération Aéronautique Internationale.

Leathnaigh oidhreacht Gagarin isteach sa chultúr móréilimh, le go leor leabhar, clár faisnéise agus scannán ag ceiliúradh a shaol agus a éachtaí. Daingníodh a stádas íocónach i stair an spáis tuilleadh nuair a bunaíodh Oíche Yuri, ceiliúradh idirnáisiúnta ar eitilt spáis daonna a thionóltar gach bliain an 12 Aibreán.

Mar fhocal scoir, tá turas Yuri Gagarin ó réimsí tuaithe an Aontais Shóivéadaigh go dtí an cosmos ar cheann de na caibidlí is láidre i stair na taiscéalaíochta daonna. Ní hamháin gur bhain a chuid éachtaí mar an chéad duine sa spás amach a áit sa stair ach d'ardaigh sé é go dtí stádas mar shiombail dhomhanda inspioráide agus dóchais.

Tá tábhacht i gcónaí le hoidhreacht Gagarin, ní hamháin dá spáseitilt cheannródaíoch ach freisin do na hidéil a léirigh sé - misneach, fiosracht, agus an spiorad daonna gan teorainn. Feidhmíonn a shaol mar theist ar chumhacht na taiscéalaíochta chun daoine a aontú thar theorainneacha agus chun na glúine a spreagadh le dul i ngleic leis na réaltaí. Tá Yuri Gagarin, an cosmonaut miongháire a raibh fonn air dul isteach san anaithnid, fós ina phearsa gan ré, ceannródaí a bhfuil a oidhreacht beo in annála éachtaí an duine.

69. CV Raman (An India)

Tá Chandrasekhara Venkata Raman, a bhfuil cáil air mar CV Raman, ar dhuine de na daoine is airde i saol na heolaíochta, go háirithe i réimse na fisice. Rugadh é ar 7 Samhain, 1888, i Thiruvanaikaval, baile beag i Tamil Nadu, India, agus ghnóthaigh saothar ceannródaíoch Raman i scaipeadh éadrom Duais Nobel san Fhisic i 1930 dó. bhí sé ina oideachasóir tiomnaithe, tógálaí institiúide, agus físí eolaíochta a bhfuil a chuid oibre a d'fhág marc doscriosta ar thírdhreach na heolaíochta Indiach.

An Luathshaol agus Oideachas

Rugadh CV Raman i dteaghlach meánaicmeach, an dara ceann de ochtar leanaí. Bhí a athair, Chandrasekhara Iyer, ina léachtóir le matamaitic agus fisic, ag cothú timpeallacht intleachtúil luath i dteaghlach Raman. Léirigh Young Raman suim mhór sa domhan nádúrtha, go minic ag iniúchadh na tuaithe máguaird agus ag breathnú ar intricacies an dúlra.

Sa bhliain 1902, chuaigh Raman isteach i gColáiste na hUachtaránachta i Madras (Chennai anois) chun céim Bhaitsiléara a dhéanamh san fhisic. Tháinig a chumas acadúil agus a paisean don fhiosrú eolaíoch chun solais go tapa. Tar éis dó a chéim Bhaitsiléara a chríochnú, rinne Raman céim Mháistreachta, ag saothrú an ardchéime san ollscoil agus bonn óir san fhisic.

Gairm i dTaighde Acadúil

Tar éis a chuid oideachais fhoirmiúil, thosaigh Raman a ghairm bheatha i dtaighde. Sa bhliain 1907, chuaigh sé isteach i Roinn Airgeadais na hIndia mar Ard-Chuntasóir Cúnta ach lean sé dá leasanna eolaíochta go neamhspleách. Mar thoradh ar thiomantas Raman don taighde foilsíodh a chéad pháipéar eolaíoch i 1911, rud a chuir tús le gairm bheatha bisiúil san fhisic.

I 1917, ghlac Raman le post mar Ollamh Palit le Fisic in Ollscoil Calcúta. Ba le linn a thréimhse ag Calcúta a rinne sé an taighde ceannródaíoch a thuill Duais Nobel dó níos déanaí. Dhírigh saothar luath Raman ar fhisic na dtéaduirlisí, ach ní fada go dtáinig a shuimeanna isteach i staidéar a dhéanamh ar scaipthe solais.

Fionnachtain Éifeacht Raman

Is cinnte gurb é an méid is mó clú a rinne Raman san fhisic ná fionnachtain Éifeacht Raman. I 1928, agus é ag déanamh turgnaimh ar scaipeadh an tsolais, thug Raman faoi deara feiniméan a chuir in aghaidh an tuiscint eolaíoch reatha. Fuair sé amach nuair a théann léas solais trí shubstaint thrédhearcach, go n-athraíonn codán beag den solas a thonnfhad.

Chuir an fionnachtain úrnua seo, ar a dtugtar an Éifeacht Raman, fianaise thurgnamhach ar fáil maidir le feiniméan scaipthe neamhleaisteach fótón. Léirigh obair Raman go bhféadfadh dath an tsolais scaipthe faisnéis luachmhar a nochtadh faoi struchtúr móilíneach na substainte trína ndeachaigh an solas. Tháinig Éifeacht Raman chun bheith ina bhunchloch i réimse na speictreascópachta móilíneacha, ag oscailt bealaí nua chun staidéar a dhéanamh ar shubstaintí ceimiceacha agus bitheolaíocha.

Mar aitheantas ar a fhionnachtain cheannródaíoch, bronnadh an Duais Nobel san Fhisic ar CV Raman i 1930, rud a fhágann gurb é an chéad eolaí Áiseach agus an chéad eolaí neamhbhán a ghnóthaigh an onóir ardghradaim seo.

Bunú Acadamh Eolaíochtaí na hIndia

Chuaigh tiomantas CV Raman do thaighde eolaíoch a chur chun cinn san India thar a bhfuil bainte amach aige. I 1934, bhunaigh sé Acadamh Eolaíochtaí na hIndia i Bangalore, chun taighde eolaíoch a chur chun cinn agus chun comhoibriú a chothú i measc eolaithe. Bhí ról lárnach ag an Acadamh, faoi cheannaireacht Raman, i gcothú an phobail eolaíochta san India agus chun ardán a sholáthar chun smaointe a mhalartú.

Chuaigh fís Raman d'Acadamh Eolaíochtaí na hIndia thar theorainneacha araíonachta traidisiúnta. Rinne sé iarracht timpeallacht a chruthú ina bhféadfadh eolaithe ó réimsí éagsúla teacht le chéile chun taighde idirdhisciplíneach a iniúchadh agus cur le fás na heolaíochta san India.

Stiúrthóireacht ar Institiúid Eolaíochta na hIndia (IISc)

Sa bhliain 1933, ghlac CV Raman stiúrthóireacht ar Institiúid Eolaíochta na hIndia (IISc) i Bangalore, post a bhí aige go dtí 1948. Faoina cheannaireacht, chonaic IISc fás suntasach agus rinneadh mol do thaighde agus oideachas eolaíoch. Mheall béim Raman ar thaighde ardcháilíochta agus cruthú timpeallachta spreagthach intleachtúil eolaithe ó ar fud an domhain.

Le linn a thréimhse ag IISc, lean Raman lena thaighde, agus tháinig an institiúid chun bheith ina lárionad d'obair cheannródaíoch i ndisciplíní eolaíocha éagsúla. Chuir paisean Raman san oideachas eolaíochta agus a chuid iarrachtaí áiseanna taighde den scoth a chruthú le bunú IISc mar phríomhinstitiúid san India.

Ranníocaíocht le Optaic agus Fuaimíocht

Cé gurb é an Éifeacht Raman an cion is mó le rá ag CV Raman, chlúdaigh a chuid taighde raon leathan ábhar san fhisic. Chuir sé go mór le réimsí na snáthoptaice agus na fuaime, ag foilsiú páipéir iomadúla a chuir chun cinn tuiscint an tsolais agus na fuaime.

I réimse na optaic, leathnaigh obair Raman go dtí staidéar ar optaic na colloidí, teoiric na n-uirlisí ceoil, agus optaic an diamaint. Chuir a chuid imscrúduithe ar scaipeadh an tsolais ag cáithníní collóideacha léargais luachmhara le réimse na heolaíochta collóideach.

Sa fhuaimíocht, dhírigh taighde Raman ar fhisic uirlisí ceoil. Chuir a chuid oibre sa réimse seo le tuiscint ar na fachtóirí a mbíonn tionchar acu ar cháilíocht na fuaime a tháirgtear le huirlisí éagsúla.

Náisiúnachas agus Meon Eolaíoch

Ní hamháin gur eolaí oirirce a bhí i CV Raman ach ba thacadóir gutha é freisin chun meon agus taighde eolaíoch a fhorbairt san India. Léiríodh tuiscint dhomhain-fhréamhaithe an náisiúnachais ina chreideamh go raibh dul chun cinn eolaíoch riachtanach d'fhorbairt agus neamhspleáchas iomlán na tíre.

Bhí sé mar aidhm ag glaoch Raman taighde agus oideachas eolaíoch a chur chun cinn san India meon eolaíoch a chothú i measc na hóige agus glúin eolaithe a chruthú a d'fhéadfadh cur le dul chun cinn an náisiúin. Leag sé béim ar a thábhachtaí atá sé infheistíocht a dhéanamh i dtaighde agus i bhforbairt chun aghaidh a thabhairt ar dhúshláin shochaíocha agus chun fás eacnamaíoch a chur chun cinn.

Aitheantas Idirnáisiúnta agus Onóracha

Ghnóthaigh CV Raman san eolaíocht go leor duaiseanna agus onóracha dó. Chomh maith leis an Duais Nobel san Fhisic i 1930, rinne rialtas na Breataine ridire de i 1929. Fuair Raman an Bharat Ratna, an gradam sibhialtach is airde san India, i 1954, ag aithint a chuid oibre den scoth san eolaíocht.

Aithníodh a chuid éachtaí ar fud an domhain, agus toghadh Raman ina Chomhalta den Chumann Ríoga i 1924. Bhronn roinnt ollscoileanna ar fud an domhain dochtúireachtaí oinigh air freisin, rud a chuir béim ar an aitheantas idirnáisiúnta atá ar a chumas eolaíochta.

Bás agus Oidhreacht

Cailleadh CV Raman an 21 Samhain, 1970, rud a d'fhág oidhreacht shaibhir fiosrúcháin eolaíochta agus ceannaireachta oideachais ina dhiaidh. Leanann an méid a chuireann sé le tuiscint ar scaipthe solais agus ar speictreascópacht mhóilíneach ag dul i bhfeidhm ar thaighde san fhisic agus sa cheimic.

Síneann tionchar Raman thar a chuid fionnachtana; bhí ról ríthábhachtach aige i múnlú an tírdhreacha eolaíochta san India. Chuir a fhís d'Acadamh Eolaíochtaí na hIndia agus a stiúrthóireacht ar Institiúid Eolaíochta na hIndia le fás taighde eolaíoch agus oideachais sa tír.

Seasann Institiúid Taighde Raman, a bunaíodh i Bangalore i 1948, mar theist ar oidhreacht bhuan CV Raman. Tá an institiúid, atá tiomanta do thiomantas Raman do thaighde eolaíoch a thabhairt ar aghaidh, ina lárionad d'ardthaighde san fhisic agus i ndisciplíní gaolmhara.

Is eiseamláir é saol agus saothar Raman ar thóir an eolais, ar spiorad an fhiosrúcháin, agus ar chumhacht chlaochlaitheach an taighde eolaíoch. Leanann a oidhreacht ag spreagadh eolaithe, taighdeoirí, agus oideachasóirí, ag cur béime ar an tábhacht a bhaineann le meon eolaíoch agus an tóraíocht chun rúndiamhra an dúlra a thuiscint. Athshonraíonn tionchar obair CV Raman ní hamháin in annála na fisice ach freisin i gcomhthéacs níos leithne athbheochan eolaíoch na hIndia.

70. Neil Armstrong (Stáit Aontaithe Mheiriceá)

Rugadh Neil Alden Armstrong, a rugadh ar 5 Lúnasa, 1930, i Wapakoneta, Ohio, Stáit Aontaithe Mheiriceá, a ainm sa stair mar an chéad duine a chuir cos ar an Ghealach. Spásaire, innealtóir agus eitlitheoir ceannródaíoch é, agus chuir turas Armstrong ó bhaile beag in Ohio go dtí an tírdhreach gealaí mór spéis ar fud an domhain. Bhí a chuid focal íocónach, "Sin céim bheag amháin don duine, léim ollmhór amháin don chine daonna," athshonraithe ar fud na cruinne, ag ceiliúradh nóiméad stairiúil i dtaiscéalaíocht dhaonna. Léiríonn an bheathaisnéis seo saol Neil Armstrong, siombail de intleacht an duine agus sa tóir ar an anaithnid.

An Luathshaol agus Oideachas

D'fhás Neil Armstrong aníos i Wapakoneta, baile le daonra de thart ar 2,000 duine. Spreagadh a spéis san eitlíocht agus sa spás ag aois óg, á spreagadh ag scéalta eitilte a athar agus a nochtadh do shaol na heitlíochta atá ag teacht chun cinn. Mar gheall ar an spéis a bhí ag Armstrong san eitilt chuaigh sé sa tóir ar innealtóireacht aerloingseoireachta, rogha a chuir tús lena ghairm bheatha neamhghnách.

I 1947, chláraigh Armstrong in Ollscoil Purdue in Indiana, áit a ndearna sé staidéar ar innealtóireacht aerloingseoireachta. Cuireadh isteach go hachomair ar a ghníomhaíochtaí acadúla nuair a glaodh air chun fónamh i gCabhlach SAM le linn Chogadh na Cóiré. D'eitil Armstrong 78 misean comhraic mar eitleoir cabhlaigh, ag taispeáint ní amháin a éirim acadúil ach freisin a mhisneach agus a scil sa pholl.

Tar éis dó a sheirbhís mhíleata a chríochnú, d'fhill Armstrong ar Purdue agus chríochnaigh sé a chéim i 1955. Leag a chuid oideachais an bonn le haghaidh gairme a thógfadh é chun airde nach bhfacthas riamh roimhe.

Gairm i dTrialacha Píolótach agus Roghnú NASA

Thosaigh turas iarchéime Neil Armstrong i réimse na trialach trialach agus píolótach. Chuaigh sé isteach sa Choiste Comhairleach Náisiúnta um Aerloingseoireacht (NACA), réamhtheachtaí NASA, mar phíolóta taighde. D'aithin Armstrong é féin go tapa mar eitleoir oilte beacht, agus cáil air as a chumas aerárthach casta agus dúshlánach a láimhseáil.

I 1962, roghnaigh NASA Neil Armstrong mar cheann den dara grúpa spásairí, ar a dtugtar an "Naoi Nua." Ba é an rogha a rinne sé ná tús caibidle nua i saol Armstrong, agus é ag aistriú ó thástáil phíolótach go taiscéalaíocht spáis. Réitigh na cláir Mearcair agus Gemini an bealach do chlár uaillmhianach Apollo, agus é mar sprioc deiridh daoine a thabhairt i dtír ar an nGealach.

Clár Gemini agus Spacewalk

Thosaigh turas Armstrong isteach sa spás leis an gclár Gemini, a dearadh chun scileanna agus seasmhacht spásairí a thástáil mar ullmhúchán do mhisin gealaí. Sa bhliain 1966, d'fheidhmigh Armstrong mar an píolótach ceannais do Gemini VIII, misean a bhain an chéad duga riamh ar dhá spásárthach i bhfithis. Léirigh an rendezvous rathúil agus an duga le spriocfheithicil Agena teicníochtaí ríthábhachtacha a bheadh riachtanach níos déanaí do mhisin gealaí.

Le linn mhisean Gemini VIII, tháinig géarchéim gan choinne chun cinn nuair a d'iompaigh an spásárthach go neamhrialaithe de bharr mífheidhm thruster. Sheachain gníomhartha calma agus cinntitheach Armstrong, chomh maith le gníomhartha a chomh-spásaire David Scott, tubaiste. Gearradh gearr ar an misean, ach léirigh cumas Armstrong éigeandáil a láimhseáil a chomhshuíomh faoi bhrú.

Apollo 11: An Chéad Tuirlingt Gealach

Tháinig buaicphointe gairme Neil Armstrong ar an 20 Iúil, 1969, nuair a tháinig sé ina cheannasaí ar mhisean stairiúil Apollo 11. In éineacht leis na spásairí Buzz Aldrin agus Michael Collins, thug Armstrong faoi thuras chun fís an Uachtaráin John F. Kennedy a chomhlíonadh maidir le daoine a thabhairt i dtír ar an nGealach agus iad a thabhairt ar ais go sábháilte ar an Domhan roimh dheireadh na 1960idí.

Ar 20 Iúil, 1969, tháinig an modúl gealaí, darb ainm Eagle, síos go dtí an dromchla gealaí. Agus na milliúin daoine ar fud an domhain ag breathnú in oirchill, chuaigh Neil Armstrong ar an Ghealach, agus é ar an gcéad duine le cos a chur ar a dromchla. Fanann a chuid focal a tharchuirtear ar ais go dtí an Domhan - arna ngabháil ag ceamaraí teilifíse agus raidió - eitseáilte sa stair.

"Sin céim bheag amháin don duine, léim ollmhór amháin don chine daonna." Ba shiombail é coiscéim Armstrong ar dhromchla na gealaí éacht suntasach don chine daonna. Léirigh misean Apollo 11 bua na heolaíochta, na hinnealtóireachta, agus an chomhoibrithe idirnáisiúnta, rud a chuir na Stáit Aontaithe ar thús cadhnaíochta maidir le taiscéalaíocht spáis.

Fill ar an Domhan agus Gairme Iar-Apollo

Tar éis filleadh buadhach ón nGealach, fuair Neil Armstrong moladh agus aitheantas forleathan. Mar sin féin, d'fhan sé ina dhuine aonair measartha agus príobháideach, ag seachaint aird uaidh féin agus ag cur béime ar chomhiarracht fhoireann NASA. Bhí umhlaíocht agus dúthracht Armstrong don mhisean le feiceáil ina chuid iarrachtaí iar-Apollo.

D'fhág Armstrong NASA i 1971 agus ghlac sé róil éagsúla san saol acadúil agus san earnáil phríobháideach. Bhí sé ina ollamh le hinnealtóireacht aeraspáis in Ollscoil Cincinnati agus bhí poist aige sa domhan corparáideach. In ainneoin a aistrigh go dtí an saol sibhialta, choinnigh Armstrong suim mhór i dtaiscéalaíocht spáis agus lean sé ar aghaidh ag tacú le dul chun cinn na teicneolaíochta aeraspáis.

Oidhreacht agus Tionchar ar Thaiscéalaíocht Spáis

Síneann oidhreacht Neil Armstrong i bhfad níos faide ná an cúpla uair a chaith sé ar dhromchla na gealaí. Mar an chéad duine a shiúil ar an nGealach, tháinig sé chun bheith ina shiombail idirnáisiúnta de ghnóthachtáil agus de thaiscéalaíocht an duine. Ní hamháin go bhfuil baint ag Armstrong leis an taiscéalaíocht spáis sna céimeanna a ghlac sé ar an nGealach ach freisin san inspioráid a thug sé do na glúnta eolaithe, innealtóirí agus aislingeoirí.

Dhaingnigh a ról i rath mhisean Apollo 11 agus na misin Apollo ina dhiaidh sin seasamh na Stát Aontaithe mar cheannaire i dtaiscéalaíocht spáis. Léirigh clár Apollo cumais urghnách na hintleachta daonna agus na teicneolaíochta, ag léiriú cad is féidir a bhaint amach nuair a leagann náisiún a dhearcadh ar sprioc atá dodhéanta de réir dealraimh.

Blianta Níos déanaí agus Bás

Bhí saol measartha príobháideach ag Neil Armstrong tar éis a thuirlingthe sa Ghealach stairiúil. Ghlac sé páirt in ócáidí poiblí agus in imeachtaí poiblí ó am go chéile ach go ginearálta d'éalaigh sé ón spotsolas. Bhí fócas Armstrong fós ar theaghlach, ar oideachas, agus ar dhul chun cinn leanúnach na taiscéalaíochta spáis.

Ar an 25 Lúnasa, 2012, fuair Neil Armstrong bás ag 82 bliain d'aois mar gheall ar aimhréití de bharr máinliacht cardashoithíoch. Chaill an domhan laoch, taiscéalaí, agus siombail de ghnóthachtáil an duine. Tháinig ómós ó áiteanna ar fud an domhain, ag tabhairt ómós do chion Armstrong san eolaíocht agus a ról ag spreagadh na nglún le dul i ngleic leis na réaltaí.

Onóracha agus Dámhachtainí

Fuair Neil Armstrong an iliomad onóracha agus gradaim i rith a shaoil, ag aithint a chuid oibre ceannródaíochta le taiscéalaíocht spáis. Chomh maith le Bonn Saoirse an Uachtaráin, bronnadh Bonn Comhdhála Spáis na Onóra agus Bonn Seirbhíse Oirirce NASA, i measc duaiseanna eile, ar Armstrong.

Tá Músaem Aeir & Spáis Armstrong i Wapakoneta, Ohio, tiomanta do oidhreacht Neil Armstrong a chaomhnú agus stair na taiscéalaíochta spáis a thaispeáint. D'ainmnigh alma mater Armstrong, Ollscoil Purdue, a foirgneamh innealtóireachta Halla Innealtóireachta Neil Armstrong ina onóir.

Mar fhocal scoir, cuimsíonn turas Neil Armstrong ó bhaile beag in Ohio go dtí fairsinge ollmhór na gealaí bua fiosracht, intleacht agus misneach an duine. Maireann a oidhreacht mar shiombail na taiscéalaíochta, ag brú teorainneacha an méid is féidir leis an gcine daonna a bhaint amach nuair a bhíonn comhsprioc aontaithe aige.

Ní hamháin gur fhág misean stairiúil Apollo 11 lorg coise ar dhromchla na gealaí ach rinne sé an comhfhios daonna a phriontáil nuair a tugadh faoi deara go bhfuil an chuma dodhéanta ar ár gcumas. Tá focail íocónacha Neil Armstrong agus íomhánna a spaisteoireachta gealaí eitseáilte go síoraí i leathanaigh na staire, fianaise ar an spiorad dosháraithe taiscéalaíochta atá ionainn go léir. Agus muid ag leanúint ar aghaidh ag amharc ar an nGealach agus níos faide i gcéin, feidhmíonn oidhreacht Neil Armstrong mar sholas treorach, ag spreagadh na nglún atá le teacht chun dul sa tóir ar an gcéad teorainn eile in eachtra mhór na taiscéalaíochta spáis.

71. Helen Keller (Stáit Aontaithe Mheiriceá)

Sháraigh Helen Adams Keller, a rugadh ar an 27 Meitheamh, 1880, sa Tuscumbia, Alabama, Stáit Aontaithe Mheiriceá, dúshláin ollmhóra le bheith ar cheann de na figiúirí is inspioráideacha den 20ú haois. Bodhar agus dall ó aois an-óg, chuaigh Helen Keller in aghaidh ionchais na sochaí agus ní hamháin gur fhoghlaim sí conas cumarsáid a dhéanamh ach d'éirigh sí le bheith ina húdar, ina cainteoir agus ina habhcóide bisiúil do dhaoine faoi mhíchumas. Scrúdaíonn an bheathaisnéis chuimsitheach seo saol iontach Helen Keller, ag rianú a aistear ó aonrú go feiceálacht dhomhanda, agus a tionchar buan ar oideachas agus ar abhcóideacht do dhaoine aonair le laigí céadfacha.

An Luathshaol agus Dúshláin

Tháinig athrú suntasach ar shaol Helen Keller agus í 19 mí d'aois nuair a thit sí tinn, b'fhéidir le fiabhras scarlet nó meiningíteas. D'fhág an tinneas í bodhar agus dall, agus í ag robáil dhá bhealach céadfacha ríthábhachtacha chuig an domhan. Tháinig frustrachas ar an Helen óg, nach raibh in ann cumarsáid a dhéanamh ná an domhan timpeall uirthi a thuiscint, agus ba mhinic a léirigh sí iompar mí-rianta.

I measc na ndúshlán a bhaineann le leanbh a thógáil le laigí dé-chéadfach, lorg tuismitheoirí Helen treoir ó Alexander Graham Bell, an t-aireagóir clúiteach agus múinteoir na mbodhar. Mhol Bell Anne Sullivan, í féin lagamhairc mar gheall ar riocht súl, mar mhúinteoir do Helen. Chuir an cruinniú seo tús le caidreamh fadsaoil agus bunathraithe idir Helen Keller agus Anne Sullivan.

Oideachas le Anne Sullivan

Tháinig Anne Sullivan, ar a dtugtar Annie go minic, go teaghlach Keller i mí an Mhárta 1887. Chuir sí tús leis an tasc crua chun cumarsáid a dhéanamh trí fhocail ina lámh a litriú ag Helen agus an aibítir láimhe á úsáid aici. Tharla an t-athrú ag caidéal uisce i ngairdín an teaghlaigh Keller. Agus Anne ag pumpáil uisce thar lámh Helen, litrigh sí an focal "uisce" isteach i dtearmann Helen. Ag an nóiméad sin, rinne Helen an nasc idir an focal agus an leacht ag sileadh, nochtadh a d'oscail doras na teanga di.

Le treoir othar Anne Sullivan, chuaigh Helen chun cinn go tapa ina tuiscint ar theanga. D'fhoghlaim sí cumarsáid a dhéanamh ní hamháin trí theagmháil ach freisin trí úsáid a bhaint as Braille agus an aibítir láimhe. Tháinig borradh faoi fhiosracht intleachtúil Helen, agus chuaigh sí ar aistear oideachais a sháródh na srianta a chuir a laigí céadfacha i bhfeidhm.

Oideachas agus Gnóthachtálacha Acadúla

De bharr tart eolais Helen Keller d'fhreastail sí ar Scoil Perkins do na Daill, áit ar lean Anne Sullivan uirthi ag feidhmiú mar chompánach agus mar ateangaire di. Sa bhliain 1890, bhog an teaghlach Keller go Wrentham, Massachusetts, agus chláraigh Helen i Scoil na mBodhar Horace Mann. Leathnaigh a cuid oideachais go Scoil Wright-Humason do na Bodhra i gCathair Nua-Eabhrac, agus sa deireadh fuair sí cead isteach i gColáiste Radcliffe i 1900.

In ainneoin amhras tosaigh faoi chumas Helen an dian-churaclam acadúil ag Radcliffe a láimhseáil, chruthaigh sí gur mac léinn dúthrachtach cumasach í. Rinne Anne Sullivan léachtaí agus léamha a litriú i lámh Helen, agus d'úsáid Helen Braille chun tascanna a dhéanamh. Sa bhliain 1904, ba í Helen Keller an chéad duine bodhar dall a ghnóthaigh céim Bhaitsiléara sna hEalaíona, agus bhain sí céim cum laude ó Choláiste Radcliffe.

Gairm agus Abhcóideacht

Chuaigh gnóthachtálacha Helen Keller thar a cuid éachtaí acadúla. Bhí sí ina scríbhneoir bisiúil, ina léachtóir agus ina abhcóide do cheisteanna sóisialta, go háirithe iad siúd a bhain le daoine faoi mhíchumas. Bhí a cuid iarrachtaí lárnach in athmhúnlú a dhéanamh ar thuairimí na sochaí maidir le daoine le lagú céadfach.

Scríbhneoireacht agus Foilseacháin: "The Story of My Life" (1903): Thug dírbheathaisnéis Helen Keller, a scríobhadh le cúnamh ó Anne Sullivan agus John Macy, cuntas pearsanta ar a saol luath, ar a streachailt le cumarsáid, agus ar an mbua a bhí aici ar an achrann.

"Optimism" (1903): Cnuasach aistí a léiríonn tuairimí Helen ar an saol, ar an oideachas, agus ar an spiorad daonna.

"The World I Live In" (1908): Sraith aistí ina ndéanann Helen machnamh ar a heispéiris mar dhuine bodhar-dall agus fiosraíonn sí a smaointe ar aireachtáil, áilleacht agus na céadfaí.

Léachtaí agus Abhcóideacht: Turais Náisiúnta agus Idirnáisiúnta: Chuaigh Helen Keller ar a lán turas léachtaí sna Stáit Aontaithe agus ar fud an domhain. Dhírigh a cuid óráidí mealltacha ar oideachas, ar cheartas sóisialta, agus ar chearta daoine faoi mhíchumas.

Abhcóideacht do Dhaill agus do Dhaoine Bodhra: Ba thacadóir gan staonadh í Helen do na daill agus do na bodhair, ag obair chun inrochtaineacht ar dheiseanna oideachais agus fostaíochta a fheabhsú dóibh siúd le lagú céadfach.

Vótála na mBan: Bhí Helen Keller ina abhcóide gutha ar son vótáil na mban agus ghlac sí páirt i ngluaiseacht chearta na mban. Bhí sí ina ball den Ghluaiseacht um Cheartas Mheiriceá agus ag tacú le cearta vótála na mban.

Fondúireacht Mheiriceá do na Daill (AFB): Chuaigh Helen Keller isteach i bhFondúireacht Mheiriceá do na Daill i 1924, áit ar oibrigh sí go dian dícheallach chun saol daoine aonair a bhfuil lagú amhairc orthu a fheabhsú. D'fhóin sí mar chomhairleoir agus léachtóir don eagraíocht, ag cur le dul chun cinn san oideachas, athshlánú, agus inrochtaineacht.

Gníomhaíochas Sóisialta agus Polaitiúil: Ba thacadóir í Helen Keller ar son cúiseanna sóisialta agus polaitiúla éagsúla, lena n-áirítear pacifeas, sóisialachas, agus cearta oibrithe. Chuir sí a tuairimí in iúl trí ailt, óráidí, agus trí rannpháirtíocht i ngluaiseachtaí sóisialta agus polaitiúla.

Oibreacha Suntacha agus Oidhreacht

1. Abhcóideacht do Dhaoine faoi Mhíchumas: Tá tionchar Helen Keller ar bhraistintí míchumais do-tomhaiste. Trína cuid scríbhinní, óráidí, agus samplaí pearsanta, thug sí dúshlán steiréitíopaí agus léirigh sí cumais intleachtúla daoine aonair le lagú céadfach.

Chuir a cuid iarrachtaí abhcóideachta le dul chun cinn in oideachas agus inrochtaineacht do dhaoine faoi mhíchumas, rud a réitigh an bealach le haghaidh cuimsitheacht níos fearr.

2. Ranníocaíochtaí Liteartha: Léirigh saothair liteartha Helen Keller, lena n-áirítear a dírbheathaisnéis "The Story of My Life", a deaslámhacht agus a cumas smaointe casta a chur in iúl d'ainneoin a dúshláin chéadfacha. Is inspioráideach fós a cuid scríbhinní agus déantar staidéar orthu mar gheall ar a dtábhacht liteartha agus stairiúil.

3. Oidhreacht Oideachasúil: Tá turas Helen Keller tríd an oideachas, ó bhacainní cumarsáide a shárú go dtí céim coláiste a thuilleamh, ina inspioráid

d'oideachasóirí agus do mhic léinn araon. Léiríonn a scéal an tábhacht a bhaineann le buanseasmhacht, oiriúnú agus oideachas cuimsitheach.

4. Tionchar Sóisialta agus Polaitiúil: Mar thacadóir ar son vótáil ban, cearta oibrithe, agus síochánaíocht, léirigh an méid a chuir Helen Keller le cúiseanna sóisialta agus polaitiúla a tiomantas don cheartas agus don chomhionannas. Chuaigh a tionchar thar shaincheisteanna a bhain go díreach le míchumas.

5. Iarrachtaí Daonnúla: Dhaingnigh rannpháirtíocht Helen Keller le heagraíochtaí cosúil leis an American Foundation for the Blind agus a rannchuidiú le cúiseanna daonnúla a hoidhreacht mar thacadóir truacánta do phobail imeallaithe.

Bás agus Oidhreacht

Lean saol abhcóideachta, oideachais agus athléimneachta Helen Keller go dtí gur bhásaigh sí ar an 1 Meitheamh, 1968, in aois a 87. Ba chríoch le ré a bás, ach maireann a oidhreacht trína cuid scríbhinní, óráidí, agus an tionchar a bhí aici. ar shaolta daoine aonair iomadúla faoi mhíchumas.

Oidhreacht san Oideachas: Cuid lárnach de churaclaim oideachais is ea scéal Helen Keller, ag spreagadh daltaí chun dúshláin a shárú agus ag cothú tuiscint ar chumais daoine aonair a bhfuil laigí céadfacha acu.

Caomhnaíonn Cartlanna Helen Keller ag Fondúireacht Mheiriceá do na Daill a cuid scríbhinní, comhfhrcagras agus déantáin, ag cur le taighde leanúnach agus tionscnaimh oideachais.

Oidhreacht san Abhcóideacht: Leag iarrachtaí abhcóideachta Helen Keller an bunchloch le haghaidh dul chun cinn in inrochtaineacht, cuimsitheacht, agus cearta daoine faoi mhíchumas. Leanann a hoidhreacht ar aghaidh trí eagraíochtaí atá tiomanta do thacaíocht a thabhairt dóibh siúd a bhfuil lagú céadfach orthu.

Aitheantas Idirnáisiúnta: Fuair Helen Keller an iliomad onóracha agus dámhachtainí, lena n-áirítear Bonn Saoirse an Uachtaráin i 1964, mar aitheantas ar an méid a chuir sí le hiarrachtaí abhcóideachta agus daonnúla.

Leanann an eagraíocht Helen Keller International, a bunaíodh i 1915, ag tabhairt aghaidh ar riachtanais daoine a bhfuil dúshláin fís, sláinte agus cothaithe acu ar fud an domhain.

Tionchar Cultúrtha: Tá saol Helen Keller léirithe i scannáin, i gcláir faisnéise agus i léirithe amharclainne éagsúla, ag cur lena oidhreacht chultúrtha.

Léiríonn na léirithe seo a aistear iontach agus tionchar buan a cuid oibre abhcóideachta.

Mar fhocal scoir, is eiseamláir de shaol Helen Keller bua an spioraid dhaonna thar achrann. As dorchadas agus ciúnas a luathbhlianta tháinig bean a raibh intleacht, comhbhá agus athléimneacht neamhghnách aici. Tháinig turas Helen Keller, arna threorú ag tacaíocht sheasmhach Anne Sullivan, ina chomhartha dóchais agus inspioráide do dhaoine ar fud an domhain.

Sháraigh a rannchuidiú le litríocht, oideachas, agus abhcóideacht teorainneacha a laigí céadfacha, rud a d'fhág marc doscriosta ar thírdhreach chearta an mhíchumais. Maireann oidhreacht Helen Keller, ní hamháin sna dul chun cinn inláimhsithe ar chuir sí leo ach freisin i réimse doláimhsithe na mbraistintí athraithe agus tuiscint mhéadaithe ar an bhféidearthacht is dual do gach duine, beag beann ar dhúshláin fhisiciúla.

Agus muid ag machnamh ar shaol Helen Keller, meabhraítear dúinn nach teist amháin atá ina scéal ar shárú constaicí pearsanta ach glaoch ar an tsochaí cumas gach duine a aithint agus a chumhachtú, beag beann ar a ndifríochtaí fisiceacha nó céadfacha. Leanann saol Helen Keller ag spreagadh na glúnta chun glacadh le héagsúlacht, cuimsitheacht a chothú, agus oibriú i dtreo domhan inar féidir le gach duine, beag beann ar a gcumas, a lánacmhainneacht a bhaint amach.

72. Hóiméar (An Ghréig)

Seasann Hóiméar, file iomráiteach na sean-Ghréige, mar fhigiúr enigmatach a n-aisiompaíonn a thionchar trí chonairí na staire liteartha. Is minic a aithnítear mar údar dhá eipiciúil chuimhneacháin, an "Iliad" agus an "Odyssey," tá saol Homer fós faoi cheilt ag rúndiamhair. Meastar gur bard dall é go traidisiúnta, agus tá tionchar Homer ar litríocht, ar chultúr agus ar fhealsúnacht an Iarthair do-tomhaiste. Tugann an bheathaisnéis chuimsitheach seo léargas ar shaol, ar shaothair agus ar oidhreacht bhuan Hóiméar, an file a rinne neamhbhásmhaireacht ar scéalta gaisciúla na ndéithe agus na mbásanna.

Breith agus Luathshaol

Is ábhar tuairimíochta agus finscéalta breith Homer. Creidtear go traidisiúnta go raibh cónaí air thart ar an 8ú haois BCE, níl dátaí cruinne agus sonraí a shaoil cinnte. I roinnt cuntas a rugadh é sa 9ú haois BCE, i gcathair Smyrna ar chósta thiar na hÁise Mion (Izmir an lae inniu, an Tuirc). Tugann traidisiún eile le tuiscint gur áiteanna breithe féideartha iad Chios nó oileán Ios.

De réir beathaisnéisí ársa, dúradh go raibh Homer dall, agus tháinig a chuid epithet, "an bard dall," mar chuid lárnach dá phearsa miotasach. Cuireann easpa taifid stairiúla nithiúla le haer mistéire le saol Hóiméar, agus tá cuid mhór dá bheathaisnéis i réim na finscéalta agus an traidisiúin bhéil.

Oideachas agus Cúlra Cultúir

Is ábhar tuairimíochta é cúlra oideachais Hóiméar. Mar gheall ar an easpa taifid stairiúla cinntitheacha, is beag atá ar eolas faoina oideachas foirmiúil, más ann dó. Creidtear go raibh Hóiméar, cosúil le go leor filí a ré, ina chuid de thraidisiún béil, áit ar cuireadh scéalta, eipiciúil agus eolas cultúrtha ar aghaidh tríd na glúnta tríd an bhfocal labhartha.

Tá cúlra cultúrtha Homer fréamhaithe i sibhialtacht na Sean-Ghréige, taipéis shaibhir de mhiotaseolaíocht, de scéalta gaisciúla agus de thraidisiúin bhéil. Thug na Sean-Ghréagaigh urraim do chumhacht na scéalaíochta, agus bheadh na heipicí a cuireadh i leith Hóiméar mar bhunús le litríocht agus cultúr na Gréige.

The Epics: "Iliad" agus "Odyssey"

Is iad na dánta eipiciúil, an "Iliad" agus an "Odyssey" na rannchuidithe is mó agus is buaine ag Homer le litríocht an domhain. Tá na saothair shuntasacha seo ina n-ábhar staidéir scolártha, léirmhínithe ealaíne, agus tionchar cultúrtha leis na céadta bliain.

1. An "Iliad": Is dán eipiciúil é an "Iliad" a insíonn imeachtaí Chogadh na Traí. Díríonn sé ar an fhearg Aichill, laoch na Gréige laoch, agus an choimhlint tragóideach idir na Gréagaigh agus Traí. Scrúdaíonn an dán téamaí onóra, cinniúint, agus an t-idirghníomhú casta idir déithe agus déithe.

I measc na n-eipeasóidí suntasacha tá fearg Aichill, bás Hector, laochas Ajax, agus idirghabhálacha na déithe i ngnóthaí marfach. Críochnaíonn an "Iliad" le deasghnátha sochraide Hector.

2. An "Odyssey": Is seicheamh don "Iliad" é an "Odyssey" agus leanann sé eachtraí Odaiséas agus é ag iarraidh filleadh abhaile i ndiaidh Chogadh na Traí. Léiríonn an scéal taipéis miotas, eachtraíochta, agus na dúshláin a bhíonn le sárú ag Odaiséas ar a thuras.

I measc na bpríomheachtraí tá teagmhálacha Odysseus leis na Cyclops Polyphemus, an draíocht Circe, na Sirens, agus filleadh ar Ithaca faoi dheireadh. Ní hamháin gur scéal heroism é an "Odyssey" ach freisin iniúchadh ar dhílseacht, buanseasmhacht, agus iarmhairtí gníomhaíochtaí duine.

Scríobhtar an dá eipiciúil i méadar fileata ar a dtugtar heicseaiméadar dachtaileach agus rinneadh iad i gcanúint na Sean-Ghréigise. Bhí tionchar buan ag an teanga agus ag an stíl a d'úsáid Hóiméar ar litríocht an Iarthair agus spreag siad scríbhneoirí, filí agus scoláirí iomadúla ar feadh na n-aoiseanna.

Éachtaí agus Tionchar

Síneann tionchar Homer i bhfad níos faide ná réimse na litríochta. Bhí ról bunúsach ag a chuid eipiciúil i múnlú cultúr, eitic agus creidimh na Gréige ársa. Is féidir tionchar saothair Homer a fheiceáil i réimsí éagsúla:

1. Oidhreacht Liteartha: Leag eipicí Homer an bhunchloch do litríocht chlasaiceach na Gréige. Tá a thionchar le feiceáil i saothair drámadóirí, staraithe agus fealsúna Gréagacha níos déanaí.

Tháinig an "Iliad" agus an "Odyssey" chun bheith ina léitheoireacht riachtanach in oideachas na Gréige, ag cur isteach ar fhorbairt intleachtúil agus mhorálta na n-aigne óga.

2. Tábhacht Chultúrtha agus Reiligiúin: Chuir eipiciúil Hóiméar creat ar fáil chun éiteas laochúil agus luachanna morálta i sochaí na Sean-Ghréige a thuiscint. Bhí coincheapa na honóra, na crógachta, agus idirghabháil na ndéithe i ngnóthaí daonna fite fuaite go domhain sa chreatlach chultúrtha.

D'éirigh na déithe agus na bandéithe Oilimpeach a bhí le feiceáil i saothair Homer ina bhfigiúirí lárnacha i miotaseolaíocht na Gréige, agus bhí tionchar acu ar chleachtais agus ar dheasghnátha reiligiúnacha.

3. Tionchar Fealsúnach: Bhí na aincheisteanna eiticiúla agus morálta a cuireadh i láthair sna heipicí ina n-ábhar machnaimh fealsúnach do smaointeoirí ar nós Platón agus Arastatail. D'ardaigh carachtar Achilles, mar shampla, ceisteanna faoin bhua, faoin gceartas, agus faoi nádúr na hidéal laochúla.

4. Inspioráid Ealaíne: Spreag scéalta Homer iliomad léirithe ealaíne, lena n-áirítear dealbha, pictiúir, agus níos déanaí, ceoldrámaí agus drámaí. Fuair ealaíontóirí ón tseaniarsmaí go dtí an Renaissance inspioráid i gcarachtair bheoga agus in insintí na n-eipicí.

5. Traidisiún Béil agus Taibhiú: Bhí saothair Homer mar chuid de thraidisiún béil ar dtús, agus filí ag aithris na n-eipicí i léirithe poiblí. B'fhoirm ealaíne a raibh cáil air sa tsean-Ghréig í aithris bhéil na filíochta, agus d'ardaigh saothar Homer stádas an bhard.

Bás agus Traidisiúin iarbháis

Tá imthosca bhás Hóiméar faoi cheilt ag éiginnteacht agus finscéalta. Tugann cuntais éagsúla le fios go bhfuil áiteanna éagsúla lena adhlacadh, lena n-áirítear Ios, an Aithin, agus Chios. Tá an easpa eolais deifnídeach tar éis an tuairimíocht a chothú agus chuir sé leis an mistéireacht a bhaineann leis an bhfile.

In ainneoin na héiginnteachta a bhain lena bhás, mhair oidhreacht Homer ar feadh na gcéadta bliain. Bhain tionchar a chuid eipiciúil le traidisiúin bhéil na nglún ina dhiaidh sin, rud a chinntigh tarchur leanúnach a chuid scéalta. Tháinig Hóiméar ina shiombail de chumhacht na scéalaíochta, agus lean a shaothar trí lámhscríbhinní agus, ina dhiaidh sin, in eagráin chlóite.

Oidhreacht san Ársaíocht: Le linn na seanaimsire, tugadh ómós do Hóiméar mar "mhúinteoir na Gréige." Breathnaíodh ar a chuid eipiciúil mar théacsanna bunúsacha, agus tá go leor tagairtí dó i saothair fealsúna, staraithe agus drámadóirí Gréagacha.

Rinne na "Hymns Homeric", bailiúchán iomann a cuireadh i leith Hóiméar, ceiliúradh ar dhéithe agus bandéithe éagsúla an phantóin Ghréagaigh.

Scoláireacht Hóiméarach: Tháinig réimse scoláireachta ar a dtugtar Staidéir Hóiméaracha as caomhnú agus staidéar a dhéanamh ar shaothair Homer. Scrúdaigh na scoláirí ceisteanna na húdair, an traidisiúin bhéil, agus comhthéacs stairiúil na n-eipicí.

Mhaígh an "Homeridae," cumann filí agus scoláirí, gur de bhunadh Hóiméar é agus bhí ról aige i dtarchur agus i gcaomhnú a shaothair.

Alastar Mór: Alexander the Great, faoi thionchar domhain ag an "Iliad," a chodail reportedly le cóip den eipiciúil faoina pillow. Bhí meas aige ar charachtar Aichill agus rinne sé iarracht aithris a dhéanamh ar na hidéil laochúla a léirigh Hóiméar.

Fáiltiú agus Aistriúcháin Níos Déanaí: Lean eipicí Homer ar aghaidh ag mealladh léitheoirí i saol na Róimhe, agus tharraing filí Laidine ar nós Veirgil inspioráid óna shaothar.

Sa Renaissance, tháinig athbheochan ar an spéis sa litríocht chlasaiceach, agus aistríodh eipicí Homer go teangacha éagsúla, rud a chuir le meas athnuaite ar na clasaicí.

Mar fhocal scoir, tá Hóiméar, bard urramach na sean-Ghréige, fós ina phearsa do-ghlactha, a shaol faoi cheilt ag ceocháin ama. Mar sin féin, sáraíonn oidhreacht bhuan a chuid dánta eipiciúil, an "Iliad" agus an "Odyssey," teorainneacha na staire agus na miotas. Leag an méid a chuir Homer sa litríocht, sa chultúr agus sa fhealsúnacht an bhunsraith do shibhialtacht an Iarthair, ag dul i bhfeidhm ar thraidisiúin ealaíonta, eiticiúla agus intleachtúla leis na céadta bliain.

Tá scéalta na ndéithe agus na laochra fite fuaite isteach i gcreat na n-eipicí tar éis teacht trasna ó ghlúin go glúin, ag tabhairt léargais ar riocht an duine, ar an moráltacht, agus ar na castachtaí a bhaineann leis. Maireann oidhreacht Homer ní hamháin i bhfocail scríofa a chuid eipiciúil ach freisin sna tírdhreacha cultúrtha, ealaíne agus fealsúnachta a mhúnlaíonn a chumas scéalaíochta.

Agus muid ag dul i dtreo fairsinge litríochta an Iarthair, faighimid sinn féin faoi threoir ag macallaí véarsaí Homer, ag meabhrú dúinn cumhacht marthanach na hinsinte chun eispéireas an duine a shoilsiú. Cibé i hallaí na hacadúlachta, i réimse na léiriú ealaíonta, nó i gcomhchuimhne chultúir ar fud an domhain, leanann eipiciúil neamhtheoranta Homer ar aghaidh ag iarraidh léitheoirí ar thuras trí ríochtaí na ndéithe agus na ndéithe, rud a fhágann marc doscriosta ar thaipéis na scéalaíochta daonna.

73. Franz Kafka (Poblacht na Seice)

Breathnaítear ar Franz Kafka, a rugadh ar 3 Iúil, 1883, i bPrág, a bhí mar chuid den Impireacht Austro-Ungárach an tráth sin agus atá anois i bPoblacht na Seice, ar dhuine de na daoine is mó tionchair agus enigmatic sa litríocht nua-aimseartha. D'fhág a shaothair, arb iad is sainairíonna iad osréalachas, téamaí eiseacha, agus iniúchadh ar áiféiseacht shaol an duine, marc doscriosta ar an tírdhreach liteartha. Tháinig saol Kafka, marcáilte ag streachailtí pearsanta agus gairmréim scríbhneoireachta réasúnta gearr, chun cinn i gcomhthéacs na hEorpa atá ag athrú. Féachann an bheathaisnéis chuimsitheach seo le saol, saothar liteartha, agus oidhreacht bhuan Franz Kafka a réiteach.

An Luathshaol agus Oideachas

Rugadh Franz Kafka isteach i dteaghlach meánaicmeach Giúdach. Bhí a athair, Hermann Kafka, ina cheannaí rathúil, agus tháinig a mháthair, Julie Kafka, ó theaghlach dea-oilte. Ba é Kafka an duine ba shine de sheisear clainne, lena bheirt dheartháir, Georg agus Heinrich, agus triúr deirfiúracha, Gabriele, Valerie, agus Ottilie.

Ag fás aníos i bPrág, cathair a bheadh ina chúlra suntasach ina shaothar níos déanaí, léirigh Kafka cumas luath sa litríocht agus sa scríbhneoireacht. D'fhreastail sé ar Bhunscoil Náisiúnta na Gearmáine agus níos déanaí chláraigh sé in Ardscoil iomráiteach na Gearmáine i bPrág. Bhí caidreamh casta ag Kafka lena athair ceannasach agus údarásach, a raibh tionchar aige ar a chuid scríbhinní níos déanaí.

Staidéar Ollscoile agus Tús Gairme

Sa bhliain 1901, chuaigh Kafka isteach in Ollscoil Ghearmánach Charles-Ferdinand i bPrág, áit a ndearna sé staidéar ar an dlí. Bhí tionchar ag mianta a athar ar a rogha staidéir, a shamhlaigh Franz dul i mbun gnó an teaghlaigh. Ainneoin sármhaitheasa acadúil a bheith aige, bhí paisean ag Kafka sa litríocht agus rinne sé iniúchadh ar a spéis san fhealsúnacht agus sna daonnachtaí.

Tar éis dó a chéim sa dlí a chríochnú i 1906, thosaigh Kafka ag obair d'Institiúid Árachais Timpiste na nOibrithe. Bhí éileamh mór ar a phost, agus ba mhinic uaireanta fada ag teastáil uaidh. Chuir an tréimhse seo tús le streachailt Kafka chun a chuid oibleagáidí gairmiúla a chothromú lena mhian le léiriú cruthaitheach.

Mianta Liteartha agus na Luathscríbhinní

Cé go raibh saol gairmiúil Kafka fréamhaithe go daingean sa saol maorlathach, tháinig méadú mór ar a shamhlaíocht i saol na litríochta. Léirigh a chuid iarrachtaí tosaigh ar an scríbhneoireacht, a bhí go minic i bhfoirm gearrscéalta agus sceitsí, an spéis a bhí aige i dtéamaí eiseacha agus áiféiseacha.

Thug saothair luatha Kafka, ar nós "Description of a Struggle" agus "Wdding Preparations in the Country," le tuiscint don ghuth liteartha uathúil a shainmhínigh níos déanaí a shaothair níos aibí agus níos cáiliúla. Léirigh na píosaí seo braistint inbhreathnaitheachta agus iniúchadh ar nádúr casta na gcaidreamh daonna.

Ciorcal Liteartha agus Tionchair

Tháinig Kafka mar chuid de chiorcal liteartha agus intleachtúil i bPrág a chuimsigh scríbhneoirí mar Max Brod, Oskar Baum, agus Felix Weltsch. Bhí ról ríthábhachtach ag Max Brod, go háirithe, i saol Kafka. Ní hamháin go raibh a gcairdeas ina fhoinse tacaíochta mothúchánach ach bhí baint aige freisin le hoidhreacht liteartha Kafka a mhúnlú.

Le linn an ama seo, chas Kafka le saothair fealsúna ar nós Søren Kierkegaard agus Friedrich Nietzsche, a raibh a gcuid smaointe eiseacha ag baint go mór leis. Leag na tionchair fhealsúnacha seo, in éineacht le nádúr inbhreathnaitheach Kafka, an dúshraith do na téamaí ar leith a bheadh ar fud a mhórshaothair.

Dúshláin Gairme agus Streachailtí Scríbhneoireachta

Lean saol gairmiúil Kafka ar aghaidh ag éileamh, agus bhí a phost ag Institiúid Árachais Timpiste na nOibrithe ag éirí níos struis. D'fhág na huaireanta fada oibre a bhí teoranta ama agus fuinnimh dó le haghaidh a ghníomhaíochtaí liteartha. In ainneoin na ndúshlán, lean tiomantas Kafka don scríbhneoireacht.

Léirítear na coimhlintí idir mianta Kafka agus a dhualgais ghairmiúla ina dhialanna, áit a gcuireann sé mothú coimhthithe agus frustrachais in iúl go minic. Thiocfadh an teannas seo chun bheith ina théama athfhillteach ina mhórshaothar, rud a léireodh an streachailt idir mianta aonair agus éilimh na sochaí neamhphearsanta agus maorlathach.

Mórshaothair

Cé gur beag saothar Franz Kafka a d'fhág marc doscriosta ar litríocht an domhain. Chuir a stíl insinte uathúil, arb iad is sainairíonna é meascán den osréalachas, a neamhláithreacht, agus iniúchadh domhain ar an psyche daonna, as a chéile é mar nuálaí liteartha. I measc cuid dá shaothar is suntasaí tá:

1. "The Metamorphosis" (1915): Osclaíonn an novella seo, a mheastar a bheith ar cheann de shárshaothair Kafka, leis an líne íocónach, "Mar a dhúisigh Gregor Samsa maidin amháin ó bhrionglóidí míshuaimhneasacha, fuair sé é féin a chlaochlú ina leaba ina feithid ollmhór." Scrúdaíonn an scéal téamaí coimhthithe, féiniúlachta, agus áiféiseacht shaol an duine trí pheirspictíocht Ghriogair, a dhúisíonn lá amháin chun a mheiteamorfóis a fháil amach.

2. "An Triail" (1925): Is úrscéal é "An Triail" a leanann an príomhcharachtar, Josef K., agus é ag seoladh córas dlí teimhneach agus labyrinthine. Forbraíonn an scéal le braistint dosheachanta, ag léiriú aiféiseach agus fuinniúil iarrachtaí K. na himeachtaí dlíthiúla mistéireach ina choinne a thuiscint nó éalú uaidh.

3. "An Caisleán" (1926): In "The Castle," tagann an príomhcharachtar, K., go sráidbhaile chun oibriú don Chaisleán mistéireach. Scrúdaíonn an t-úrscéal téamaí an mhaorlathais, na cumhachta, agus nádúr doiléir an údaráis. Cosúil le go leor de shaothair Kafka, tá "The Castle" marcáilte ag débhríocht agus tuiscint ar an osréalachas.

4. "A Hunger Artist" (1924): Scrúdaíonn an gearrscéal seo saol ealaíontóra troscadh gairmiúil agus a thaithí i ndomhan nach dtuigeann a chuid ealaíne. Dírítear sa scéal ar théamaí aonrú, léiriú ealaíonta, agus nádúr paradoxical an aitheantais phoiblí.

5. "In the Penal Colony" (1919): Baineann an gearrscéal seo le taistealaí a fheiceann modhanna uafásacha forghníomhaithe coilíneachta pionósacha. Scrúdaíonn Kafka téamaí ceartais, cumhachta, agus an tionchar dídhaonnach a bhíonn ag cleachtais institiúideacha.

Éachtaí agus Aitheantas

Le linn a shaoil, níor tugadh aitheantas forleathan do shaothair Franz Kafka. Bhí aithne ar a chuid scríbhneoireachta den chuid is mó laistigh de chiorcal teoranta cairde agus comhscríbhneoirí. Bhí a fhios go raibh Kafka féin forchoimeádta agus leisce air aird an phobail a lorg.

Ní raibh ach tar éis bháis Kafka bás i 1924, a fuair a chuid scríbhinní aitheantas níos mó. Roghnaigh Max Brod, agus é ag tabhairt onóra do mhianta Kafka, gan lámhscríbhinní a chara a mhilleadh, mar a d'iarr Kafka roimh a bhás. Ina áit sin, rinne Brod saothair agus aistí neamhchríochnaithe Kafka a chur in eagar agus a fhoilsiú, ag cinntiú go bhféadfadh an domhan rochtain a fháil ar na seoda liteartha atá i bhfolach laistigh de scríbhinní príobháideacha Kafka.

Bás agus Oidhreacht

Gearradh saol Franz Kafka gearr leis an eitinn, agus ghéill sé don bhreoiteacht ar 3 Meitheamh, 1924, in aois a 40 bliain. Ní raibh clú agus cáil bainte amach ag Kafka tráth a bháis, agus níor foilsíodh mórán dá aschur liteartha.

Aitheantas agus Tionchar Tar éis bás: Bhí ról ríthábhachtach ag cinneadh Max Brod chun mianta Kafka a shárú agus a shaothair a fhoilsiú tar éis a bháis in oidhreacht an údair. Thug iarrachtaí eagarthóireachta agus foilseacháin Brod guth uathúil Kafka chuig lucht féachana níos leithne.

Existentialism agus Absurdism: Bhí tionchar as cuimse ag iniúchadh Kafka ar théamaí eiseacha, ag áiféiseacht shaol an duine, agus ag éifeachtaí coimhthíocha na sochaí nua-aimseartha ar litríocht eisréimseach agus áiféiseach. Bhí tionchar ag smaointe agus stíl insinte Kafka ar scríbhneoirí ar nós Albert Camus agus Jean-Paul Sartre.

Tionchar Cultúrtha: Síneann tionchar Kafka thar an litríocht chuig foirmeacha éagsúla ealaíne, lena n-áirítear téatar, scannán agus na hamharcealaíona. Chuaigh an téarma "Kafkaesque" isteach sa fhoclóir cultúrtha, ag cur síos ar chásanna arb iad is sainairíonna iad a bheith áiféiseach, castacht, agus braistint doom atá le teacht.

Moladh Criticiúil: Thar na blianta, tá moladh mór faighte ag saothair Kafka, agus meastar anois é ar cheann de na daoine is tábhachtaí i litríocht an 20ú haois. Breathnaítear ar "An Meiteamorfóis," "An Triail," agus "An Caisleán" mar chlasaicigh a leantar ag déanamh staidéir agus anailíse orthu i suíomhanna acadúla.

Aistriúchán agus Teacht Domhanda: Aistríodh saothair Kafka go teangacha iomadúla, rud a ligeann do léitheoirí ar fud an domhain dul i ngleic lena scéalta spreagúla. Cuireann na téamaí uilíocha a scrúdaítear ina chuid scríbhinní lena n-ábharthacht bhuan.

Oiriúnú agus Homáidí: Tá saothair Kafka curtha in oiriúint do scannáin, drámaí agus ceoldrámaí éagsúla. Ina theannta sin, thug an iliomad scríbhneoirí agus ealaíontóirí ómós do smaointe agus do théamaí Kafka ina saothair chruthaitheacha.

Mar fhocal scoir, tá saol agus obair liteartha Franz Kafka fós ina ábhar láidir staidéir agus léirmhínithe. Chinntigh a chumas dul i ngleic le castachtaí an tsíce dhaonna agus imní na saol nua-aimseartha a chur in iúl go bhfuil ábharthacht marthanach a chuid saothar. Leanann iniúchadh Kafka ar théamaí eiseacha, neamhláithreachtaí maorlathacha, agus nádúr doiléir an údaráis ag baint le léitheoirí, criticeoirí agus scoláirí araon.

Agus muid ag dul i ngleic le hinsint labyrinthine scéalta Kafka, tugaimid aghaidh ar mhachnamh ar ár n-éiginnteachtaí agus ar ghnéithe osréalacha an domhain thart orainn. Iarrann nádúr enigmatic scríbhneoireachta Kafka iniúchadh agus léirmhíniú leanúnach, ag cinntiú go bhfanann a oidhreacht mar fhathach liteartha slán in annála litríocht an domhain.

74. Plato (An Ghréig)

Rugadh Plato, duine de na daoine is airde i stair fhealsúnacht an Iarthair, timpeall 428/427 BCE san Aithin, an Ghréig. Mac léinn de chuid Sócraitéas agus múinteoir Arastatail, bhí tionchar mór agus buan ag ranníocaíochtaí intleachtúla Plato ar fhealsúnacht, eitic, polaitíocht agus meitifisic. Tá sé mar aidhm ag an mbeathaisnéis chuimsitheach seo saol, aistear fealsúnach, agus oidhreacht bhuan Plato a fhiosrú.

An Luathshaol agus Oideachas

Tugadh an t-ainm Aristocles ar Plato, a rugadh i dteaghlach uaisle, nuair a rugadh é. Mar sin féin, tuairiscítear gur thug a chóiste wrestling an leasainm "Plato" air, a tháinig ón bhfocal Gréigise "platos," a chiallaíonn leathan nó leathan, ag tagairt b'fhéidir do ghualainn leathana an fhealsaimh nó dá leasanna intleachtúla fadréimseacha. Chuaigh an t-ainm i bhfostú, agus tugadh Plato air.

Tháinig luathbhlianta Platón chun cinn le linn tréimhse corraitheach san Aithin, a bhí marcáilte ag suaitheadh polaitiúil, cogaí, agus Cogadh na Peloponnesian. In ainneoin na ndúshlán seo, fuair Plato oideachas cuimsitheach in ábhair éagsúla, lena n-áirítear matamaitic, fealsúnacht agus corpoideachas. Bhí naisc ag a mhuintir le pearsana polaitíochta mór le rá, agus is dócha go raibh nochtadh ag Plato d'aeráid pholaitiúil a chuid ama ó aois óg.

Téigh i dteagmháil le Socrates

Tháinig athrú claochlaithe ar thuras intleachtúil Plato nuair a chas sé le Sócraitéas, an fealsamh mór le rá agus duine de na príomhphearsana i bhforbairt fhealsúnacht an Iarthair. Bhí Socrates, a bhfuil cáil air as a mhodh ceistiúcháin agus ag tabhairt aghaidh ar bhoinn tuisceana, ina mheantóir agus bhí tionchar mór aige ar Phlatón óg.

Faoi threoir Shócraitéas, d'fhorbair Plato suim mhór i bhfiosrúchán fealsúnach agus i réasúnaíocht chanúintí. D'fhág an modh Socratic, arb iad is sainairíonna é sraith ceisteanna dírithe ar smaointeoireacht chriticiúil a spreagadh, marc doscriosta ar chur chuige fealsúnach Platón.

Saol agus Gairm

Bhí saol Plato nasctha go dlúth leis na forbairtí sochpholaitiúla san Aithin. Mhair sé tríd an gCogadh Peloponnesian, meath an daonlathais Athenian, agus bunú na Tríocha Tíoránach, réimeas oligarchic gairid. Chuaigh imeachtaí a ré i bhfeidhm go mór ar a thuairimí ar pholaitíocht, ar cheartas, agus ar nádúr shaol an duine.

Le linn riail na dTríocha Tríocha, bhí baint Phlatón le Sócraitéas ina chúis bhaoil. Cuireadh pianbhreith Socrates chun báis sa bhliain 399 BCE ar chúisimh éilliú na hóige agus na hintleachta. Cé nach raibh Plato i láthair ag triail Shócraitéas, d'fhág an imeacht tionchar buan air. Ba é cur i gcrích Sócraitéas deireadh ré agus chuir sé tús le hiarrachtaí intleachtúla Plato.

An tAcadamh: Bunú agus Tionchar

Tar éis bhás Shócraitéas, thug Plato faoi thaisteal fairsinge, ag tabhairt cuairte ar chathracha éagsúla na Gréige agus ag plé le traidisiúin fealsúnacha éagsúla. Nuair a d'fhill sé ar an Aithin, timpeall 387 BCE, bhunaigh Plato an tAcadamh, institiúid a bheadh ina lárionad feiceálach don fhoghlaim fealsúnach.

Chuir an tAcadamh, atá suite i ngarrán ainmnithe i ndiaidh an laoch Academus, spás ar fáil le haghaidh idirphlé fealsúnach, fiosrúcháin agus teagaisc. Meastar go bhfuil sé ar cheann de na hinstitiúidí ardfhoghlama is luaithe ar domhan an Iarthair. Chuimsigh an curaclam matamaitic, réalteolaíocht, agus fealsúnacht, rud a léiríonn creideamh Plato i gcomhcheangailteacht na ndisciplíní seo.

Bhí Arastatail ar dhuine de na mic léinn ba cháiliúla a bhí ag Platón san Acadamh, duine a d'fhágfadh go raibh sé ina phearsa ard ina cheart féin. Bhí ról ríthábhachtach ag na malartuithe intleachtúla san Acadamh i bhforbairt Plato agus a chuid mac léinn.

Ranníocaíochtaí Fealsúnachta: Foirm Idirphlé agus Teoiric na bhFoirmeacha

Cuirtear ionchur fealsúnach Plato in iúl go príomha trí shraith comhráite, scríofa i bhfoirm comhráite idir Sócraitéas agus carachtair eile. Déanann na comhráite seo iniúchadh ar raon leathan ábhar, lena n-áirítear eitic, meitifisic, eipistéimeolaíocht agus fealsúnacht pholaitiúil. Is sainmharc é an modh Socratic ar na comhráite seo, agus úsáideann Platón iad chun a chuid smaointe fealsúnacha a chur in iúl.

Ceann de na coincheapa lárnacha i bhfealsúnacht Plato ná Teoiric na bhFoirmeacha. De réir na teoirice seo, is réimse scáthanna agus neamhfhoirfeachtaí é an domhan fisiceach a fheicimid lenár gcéadfaí. Tá an fhíor-réaltacht, do Plato, ann i ndomhan na bhFoirmeacha nó na Smaointe — eintitis teibí, síoraí, agus do-athraithe a léiríonn croílár rudaí.

I allegory cáiliúil na huaimhe ó "An Phoblacht," léiríonn Plato an t-idirdhealú idir saol na láithrithe agus saol na bhFoirmeacha. Is iad na príosúnaigh san uaimh, nach bhfaca ach scáthanna ar an mballa, iad siúd nach bhfuil ar an eolas faoi réaltacht níos airde na bhFoirmeacha.

Mórshaothair

Tá idirphlé Plato, scríofa i bhfoirm comhráite fealsúnacha, iomadúla agus éagsúil. I measc cuid dá mhórshaothar tá:

1. "An Phoblacht": In "An Phoblacht," déanann Platón iniúchadh ar nádúr an cheartais, ar an stát idéalach, agus ar an rí fealsúnaí. Léirítear allegory na huaimhe san idirphlé seo, agus tá sé fós ar cheann de na meafair fealsúnacha is mó tionchair.

2. "An Siompóisiam": Is agallamh é "An Siompóisiam" ar an ngrá agus ar nádúr na háilleachta. Tá carachtair éagsúla ann, lena n-áirítear Sócraitéas, ag gabháil do shraith óráidí faoi choincheap na eros.

3. "An Phaedo": Insíonn "An Phaedo" na tráthanna deiridh de shaol Shócraitéas, lena n-áirítear a mhachnamh fealsúnach ar neamhbhásmhaireacht an anama agus nádúr an tsaoil eile.

4. "An Phaedrus": In "An Phaedrus," déanann Plato iniúchadh ar nádúr na reitric, an ghrá, agus an anam. Áirítear leis an idirphlé miotas cáiliúil an chariotóra agus na gcapall sciathánacha.

5. "An Leithscéal": Is cuntas é "An Leithscéal" ar chosaint Shócraitéas le linn a thrialach. Soláthraíonn sé léargais ar fhealsúnacht Shócraitéasach agus ar na dúshláin a bhíonn le sárú acu siúd a cheistíonn noirm shochaíocha.

Éachtaí agus Oidhreacht

Luíonn oidhreacht bhuan Plato lena thionchar as cuimse ar fhealsúnacht an Iarthair agus ar na traidisiúin intleachtúla a lean. I measc a chuid éachtaí agus ranníocaíochtaí tá:

1. Fealsúnacht Chórasach: Leag cur chuige córasach Plato i leith na fealsúnachta, lena n-áirítear Teoiric na bhFoirmeacha, an bhunchloch don

fhiosrúchán fealsúnach ina dhiaidh sin. Bhí tionchar ag a thiomantas do réasúnaíocht dhian agus smaointeoireacht chórasach ar ghlúine scoláirí.

2. Fealsúnacht Pholaitiúil: In "An Phoblacht," déanann Plato mionscrúdú ar fhealsúnacht pholaitiúil, ag plé nádúr an cheartais agus struchtúr an stáit idéalach. Bhí tionchar buan ag an iniúchadh a rinne sé ar an rí fealsúnaí agus ar an anam trípháirteach ar smaointeoireacht pholaitiúil.

3. Eitic agus Bua: Pléann comhráite Phlatón, go háirithe iad siúd a bhfuil Sócraitéas leo, isteach i gceisteanna na heitice agus an bhua. D'fhág an bhéim ar thóir an eolais, ar an mbeatha a scrúdaíodh, agus ar thábhacht an bhua bua marthana ar fhealsúnacht eiticiúil.

4. Eipistéimeolaíocht: Tugann comhráite Plato aghaidh ar cheisteanna eolais agus eipistéimeolaíocht. Bhí tionchar ag an modh Socratic, arb iad is sainairíonna é ceistiúchán agus fiosrú canúinteach, cur chuige chun nádúr an eolais agus an chreidimh a thuiscint.

5. Tionchar ar Arastatail: Bhí tionchar an-mhór ag smaointe a mhúinteora ar Arastatail, duine de na mic léinn is cáiliúla de chuid Platón. Cé gur scar Arastatail amach ó chuid de theagaisc Phlatón, is féidir bunús a mhachnaimh a rianú siar go dtí an creat fealsúnach a bhunaigh Plato san Acadamh.

Bás agus Oidhreacht

Creidtear gur tharla bás Plato timpeall 347/346 BCE. Tá cúinsí a bháis éiginnte fós, ach tugann cuntais stairiúla le fios go bhfuair sé bás san Aithin nó b'fhéidir san Aegina.

Síneann oidhreacht Plato i bhfad níos faide ná a shaol. Lean an tAcadamh ar aghaidh ag rathú ar feadh beagnach míle bliain, agus é ina ionad foghlama a mheall scoláirí ó áiteanna éagsúla ar fud an domhain ársa. Mhair tionchar fhealsúnacht Plato ar feadh na tréimhse Rómhánach, na Meánaoise, agus isteach sa Renaissance.

Tionchar iarbháis: Le linn na Meánaoise, chaomhnaigh scoláirí Ioslamacha saothair Plato agus rinne siad staidéar orthu. Mar gheall ar athbheochan na suime i bhfoghlaim chlasaiceach le linn na hAthbheochana bhí meas athnuaite ar léargais fhealsúnacha Plato.

Daonnachas agus Idéalachas: Bhí béim ag Plato ar smaointe teibí agus ar thóir fhírinní níos airde athshondas i ngluaiseachtaí fealsúnacha níos déanaí. Tharraing smaointeoirí daonnúla sa Renaissance agus daoine a spreag an idéalachas sa 19ú haois inspioráid ó smaointe Phlatón.

Scoileanna Fealsúnachta: Tháinig scoileanna fealsúnacha éagsúla, lena n-áirítear Neoplatonism, chun cinn, ag tógáil ar smaointe Platón agus ag oiriúnú dóibh. Bhí neoplatonists cosúil le Plotinus ag iarraidh an fhealsúnacht Phlatónach a réiteach le traidisiúin eile, ag cur le sintéis an smaoinimh fealsúnach.

Tionchar Leantach: Sa ré nua-aimseartha, leantar de staidéar agus díospóireacht a dhéanamh ar smaointe Phlatón. Tá a fhiosrú ar an gceartas, nádúr na réaltachta, agus ról an réasúin i saol an duine lárnach fós sa dioscúrsa fealsúnach.

Mar fhocal scoir, léiríonn saol agus aistear intleachtúil Plato tiomantas domhain do thóir an eolais, na fírinne, agus an tsaoil scrúdaithe. D'fhág a chuid comhráite, saibhir i léargais fealsúnacha agus curtha i láthair trí charachtar mealltach Sócraitéas, marc doscriosta ar stair smaointe an Iarthair. Agus muid ag machnamh ar oidhreacht Phlatón, aithnímid fealsamh a bhfuil a chuid smaointe sáraithe thar theorainneacha ama agus aistrithe cultúrtha. Mar gheall ar ábharthacht bhuan a chuid iniúchta ar an eitic, ar an meitifisic agus ar an bhfealsúnacht pholaitiúil, iarrtar rannpháirtíocht agus machnamh leanúnach. Leanann oidhreacht Plato mar chuireadh chun dul i mbun tóraíocht na heagna, chun toimhdí a cheistiú, agus chun iarracht a dhéanamh tuiscint níos doimhne a fháil ar chastacht shaol an duine.

75. Nero (An Róimh)

Figiúr casta conspóideach i stair na Róimhe ársa ab ea an Impire Nero, a rugadh Lucius Domitius Ahenobarbus ar an 15 Nollaig, 37 AD, in Antium (Anzio sa lá atá inniu ann), san Iodáil. D'fhág a réimeas, atá marcáilte ag neamhshuim, intriacht pholaitiúil, agus gníomhaíochtaí cultúrtha, marc doscriosta ar annála stair na Róimhe.

An Luathshaol agus Oideachas

Nuair a rugadh Nero isteach i ríshliocht mór le rá Julio-Claudian, mar mhac Gnaeus Domitius Ahenobarbus agus Agrippina Óg, bhí saol pribhléide agus cumhachta aige. Fuair a athair bás nuair nach raibh sé ach dhá bhliain d'aois, agus phós a mháthair an t-Impire Claudius, a ghlac Nero in AD 50, arís. Chinntigh an nasc seo áit Nero sa líne chomharbais.

Fuair Nero oideachas cuimsitheach a d'oir dá stádas impiriúil. I measc a theagascóirí bhí an fealsamh clúiteach Seneca, a bhí ina chomhairleoir aige ina dhiaidh sin. Cé gur léirigh sé suim luath sna healaíona, go háirithe sa cheol agus san fhilíocht, níor chosain tógáil Nero ó pholaitíocht neamhthrócaireach chúirt na Róimhe é.

Gairm Luath

In AD 54, fuair an tImpire Claudius bás, agus chuaigh Nero 17 bliain d'aois suas chun na ríchathaoir. Bhí riail chomhoibríoch lena mháthair, Agrippina, mar thréithe aige sna blianta tosaigh i gcumhacht, a d'fhéach le tionchar a imirt ar a mac. Tháinig teannas chun cinn, áfach, de réir mar a tháinig Nero in aibíocht agus é ag iarraidh rialú go neamhspleách.

Cuireadh tús le réimeas Nero le sraith tionscadal athchóirithe agus oibreacha poiblí. Chuir sé bearta i bhfeidhm chun éilliú laistigh de mhaorlathas na Róimhe a laghdú agus d'oibrigh sé chun na hualaí airgeadais ar na daoine coitianta a mhaolú. In ainneoin na n-iarrachtaí seo, chuirfeadh a ghníomhartha níos déanaí scáth ar na rannchuidithe dearfacha tosaigh sin.

Tóireacha Cultúrtha agus Iomaíocht

Ceann de na gnéithe is buaine d'oidhreacht Nero is ea an paisean atá aige sna healaíona. Bhí fonn air féin ina fhile, ina cheoltóir agus ina aisteoir cumasach. Mar gheall ar an spéis a bhí ag Nero sa cheol, go háirithe, tógadh an Domus Aurea, pálás mór ina bhfuil gairdíní íontach agus dealbh ollmhór de féin, Colossus Nero.

Chuir stíl mhaireachtála uaigneach an impire agus tionscadail chultúrtha costasacha brú ar gheilleagar na Róimhe agus tharraing siad cáineadh ón Seanad agus ón bpobal. Thug Dóiteán Mór na Róimhe in AD 64, a scrios cuid mhór den chathair, deis do Nero tionscadail mhóra athnuachana uirbí a chur i bhfeidhm. Mar sin féin, bhí ráflaí fós ann go ndearna sé an tine a stiúradh chun spás a ghlanadh dá uaillmhianta ailtireachta.

Meaisíní Polaitíochta agus Conspóidí

Chuir intleacht pholaitiúil agus comhcheilg isteach ar riail Nero, agus ba mhinic a spreag a chaidreamh corraitheach le daoine a raibh tionchar acu. Bhí a mháthair, Agrippina, a raibh ról lárnach aici i ndaingniú a ardú go dtí an ríchathaoir, ina ábhar conspóide sa deireadh. In AD 59, d'ordaigh Nero a dúnmharú, tar éis iarrachtaí iomadúla teipthe í a nimhiú.

Bhí an Seanad, ag éirí níos easaontaithe le farasbairr Nero agus neamhaird á tabhairt ar luachanna traidisiúnta na Róimhe, ina áit pórúcháin do chomhcheilg. Rinne comhcheilg Phisonian in AD 65 iarracht Nero a threascairt, ach thángthas air, rud a d'fhág go raibh sraith básuithe agus féinmharuithe ann.

Tháinig meath breise ar chaidreamh Nero leis an Seanad agus é ag iarraidh a thionchar a laghdú agus a údarás a mhéadú. Spreag a chlaonta uathlathach agus an neamhaird a bhraith sé ar thraidisiúin na Róimhe míshástacht i measc an lucht rialaithe.

Géarleanúint na gCríostaithe

Is caibidil dhorcha ina réimeas é géarleanúint Nero ar Chríostaithe. I ndiaidh Dhóiteáin Mhór na Róimhe, tuairiscítear gur éirigh sé as an bpobal Críostaí, ag cur an mhilleán orthu as an tubaiste. Thaifead an staraí Tacitus gur cuireadh Críostaithe chun báis go brúidiúil, lena n-áirítear iad a dhó beo agus a úsáid mar tóirsí daonna chun gairdíní Néaró a shoilsiú.

Chuir an ghéarleanúint seo tús le stair fhada chorraitheach na géarleanúna Críostaí san Impireacht Rómhánach agus chuir sé le cáil bhuan Nero mar anfhlaith.

Titim agus Bás

De réir mar a chuaigh riail Nero ar aghaidh, rinne an freasúra ina choinne freisin. In AD 68, thug sraith éirí amach agus fabhtanna míleata deireadh lena réimeas. D'fhógair an Seanad gur namhaid poiblí é Nero agus nuair a bhíothas ag súil go ndéanfaí é a fhorghníomhú, ghlac Nero a shaol féin ar 9 Meitheamh, AD 68, in aois a 30 bliain.

Chuir bás Néaró deireadh le ríshliocht Julio-Claudian agus chuaigh sé isteach sa Róimh i dtréimhse cogaidh chathartha ar a dtugtar Bliain na gCeithre Impire. Chuir an chaos a lean an chéim le bunú an ríshliocht Flavian faoi Vespasian.

Oidhreacht agus Léirmhíniú Stairiúil

Is ábhar mór díospóireachta stairiúla í oidhreacht Nero. Cé go léiríonn foinsí ársa ar nós Tacitus agus Suetonius é mar anfhlaith agus meigealómánach, tá scoláirí nua-aimseartha ag iarraidh a réimeas a athmheas, ag smaoineamh ar na claontachtaí atá sna bunfhoinsí.

Aithnítear an méid a chuireann Nero leis na healaíona agus a chuid iarrachtaí ar ghnéithe áirithe den rialachas a leasú, ach is minic a bhíonn siad faoi scáth na ngnéithe is dorcha dá riail. D'fhág a stíl mhaireachtála neamhghnách, a ghéarleanúint ar Chríostaithe, agus a mheon polaitiúil, smál doscriosta ar a chlú stairiúil.

Mar fhocal scoir, is eiseamláir de shaol agus réimeas an Impire Nero na castachtaí cumhachta sa Róimh ársa. Ó a thógáil faoi phribhléid go dtí a riail chonspóideach agus a dhul in éag ar deireadh, is scéal suimiúil agus aireach é scéal Nero maidir le trasnú na polaitíochta, na huaillmhéine, agus an iomarca pearsantachta in annála stair na Róimhe.

76. Constantine Mór (An Róimh)

Tháinig Constantine Mór, a rugadh Flavius Valerius Constantinus, isteach sa domhan ar 27 Feabhra, timpeall na bliana 272 AD, i Naissus, arb é Niš sa tSeirbia an lá atá inniu ann. Chuir a bhreith isteach sa teaghlach impiriúil tús le saol a d'fhágfadh marc marthanach ar Impireacht na Róimhe.

Tharla oideachas luath Constantine laistigh den chúirt impiriúil, áit a mbeadh sé faoi lé intricacies an rialachais, straitéis míleata, agus saibhreas cultúrtha an domhain Rómhánach. Níl mionsonraí a chuid oideachais fhoirmiúil doiciméadaithe go forleathan, ach is dócha gur thug a thógáil sa mhíle impiriúil tuiscint leathan dó ar chastacht riail na Róimhe.

Gairm

Tháinig slí bheatha Constantine chun cinn i gcomhthéacs meath na hImpireachta Rómhánach, marcáilte ag achrann inmheánach agus bagairtí seachtracha. Léiríonn a thuras trí róil mhíleata agus riaracháin éagsúla éabhlóid ceannaire atá i ndán do chúrsa na staire a mhúnlú.

Gairm Mhíleata

Tháinig cumas míleata Constantine chun solais go luath ina ghairm bheatha. D'fhóin sé faoin Impire Diocletian agus faoin Impire Galerius, ag déanamh idirdhealú idir é féin i roinnt feachtas. Mar gheall ar a bhua ar éilitheoirí iomaíochta ar an ríchathaoir, fógraíodh a chuid trúpaí mar impire sa bhliain 306 AD, rud a chuir tús lena riail.

Tetrarchy agus Cogaí Cathartha: Bhí Impireacht na Róimhe faoin Tetrarchy, córas a rialaigh ceathrar impire le chéile. Spreag ardú Constantine i gcumhacht sraith cogaí cathartha, lena n-áirítear Cath cáiliúil Dhroichead Milvian sa bhliain 312 AD, áit ar tháinig sé chun cinn i gcoinne Maxentius. Is le linn na tréimhse seo a insítear go minic an scéal cáiliúil faoi fhís Constantine ar an siombail Chi-Rho agus an frása "In hoc signo vinces" ("Sa chomhartha seo, gheobhaidh tú conquer").

Riail Aonair: Bhunaigh bua Constantine ag Droichead Milvian é mar an t-aon rialtóir ar Impireacht na Róimhe Thiar. I 324 AD, bhuaigh sé a rival deiridh a bhí fágtha, Licinius, agus rinneadh an t-aon impire ar Impireacht Rómhánach aontaithe.

Fondúireacht Chonstantinople: Ceann de na héachtaí ba shuntasaí a rinne Constantine ba ea príomhchathair nua a bhunú don Impireacht Rómhánach. Sa bhliain 330 AD, thiomnaigh sé an chathair Byzantium mar Nova Roma, ar a dtugtar níos déanaí Constantinople (Iostanbúl an lae inniu). Léirigh an t-aistriú straitéiseach seo a fhís d'ionad impiriúil nua a bheadh idir Thoir agus Thiar.

Polasaithe Reiligiúnacha: Bhí tionchar mór ag réimeas Constantine ar thírdhreach reiligiúnach Impireacht na Róimhe. Cé gur thiontaigh sé go dtí an Chríostaíocht, chuir sé polasaithe caoinfhulaingt reiligiúnach i bhfeidhm ar dtús trí Edict Milano i 313 AD, rud a thug saoirse adhartha do Chríostaithe. Níos déanaí ina réimeas, thionóil sé an Chéad Chomhairle Nicaea i 325 AD, d'fhonn aghaidh a thabhairt ar aighnis diagachta laistigh den phobal Críostaí.

Leasuithe Riaracháin: Chuir Constantine tús le leasuithe riaracháin a bhí dírithe ar an Impireacht a chobhsú. Sampla amháin dá bheartais eacnamaíocha is ea tabhairt isteach an solidus, bonn óir a d'fhan i gcúrsaíocht leis na céadta bliain. Ina theannta sin, roinn sé an Impireacht ina cúigí níos lú ar mhaithe le rialachas níos éifeachtaí.

Oibreacha agus Éachtaí Suntasacha

Bhí réimeas Constantine marcáilte ag roinnt saothar agus éachtaí suntasacha a raibh iarmhairtí forleathana acu don Impireacht Rómhánach agus dá stair ina dhiaidh sin:

Edict of Milan (313 AD): Thug Edict Milan, a eisíodh i gcomhpháirt le Licinius, caoinfhulaingt reiligiúnach do gach reiligiún san Impireacht, go háirithe i bhfabhar na Críostaíochta. Ba imeacht suntasach é seo ó ghéarleanúint na gCríostaithe roimhe seo agus lig sé don chreideamh teacht i dtreis.

Fondúireacht Chonstantinople: Ba mhór an éacht é bunú Constantinople mar phríomhchathair nua. Suite go straitéiseach ar an gcrosbhóthar idir an Eoraip agus an Áise, rinneadh siombail d'Impireacht na Róimhe Thoir (Byzantium) den chathair agus bhí ról ríthábhachtach aici i saolré na Impireachta.

Críostú na hImpireachta: Cé go bhfuil díospóireacht faoi thiontú Constantine chun na Críostaíochta, bhí a phátrúnacht ar an gcreideamh ríthábhachtach. Thionóil Céad Chomhairle Nicaea ar a ordú, thug sí aghaidh ar chonspóidí diagachta, agus leag sí an bhunchloch le haghaidh fhoirceadal Críostaí níos aontaithe.

Bua Míleata: Bhain rath míleata Constantine amach, go háirithe Cath Dhroichead Milvian, a phost mar Impire Rómhánach Thiar. Mar gheall ar an mbua a bhí aige ar Licinius sa bhliain 324 AD, neartaigh sé a údarás ar an Impireacht ar fad.

Leasuithe Riaracháin: Bhí sé mar aidhm ag leasuithe riaracháin Constantine rialachas na himpireachta ollmhór a chuíchóiriú. Chuir deighilt na gcúigí agus tabhairt isteach an solidus le cobhsaíocht gheilleagar na Róimhe.

Bás

Fuair Constantine Mór bás ar 22 Bealtaine, 337 AD, i gcathair ársa Nicomedia, atá suite i İzmit an lae inniu, an Tuirc. Chuir a bhás deireadh le ré agus chuir sé tús le tréimhse aistrithe san Impireacht Rómhánach.

Oidhreacht

Tá oidhreacht Constantine ilghnéitheach agus tá sí ina ábhar meas agus critice araon. I measc na bpríomhghnéithe dá oidhreacht bhuan tá:

Bunú Constantinople: Bhí tionchar mór ag bunú Constantinople mar phríomhchathair nua ar chúrsa na staire. Bhí an chathair mar chroílár Impireacht na Róimhe Thoir le breis agus mílaoise agus bhí ról ríthábhachtach aici i bhforbairt an chultúir Byzantine.

Críostú na hImpireachta: Bhí tionchar claochlaitheach ag glacadh Constantine ar an gCríostaíocht ar an Impireacht Rómhánach. Cé go bhfuil a chuspóirí díospóireachta, ba chomhartha é a phátrúnacht ar an gcreideamh agus casadh an Chríostaíocht ar an reiligiún ceannasach san Impireacht sa deireadh.

Ranníocaíochtaí Dlíthiúla agus Riaracháin: Chuir leasuithe riaracháin Constantine a bhí dírithe ar an Impireacht a athstruchtúrú lena cobhsaíocht. Bhí tionchar buan ag deighilt na gcúigí agus ag tabhairt isteach an solidus, bonn óir cobhsaí, ar rialachas agus ar gheilleagar na Róimhe.

Comhairle Nicaea: Thug Céad Chomhairle Nicaea, a thionóil Constantine, aghaidh ar aighnis dhiagachta laistigh den phobal Críostaí. Cé nár réitigh sé gach ceist, leag sé an bonn le haghaidh Chreid Nicene agus chuir sé creat ar fáil don orthodoxy Críostaí.

Ceannaireacht Mhíleata: Ba cheannaire míleata cumasach é bua míleata Constantine agus a chomhdhlúthú cumhachta. Bhí Cath Dhroichead

Milvian, go háirithe, ina finscéal agus chuir sé lena ardú mar an t-aon rialtóir ar Impireacht na Róimhe Thiar.

Tionchar Cultúrtha: Tháinig cathair Constantinople chun bheith ina pota leáigh de chultúir, ag dul i bhfeidhm ar ealaín, ailtireacht agus caitheamh aimsire intleachtúil. Lean an Impireacht Byzantine, a d'eascair as Impireacht Rómhánach an Oirthir, de bheith ina mórfhórsa cultúrtha agus polaitiúil ar feadh na gcéadta bliain.

Conspóidí agus Léirmheastóireacht: Níl oidhreacht Constantine gan chonspóid. Rinneadh grinnscrúdú ar a ról i gCríostaithe na hImpireachta, le díospóireachtaí faoi dhílseacht a thiontaithe agus na spreagthaí polaitiúla taobh thiar dá thacaíocht don Chríostaíocht.

Siombail na hIdirthréimhse: Is minic a fheictear réimeas Constantine mar idirthréimhse idir an Impireacht Rómhánach agus an Impireacht Byzantine. Ba é a thionscnaimh, lena n-áirítear bunú Constantinople, athrú i lár na cumhachta impiriúil agus bhí tionchar acu ar chonair Impireacht na Róimhe Thoir.

Peirspictíochtaí Stairiúla

D'athraigh measúnuithe stairiúla ar Constantine Mhór le himeacht ama. Cé go bhfeiceann daoine áirithe é mar cheannaire físiúil a rinne réiteach ar dhúshláin impireacht briste agus a d'fhág tionchar buan ar a rian, cáineann daoine eile a mhodhanna agus ceistíonn siad dáiríreacht a chuid tiontuithe reiligiúnacha.

Sa traidisiún Críostaí, tá clú agus cáil ar Constantine go minic as a ról ag deireadh a chur le géarleanúint na gCríostaithe agus ag cur fás an chreidimh chun cinn. Mar sin féin, bhí a rannpháirtíocht i gcúrsaí diagachta agus Comhairle Nicaea ina ábhar díospóireachta diagachta freisin.

Sa staireagrafaíocht nua-aimseartha, déantar staidéar ar Constantine mar dhuine ríthábhachtach san aistriú ón Impireacht Rómhánach go dtí an Impireacht Byzantine, agus scrúdaíonn scoláirí castachtaí a riail, lena n-áirítear a éachtaí míleata, leasuithe riaracháin, agus polasaithe reiligiúnacha.

Mar fhocal scoir, seasann an tImpire Constantine Mór mar fhigiúr suntasach in annála na staire Rómhánach agus Byzantine. Ba thréimhse shuntasach claochlaithe é a réimeas, arb iad is sainairíonna é buanna míleata, leasuithe riaracháin, agus tionchar domhain an Chríostaithe ar Impireacht na Róimhe.

Taipéis is ea oidhreacht Constantine atá fite fuaite le snáitheanna tionchair pholaitiúla, mhíleata agus reiligiúnacha. Is gnéithe marthanacha dá riail iad bunú Chonstantinople, a athstruchtúrú riaracháin, agus Críostú na hImpireachta. Mar sin féin, níl a oidhreacht gan chonspóid, agus leanann castachtaí a spreagthaí agus a ghníomhartha de bheith ina n-ábhar fiosrúcháin stairiúil.

Mar ailtire Byzantium, mhéadaigh rian Constantine Mhór ar an Impireacht Rómhánach i bhfad níos faide ná a shaolré. Tháinig an chathair a bhunaigh sé, Constantinople, chun bheith ina beacon cultúir agus cumhachta san Oirthear, ag cinntiú go raibh an tionchar a bhí aige ar feadh na gcéadta bliain, ag fágáil marc doscriosta ar chúrsa na staire.

77. Wu Zetian (An tSín)

Rugadh Wu Zetian, an bhean a rachadh ar aghaidh le bheith mar an t-aon Empress Regnant na Síne, ar 17 Feabhra, 624 AD, i Wenshui (i gCúige Shanxi sa tSín inniu). Nuair a rugadh é i dteaghlach uasal, rachadh turas Wu Zetian in aghaidh noirm na sochaí agus d'fhágfadh sé marc doscriosta ar stair na Síne.

Is beag atá ar eolas faoi luathoideachas Wu Zetian, ach creidtear go bhfuair sí oideachas clasaiceach Síneach, a chuimseodh litríocht, ceol agus na healaíona. Mar iníon de theaghlach uasal, bheadh sí faoi lé na luachanna Confucianacha a bhí i réim le linn Ríshliocht Tang.

Tús Gairme

Tháinig athrú suntasach ar shaol luath Wu Zetian nuair a chuaigh sí isteach sa chúirt impiriúil. Sa bhliain 638 AD, agus í 14 bliana d'aois, roghnaíodh í mar choimhdeacht don Impire Taizong. Tharraing a héirim agus a háilleacht aird an impire, agus d'ardaigh sí go tapa trí na céimeanna, agus í ina concubine ardchéime.

Nuair a fuair an Impire Taizong bás sa bhliain 649 AD, chuaigh Wu Zetian isteach i dtréimhse leithlisithe ach d'fhillfeadh sé chun suntais le linn réimeas a mhic, an tImpire Gaozong. Thug cumas polaitiúil agus comhghuaillíochtaí straitéiseacha Wu Zetian deis di dul i ngleic le gréasán casta pholaitíocht na cúirte.

Oibreacha Suntacha

Is sainairíonna é réimeas Wu Zetian ag roinnt saothar agus éachtaí suntasacha a mhúnlaigh tírdhreach polaitiúil na Síne:

Cinsealacht Pholaitiúil: Bhí ardú Wu Zetian i gcumhacht gan fasach. Tar éis bás an Impire Gaozong, d'éirigh léi dul thar a cuid iomaitheoirí, lena clann mhac san áireamh, le bheith ina rialóir de facto ar an Impireacht. Sa bhliain 690 AD, d'fhógair sí an Ríshliocht Zhou, deireadh oifigiúil an Ríshliocht Tang agus marcáil tús a riail.

Leasuithe Riaracháin: Chuir Wu Zetian sraith leasuithe riaracháin i bhfeidhm a bhí dírithe ar chumhacht a lárú. Bhunaigh sí fórsa póilíneachta rúnda chun monatóireacht a dhéanamh ar oifigigh na cúirte, agus rinne a rialtas iarracht ghníomhach cumhacht na n-uaisle a lagú, ag athdháileadh talún ar na tuathánaigh.

Cur Chun Cinn an Bhúdachais: Bhí Wu Zetian ina phátrún ar an mBúdachas agus chuir sé an reiligiún chun cinn go gníomhach le linn a réime. Thóg sí teampaill, rinne sí urraíocht ar ealaín Bhúdaíoch, agus cheap sí manaigh chuig poist ardchéime. Mar thoradh air seo tháinig borradh faoi chultúr Búdachais sa tSín.

Tionscadail Tógála: Chuir Wu Zetian tús le roinnt tionscadal tógála, lena n-áirítear leathnú agus athchóiriú Pálás Daming i Chang'an. Bhí sé mar aidhm ag na tionscadail seo neart agus mórgacht a riail a thaispeáint.

Bunú a Ríshliocht: Bhí dearbhú Wu Zetian ar Ríshliocht Zhou mar an t-aon bhean i stair na Síne a shuigh ar an ríchathaoir mar an monarc ceannais. Cé go raibh a réimeas conspóideach, d'imigh sé go suntasach ó noirm thraidisiúnta inscne.

Éachtaí

Bhí éachtaí Wu Zetian idir stairiúil agus conspóideach, ag athmhúnlú tírdhreach na cumhachta impiriúla sa tSín:

Empress Regnant: Ba é an t-éacht is suntasaí a rinne Wu Zetian ná an t-aon Empress Regnant i stair na Síne. Chuir a ardú ar an ríchathaoir in aghaidh ról thraidisiúnta inscne agus léirigh sé go bhféadfadh bean cumhacht impiriúil a chaitheamh.

Comhdhlúthú Polaitíochta: Thaispeáin cumas Wu Zetian cumhacht a chomhdhlúthú agus smacht a choinneáil ar an Impireacht in ainneoin éirim pholaitiúla agus dhúshláin ó dhruideanna iomaíochta a stuaim pholaitiúil agus a stuamacht straitéiseach.

Leasuithe Riaracháin: Bhí sé mar aidhm ag na leasuithe a tionscnaíodh le linn riail Wu Zetian cumhacht a lárú agus aghaidh a thabhairt ar neamhhionannais shóisialta, rud a léirigh iarracht chun sochaí níos cothroime a chruthú.

Pátrúnacht Chultúrtha agus Reiligiúin: D'fhág pátrúnacht Wu Zetian ar an mBúdachas agus ar na healaíona tionchar buan ar chultúr na Síne. Bhí tionchar ag cur chun cinn an Bhúdachais faoina riail ar ealaín, ar litríocht agus ar thírdhreach fealsúnach an ama.

Oidhreacht Tógála D'fhág na tionscadail tógála uaillmhianacha a chuir Wu Zetian tús leo, mar leathnú an Daming Palace, oidhreacht fhisiceach a léirigh mórgacht agus fís a riail.

Bás

Fuair Wu Zetian bás ar 16 Nollaig, 705 AD, i Luoyang, an tSín. Ba é a bás ná deireadh caibidle suaite gan fasach i stair na Síne.

Oidhreacht

Tá oidhreacht an Empress Wu Zetian casta agus ilghnéitheach, le tuairimí faoina riail éagsúil ar fud na staire. I measc na bpríomhghnéithe dá oidhreacht bhuan tá:

Inscne agus Cumhacht: Bhris réimeas Wu Zetian na noirm thraidisiúnta inscne, rud a chruthaigh go bhféadfadh bean dul suas go dtí na leibhéil is airde cumhachta. Bhí a riail ina inspioráid agus ina scéal rabhaidh, a léirigh na dúshláin agus na conspóidí a bhaineann le ceannaireacht ban i sochaí patriarchal.

Straitéis Pholaitiúil: Thug cumas polaitiúil Wu Zetian agus an cumas a bhí aici dul i ngleic le huiscí fealltach pholaitíocht na cúirte deis di cumhacht a bhaint amach agus a choinneáil. Bhí ardmheas agus cáineadh uirthi mar gheall ar a neamhthrócaireacht maidir le deireadh a chur le hiomaitheoirí agus a post a dhaingniú.

Ranníocaíochtaí Cultúrtha

Chuir pátrúnacht Wu Zetian ar an mBúdachas agus ar na healaíona le borradh cultúrtha a cuid ama. Is léir tionchar a tacaíochta don Bhúdachas in iarsmaí ealaíonta agus ailtireachta a réime.

Leasuithe Riaracháin: Cé go raibh siad conspóideach, d'fhág leasuithe riaracháin Wu Zetian a raibh sé mar aidhm leo aghaidh a thabhairt ar neamhionannais shóisialta agus lárnú cumhachta rian ar rialachas na hImpireachta.

Conspóid agus Léirmheastóireacht: Bhí riail Wu Zetian ina ábhar do dhíospóireachtaí agus do ghrinnscrúdú stairiúil. Díríonn criticeoirí ar a cuid tactics neamhthrócaireach, ar ionramháil líomhnaithe an chomharbais, agus ar an easaontas a chur faoi chois. Leanann na conspóidí a bhaineann lena hoidhreacht ag spreagadh díospóireachtaí léannta.

Peirspictíochtaí Stairiúla

Tá tuairimí ar oidhreacht Wu Zetian tagtha chun cinn. Le linn agus i ndiaidh a réime, thug sí moladh agus cáineadh araon. Is minic a léirigh foinsí comhaimseartha, a raibh tionchar ag idéalacha Confucianacha orthu, a riail i bhfianaise dhiúltach, ag cur béime ar an imeacht ó noirm thraidisiúnta.

Le blianta beaga anuas, tá athmheasúnú déanta ar Wu Zetian, le roinnt scoláirí ag cur béime ar a bhfuil bainte amach aici i gcúinsí dúshlánacha. Cuireann a tionchar ar stádas na mban i stair na Síne agus an spéis leanúnach a bhíonn aici ina riail le plé leanúnach faoina tábhacht stairiúil.

Mar fhocal scoir, seasann saol agus réimeas an Empress Wu Zetian mar chaibidil iontach i stair na Síne. Chuaigh a turas ó bhean uasail go dtí an t-aon Empress Regnant of China in aghaidh ionchais na sochaí agus d'fhág sí marc doscriosta ar an tírdhreach polaitiúil agus cultúrtha.

Mar rialóir, tá oidhreacht Wu Zetian marcáilte ag éachtaí, conspóidí, agus oidhreacht a leanann ag mealladh staraithe agus díograiseoirí araon. Cinntíonn a cumas cumhacht a chaitheamh i sochaí atá faoi cheannas fir, mar aon lena rannchuidiú le cultúr agus reiligiún, go bhfanann Ríshliocht Zhou mar dhuine a bhfuil tábhacht stairiúil agus díospóireacht ag baint leis.

78. Marilyn Monroe (Stáit Aontaithe Mheiriceá)

Tháinig Marilyn Monroe, a rugadh Norma Jeane Mortenson, isteach sa domhan ar 1 Meitheamh, 1926, i Los Angeles, California. Arna ardú i dtimpeallacht chorraitheach, bhí a luathbhlianta marcáilte ag éagobhsaíocht agus ag dúshláin a chuirfeadh cruth ar a haistear chun na staraíochta.

An Luathshaol agus Oideachas

Chuir sraith cruatan isteach ar óige Monroe. Bhí a máthair, Gladys Baker, ag streachailt le saincheisteanna meabhairshláinte, agus chaith Marilyn cuid mhór dá saol luath isteach agus amach as tithe altrama agus dílleachtlanna. In ainneoin na ndeacrachtaí sin, léirigh sí suim luath sna healaíona.

Ó thaobh oideachais de, d'fhreastail Monroe ar Ardscoil Van Nuys i Los Angeles, ach cuireadh isteach ar a cuid gníomhaíochtaí acadúla agus í ag tabhairt aghaidh ar shaol pearsanta corraitheach, lena n-áirítear pósadh gairid ag 16 bliana d'aois le James Dougherty.

Tús Gairme

Thosaigh turas Monroe chun clú agus cáil ar an tsamhaltú. Sa bhliain 1944, thángthas ar an ngrianghrafadóir David Conover í agus é ag obair ag Monarcha Mhuinisean an Raidió-eitleáin le linn an Dara Cogadh Domhanda. Ba ghearr gur éirigh go maith le gairm samhaltaithe as a háilleacht iontach agus a háilleacht fhótaigineach, lena n-áirítear a bheith le feiceáil ar chlúdach irisí éagsúla.

Aistriú go Gníomhú

Ba dul chun cinn nádúrtha é aistriú Monroe ón samhaltú go dtí an aisteoireacht. Shínigh sí a céad chonradh le 20th Century-Fox i 1946, agus ba bheag róil a bhí aici, go minic clóscríofa mar an blonde bombshell. Mar sin féin, tháinig a cinn chun cinn le sraith scannán rathúla go luath sna 1950í, a thiomáint chun stardom í.

Oibreacha Suntacha

"All About Eve" (1950): Bhí ról beag ach i gcuimhne ag Monroe sa scannán clasaiceach seo a fuair moladh ó na léirmheastóirí agus a bhuaigh sé Dhámhachtain Acadaimh.

"The Asphalt Jungle" (1950): Sa dráma coireachta seo a stiúraigh John Huston, bhí ról lárnach ag Monroe mar máistreás coirpeach, ag taispeáint a raon aisteoireachta níos faide ná an buama blonde steiréitipiciúil.

"Niagara" (1953): Bhí Monroe ina réalta sa scannán noir Technicolor seo, ag imirt ról femme fatale a léirigh a cumas aird a tharraingt ar an scáileán.

"Gentlemen Prefer Blondes" (1953): Léirigh an greann ceoil seo, áit a raibh Monroe réalta taobh le Jane Russell, a tallann grinn agus feidhmíocht íocónach den amhrán "Diamonds Are a Girl's Best Friend."

"How to Marry a Millionaire" (1953): Sa greann rómánsach seo, bhí Monroe ina réalta taobh le Lauren Bacall agus Betty Grable, ag bunú tuilleadh í mar phríomh-aisteoir na ré.

"The Seven Year Itch" (1955): Bhí radharc cáiliúil Monroe ina seasamh os cionn gráta fobhealach, agus a gúna bán ag breacadh síos, ar cheann de na chuimhneacháin is íocónach sa stair chineamatach.

"Some Like It Hot" (1959): Arna mheas go forleathan mar cheann de na greannáin is mó a bhí ann riamh, léirigh an scannán seo a stiúraigh Billy Wilder cumas grinn Monroe agus thuill moladh criticiúil di.

Éachtaí agus Tionchar

Duais Golden Globe: Bhuaigh Monroe Golden Globe don Aisteoir is Fearr i gCeol nó Coiméide as a ról i "Some Like It Hot" (1960).

Deilbhín Idirnáisiúnta: Síneadh stádas Monroe mar dheilbhín cultúir agus faisin thar an scáileán airgid. Tharraing a híogaireacht, a leochaileacht agus a carisma lucht féachana ar fud an domhain, rud a d'fhág go raibh sí ina siombail bhuan áilleacht agus glamour.

Cuideachta Léiriúcháin Ceannródaíoch: Sa bhliain 1954, bhunaigh Monroe a comhlacht léiriúcháin féin, Marilyn Monroe Productions. Thug an t-aistriú seo níos mó smachta di ar a roghanna scannán agus ba chéim shuntasach é i dtreo cumasú na n-aisteoirí i Hollywood.

Gairm Rathúil Amhránaíochta: Bhí slí bheatha amhránaíochta Monroe suntasach freisin. Tá an léiriú a rinne sí ar "Happy Birthday, Mr. President" do John F. Kennedy i 1962 fós ar cheann de na léirithe is cáiliúla sa stair.

Dúshláin agus Streachailtí Pearsanta

Caidrimh Phearsanta: Bhí saol pearsanta Monroe marcáilte le sraith caidreamh suaite, lena n-áirítear trí phósadh—James Dougherty, Joe

DiMaggio, agus an drámadóir Arthur Miller. Bhí a póstaí faoi réir dianscrúdú poiblí go minic.

Ag streachailt le Meabhairshláinte: Bhí deacrachtaí meabhairshláinte Monroe doiciméadaithe go maith. Chuaigh sí i ngleic le himní, dúlagar, agus ag brath ar chógais ar oideas, rud a chuir isteach ar a cumas saol pearsanta agus gairm bheatha chobhsaí a choinneáil.

Dúshláin Ghairmiúla: In ainneoin an mhóréilimh a bhí uirthi, thug Monroe aghaidh ar dhúshláin sa tionscal. Chuaigh sí i ngleic le bheith clóscríofa mar shiombail gnéis, rud a chuir teorainn leis an raon róil a bhí ar fáil di. Ina theannta sin, bhí deacrachtaí aici le stiúrthóirí agus stiúideonna éagsúla.

Bás

Go tragóideach, gearradh saol Marilyn Monroe gearr ag aois 36. Ar 5 Lúnasa, 1962, fuarthas marbh í ina teach i Brentwood, Los Angeles, California. Rialaíodh cúis oifigiúil an bháis mar fhéinmharú dóchúil mar gheall ar ródháileog barbiturates. Tá bás anabaí Monroe fós ina ábhar tuairimíochta, teoiricí comhcheilg, agus spéis leanúnach.

Oidhreacht agus Tionchar Cultúir

Téann oidhreacht Marilyn Monroe thar a saol gairid, agus maireann a tionchar ar chultúr an phobail -

Deilbhín Cultúir: Tá Monroe fós ina shiombail bhuan de ghlamour Hollywood agus den chiallúlacht. Tá a íomhá á atáirgeadh i gcónaí, á tagairt agus á ceiliúradh i bhfoirmeacha éagsúla ealaíne agus meán.

Tionchar Faisean agus Stíl: Leanann ciall faisin Monroe, arb iad is sainairíonna é gúnaí barróg figiúr, lipstick dearg, agus gruaig fhionn platanam, ag dul i bhfeidhm ar stíl chomhaimseartha. Is minic a léirítear a cuma i dtreochtaí faisin agus áilleachta.

Éileamh Marthanach: Leanann glúnta nua de scannáin Monroe a cheiliúradh agus a fheiceáil, ag coinneáil a stádas mar finscéal scannánaíochta marthanach. Is rogha gan teorainn iad clasaicigh mar "Some Like It Hot" agus "The Seven Year itch".

Ómós Ealaíne agus Liteartha: Spreag saol agus pearsa Monroe líon mór ealaíontóirí, scríbhneoirí agus scannánóirí. Rinne go leor beathaisnéisí, clár faisnéise agus saothair ficsin iniúchadh ar chastacht a saoil agus a hoidhreachta.

Siombail na Baininscneach agus an Chumasaithe: Is minic a luaitear íomhá Monroe i gcomhráite ar bhaininscneach, ar chumhachtú, agus ar thionchar ionchais na sochaí. Breathnaítear ar a cumas dul i ngleic le dúshláin thionscal na siamsaíochta sna 1950idí agus cinntí straitéiseacha a dhéanamh faoina gairm bheatha mar fhoirm luathchumhachtaithe.

Mar fhocal scoir, bhí saol Marilyn Monroe ar cheann de na buaicphointí agus na híoslódálacha as cuimse, agus í marcáilte ag dul suas ó óige dhúshlánach go dtí bheith ina íocón domhanda. Leanann a rannchuidiú le pictiúrlann, faisean, agus cultúr coitianta ag dul in olcas, fiú fiche nó tríocha bliain tar éis a báis anabaí. Tá stádas Monroe mar an buamaí blonde fíor-riachtanach agus a cumas leochaileacht agus neart a léiriú ar an scáileán tar éis í a dhaingniú mar shiombail den ré órga Hollywood. Níos faide ná an glamour, déanann streachailt Monroe le meabhairshláinte agus dúshláin phearsanta í a dhaonnú, ag cur lena tábhacht chultúrtha marthanach. Mar a dúirt Marilyn Monroe í féin uair amháin, "Is áilleacht í an neamhfhoirfeacht, is genius é an buile, agus is fearr a bheith ridiculous ná go hiomlán leadránach." Sa saol agus sa bhás, bhí láithreacht chasta, mhealltach, dho-dhearmadta ag Monroe a sháraíonn an scáileán airgid.

———

Milton Keynes UK
Ingram Content Group UK Ltd.
UKHW010713280324
440307UK00001B/117